地球村 共生發展, 先進化 福祉愛國 中心

새마을학

뉴 새마을운동 발전전략

문화올림픽 비전총서

地球村 共生發展, 先進化 福祉愛國 中心

새마을학

뉴 새마을운동 발전전략

문화올림픽 비전총서

신윤표 Shin Yoon-Pyo(Ph.D) 지음

산수야

새마을학 뉴 새마을운동 발전전략

초판 인쇄	2012년 4월 22일(새마을의 날)
초판 발행	2012년 5월 15일(스승의 날)

지은이	신윤표
발행인	권윤삼
발행처	도서출판 산수야

등록번호	제1-1515호
주소	서울시 마포구 망원동 472-19호
전화	02-332-9655
팩스	02-335-0674

값은 뒤표지에 있습니다. 잘못된 책은 바꾸어 드립니다.
ISBN 978-89-8094-241-8 93330

이 도서의 국립중앙도서관 출판시도서목록(CIP)은 e-CIP 홈페이지
(http://www.nl.go.kr/cip.php)에서 이용하실 수 있습니다.
(CIP 제어번호 : CIP2012001284)

축간사

신윤표 총장은 일찍이 1970년대 시작한 조국근대화와 산업화 뿌리를 키우는 운동이었던 '새마을운동'을 시작할 때 '중앙공무원교육원' 교수 시절 '농촌지역사회개발'을 중심한 정·민·도·농政·民·都·農 범국민운동이론 산파역을 했습니다.

이후 40여 년 간 역대 대통령 정책자문위원을 한 경륜을 살려 '지구촌 공생발전'과 '선진화 복지애국'을 위한 새마을운동의 미래와 세계화를 위한 기본방향과 정책과제를 담아 『새마을학 : 뉴 새마을운동 발전전략』을 출판하는 큰일을 하였습니다.

신생후진국에는 참으로 필요한 모델이 될 것을 확신하며 UN의 도움이 컸던 코리아가 이제 UN회원국의 중심국가가 되어 새마을운동의 세계화를 통한 '지구촌 한 일터 인류는 한 형제'되는 식구食口운동으로서 세계 '정신문화운동', '인간생활정주권人間生活定住圈: Human Settlements' 생활의 과학화,

선진화, 세계화 중심운동이라는 저자의 철학이 열매 맺기를 기원합니다. 9010피리PILI : 평화Peace, 지성Intelligence, 생명Life, 산업Industry봉사단 운동에 참여해서 UNAIUN고등교육기구 프로젝트에 한국대학들이 중심역할을 할 수 있도록 힘을 모으고 싶습니다.

이대순

현, 한국대학총장협회 회장 | 지구촌 공생발전 뉴 새마을운동 세계연맹 명예총재
전, 국회의원 및 체신부장관 | 전, 호남대학교, 경원대학교 총장

새마을운동이 한국의 현대화와 선진화를 이끌어낸 원동력이었다는 점은 세계가 인정하는 우리나라 경제성장의 핵심입니다. 그러한 새마을운동의 심오한 과정과 그 괄목할 성과를 한눈에 볼 수 있게 하고, 또한 더 나은 미래를 위한 뚜렷한 지향점을 제시해 줄 나침반과 같은 이 책을 펴내게 되심을 기쁘게 생각합니다.

새마을운동은 산업화가 절실했던 당시, 온 국민이 꿈꾸던 보다 나은 삶, 보다 풍요로운 삶을 이루게 해 준 교과서였습니다. 동시에 세계에 우리나라의 역동적인 힘을 자랑스럽게 보여줄 수 있었던 근간이 되었고, 세계가 우리나라와 우리가 일궈낸 새마을운동을 눈여겨보았습니다. 우리나라를 이만큼 성장시킨 새마을운동이 이제는 세계인을 위한 새마을운동이 되고 있으며, 벌써 에티오피아 등 외국 여러 나라에서 우리의 새마을운동을 받아들여 자국 발전을 도모하고 있습니다.

이런 시점에서 지난 세기에 우리가 이루어낸 새마을운동의 구체적인 자료를 모으고, 동시에 다가오는 미래를 위한 새로운 과제를 제시하는 커다

란 성과이기에 기록의 가치는 더욱 커질 것이며, 온 국민의 참여 속에서 성공을 이끌어낸 역사의 기록이라는 점에서도 이 발간은 매우 의미 있는 일이 될 것입니다. 끝으로 기나긴 시간 동안 이 자료를 모으고, 정리하신 커다란 노고에 뜨거운 박수를 보내며, 과거와 미래를 아우르는 새마을운동의 집결체가 될『새마을학 : 뉴 새마을운동 발전전략』발간을 진심으로 축하드립니다.

서교일

현, 학교법인 동은학원 순천향대학교 이사장 | 지구촌 공생발전 뉴 새마을운동 세계연맹 상임고문
전, 순천향대학교 총장

UN은 2000년에 새천년 발전목표MDG : Millennium Development Goals로 8개항을 채택했다. 193개 회원국이 2015년까지 해결하겠다는 과제다. ① 극심한 빈곤과 기아퇴치 ② 보편적 초등교육 달성 ③ 양성평등 촉진과 여성권력의 향상 ④ 유아 사망률 감소 ⑤ 산모의 건강증진 ⑥ 말라리아와 에이즈를 포함한 각종질병 퇴치 ⑦ 환경보전의 지속 ⑧ 발전을 위한 범세계적 파트너십 구축 등이다.

이에 대하여 새마을운동 40주년 회고와 전망 '새마을포럼 학술토론회' 기조강연2010. 9. 10. 구미시 경운대 새마을연구소 주최에서 원조 수혜국 코리아는 1970년도에 시작한 새마을운동으로 위 8개 과제해결을 산업화와 지방자치시대를 열기위한 풀뿌리민주주의 성장을 중심으로 30여년에 이룩하였고 이제는 'for the UN 시대'의 허브국가로 '뉴 새마을운동'을 제2의 새마을운동의 부흥전략으로 하여 '지구촌 공생발전' 중심역할을 하자는 논

리를 전개한 바 있다.

세계문명사의 발전과정에서 매우 중요한 학문적 공헌을 신 총장은 하였다고 생각된다. 30여 년 간 「디프로머시」를 발행하면서 수많은 선후진국 정상들을 만날 때마다 '한강의 기적'과 '새마을운동'을 배우고 싶다는 이야기를 듣는다.

많은 정상들이 'Look East Policy'를 말하면서 'East'는 코리아라고 한다. 앙골라, 남아공, 세네갈, 말레이시아, 콩고, 몽골, 에티오피아, 수단, 베트남, 캄보디아, 이라크, 자이툰, 중국에 부는 새마을운동 열풍은 지속적으로 뜨거워만 지고 있다. 특히 새마을운동의 부흥과 '뉴 새마을운동의 발전전략' 총서로서 금반 출간된 『새마을학』의 내용에서 볼 때,

첫째, 제2광복 새정신, 새생활, 새문화올림픽 복지행복 새마을운동을 중심으로 코리아의 대명사 새마을운동을 지구촌 새마을, 녹색 새마을, 스마트 새마을, 평화생명사랑중심 새마을, 사회통합 국민성공시대를 위한 변화와 도전, 그리고 창조의 '뉴 새마을정신' 무장으로 거듭나기 원하며,

둘째, UN NGO로 참여하여 새마을운동의 미래화, 세계화를 추진하기 위한 '地球村 共生發展 운동연맹' 대표총재를 맡게 된 바, 나라사랑, 민족사랑, 인류사랑, 자연사랑, 평화사랑, 생명사랑, 과학사랑으로 청지기 삶을 살아가면서 우리 모두 90대와 10대가 만나는 '91 평화Peace, 생명Life, 산업Industry' 우리말로 '피리봉사단'에 참여하여 'Save Earth, Save Us' 운동에 참여하고 싶다.

셋째, 허영과 배신, 무지몽매, 무사안일, 물질만능, 사치방탕, 지역적, 파벌적 포퓰리즘도 떨쳐버리고 불법, 탈법, 떼법도 이제는 그만, 부패척결과 정의사회, 밝은사회 구현으로 근면, 자조, 협동의 새마을정신을 다시 살려

변화, 도전, 창조의 뉴 새마을정신으로 하나되어 선진화 복지애인의 상생 공영相生共榮정신으로 인류는 한 형제 되기 운동, 다문화 운동도 적극적, 긍정적으로 동참하자.

넷째, 21세기 꿈의 나라, 희망의 나라, 가보고 싶은 나라, 잘살면서도 존경받는 나라, 2025년에는 미국 다음으로 세계 제2위가 된다는 '골드만삭스'의 예측을 현실화하는 코리아부터 만들자. 100년전 순국열사 안중근 의사가 두 가지 꿈 '대한독립', '동양평화'를 완성시키자는 철학과 이념을 갖고 '뉴 새마을운동 발전전략' 중심의 『새마을학』을 썼는데 마음의 경하를 드린다.

우리말에 '묵은솔이 광솔이다', '석양빛이 뜨겁다'는 말씨에서 신 교수를 본다. 그러나 신 교수가 짧은 머리카락에 검은 작업복을 입고 군화를 신고 대학에 입학한 1학년 때, 동국대 강사로 우리는 만났다. 그 후 백소회 百笑會모임에서 지금까지이다. 호적은 다르나 친형제처럼 살고 있다. 나는 신 교수를 사랑하고 존경한다. '낯빛, 말, 마음가짐, 눈빛' 다 내 마음에 든다. 이 기회에 내가 아는 신 교수를 몇 가지만 소개하고 싶다.

하나, 병자호란 때 의병에 참여한 신호달 선생의 후손이며 갑오동학농민혁명 때 손화중 선생과 인연으로 정읍 깻다리에서 태어나 청소년 4H출신, 대학 때는 농어촌 연구부, 서울권 11개 종합대학 연합 향토개척단, 구농동지회, 가나안 농군학교, 전남 광양의 백운산 협동농장의 창립 멤버로서 대학시절을 보냈고,

둘, 한일회담 반대 6·3 데모 때 ROTC 3기 중대장 후보생도 시절일 때 '선언문'을 쓰고 데모 주동의 책임으로 학군단을 그만두었으며,

셋, 새마을운동 제3공화국 박정희 대통령 때 '새마을운동'의 이론적 산

파역의 공로로 27살에 중앙공무원교육원 교수부에서 「국가발전과 새마을운동」, 「발전행정론」, 「정부관리학」, 「리더십과 인간관계」 과목을 강의한 한국 행정학 1세대 교수로서 조국과 민족을 위해 역사적 사명인으로 살겠다는 포부와 다짐 속에 살고 있는 분이며,

넷, 은퇴 후에도 '뉴 새마을운동의 세계화', '지구촌 공생발전운동', '동북아 평화와 발전포럼', '선진한국창조 국민운동연합회', '한국미래연구학회' 등 사단, 재단법인, NGO의 책임을 맡아 최선의 최선을 다하면서 '일중독증'에 빠져 사는 것이 자랑스럽게 보인다.

그리고 신총장이 새마을운동 시작 때부터 여성어머니부녀회 중심으로 경제발전의 핵심은 새마을교육으로 힘을 기르는데 있다고 한 뜻과 방법론이 꽃피고 열매 맺기를 희망한다.

임덕규

현, 월간 Diplomacy 회장 | 지구촌 공생발전 뉴 새마을운동 세계연맹 상임고문
전, 11대 국회의원

새마을운동에 앞장서서 새마을운동 이론체계 정립과 지속적인 발전에 크게 기여하여 오신 새마을운동의 영원한 동지요, 큰형님이시며 스승되시는 총장님!

사회와 국가가 어렵고 흔들릴 때마다 지역사회 공동체 발전의 원동력이 된 근면, 자조, 협동의 새마을정신을 역사정신과 시대정신으로 알고 의병정신으로 살자고 하시는 새마을운동의 멘토이신 총장님!

1970년 4월 22일 시작된 '새마을운동의 날'이 이제는 국가기념일이 되

었고, 새마을운동의 세계화연대인 이때에 '변화, 도전, 창조의 정신'으로 8천만 한민족의 평화통일의 꿈과 지구촌 공생발전을 위한 허브코리아의 여망과 함께 이제 21세기 '지구촌은 한 일터', '인류는 한 형제', 다문화세상에서 '제2의 새마을운동'을 '뉴 새마을운동 미래화, 세계화'를 위한 '새마을 문화올림픽'을 추진하시는 총장님께서 이 모두를 위한 비전 총서로서 『새마을학』을 출간하심은 신 총장님이 새로 작사하신 '뉴 새마을운동 노랫말'에서 볼 수 있듯이 지구촌 공생발전共生發展의 새세상 만드는 '모터, 히터, 라이터'로 '뉴 새마을운동'이 역할할 것으로 믿으며, 지속가능한 세방화Glocalization, 평화, 생명, 산업 사랑 문화올림픽운동, 생활의 과학화, 선진화, 복지화, 빈부격차 줄이고 부패없는 공정사회 만들기 운동 중심으로 '뉴 새마을운동의 발전' 있기를 기원합니다.

김옥길

제13대 새마을지도자 중앙협의회장 | 지구촌 공생발전 뉴 새마을운동 세계연맹 공동총재

오바마 미국 대통령이 아프리카의 여러 나라에게 한국의 발전 모델을 벤치마킹하도록 권하는 것은 매우 감사하고 기쁜 일이다. 동남아 국가원수들이 제주도에 모여 한국의 발전 모델을 배워가려고 하는 것도 매우 자랑스런 일이다. 한국은 2차 세계대전 이후 출발한 80여 개 국 중에 정치적 민주화와 경제적 산업화를 동시에 성공시킨 세계 유일의 국가이기 때문이다.

한국은 6·25 한국전쟁으로 국토의 4/5가 폐허로 변했으며 전 세계에서 국토면적이 110번째로 좁은 국토 안에 석유가 한 방울도 생산되지 않는 등

부존자원이 거의 없고 식량의 28%만 자급자족할 정도로 취약한 상황이다. 게다가 남·북한 군사대치로 준 전시상황 속에 살면서 60년만에 원조 수혜 국에서 원조 공여국가로 대약진을 하였고, 이제는 G-20 의장국가로 세계 경제를 이끌어가는 선진국 대열에 진입하게 되었다. 자동차와 반도체 등에서 세계를 선도하고 가전제품과 IT산업분야에서도 세계 10위 안에 들어가 있다.

어떤 요인이 이를 가능케 했을까? 한국인의 높은 교육열과 함께 70년대 부터 전국적으로 펼쳐진 사회개혁운동 즉 새마을 운동을 기억하게 될 것이다. 전 국민이 함께 동참한 경제개발 5개년계획과 의식개혁 운동을 통해 대대적인 생활개선 운동이 일어났고, 자조·협동·단결을 통해 농경문화에서 산업사회로 급격히 방향을 틀었으며, 현대화된 공장들이 세워지면서 지붕개량, 변소개량, 공동우물개선, 도로신설 등 기본생활개선을 위한 기본 인프라의 대혁신이 펼쳐진 결과라 할 수 있다.

오늘날 세계 각지에는 1960년대와 1970년대의 한국 상황과 비슷한 나라들이 적지 않게 존재하며 그들에겐 한국을 근본적으로 변화시킨 '새마을운동'이 중요한 발전모델이 될 수 있을 것이다. 따라서 개발도상국의 국가 공무원과 교육자 및 농어촌지도자들이 한국의 새마을운동의 실제를 배우고 익혀 자기나라의 근대화 추진 사업에 활용할 수 있을 것으로 판단된다.

이런 상황을 접하면서 초창기 한국 새마을운동의 이론적 창안자 중 한 사람인 신윤표 박사께서 현대사회에 맞도록 『뉴 새마을운동론』을 개정 출판하여 보급과 교육에 나선다는 것은 국제사회에 커다란 기여가 될 것으로 생각된다. 특히 새마을운동은 새마음운동을 전제로 한 의식개혁 운동이기에 교육과 종교계부터 파트너십을 발휘해야 될 것이다. 새사회가 되기 위해선 먼저 새사람이 되어야 하기 때문이다. 여기에 당장 여기저기서 활용할 수 있는 기술전수의 실습교육이 병행됨으로 즉시 각 나라 각 지역에 도입 활용되게 할 수 있을 것이다.

21세기에 기독교정신과 UN정신에 의해 전 세계의 부유한 선진국가들이 성경마태 25:34~40 말씀에 따라 개도국과 후진국에 대해 따뜻한 파트너십을 발휘해 교육과 원조를 통해 새로이 자활의 기반 · 조성과 자신감을 고취시켜준다면 세계평화와 공생발전은 좀 더 앞당겨질 것으로 기대된다. 뉴 새마을운동에 대해 깊은 헌신과 관심을 갖고 주도적으로 이를 세계 각국에 교육 · 전달 · 지도하고자 노력하는 신윤표 박사의 집념에 대해 아낌없는 치하의 인사를 올린다.

김형태

한남대학교 총장 | 지구촌 공생발전 뉴 새마을운동 세계연맹 공동총재

정부가 1960년대에 근대화정책의 기본전략으로서 경제개발 5개년계획을 시작하면서 공업화와 아울러 농촌근대화를 위한 '새마을운동'을 중점적으로 추진하여 전근대적인 농업과 농촌과 농민의 모습을 바꾸는데 새로운 계기를 마련하였습니다. 1970년 4월 22일에 정부주도로 시작한 '새마을운동'은 무엇보다도 빈곤이라고 하는 우리의 역사적인 유산을 청산하기 위해 새로운 농법과 새로운 농촌환경 그리고 새로운 공동체 우리 전통인 '두레운동' 새동네 만들기 의식을 고취시킴으로서 '잘살아 보자'는 종합적인 국민운동을 전개하여 큰 성과를 거두었다고 생각합니다. 그리고 처

음에는 농업개발과 농촌환경개선으로 농민생활을 향상시키겠다는 '새마을운동'이 정부주도의 하향식으로 추진되었던 만큼 농민들의 자발적이며 조직적인 참여에 의한 승수효과를 거두는 데는 시간과 예산을 들여야 했습니다.

더욱이 체계적인 조사연구나 이론모델형성과 NGO 운동으로서 관·민 협동국민운동으로 발전이 요구되었던 초창기에 신윤표 총장님은 한국근대화운동의 산 증인이며 한민족의 가난한 역사를 청산하는데 큰 계기를 마련해 준 '새마을운동'을 처음부터 연구하고 교육하고 홍보하는 새마을 전도사임을 잘 알고 있습니다. 이러한 40여년간의 필생과업이 '새마을운동'의 기초이론을 세우고 학문적인 체계를 세워 『새마을학』을 완성하겠다는 집념을 불태워 그 결실을 맺어 출판하게 됨을 매우 기쁘게 생각하는 바입니다.

'새마을운동'을 학문적으로 정립한 대 역작인 『새마을학』은 새마을운동에 관한 총서로서 12장으로 구성된 새마을운동 총서라고 생각됩니다. 이 책의 이론적 구성은 셋으로 크게 구분할 수 있다고 봅니다.

첫째, 제1부는 근면과 자조와 협동으로 시작된 새마을정신과 변화·도전·창조의 뉴 새마을운동의 철학과 이념, 그리고 새마을운동의 단계적 전개와 확산과정 등을 정리하였고,

둘째, 제2부는 민간주도의 새마을운동과 그 자율화 그리고 새마을운동 발전과정에서의 시련 등을 예시하였습니다.

셋째, 제3부는 뉴 새마을운동의 정신과 발전전략을 모색, 이를 세계화시키려는 새마을운동의 Globalism전략을 체계화시켰습니다. 특히 새마을운동의 어제, 오늘 그리고 미래를 총합사회과학적 접근으로 체계적인

Model을 설정하였다는 점에서 학문적으로 평가를 받을 수 있는 역작이라고 사료됩니다.

즉, 뉴 새마을운동의 역사적 배경과 미래의 전망, 그리고 방향과 과제를 새롭게 제시하였습니다. 또한 뉴 새마을운동의 진흥전략과 미래창조전략에서는 경제도덕성운동과 공정사회운동 그리고 첨단과학기술운동과 지속 가능한 환경친화적 사회운동과 신지식인과 문화부흥운동 등을 구체적으로 제시한 것이 돋보입니다.

결론 부문에서는 지구촌은 한 일터이며 인류는 한 형제로서 모두 미래로 세계로 향하기 위해서는 뉴 새마을운동의 세계화 전략을 실천해야 하는데, 이를 이론적으로 체계화 시켜주고 있습니다. 인류가 보편적인 세계주의를 기초로 한 지구촌 공생발전을 위해 녹색성장을 달성하여 인간과 지구를 동시에 구원할 수 있는 원대한 실천 모델을 이 책이 제시한 것을 높이 평가할 수 있습니다.

또한 그 실천운동으로서 지구촌 인간생활정주권을 형성할 수 있는 뉴 새마을운동의 세계화를 추진하기 위해 Global Leadership을 양성할 아카데미를 창립하며, UN의 NGO로서 '뉴 새마을운동 세계연맹'과 '지구촌 공생발전운동 연맹'을 중심으로 뉴 새마을운동의 세계화 추진이 잘되어 새 문명사 창조에 크게 기여하기를 기원합니다.

이종훈

현, 한국경제학회 명예회장 | 지구촌 공생발전 뉴 새마을운동 세계연맹 공동총재
전, 중앙대학교 총장

존경하는 신윤표 교수님께서 좋은 책을 펴내신다는 반가운 소식을 접하고 기쁜 마음으로 축하의 말씀을 전합니다. 신윤표 교수님은 저와 오랜 인연과 친분을 가진 분으로 젊은 시절부터 중앙공무원교육원에서 교수로서 입법, 행정, 사법 3부의 고위공무원들에게 강의를 하셨으며, 조국 근대화 운동의 하나인 새마을운동의 이론적 산파역을 하신 분입니다.

　교수님은 교육자로서 뛰어난 식견과 안목으로 한남대 총장직 수행 중 대통령자문기구인 교육혁신위원회에 참여하시어 다양한 지방사립대 육성 방안을 제시함으로써 우리나라 고등교육 발전에 기여하기도 하였습니다.

　풍요로움 속에 성장한 요즘 젊은이들에게는 생소하겠지만, 우리나라의 근간을 이루고 있는 한 축에 새마을운동의 정신과 성과가 있다는 것은 부인할 수 없는 사실입니다. 따라서 이 책의 발간이 온고지신溫故知新의 정신으로 새마을운동의 이념을 되살리고, 나아가 이를 더욱 계승 발전해 나갈 수 있는 기틀을 마련하는데 크게 기여하기를 기대합니다.

　이제 지구촌 공생발전을 위해 새마을운동의 세계화라는 원대한 꿈과 함께 다시 출발선에 서신 신윤표 교수님의 열정에 큰 박수와 성원을 보냅니다. 우리나라의 새마을운동 정신을 널리 보급하여 새마을운동 종주국으로서의 위상과 대한민국의 브랜드 가치를 높여주시고, 세계 시민 모두가 풍요로운 삶을 살아갈 수 있도록 큰 힘이 되어주시길 부탁드립니다.

　교수님, 늘 건승하십시오!

조규향
현, 동아대학교 총장 | 지구촌 공생발전 뉴 새마을운동 세계연맹 공동총재

우리나라 근대화 브랜드 새마을운동이 세계로 전파되고 있는 시점에서 전 한남대 신윤표 총장께서 새마을운동을 재 점화하는『새마을학 : 뉴 새마을운동 발전전략』이라는 값진 책을 펴낸 것을 진심으로 축하합니다.

회고하면 새마을운동은 1970년으로 거슬러 올라갈 수 있습니다. 시작은 '새마을 가꾸기'에서 출발했습니다. 당시 정부는 마을당 양회 135포를 지원하고 마을이 주도가 되어 동네 진입도로의 확장과 포장, 공동우물 개보수, 공동빨래터 만들기 등 마을환경개선으로 시작했습니다. 필자는 당시 내무부현,행정안전부 지역개발과장으로서 이 운동의 지침이 되는『새마을 가꾸기 길잡이』를 발간하여 전국 농촌마을에 보낸 기억이 새롭습니다.

이 운동은 초가집 없애기지붕개량, 폭 4m 농로 만들기, 농촌 소득증대사업 등 잘살기 운동으로 발전하면서 도시새마을운동, 직장새마을운동으로 확산되는 범국민운동으로 세계 이목을 끌었습니다. 이렇게 새마을운동이 요원의 불길처럼 타오르게 된 것은 정신적 지주인 '근면 · 자조 · 협동'의 새마을정신이라 하겠습니다.

그러나 아쉽게도 박정희 대통령의 서거로 새마을운동은 역사의 뒤안길로 사라져가고 도시화, 산업화가 급진전되면서 공동체는 와해되기 시작했습니다. 그렇지만 세상은 바뀌어 지역주권시대가 도래되면서 세계는 지방을 중시하는 분권화운동에 돌입하고 있습니다. 지방자치는 단체자치에서 주민자치로 전환되고 정부는 지역활성화를 지향, 갖가지 시책을 쏟아내고 있습니다.

이러한 시책들이 성공하고 정착되려면 지역이 주체가 되고, 주민공동체제가 기반이 되어야 하며 거기에는 '근면 · 자조 · 협동'하는 새마을정신이 중심에 서야합니다. 신윤표 전 총장께서 저술한 책에는 새마을정신이 잘 녹아 있습니다.

새마을운동의 르네상스시대를 맞아 이 책이 새마을운동을 세계적인 브랜드로 승화시키는데 크게 기여할 것으로 확신하면서 신 총장님의 역작 출간을 다시 한번 축하드립니다.

권순복

(사)지방행정연구소 이사장 | 지구촌 공생발전 뉴 새마을운동 세계연맹 고문

새마을운동은 우리나라의 독창적인 국가 브랜드의 하나이며, 이미 여러 나라에서 벤치마킹하고 있는 운동입니다. 새마을운동은 이제는 단순히 빈곤에서 탈출을 위한 운동이라기보다는 삶의 가치, 문명·문화의 가치를 드높여 나가는 희망 운동의 한 Model이라고 생각합니다.

이번에 새마을운동의 이론가이며 지도자인 신윤표 총장께서 펴낸 『새마을학 : 뉴 새마을운동 발전전략』는 우리가 아니, 세계가 함께 잘살고 함께 잘 가꾸어 나가는 구체적인 철학과 방법을 체계적으로 밝혀낸 새마을운동의 결정판이라고 생각합니다. 앞으로 뉴 새마을운동이 실제로 강력하고 효과적으로 전개되기를 바랍니다.

김우식

현, (사)창의공학연구원 이사장 | 지구촌 공생발전 뉴 새마을운동 세계연맹 고문
전, 부총리겸 과학기술부장관 | 전, 연세대학교 총장

1970년 새마을사업이 시작된 이래로 이 문제와 씨름해온 신윤표申允杓

총장이 명작을 내놓았다. 『새마을학 : 뉴 새마을운동 발전전략』이다. 1960년대 우리가 경제개발 5개년 계획이라 하여 경공업과 중공업을 동시에 추진하는 것을 보고 일본의 학자와 공무원들은 "산업발전단계에 따라 농업개발을 완성한 다음 경공업으로, 경공업을 완성한 연후에 중공업으로 다시 화학공업으로 이행해야 하는데 한국식으로 하면 실패하기 쉽다." 라고 말했다.

그런데 우리는 이 모든 것을 한꺼번에 추진해서 성공한 유일한 나라이다. 1970년 새마을운동이 시작될 때 우리나라의 농촌인구는 49%였다. 이 당시 농민들은 10월 추수를 끝내면 다음해 6월 모내기철까지 무위도식無爲徒食하는 것이 상례였다. 이 관습을 타파하자는 것이 새마을운동의 시작이다.

경제학적 입장에서 볼 때 새마을사업은 단순한 하나의 농민운동 같지만 당시 우리나라로서는 43,000 부락에서 일제히 일어난 구국운동이었다. 언젠가 남한산성에 칩거중인 鷺山 이은상 선생을 찾아간 일이 있다. 그때까지만 해도 사람을 알아보고 말도 떠듬떠듬 하시었다. "김군! 박정희 대통령과 일 많이 했지", "네", "박정희 대통령은 말이야 공적으로 말하면 세종대왕 플러스 이순신이야. 한글창제도 대단하고 임진왜란 때 왜군을 물리친 것도 대단하지만 박정희 대통령은 경제개발은 물론 새마을운동을 통하여 가난을 물리쳤단 말이야." 하시었다.

신윤표 총장은 이 책에서 새마을운동이 국제화를 부르짖고 있는데 시기 적절한 주장이라 생각된다. 그것은 가히 세계에서 많은 나라들이 우리의 새마을 운동을 본받고 있는가 하면 성남의 새마을연수원에는 동남아의 많은 나라에서 연수생을 파견하고 있다. 다시 한번 이 책의 출간을 축하하면서 새마을운동의 영원한 발전을 바란다.

김의원

지구촌 공생발전 뉴 새마을운동 세계연맹 고문

전, 경원대학교 총장

새마을운동의 역사를 총체적으로 정리하고 현실적인 종합평가와 함께 21세기 실존, 미래화, 세계화를 위한 새로운 도약을 위해서 새마을운동의 이론적 산파역을 하신 새마을 1세대 교수로서 경제적, 사회문화적 근대화 운동으로서 역사적으로 길이 빛날 대변혁의 사회개혁운동이며 개척의 마음과 변화의 의지를 일깨워준 의식개혁운동이라 할 수 있는 새마을운동을 『새마을학 : 뉴 새마을운동 발전전략』으로 다시 쓰신 신 총장님께 경의를 드립니다.

1970년 4월 22일 새마을운동이 시작될 때 청와대 정무비서관 시절부터 장관시절, 대학 총장시절, 지금까지 호적은 다르나 친형제처럼 지내온 관계여서 누구보다 더 신 총장의 역사를 잘 알기에 더욱더 경하드리는 마음이 큰 가 봅니다.

이 책 내용에서 강조되고 있는 '지구촌 공생발전', '선진화 복지애국' 중심으로 '평화 · 생명 · 산업 · 사랑문화 올림픽' 의 비전을 담은 총서로서 '뉴 새마을운동 미래화, 세계화 전략 『새마을학』을 출간하신 것은 제가 신 총장을 만날 때부터 허물없이 새마을운동 열사의 약칭으로 '신열사' 라고 부르는 칭호 값을 크게 하신 것으로 생각되어 매우 기쁩니다. 세계 대학중심으로 UN NGO로서 뉴 새마을운동의 미래화, 세계화 비전이 열매 맺기를 기원합니다.

정종택

현, 충청대학교 명예총장 | 지구촌 공생발전 뉴 새마을운동 세계연맹 고문
전, 충청대학교 총장 | 환경부 장관 | 농림수산부 장관 | 국회의원

    정부는 스마일 농어촌운동을 전개하며 글로벌 새마을 지도지의 양성, 신생 후진국에 방학 때마다 나가는 4천여 명의 대학생 봉사단 및 농어촌의 변화를 선도할 지도자 10만 명 육성과 농어민들에게 맞춤형 조언을 해줄 100만의 재능기부자도 확보해야 되는 이때에 지구촌 공생발전을 위한 새마을운동의 세계화 전략론이라 할 『새마을학 : 뉴 새마을운동 발전전략』를 출판하신 신윤표 총장님께 경의를 드립니다.

    70년 새마을운동 시작할 때부터 전국공무원, 국영기업체, 군인, 경찰, 전국농협 직원에 이르는 순회강연을 해주셨고 지역개발과 새마을운동의 발전전략을 책으로 펴내주셨습니다. 전국대학새마을연구소 중 최초로 지금 한남대당시 숭전대학교에도 새마을연구소를 창립, 그 후 세계 최초로 지역개발대학원지역사회개발학과, 도시 및 지역계획학과, 개발행정학과, 산업경영학과, 지역경제학과을 설립하여 새마을지도자 양성에 앞장섰던 총장님께서 제안하신 범국민문화, 생활, 혁명, 녹색성장, 복지정책, BT·MT·IT 융합 전문가 양성이 절실하다고 봅니다.

    총장님께서 발행한 『새마을학 : 뉴 새마을운동 발전전략』은 이를 위한 기본서로서 추천하고 싶으며 총장님이 대표총재로 계시는 뉴 새마을운동 세계연맹 중심으로 총장님이 뜻하시는 새마을 대학원 대학이나 녹색 새마

을 사관학교도 설립되기를 소원합니다. 변화, 도전, 창조의 뉴 새마을정신
이 꽃피고 열매 맺기를 기원합니다.

현, 농협 동우회 회장 | 지구촌 공생발전 뉴 새마을운동 세계연맹 고문
전, 농협중앙회 회장 | 전, 국회의원

새마을운동의 동반자이며 동학同學인 신윤표 박사가 새마을운동의 이론
서를 단행본으로 출간함에 즈음하여 동도同道인 본인에게 필흔筆痕을 남겨
줄 것을 청해왔다. 처음에는 분에 넘치는 일이라 사양했다. 그러나 동 저
술내용이 새마을운동 40년을 되돌아보면서 미래의 발전방향을 제시하기
위한 노력이 담겨있다는 것을 읽을 수 있었다. 그래서 졸필이지만 붓을 들
기로 했다.

저자는 대학의 총장을 역임하면서도 새마을운동의 동반자라는 자신의
입지를 흔들림 없이 견지하면서 제2전공 영역으로 새마을학을 개척하기
위하여 많은 정렬을 기울여 온 것으로 알고 있다.

새마을운동은 지역사회 주민들의 생활개선운동으로 시작된 것이지만
특이한 점이 있다면 주민들의 일상적인 생활현장에서 발전을 저해하는
문제점을 찾아내고 그 문제를 해결해가기 위한 방법을 부단히 찾아내는
노력을 지속해 가고 있다는 점이다. 새마을운동의 현장에는 행정적 지도
력이 투입되었고, 대학지성들의 학술적 연구방법이 동시에 참여됨에 따
라 새마을운동은 거의 입체적인 활성실체活性實體로 자리매김할 수 있게
되었다. 따라서 대학교수들의 초전공적 공동노력의 결과는 1,000여건 이

상의 현장 체험적 연구논문으로 발표될 수 있었고 그것이 사회적 토론과 정을 걸쳐서 실용화될 수 있는 가능성이 생활현장 주민들의 자신감으로 승화되면서 새마을운동은 40여년 역사의 뿌리를 내리게 되었다. 아울러 국제화의 각광을 받게 되었을 뿐만 아니라 새마을운동의 기록이 인류문화 의 일환으로 인정받는 단계에 이르고 있다.

새마을운동은 스스로의 정체성을 명백히 하지 않으면 안 된다는 시대적 요구에 부응해야한다는 한 차원 높은 소명 앞에 서게 되었다. 이때에 즈음 하여 『새마을학』의 출간은 시의성時宜性이 있다 할 것이다.

학문이란 이론을 바탕으로 하여 성립되는 것이지만 경우에 따라서는 사 살로부터 이론을 체계 있게 정립해갈 수도 있다. 새마을운동은 처음부터 전제되어 있는 이론모델을 바탕으로 해서 펼쳐졌던 것이 아니었다. 어디 까지나 생활현장에서 계기繼起하는 문제들을 임상실험적인 접근방법을 통 하여 하나하나 풀어가면서 축척한 것이 새마을 이론이다.

저자가 시도하고 있는 일부 장절章節 속에는 아직 자리매김되기 어려운 가정假定도 포함되어 있으나 그것은 저자의 이상을 투영投影한 것이라고 본 다면 아직 사회적 토론과정이 남아있는 부분이라고 여겨진다. 학문이란 토론의 여지가 많을수록 사회적 관심의 집주성集注性이 높아진다.

바라건대 이 한권의 책이 사회적 토론의 장이 될 수 있고 새로운 가능성 을 던져주는 도화력導火力을 지닐 수 있게 되기를 기대해 마지않는다.

김유혁

단국대학교 명예교수

전, 새마을중앙회장 | 금강대학교 총장

우리 민족문화의 많지 않은 수출 품목인 새마을운동을 체계화하고 학문화하기 위해 『새마을학 : 뉴 새마을운동 발전전략』 총서를 출간하게 됨을 축하드립니다. 새마을운동의 실체와 가치가 특히 제3세계에 널리 전파되어 가난과 고통에 허덕이는 많은 사람들에게 희망의 깃발이 될 뿐만 아니라 부유한 여건을 누리는 사람들에게 근면과 헌신의 가치를 심어줄 수 있기를 바랍니다.

신일희

계명대학교 총장

새마을운동은 한국형 산업혁명이라고 봅니다. 근대적 농촌사회운동에서 시작한 '신 농촌개발운동'은 도시 새마을운동으로 확장되면서 학교, 가정, 공장, 직장, 기업, 군에 이르기까지 확산되면서 지역발전과 현대화에 크게 기여했다고 보며, 이 과정에서 '새마을교육'은 국민적 자각과 참여의식의 고취, '복지국가 건설'과 '선진조국창조'에 방법론을 제시하였다고 봅니다.

이제 새마을운동도 시대 상황에 맞는 새로운 국민운동, 세계적인 NGO로서 42년의 축적된 힘으로 세계문명사를 다시 쓰는 주역국가로서 '새마을코리아' 발전모델을 세계화하여야 할 금세기에, 세계 최초로 『새마을학』을 쓰신 신 교수님께 200여만 새마을가족중의 한사람으로서 회원 중 85%나 되는 새마을부녀회가 중심이 되어 '어머니 정신'으로 새마을 문화 올림픽을 구상준비하시는 총장님께 심심한 감사와 경의를 드립니다.

최초로 '대학 새마을연구소', '지역개발대학원'을 당시 숭전대학현, 한남

XX 축간사

대학교에 세우시고 흥사단 아카데미 지도교수로서 대학 새마을운동에 열정을 바치셨던 시절을 기억합니다. 새마을지도자, 공직자, 사회지도층, 청소년, 직능단체, 외국인교육에 이르기까지 '새마을운동과 국가발전'이란 특강으로 밤낮없이 뛰던 시절의 새마을정신으로 초창기에도 처음으로 「새마을운동과 발전전략」을 이론과 실제를 접목시켜 교재로 사용하셨고 이제 『새마을학』을 펴내셨으니 대단한 일을 하셨습니다. 진정으로 새마을교수다우십니다. 간행을 축하합니다. 새마을운동을 잘 모르는 청소년들에게도 '길잡이 책'이 되었으면 좋겠습니다. 대학 때부터 '가나안 농군학교' 출신으로서 평생 농심農心으로 살아오신 교육자 신 총장님의 '혼'을 따라 배우기를 청소년들에게 권면합니다.

이정은

전, 제14대, 제15대 새마을부녀회 중앙연합회장

그동안 새마을운동 관련 연구에 큰 업적을 내신점 경하해 마지않습니다. 우리나라 근대화의 계기가 된 근면, 자조, 협동, 과학진흥의 새마을 정신으로 시작한 이 운동은 결코 과소평가할 수 없을 것입니다.

1987년 총장 때 새마을운동 발전방향에 대한 자그마한 연구를 한양대학교 홍 교수와 같이 했던 기억이 납니다. 새마을운동을 과학기술과 연계하는 방향의 서론적 연구결과를 냈었습니다.

지구촌 공생발전과 선진화 복지애국 코리아 부흥전략으로서 새마을운동을 중흥시키려는 사명감으로 지식, 정보산업, 생명공학, 우주공학, 신재생에너지 산업 등의 제5변동물결이 치고 있는 문명사적 전형기에 인간생활정주권Human Settlements이론으로 『새마을학 : 뉴 새마을운동 발전전략』
의 정책기본서를 출간하심을 축하드리며 대학생들에게도 추천하고 싶습
니다.

  신 총장 책에서 주장하는 변화, 도전, 창조의 뉴 새마을운동 정신, 개척
자 정신, 실용주의 정신, 바이블 정신청교도 정신이 역사정신, 시대정신과 융
합하여 결실되며 새마을운동의 세계화와 새마을 사관학교나 새마을 대학
원 대학 설립을 진심으로 기원합니다.

조완규

전, 서울대학교 총장

‘하면 된다, 할 수 있다’는 ‘Can Do 정신’, ‘우리도 한번 잘살아 보자’는 ‘근면·자조·협동’의 새마을운동은 산업화와 민주화를 우리 힘으로 창조한 한국의 근대화운동의 대명사다.

42년의 역사 장정을 진행하는 지금, 동남아시아와 아프리카 등 전 세계에서 관심을 보이는 새물결운동이 되었다.

2012년 4월 22일을 국가기념일로 ‘새마을의 날’을 제정한 뜻 깊은 해에 이 책을 내면서 박정희 대통령이 작사하고 작곡한 새마을 노래 4절과 2절 추가한 가사를 오늘날 새마을운동의 실존實存과 미래창조를 위하여 역사정신과 시대정신을 바탕으로 뉴 새마을운동 노래를 7절까지 필자 작사로 아래에 싣는다.

새마을 노래

1절 새벽종이 울렸네 새아침이 밝았네
너도나도 일어나 새마을을 가꾸세
살기 좋은 내 마을 우리 힘으로 만드세

2절 초가집도 없애고 마을길도 넓히고
푸른 동산 만들어 알뜰살뜰 다듬세
살기 좋은 내 마을 우리 힘으로 만드세

3절 서로서로 도와서 땀 흘려서 일하고
소득증대 힘써서 부자마을 만드세
살기 좋은 내 마을 우리 힘으로 만드세

4절 우리 모두 굳세게 싸우면서 일하고
일하면서 싸워서 새 조국을 만드세
살기 좋은 내 마을 우리 힘으로 만드세

5절 새 시대가 열렸네 우리 모두 힘 모아
민주복지 정의의 새 역사를 만드세
살기 좋은 내 마을 우리 힘으로 만드세

6절 우리 모두 한마음 새 정신을 일깨워
화합번영 통일의 새 나라를 만드세
살기 좋은 내 마을 우리 힘으로 만드세

뉴 새마을운동 노래

1절 신뢰원칙 한마음 빛과 소금 역할로
근면자조 협동해 새마을을 가꾸세
영광스런 새나라 우리 힘으로 만드세

2절 변화도전 창조로 뉴새마을 만드세
상생공영 힘써서 생활경제 살리며
총합과학 키워서 복지국가 만드세

3절 민주정의 복지 땅 새 나라를 만드세
갈등부패 없애고 희망행복 이루며
절망불신 넘어서 좋은 세상 만드세

4절 소질비전 키워서 선진한국 만드세
젖과 꿀이 흐르는 문화강국 만드세
평화생명 자연사랑 금수강산 만드세

5절 평화통일 이루어 새 역사를 만드세
민족번영 이루어 새 조국을 만들며
홍익인간 세상을 우리 힘으로 만드세

6절 우리 모두 한마음 새 정신을 일깨워
화합총화 새나라 화평천국 만드세
뉴 새마을 세계화 우리 힘으로 이루세

7절 지구촌은 한 일터 세계 인류 한 형제
서로 돕고 합력해 공생발전 이루세
평화스런 지구촌 사랑 힘으로 만드세

다시 시작하는 '뉴 새마을운동' 은 지구촌 공생발전共生發展, 선진화 복지 애국福祉愛國, 신 광복 민주평통民主平統 운동중심으로 새롭게 '새마을운동 의 진흥전략', '미래화 전략', '세계화 전략' 을 구상하였으며 우리민족의 염원인 '온 국민이 더불어 함께 잘사는 복지국가' 건설을 목표로 추가하였 다. 특히 '뉴 새마을운동의 세계화' 를 희망하는 개발도상국들에게 제공할 수 있는 뉴 새마을운동의 실천모형과 실천방법론을 국제적 교육협력 사업 을 통한 지원협력의 방책으로 구상하였다. 이제 우리 한국은 새마을운동 종주국宗主國으로서의 역할을 세계 속으로 확대해 나가야 할 인류문명사적 사명을 느낀다.

이를 위하여 뉴 새마을운동의 기본철학은 ① 세상의 빛과 소금되기 운동 ② 온 인류에 생명수 주기 운동 ③ 맑고 향기로운 사회 만들기 운동 ④ 총체 적 사회개혁을 위한 민주시민운동 ⑤ 우리 모두가 뿌리노릇과 청지기 사명 다하기 운동 ⑥ 평화, 생명, 산업사랑 한 식구食口되기 운동 ⑦ 각 사람들은 자기가 가진 지식, 물질, 권력, 지위, 명예, 재능을 좋은 세상 만들기 공동선 Common goods에만 쓰는 운동 ⑧ 인간생활정주권人間生活定住圈:Human Settlements 중심 지역발전운동 ⑨ 성숙한 새나라 새마을을 만드는 새정신 문화운동을 중심으로 활성화하여 총합사회 발전운동으로 지속하자는 것이다.

새마을운동을 총체적으로 재평가하고 21세기형 '뉴 새마을운동' 의 지 속가능한 발전방안을 모색하여 먼저 전 세계의 발전도상국가의 롤모델이 되도록 이끌어야 한다. 또한 지역과학Regional Science 이론으로 접근하여 '지구촌 공생발전'을 이루어야 한다. 이를 위해 '고기를 주는 나눔운동' 이 아니라 '고기를 잡는 방법'을 가르쳐 주는 뉴 새마을운동으로 재무장하여 스스로의 의지와 노력으로 발전하는 법을 제시한다. 우리는 '식민지, 전쟁, 분단의 한과 갈등' 속에서 무지와 빈곤의 눈물을 머금고 황무지에서 장미꽃을 피웠으며, 초가집을 없애고 마천루 빌딩도시를 건설하였고, 한강의 기적을 이룬 선망의 나라가 되었다.

'피땀으로 씨를 뿌려 역사농사를 지어온' 성공사례를 UN 반기문 사무총장이 제창하여 2011년 8월부터 시작된 UNAI UN Academic Impact: UN고등교육기구에 UN 193개 회원국 8700여 대학들과 '지구촌 공생발전운동 연맹'과 '뉴 새마을운동 세계연맹'이 참여하여 UN NGO로서 지구촌 문명문화사를 다시 쓰기를 희망하면서 이 책을 쓴다.

불확실성으로 가득 찬 미래의 사회변동을 어떻게 관리하며 금융위기와 시장불안, 병든 지구촌의 치유방책, 미래요 희망이며 꿈이라 할 청소년 세대의 교육문화 진흥을 위하여 우리는 무엇을 어떻게 할 것인가에 대한 모범답안을 '뉴 새마을운동론'의 보정판補正版 『새마을학』에 담고자 하였다.

지구촌 환경은 많은 위험과 기회를 동일하게 갖고 있다. 이에 대한 선택과 변화, 도전, 창조의 힘과 지혜를 발휘해야 함은 우리의 책무가 아닌가!

평화와 생명생존을 위협하는 현상과 확실함이 없는 미래, 총체적인 부패와 심각한 갈등 양상들, 안정적 자원문제 해결과 지속가능한 공생발전의 대응전략, 대응을 위한 구체적인 모색, 개인, 기업, 국가차원의 새로운 리스크관리, 현재진행형인 인간, 공간, 시간의 3차원 변화에 도전과 응전의 전략론을 중심으로 현상을 분석하고 미래를 전망하여 새로운 대응논리를 찾고자 하였다.

나의 삶과 글을 통해서 제자뿐만 아니라 나를 알고 있거나 나의 글을 읽는 모든 님들에게 나의 마음, 나의 뜻, 나의 사랑을 변하는 세상에서 변하지 않는 진리로 대화하기를 바라는 마음은 지금도 여전하다. 이 기회에 드리고 싶은 '말씨'를 남긴다. 특히 '뉴 새마을운동 세계연맹' 식구들과 밝은 태양을 찬미하는 모든 님들이다.

첫째, 열매를 맺기까지 동토에서 싹틀 때 비바람 맞으며 자라서 꽃필 때까지, 그것도 잠깐 꽃이 지는 아픔 속에서 고통을 도약의 토대로, 어려움을 자극제로, 전화위복을 만들려는 초심과 열정, 그리고 강한 의지와 인내로, 열매를 맺기 위한 힘 기르는 일에 매진하세. 평화를 위해, 생명을 위해 한사랑 간직하고 실패에서 배우며 큰 꿈을 품고, 실천은 비근한 데서 작은 일부터 포기 말고 성공만을 위하여 온 힘을 집중하세. 할 수 있다는 신념과 안 되면 되게 하고, 길이 막히면 새 길을 찾으세. 오직 전진하세.

둘째, 미래를 창조하세.

내일Tomorrow은 누구에게나 오지만 미래Future는 창조하는 자의 것이며, 열정 없이 만들 수 없는 것이니 목숨을 걸 만한 미래라면 결단과 용기로서 자신의 달란트를 전부 바치세. '아집'과 '고집'이 아니라 '큰 바위 얼굴', '멘토'를 자처하며 멋지게 살면서 가치 있는 일이라면 경험하고 체험할지언정 '이런들 어떠리, 저런들 어떠리' 그렇게는 살지 마세. 조국을 위한 일편단심一片丹心, 진리를 위한 오직 한 길, 두려움 없이 망설이지 말고 정진하세. 모든 일을 정확하게 매듭지어 가세. 학은 날 때 지저분한 깃털 하나 없이 살짝 뜨나, 높게 날고 욕심 없이 먹는 습관으로 건강하게 오래 산다지 않는가. 우직할 정도로 원칙과 약속, 신뢰를 지키면서 살게나. 자기 맡은 분야에서는 '프로 근성根性'을 갖고 일하세. '다움'이 얼마나 소중하고 필요한가. 서로 아끼고 사랑하세. 상생공영相生共榮을 누가 부정하리. 냉정하고 가혹하다는 세상살이도 섬기며 나누며 희생하는 사랑보다 더 큰 힘이 또 있을까.

셋째, 가치론적 신념Normative Conviction을 끝까지 변치 말며 무실역행務實力行하세. 해야 할 일과 해서는 안 될 일을 분별하고 진퇴進退는 분명하게 하며 자족自足할 줄 알며 범사에 감사하는 삶을 사세. 모든 것은 지금부터라고 생각하고 하루하루를 최후의 날처럼 소중하게 생각하며 '최선의 최선Do my best, very best'을 다하세. 큰 방축도 개미구멍으로 무너질지니 작고 적은 것이라 무시 말고 소중하게 처리하세. 구슬이 서 말이라도 꿰어야 가치가 있을지니 힘을 다해 구체적으로 행하고 실천하세. 공짜는 없다는 탈무드의 교육철학을 명심하세. 실수는 늘 존재하는 법, 변명 말고 항상 정직하세. 잘못은 회개하고 매사에 윤리적 책임을 지는 자세를 가지세. 착실하게 살며 자존심과 긍지를 갖고 좋은 습관, 좋은 생각, 좋은 말을 즐겨하며 웃고 또 웃으며 생활하세나.

넷째, 천시지이 불여인화天時地利 不如人和라는 말씨를 명심하고 사세. 사람과의 만남은 참으로 중요할지니 못 맺을 인연은 맺지 말며 맺어진 인연, 버리지 말며 뜨기 위하여 지는 해를 붙잡을 수 없듯이 맺어진 인연은 꽃이 피고 꼭 열매를 맺도록 하세. 이것은 선택이 아닌 필수라네. 그리고 누구나 모자람과 약점이 있으니 최약보완最弱補完의 원칙을 살려서 장점은 키워주고 약점은 보완하세. 세상살이는 서로 다름의 조화를 요구한다고 보세. 삼인동행 필유아사三人同行 必有我師라. 적에게서도 배울 수 있으며 모든 사물, 사건, 사람은 마음먹기에 따라 스승이 될 수 있지 않는가. 세상 살면서 자기정체Self Identity성만 갖고 패거리주의로 파벌 갈등을 키워가기 쉬우나 먼저 나부터 양보하고 봉사하며 옳게 바르게 살아가세. 협동과 공생적 존재가치가 인간세상이니 남의 일도 내 일처럼 생각하고 서로 주인노릇 잘하며 협력하여 선을 이루도록 힘을 모으세. 세상에 빛과 소금이 되세. 한 알의 썩는 밀알이 되세. 많은 '밀씨'를 만들기 위하여, 배고픈 사람 먹고 살도록.

다섯째, 청운의 꿈을 꾸며 열심히 사세. 나의 갈길 다가도록 청지기 인생길, 사명사使命史 쓰는 사명자 되세. 빈둥거리지 말고 젊어 노새 흥얼거리지 말고 나를 더욱 가꾸고 다듬으며 사세. 청소년들이여 웃고 뛰노세. 그러나 하늘을 보며 생각하고 청운의 꿈을 키우세. 모든 일에 통찰력Insight을 키우며 '왜'라고 물어보세. 언제나 모든 일을 궁리하세. 열쇠를 사용하지 않으면 녹이 쓸 듯이 머리는 쓸수록 발달하고 노동을 즐거워해야 건강해 진다네. 물방울의 힘에 의해서 돌이 파이는 것이 아니라 꾸준히 떨어지는 빈번함 때문이 아닌가The drop hollows the stone, not by it's force but by it's frequency. 합리적 진보와 개혁적 보수를 양 날개 삼으세. 청소년들이여 능력은 은이고 경험이 금이라는 말을 떠올리며 고정관념에 사로잡히지 말고 젊은 기백과 모험심으로 벤처기업인도 되고 개척자 정신으로 황무지에 장미꽃도 피우도록 하세나. 진인사 대천명盡人事待天命, 제 할 일을 다 하고 하늘의 뜻을 기다리자는 말이네.

필자는 '깻다리科橋' 동내 큰 감나무 집 당숙모를 통해 예수님과 하나님 말씀을 들을 기회가 있었다. 아버지는 뵌 적이 없어 어릴 때부터 '하나님'을 아버지라 부르며 자랐다. 친구들이 초등학교에 갈 때 나는 어머님과 단 둘이 논 다섯 마지기 농사를 지으면서 당숙이 훈장訓長: Village teacher으로 계셨던 '서당書堂'에 다녔다. 그때 마음에 새긴 교훈이 오늘의 나를 만들었다.

그 하나는 '소년은 늙기 쉽고 학문은 이루기 어려우니 한때의 시간인들 가볍게 보낼 것인가'少年易老學難成 一寸光陰不可輕이다. 지금 생각해도 나만큼 부지런하고 일 좋아하며 열심히 즐겁고 기쁘게 생활하는 사람은 드물 것이다. 매일매일이 '귀한 날, 값비싼 날, 최후 주님 만나는 날'로 생각하며 산다.

그 둘은 내애내의乃愛乃義다.

사랑과 의로움이다. 나는 어릴 때부터 어머님의 무한한 사랑을 받으며 성장했다. 눈물로 기도하시는 어머니의 사랑 속에서 나는 생명사랑, 이웃 사랑을 배웠다. 지난 40여 년간 '흥사단 아카데미' 지도교수와 교육포럼 회장, 흥사단교수포럼 회장을 역임하면서 도산島山 선생이 강조한 '애기애 타愛己愛他' 내 생명을 사랑하는 동시에 남의 생명도 사랑하라는 말씀의 참 의미를 생각한다. 생명은 존엄하고, 고귀하고, 아름답고, 하나밖에 없는 절대적 가치이기에 하나님, 부모님이 주신 생명이기에 항상 '효'를 다하려 는 마음을 키웠던 어린 시절이었다. 또 하나의 사랑은 일 사랑이다. 교수 를 천직天職으로 알고 사도 바울이 말한 것처럼 "일하기 싫으면 먹지도 말 라"는 정신을 살려서 휴강없이 임했다. 불로소득不勞所得을 싫어한다.

그리고 내가 영원토록 사랑하는 또 하나는 내 민족과 내 조국이다. 우리 는 1910년 이후 36년간 일본에 나라를 뺏긴 통탄의 역사시대, 총 맞아 죽을 각오, 굶어 죽을 각오, 얼어 죽을 각오로 간도間島에서 의병으로 활동한 선 열들을 생각한다. 또한 1905년 을사늑약乙巳勒約 이후 울릉도의 속도인 독도 獨島를 일본의 시네마현島根縣에 편입시킬 때 최익현 선생은 죽창과 도끼를 들고 일본을 오랑캐로 규정하고 의병을 일으켰을 때 병자호란 후 같이 참여 하여 충남 연산에서 정읍으로 오셨던 신희달申希達 할아버지를 생각한다. 의 병으로 잡혀서 고초를 겪었던 '피적삼'을 초등학교에 입학한 나에게 할머 니는 꺼내서 보여주셨다. 3·1독립운동을 주도한 민족대표 33인 가운데 신 석구申錫九, 신홍식申洪植 두 분이 나의 윗대 평산平山 일가라는 긍지가 내 가 슴에 늘 살아 숨쉰다. 망국亡國의 수치보다 더 큰 비극이 또 있을까. 이제 우 리는 한민족의 한을 품고 세계로, 미래로 나아가면서 호국護國, 흥국興國, 보국報國의 의무를 다하여 애국시민운동으로 '뉴 새마을운동'을 진흥시키자.

그 넷은 진리애眞理愛다.

한민족과 국가의 흥망성쇠Prosperity and fall를 보면 자유와 독재, 정의와 부패, 법과 폭력, 순리順理와 비리非理, 선과 악은 항상 공존하지만 문제는 모든 것, 모든 일에는 진眞, 선善, 미美가 있기에 선택의 기준이 된다. 하지만 꼭 지켜야 할 원칙은 역사정신과 시대정신, 지혜, 용기, 인내력, 양심이라 생각한다. 선각자 도산선생의 말처럼 "진리는 반드시 따르는 자가 있고, 정의正義는 반드시 이루는 날이 있다." 자랑스러운 시민정신은 의에 살고 의에 죽는 것이다. 우리는 진리의 시민이 되어 정의의 나라를 세워야 한다.

그 다섯은 자연사랑이다.

지금 지구는 병들었다. 산과 물과 들이 신음하고 있다. 모든 책임은 물질욕망, 편의, 70억 인류의 무분별한 개발의 죄악 때문이다. 천지자연天地自然을 아끼고 사랑하고 보호하려는 한 식구 의식이 없기 때문 아닌가.

한국이 지구의 '녹색허브'의 나라, 삼천리 금수강산으로 지구촌 모델이 되어 '지구촌 공생발전 세상'을 창조하자. 지구촌의 평화·생명, 우리의 생업을 살리는 참 주인노릇 다하여 광명과 번영의 새역사를 힘차게 전개하자. 기후변화대응, 생물종의 보전, 인류의 참살이, 녹색성장 등 자연보전 방안들을 강구하자.

둘째는 자립자존自立自尊이다.

자립自立, 자주自主, 자생自生, 자강自强, 자족自足, 자중自重, 자애自愛, 자조自助, 자존自尊정신은 독립정신이며 주인정신으로 생각한다. 개인이나 사회나 기업이나 국가발전에서도 스스로의 노력과 힘으로 스스로의 의지로 발전하고 환경을 관리할 때만이 미래의 개척도 성공도 가능할 것으로 본다. 늠름한 주인노릇 제대로 하는 것이 힘이며, 공정과 협동도 주인정신에서 나오며 자조自助하는 사람은 하늘도 돕는다는 옛말을 보감하고 살아왔다.

셋째는 성실수련誠實修練이다.

나는 초등학교 때부터 미국 16대 대통령 에이브러햄 링컨Abraham Lincoln 대통령을 멘토로 생각했다. 그 이유는 켄터키 주 황막한 신개지新開地 통나무집1807. 02. 17 빈곤의 밑바닥에서 대통령까지 된 백절불굴百折不屈의 인간이며 진실과 성실 그리고 정직正直을 생명으로 삼고 성실한 인생을 살았기 때문이다. 정규교육도 받지 못하고 농군, 뱃사공, 고용인, 군인, 장사꾼, 우편국장, 측량조수, 변호사, 하원의원을 거쳐 인간평등노예해방, 미국의 남북을 통일시킨 그 분의 용기와 신념을 배우고자 하였고, 닮은 인생길을 가보고 싶었다. 항상 상기하는 것은 게티즈버그 연설1863. 11. 9 국민의of the people, 국민에 의한by the people, 국민을 위한for the people 정치를 이 땅위에서 멸망하지 않도록 해야겠다는 것과 약간의 사람은 잠깐 속일 수도 있다. 그러나 많은 사람을 오래 속일 수는 없다는 내용과 링컨의 의회연두교서1862년처럼 우리는 '역사에서 도피할 수 없다. 역사가 우리에게 맡기는 일을 우리는 성실과 의기로 열심히 수행해야 한다.'고 믿는다.

넷째, 보은감사報恩感謝이다.

모든 청소년들이여! 할아버지, 아버지, 선생님으로서의 주고 싶은 말이기도 하네. 그 하나, 오늘의 나를 만드신 부모, 어른, 스승에 감사하며 은혜와 사랑을 기억하세. 자랑스러운 내가 되기 위해 행동거지를 조심하고 성실하게 사세. 윗사람의 건강을 살피고 정성으로 돌보세. 모든 조언이나 충고를 달게 받아들이고 고쳐야 할 것이 있으면 반드시 고치세. 항상 존경하고 사랑하는 마음 변치마세. 90대와 10대가 같이 만나는 '9010나라사랑 봉사단'에 참여하여 '지구촌 공생발전운동'에도 참여하고 '뉴 새마을운동의 세계화 NGO'에도 참여활동을 부탁하네. 어려운 이웃들을 돌보며 보살피는 즐거움을 나누세. 젊은이들은 혈기와 감정만 주장하지 말고 저마다 멘토를 정하고 대화도 하고 논의도 하세. 진심으로 받들고 공경하면서 인격과 마음가짐도 본받도록 노력하세. 나도 다음세대들 중 누군가에게 좋은 멘토와 스승이 될 수 있도록 노력하세.

어른들은 남의 자녀도 내 자녀처럼 생각하여 어린이, 청소년, 제자를 사랑합시다. 신앙심, 애국심, 효심의 3심을 심어줍시다. 우리 모두 멘토가 되어 '새싹회' 운동에 참여하면서 저마다의 소질을 발견하고 자신만을 위하여 쓰기보다는 이웃과 나라와 세계열방을 품는 사랑할 줄 아는 사람이 되도록 생명수를 주고 또 줍시다. 기성세대가 솔선수범하여 윤리도덕을 지키기에 힘씁시다. 후세대들이 가치관에 혼란을 느끼지 않도록 기성세대가 '좋아야 할 가치'가 무엇인지를 분명하게 보여주며 행하며 살도록 합시다. 본보기가 됩시다. 우리가 후배들이 본받고 싶어 할 만한 선배인지 늘 내 자신을 성찰하도록 노력합시다. 후세대들이 스스로 꿈과 비전을 품고 변화, 도전, 창조의 삶을 살 수 있도록 도와주며 실패는 좌절이 아니라 또 다른 가능성의 기회임을 알려줍시다. 성실, 유능, 정직의 가치를 실현하도록 도웁시다. 어떤 역경가운데서도 나라와 민족을 위해, 인류의 행복, 평화, 생명을 위한 일에서 희생할 줄 아는 글로벌 리더, '뉴 새마을운동' 리더가 되도록 훈육합시다. 자신이 존귀한 존재임을 알게 하며 잘한 일은 칭찬을, 잘못한 일에 대해서는 사랑의 권면으로 격려해 줍시다. 정서적 안정과 자신감을 심어 줍시다. 방황하고 고통 받고, 상처받은 어린이, 청소년, 제자들을 찾아 함께 위로하고, 진심으로 격려합시다. 서로에게 한 작은 약속이라도 반드시 지키도록 합시다. 사람의 도리를 다하도록 하며 의리와 신의를 지키도록 합시다. 가족의 개념을 확대하여 일가친척, 친구, 이웃에게도 관심과 사랑으로 대하도록 노력합시다.

끝으로 하나님의 창조물 자연에 감사하며 사랑합시다. 인간도 자연의 일원임을 자각하고 자연의 질서를 파괴하지 말며 조화를 이루도록 합시다. 모든 자원을 아끼도록 합시다. '뉴 새마을운동'의 주역으로서 사명을 다합시다. 이웃을 사랑하고 인류를 위해 섬김과 봉사에 힘을 다합시다.

지구촌이 한 공동체임을 자각하며 자원봉사를 생활화하여 늘 기쁜 마음으로 관심과 사랑을 베풀도록 합시다. 난민, 기아, 외국인 노동자, 인종, 피부색, 모든 것 상관없이 차별 말고 한 가족으로 대합시다. 훌륭한 멘티를 많이 양성하여 책임감과 주인의식을 가지고 지구촌 공생발전共生發展에 기여할 수 있도록 섬김의 정신을 생활 속에서 실천하자는 약속으로 이 책을 구성하게 되었습니다.

아국소신 유재인간 양성我國所信 唯在人間 養成

- 우리나라가 확실하다고 굳게 생각할 일은 오직 사람다운 사람을 길러내는 일 뿐이다. -

삼일절 아침 해가 돋을 때
신윤표 씀

지금은 국경 없는 경제전쟁, 세계적 패권주의, 디지털혁명의 소용돌이를 겪으며, 에너지 절감, 친환경, 차세대 정보기술, 바이오산업, 신에너지와 신소재 등 전략산업에서도 이겨야 한다. 빠르게 변하는 세상, 복잡성에 대처해야 하는 '코스모폴리탄' 이 세상에 영향을 미치는 시대가 아닌가.

따라서 40년 전 새마을운동을 시작한 그 때, 그 시대와는 운동의 과제나 방법론, 전략도 변해야 한다. 특히,

① 변화에 잘 적응하고 기획된 변화Planned Change로 미래를 준비해야 한다.

② 감정적, 일시적, 눈앞의 가격Price이 아닌 가치Value를 파악하고 논리와 타당성, 창의적 사고로 지속가능한 발전을 창조해야 한다.

③ 정체성Identity을 갖되 자기정체Self Identity를 국가적, 국제적 정체성 Global Identity과 조화시켜야 한다.

④ 과도기에 적응하는 힘과 능력을 길러야 하며, 이에 맞는 21세기형 뉴

새마을운동으로써의 역할변화가 필요하다고 본다.

식민지, 전쟁, 무지와 빈곤 속에서 보릿고개의 나라, 진달래꽃까지 따먹었던 우리, 1955년 10월 8일 'UN한국재건위원회UNKRA'의 한국전쟁복구특별조사단장 메논Menon은 한국 땅에서 경제재건을 기대한다는 것은 마치 쓰레기통에서 장미꽃이 피기를 바라는 것과 같다고 말한 그때, 부정부패와 독재정권을 타도하자는 밑으로부터의 시민혁명이 아닌 학생 중심의 '못살겠다, 갈아보자'고 일으킨 4·19혁명의 역사, 1억불 수출 탑을 세우고 가발, 섬유, 신발이 주 수출품목이었던 그 때 그 시절, 1인당 GNP 87달러, 외환보유고 2,300만 달러, 유엔의 원조로 나라살림을 꾸려나갔던 우리 아닌가.

후진국Under Developed Country의 한을 품고 가발을 만들고, 섬유공장에서 야학하면서 1970년 11월 13일 "우리는 기계가 아니다"라고 외치며 분신한 사건도 40년이 지났다. 이런 역사 속에서 우리가 갖고 있는 한국 정신인 ① 역동성Dynamics ② 두레, 향약과 같이 주민들 상호간에 상부상조하는 끈끈한 정과 유대감 ③ 웬만한 시련에는 눈 하나 깜짝하지 않는 터프함과 모든 것을 감싸 안아 줄 수 있는 포근한 어머니의 사랑으로 뭉친 새마을 부녀회의 힘과 가족을 위해서는 모든 것을 희생할 줄 아는 아버지의 힘들이 모아진 '우리도 하면 된다', '할 수 있다'는 성취의욕 ④ 살기 좋은 마을, 자랑스러운 내 나라를 만들자는 새마을 깃발 아래 무엇이든지 뜻만 맞으면 열정적으로 밤새는 줄 모르고 해내는 기氣와 흥興을 갖고 일하는 민족의 잠재력이 총체적으로 발현된 새마을년대의 열매라고 본다.

선진국가들이 100년이나 300년에 걸쳐서 이룩한 근대화를 우리는 새마을년대를 시작으로 산업화와 민주화를 우리의 힘으로 이룩했다. 압축성장과 발전을 가능케 한 몇 가지 국가발전전략을 정리하면 다음과 같다.

첫째, 저임금의 질 높은 노동공급력과 세계 1위의 근로자 노동시간에서 찾을 수 있다.

둘째, 우리의 영원한 라이벌인 일본과의 경쟁 속에서 개방체제의 선택 위에 세계적으로 투자자금 조달로부터 모방이익을 최대화하였다는 점이다.

셋째, 비록 개발독재형 정부주도 지원체제였으나 빈자취약성, 국민형성의 미비, 대중적 실업의 악조건을 극복하고 최약보완最弱補完 원리를 살려 부패하지 않은 정부, 잘살아 보자는 국민열망의 추진력이 합력하여 세계로 미래로 뛰었다는 점이다.

넷째, 비교우위에 의한 자원배분과 선택과 집중으로 거점개발, 불균형 발전을 추구하면서도 양극화 현상을 막으려는 노력 속에 땀과 눈물의 대서사시를 써왔다고 본다.

이러한 역사 속에서 오늘의 교훈을 반추Feed-back하여야 할 사명을 느낀다.

첫 번째, 상대적 빈곤계층이 늘어났으며 노사관계가 산업관계로 정착되지 못한 채 집단이기주의, 특히 정치적 파당이 심하며 지역이기주의 팽배를 느낀다.

두 번째, 재벌들의 부패와 정경유착을 비롯하여, 총체적 부패 속에 도덕적 해이감이 늘면서 3S섹스, 스크린, 스포츠 중심 문화로 한국병은 커지면서 천민자본주의 현상이 나타나고 있다.

세 번째, '공짜는 없다'는 유대인의 교육이다. 명예혁명을 하였던 영국의 '청교도 정신' 바탕 위에 자본주의나 자유민주주의, 법치주의, 정신교육과 아끼고 나누며 봉사하는 섬김의 미덕, 우리의 전통인 효 사상이 시들해 지는 것으로 본다. 특히 엘리트 계층의 탐욕과 무책임성, 주인정신의 부족, 미래 지향적인 시관時觀: Time Orientation 없이 햇볕 날 때 건초를 만들려는 마음, 준비하는 마음이 부족한 것으로 느껴진다.

아르헨티나, 스페인, 포르투갈, 칠레 등과 공통된 점이 없는지도 자성할 때이다. 정신력이 타락하고 사회적 자본과 도덕심이 무너지면 돈과 권력 앞에 몰려서 일하지 않고 빵을 쉽게 먹기 위해 서커스가 등장하고 드디어 망한 '천년 로마 멸망'의 교훈을 알아야 할 때다.

1965년 독일의 사회학자인 다렌토르프의 『독일에 있어서의 사회와 민주주의』에서 자유민주주의 정신적 기반으로 말한 바 있는 ① 시민적 권리와 참가기회의 평등 ② 대립과 투쟁의 합리적 처리, 재판, 교육, 노사관계, 인권 등에서 공평한 해결책과 원칙과 정의, 공정이 살아있는 사회건설 ③ 멘토와 행동하는 양심세력으로의 엘리트 구성 ④ 사회의 지배적 가치 관념이 사적인 면보다는 공적인 것에 우선적 가치를 부여할 수 있어 민주주의를 성공적으로 유지할 수 있다는 것이다.

이외에도 지금 우리는 다카히시 도루가 쓴 『조선인』에서 말한 조선인의 특성을 생각해야 할 것이다. 그 내용은 ① 사상과 이데올로기의 고착과 종속을 벗어나야 할 것이다. 지금 우리가 민주와 반민주, 보수와 진보로 편을 가르고 싸울 때가 아니라고 본다. ② 형식주의 ③ 당파심 ④ 불합리와 부조리가 삶의 올바른 지혜를 혼돈으로 몰아가고 있는 현실을 직시하자.

영국의 한 연구소가 세계 178개국을 대상으로 행복지수를 조사한 결과에서 우리는 102위, 영국은 108위, 미국은 150위로 나타났다. 미국의 금문교는 자살교로서 2009년에는 1만 2,174명이 자살하였다고 한다. 하루 33.3명 꼴이다. OECD국가 중 1위라고 한다. 우리도 그 뒤를 따르고 있다.

인구비로 보면 이제 우리가 세계 1위인 것이 많아졌다. 행복지수 1위인 남 태평양에 있는 작은 섬나라인 바누아투는 인구의 90%가 문맹인으로 인구 학적 근대화가 안 된 무지와 빈곤의 나라지만 친절과 미소가 가득한 삶을 살고 있는 나라 아닌가? 우리의 경우 인간개발지수는 12위나 불평등, 삶 의 질까지 평가할 땐 세계 27위에 머물고 있음을 기억하자.

불안, 불신, 불만 등 불不자로 가득 찬 우리 사회를 어떻게 할 것인가? 공 동의 이익, 공통의 가치를 찾는 공동선Common Goods으로 우리는 하나 되 어, 영국의 석학인 아놀드 토인비Arnold J Toynbee의 말처럼 역사는 도전과 응전의 연속과정이며, 문명은 항구가 아니라 항해라고 하였듯이 '뉴 새마 을운동'으로 코리아호 항해를 다시 시작하자.

문제와 모순을 바르게 파악하여 하버드대학 아마빌Amabile의 말대로, ① 풍부한 전문적 식견 ② 새로운 사고의 발상전환 ③ 맡은 일에 책임과 열정 을 갖고 사명과 소명을 다하는 창조적 인간 3요소를 갖춘 신세대 되기를 기원하며, 하버드대학 도서관에 쓰인 글들을 다시 음미하면서 청소년들에 게 하고 싶은 말씨를 정리하였다. 미래를 창조하자. 위대한 희망과 푸른 꿈을 키우자. 뿌리역할 힘을 기르자.

① 지금 잠을 자면 꿈을 꾸지만 지금 공부하면 꿈을 이룬다.
② 내가 헛되이 보낸 오늘은 어제 죽은 이가 갈망하던 내일이다.
③ 늦었다고 생각했을 때가 가장 빠른 때이다.
④ 오늘 할 일을 내일로 미루지 마라.
⑤ 공부할 때의 고통은 잠깐이지만 못 배운 고통은 평생이다.
⑥ 공부는 시간이 부족한 것이 아니라 노력이 부족한 것이다.

⑦ 행복은 성적순이 아닐지 몰라도 성공은 성적순이다.

⑧ 공부가 인생의 전부는 아니다. 하지만 인생의 전부도 아닌 공부 하나도 정복하지 못한다면 과연 무슨 일을 할 수 있겠는가.

⑨ 피할 수 없는 고통은 즐겨라. 인내는 쓰다. 그러나 그 열매는 달다.

⑩ 남보다 더 일찍 더 부지런히 노력해야 성공을 맛볼 수 있다.

⑪ 성공은 아무나 하는 것이 아니다. 철저한 자기 관리와 노력에서 비롯된다.

⑫ 시간은 흐른다. 힘을 키우는 일은 시간연구Time study와 동작연구 Motion study에 달려 있다.

⑬ 눈물로 씨를 뿌리면 기쁨으로 열매를 거둔다.

⑭ 오늘 걷지 않으면, 내일 뛰어야 한다.

⑮ 미래에 투자하는 사람은 현실에 충실한 사람이다.

⑯ 능력이 돈이다.

⑰ 오늘 보낸 하루는 내일 다시 돌아오지 않는다.

⑱ 고통이 없으면 얻는 것도 없다. 고통과 피땀 흘리지 않고 노동 없이 정말 귀한 것을 얻을 수 없다.

⑲ 꿈이 바로 앞에 있는데, 당신은 왜 팔을 뻗지 않는가.

⑳ 차든지, 뜨겁든지, 일할 땐 일하라, 뭐든지 확실히 하자. 깨어서 일어나 빛을 발하자.

㉑ 성적은 투자한 시간의 절대량에 비례한다.

㉒ 지금 헛되이 보내는 이 시간이 시험을 코앞에 둔 시점에서 얼마나 절실하게 느껴지겠는가.

㉓ 불가능이란 노력하지 않는 자의 변명이다. 성취지향적인 인간이 되자.

㉔ 노력의 대가는 이유 없이 사라지지 않는다.

위의 말씨를 되새김하자. 예일대학교 역사학자인 폴 케네디의 말처럼 21세기 아시아 태평양시대의 주역은 한국이 맡자. 가장 한국적인 것으로 가장 세계적인 시대의 씨를 뿌리자. 인도의 시성 타고르가 예언한 동방의 등불인 한국이 세계사의 '푸른싹 밭'에 빛을 발하자. 한류시대의 꽃을 피우자. 글로벌 시대의 세계화를 안정적으로 진흥시키고 최첨단 산업개발 경쟁과 과학기술, 인재육성에 정책 우선순위를 두자. 뉴 새마을운동은 과거 정부주도 차원을 벗어나 200여만 명 새마을 조직을 뿌리세력으로 결집하여 문화공동체, 민족공동체, 경제공동체, 평화공동체 해외동포 750만을 포함한 남북 8,000만 통일공동체 운동을 주도하자.

소비자 주권시대, 주민참여 민주주의 시대, 베버는 자본주의의 본능적인 이념은 합리주의Rationalism의 추구라고 했는데, 이제 우리도 시민자본주의 방향으로 나가야 할 것이며, 대기업도 새로운 변신전략을 구사하여 국제기업, 민족기업으로 나아가며 족벌경영과 비자금 조성, 정경유착의 타성에서 벗어나야 할 것이다. 이를 위해 경제발전의 기틀이 시민자본으로 성장하도록 힘을 모으며 투명사회를 만들도록 정책발상의 대전환이 요구된다. 위 모두를 위해서 지켜야 할 5심心과 버려야 할 5심心을 같이 생각하고 행동하는 양심인으로 살아가자.

지켜야 할 마음 5가지

① 신심信心 - 모든 것을 믿으며 정직하고 신뢰하는 세상 만들려는 마음이다.

② 대심大心 - 용서하고 화해하며 모든 것을 포용하는 물과 같은 마음, 여

유로운 '한사랑'의 마음이다.

③ 동심同心 - 같은 마음을 품고 서로 돕고 의지하며 손에 손잡고 어깨동무하는 마음이다.

④ 겸심謙心 - 남의 고통과 눈물을 나의 경우로 생각하며 허물과 잘못을 자기 탓으로 돌리는 어머니 마음이며 스승의 마음이다.

⑤ 칭심稱心 - 훌륭한 명창과 수준 높은 관객이 있지만 고수가 '얼쑤' 좋다 하고 흥을 돋아야 판이 어울리듯 우리에겐 추임새 마음이 필요하다.

버려야 할 마음 5가지

① 의심疑心 - 자신을 믿고, 아끼고, 사랑하며 스스로 천하게 생각하고 자학하며 의심하지 말자.

② 소심小心 - 소탐대실, 미워하고 짜증내고, 시기 질투하는 쓸데없이 욕심내는 마음은 버리자.

③ 변심變心 - 시종일관 끝은 처음 같아야 할지니 올바르고 쓸모 있는 마음 진眞, 선善, 미美를 추구하는 처음 갖은 마음 세상은 변해도 변치 않는 진리 따라 같은 마음 지속하여 의義와 인仁과 신信의 마음 변치 않아야 할 것이다.

④ 교심驕心 - 교만해지면 사람을 잃는다. 온유하고 겸손하지 못하며 양심이 화인 맞는 것처럼 된다.

⑤ 원심怨心 - 원망하는 마음은 스스로를 피곤하게 하여 평화의 도구로 사용될 수 없을 뿐 아니라 갈등과 대립만 키우며 상생공영相生共榮 사회를 건설할 수 없게 된다. 21세기의 지역사회의 발전을 위해서는 다음과 같은 새구도Paradigms를 모색해야 한다. ㉮ 다양성 ㉯ 불확실성 ㉰ 삶의 니즈 Needs변화 ㉱ 합종연횡, 융복합Convergence ㉲ 유비쿼터스Ubiquitous시대 ㉳

핵심Core가치 인재 1%가 리드하는 사회 ㉂ 창조 Mind 중심사회 ㉃ 가격, 품질, 이성적, 논리적, 기능적인 것에 안주해서는 안 됨 ㉄ 감성중시, 이미지 브랜드 중시 ㉅ 고충을 나누고 협력을 구하는 조화정치시대를 모색하는 일들이다.

이상의 선진 한국 창조를 통한 '지구촌 공생발전운동' 중심 '뉴 새마을운동'의 철학과 방향을 갖고 Green Korea, Smart Culture Korea, Welfare Korea, Happy Korea, Global Korea, One Korea 운동을 전개하려고 구체적 전략을 제시한다.

총체적 내용은 다음과 같다.

첫째, 새마을운동 40년의 단계적 발전과정과 오늘의 실존상황, 과제와 문제점, 그 해결방안 중심이다.

둘째, 다시 시작하는 '뉴 새마을운동'은 6대 중점운동 중심이다.

셋째, '뉴 새마을운동'이 당면한 도전의 실상과 대응전략을 모색하고 있다.

넷째, '뉴 새마을운동'의 목표는,

① 밝은 사회건설

② 인류공동체의 상생공영과 지구촌 공생발전

③ 지속가능한 환경친화적 녹색산업 사회발전

④ 첨단기술, 문화강국

⑤ 사회통합과 평화통일 운동의 전개

⑥ 복지사회와 복지국가 건설로 하였다.

특히, 큰 틀에서의 이론적 접근의 초점은 첫째, 추진과제는 지역주민이고 지원체제는 정부로서 도시화 과정과 지방자치시대를 열기 위한 농촌개발과 도시개발을 포함한 지역발전이론을 생활정주권生活定住圈, human settlements이론을 중심으로 정치, 경제, 사회, 문화, 환경이 다른 여러 나라의 각기 다른 상황을 조합하여 연합학문적 접근Interdisciplinary approach으로 체계화하였다.

둘째, 한국 고유의 개발철학으로 내려오는 두레, 품앗이, 계契, 보寶, 향약鄕約정신을 중심으로 한 농촌사회공동체 이론을 다른 나라에서도 응용할 수 있도록 이상적 '지역개발종합전략모형'으로 이론화하는 데 초점을 두었다.

셋째, 민주적 시장경제지향, 보편적 세계주의의 구현, 창조적 지식기반국가의 건설, 산업관계적 신노사문화의 창출과 화해협력시대의 개발모형 및 지식과학기술교육입국의 창조를 통한 '지역사회부흥운동', 참 좋은 세상을 만드는 운동을 꿈꾸면서 학문적 이론 접근으로 논리를 전개하였다.

특히, 새마을운동의 과제선정에서 주안점을 둔 내용은 운동과 사업성을 전제로 개인과 가정, 지역사회공동체 발전을 위한 그 목표와 방향, 그리고 정책기획 단계에서 사람이 하는 일이기 때문에 지도자와 주민이 제2의 건국운동이라고 생각하고 정신혁명을 통한 새로운 평화민주시민정신으로 사회구원, 문화사 구원 문제를 포함한 사회발전의 기본을 바로 세우는 일이 중요하다고 보았다.

이를 위한 중점과제를 정리하면 다음과 같다.

① 의로운 열정과 능력을 갖고 인간과 인력으로서의 사람 교육 중시

② 비전과 실천력을 갖춘 헌신적 지도자와 주민의 참여 확대

③ 빛과 소금의 정체성을 생활을 통해 이웃사랑으로 보이는 청지기적 삶

을 살 수 있는 시민이 되는 일

④ 섬기며 나누는 봉사의 삶을 통한 평화생명산업인력의 공동체 형성

⑤ 계층간, 지역간, 세대간의 조화와 균형발전을 통한 총화사회구현과 사회통합

⑥ 도덕과 윤리가 살아 숨쉬는 공동체 형성

⑦ 미래로, 세계로 사회를 새롭게, 인류에게 희망을 주는 운동으로 승화 발전 시키는 일

⑧ 물질중심이 아닌 생명중심의 효도와 공경이 넘치는 행복을 가꾸고 나누며 안전하게 지켜가는 '행복 가·나·안' 운동과 사업으로 전개할 일

⑨ 음란유흥과 중독자살과 낙태, 테러, 불로소득의 문화가 사라지도록 하며, 정의, 자유, 진리가 살아있는 평화생명문화로 바꾸는 일을 중요도와 시급도의 우선순위로 하는 일 중시

⑩ 고비용, 저효율의 제도적, 환경적, 인적 자원활용의 걸림돌을 제거하고 외양과 형식 중심의 졸속·성과주의 배격

⑪ 모든 면에서 원칙과 게임 룰이 투명한 사회건설과 양극화 사회를 거부하며 노동소멸, 종말시대가 올 수 있는 미래사회를 준비하는 과정이 필요함을 인식한 사업과 운동의 전개여야 한다고 생각하고 모든 이론과 실제의 접목을 도모하였다.

넷째, 운동과 사업이 융합된 새마을운동은 몇 가지 원칙과 원리가 살아 있어야 한다고 보았다. 중점 교육으로,

① 올바른 인생관 및 정체성 확립

② 자기 극복을 통한 개척정신의 생활화

③ 효 사상을 바탕으로 한 건전한 가정윤리 확립

④ 건전한 소비문화 조성을 위한 근검절약 생활화

⑤ 함께 사는 시민의식 및 공동체 의식 함양

⑥ 건전한 근로관 및 직업관 확립

⑦ 올바른 국가관 확립에 비중을 두었다.

4대 원칙은 근면·자조·협동·과학정신으로 실천원칙, 실질개혁원칙, 공동체 주민주체의 원칙 그리고 솔선수범을 들 수 있다. 4대 원리는 영속의 원리Continuity principle, 형평의 원리Equilibrium principle, 협동의 원리Cooperation principle, 조화의 원리Compatibility principle라고 생각한다. 이를 기본개발철학으로 전개하였고, 새마을지도자의 리더십은 자기 먼저 실천, 근로, 희생, 양보, 준법, 똑바로 사는 일, 절제, 섬김, 협력, 인내, 화평, 나눔의 삶을 사는 21세기형 리더십이 되어야 한다는 논리로 전개하였다.

필자는 대학 1학년 때 '가나안 농군학교' 특별과정을 이수한 후 '구농救農동지회' '농어촌연구부' 등 동아리활동을 시작한 후 평산平山 윗 조상들의 의병정신을 품에 담고 '69년 중앙공무원 전임 교수를 시작한 이래 '70년 '새마을운동'의 이론적 산파역을 하면서부터 지금까지 '겨레여 우리에겐 조국이 있다. 내 사랑 바칠 곳은 오직 여기뿐, 심장의 더운피가 식을 때까지 피땀 흘려 이 강토에 씨를 뿌리리, 소명과 사명 다해 빛을 발하리. 우리 모두 힘모아 새조국을 만드세. 자랑스런 내나라, 우리 힘으로 빛내세'이 한마음으로 살고 있다.

1894년 갑오동학농민혁명 때 신信, 성誠, 경敬의 삼사三事로 보국안민輔國安民하리라는 필자가 태어난 정읍 과교科橋, 깻다리 마을 손화중님, 그리고 전

봉준님을 생각하면서 애민정의아무실愛民正義我無實 : 백성 사랑, 올바른 길, 무슨 허물이더냐, 위국단심유유지爲國丹心唯有知 : 나라 위한 일편단심 그 누가 알리 님들의 유지를 살리려는 마음으로 공학정진攻學精進하고 있다. 역대 대통령이 바뀌어도 국책의 한 분야에 대통령 자문위원의 위치에서 사회과학도의 사명을 다하리라는 뜻으로 지나왔으며, 금반에도 지구촌 공생발전을 위한 『뉴새마을운동론』을 집필하였다.

대학 시절 방황하던 나를 인도하여 주신 백성욱 당시 동국대 총장님을 비롯하여 많은 분들의 도움이 있어 이 자리에 서게 되었다. 평화문화, 생명 살리기 운동, 산업화와 민주화가 융합된 선진인류국가 만들기 운동으로써 '뉴 새마을운동'의 부흥을 통하여 평화와 생명의 대명사, 사랑 충만한 통일된 조국, 선진 한국 창조를 서원한다.

2010년 11월 17일
순국선열의 날 아침
大田 牧洞 한사랑 科橋깻다리 書齋에서
저자 申允杓 씀

차례

축간사
머리말
책을 내면서

Chapter 1 새마을운동의 이념과 철학
새마을운동의 의의 **29** | 새마을운동의 개념 **29** | 새마을운동의 특성 **31**
새마을운동의 철학 **36** | 새마을운동의 기본정신 **36** | 새마을운동과 의식개혁 **43**
새마을운동의 필요성 및 중요성 **49**

Chapter 2 새마을운동의 발전단계
새마을운동의 점화단계1970~1979 **54**
새마을운동의 활성화 단계1980~1999 **66**
새마을운동의 세계화 단계 **69**

Chapter 3 새마을운동의 발전과 확산과정
새마을운동의 유형별 실천과제 **72** | 농촌지역의 새마을운동 **72** | 도시새마을운동 **91**
새마을운동의 실적 및 성과 **109** | 성과의 개황 **109** | 새마을운동의 주요 3대 성과 **110**
| 새마을운동 연관사업 성과 **114**

Chapter 4 민간주도 새마을운동의 진흥화
민간주도 새마을운동의 배경 **117**
민간주도 새마을운동의 특성 **119**
민간주도 새마을운동의 평가와 재이용再利用:Feed-back **120**

Chapter 5 새마을운동 발전과정에서의 시련

추진적 측면 **123**
행정지원적 측면 **127**

Chapter 6 뉴 새마을운동의 역사적 배경

지역사회개발운동의 발자취 **135**

Chapter 7 뉴 새마을운동의 미래와 전망展望

뉴 새마을운동의 역할役割 **148** | 민족번영과 국운國運개척의 길 **148** | 선진국 창조의 기틀 **149**

Chapter 8 뉴 새마을운동의 방향과 과제

뉴 새마을운동의 뜻과 길 **155**
뉴 새마을운동 10자 대헌장十字 大憲章 **160**
Green Korea 운동 : 녹색 뉴 새마을운동 **163** | 녹색 뉴 새마을운동의 참정신 **163** | 녹색 뉴 새마을운동의 헌장 구상 **164** | 3G 중심 녹색 뉴 새마을운동의 과제 **167** | 3G 운동에 대한 기대효과 **169** | 글로벌 녹색 새마을봉사단 창단 **169** | 녹색 새마을 아카데미 창립과 발전구상 **176** | 녹색 뉴 새마을운동의 모델 **180**
Smart Culture Korea 운동 : 한류문화창조 뉴 새마을운동 **192** | 새마을문화를 어떻게 볼 것인가 **192** | 새마을문화의 오늘의 모습 **194** | 뉴 새마을문화를 어떻게 창조할 것인가 **196** | 스마트 코리아의 비전 · 목표 **197**
Welfare KOREA 운동 : 복지형 뉴 새마을운동 **198** | 한국사회 복지실상과 개혁과제 **198**
Happy Korea 운동 : 살맛나는 공동체만들기 뉴 새마을운동 **204** | 행복창조 복지피아 운동의 진흥 **204** | 국가개조國家改造 운동 전개 **206**
One Korea 운동 : 통합 · 통일을 위한 뉴 새마을운동 **210** | 통일 새마을운동의 기본정신 **210** | 남북 간 화해협력운동 전개 **213** | 남북교류 협력운동의 진흥방안 **227**
Global Korea 운동 : 뉴 새마을운동의 세계화운동 **228** | 방향과 과제課題 **229** | 뉴 새마을운동의 글로벌리즘 방책 **231**

| Chapter 9 | 뉴 새마을운동의 진흥전략振興戰略 |

지구촌 미래사회에 대한 도전挑戰 **233** | 사회변동의 특징과 도전 **233** | 지방자치발전과
지역갈등해소 **238**

경제민주화 도덕운동 전개 **242** | 시장경제의 도덕성 살리기 **242** | 지속가능한 경제살리
기 추진운동 **246**

공정사회운동 전개 **255** | 부패방지와 밝은 사회 건설운동 전개 **255** | 인권국가건설과 투
명사회운동의 활성화 **260**

| Chapter 10 | 뉴 새마을운동의 미래창조전략 |

과학기술 · 미디어산업 선진화의 기반조성 **268**

첨단과학기술강국 만들기 운동전개 **274** | 과학기술선진화의 조건성숙을 위한 방책
276 | 디지털혁명의 세계화와 지식산업에의 기술지원 **281** | 지식기반 경제형성과 제3의 기술
혁신 **283**

지속가능한 환경친화적 사회발전운동 전개 **289** | 국가환경선언을 지키는 운동 전개
293 | 환경 옴부즈맨운동 전개 **297** | 세상 오탁을 맑게 하는 환경 민주화운동 전개 **309**

신지식인 배출을 위한 교육입국 · 문화부흥운동의 활성화 **313** | 과학기술 강국화
를 위한 교육개혁운동 강화 **316** | 지식기반 사회형성을 위한 문화부흥운동 활성화 **325** | 신지
식인중심 문화 · 교육혁신운동 전개 **329**

| Chapter 11 | 뉴 새마을운동의 세계화 전략 |

인류공동체 공생운동의 활성화 **334**

세계와 함께하는 FTA 개방경제 합목적운동의 전개 **337**

남북 및 국제교류협력의 가속화 **344**

세계문화시민국 뉴 코리아 창조운동전개 **346** | 교양문화 한국의 재건운동 **346** | 창
조적 지식기반의 정보사회 형성 **356** | 정보인프라구축과 창의적 인력자원 개발 **361** | 산업관
계형의 노 · 사 · 정 합력으로 신뢰사회건설 **364** | 생산적 복지체계의 확립과 실효성 있는 실업
대책 추진 **370** | 더불어 함께 사는 사회안전망의 공동체 구축 **373**

뉴 새마을운동 글로벌 지도자의 양성 **382**

에필로그
참고문헌
찾아보기

Chapter 1

새마을운동의 이념과 철학

새마을운동의 의의

뉴 새마을운동의 과제나 추진전략 등은 나라나 지방, 정치, 경제, 사회문화 및 환경에 따라 다르며, 시대에 따라 발전 형태나 그 전개방법이 판이하다. 하지만 여기서는 지역개발과 지역사회개발의 총체적 응용모델로서의 '뉴 새마을운동New Saemaul Undong'의 본질을 규명하고자 한다.

새마을운동의 개념

새마을운동은 산업화운동이다

첫째, 지역주민들이 우리도 한번 잘살아 보자는 가치관의 확립으로 잘살기 위한 의지를 갖고 경제적 지위 향상을 위하여 자율적이고도 적극적인 참여로 전체 지역사회의 복지증진을 도모하기 위한 실천운동이다.

이론이란 보는 견해이기 때문에 한마디로 규정하기는 어렵다. 근면, 자조, 협동을 기본정신으로 하는 새마을운동은 잘살기 위한 방법으로 마을 단위로 새마을지도자를 뽑고 자율적으로 쉬운 일, 작은 일, 주변 환경 가꾸기에서부터 주민들 서로가 보람을 느끼면서 시작된 운동이며 사업이라는 점을 말할 수 있다. 이를 구체적으로 개념화한다면 ① 더 잘살기 위한 운동이다. ② 한국적 민주주의의 실천도장이다. ③ 자립자존自立自尊 운동이다. ④ 매사에 자신감을 갖고 하면 된다, 할 수 있다는 신념을 공유하면서 점진적인 방법으로 기초마을→자조마을→자립마을 만들기 운동이다.

여기에서 생각해야 될 점은 어구로 개념을 규정할 수는 없고 박정희 대통령의 새마을운동에 대한 철학과 지도이념에서 볼 수 있듯이 협동과 개척정신으로 지역주민이 하나 되어 국력을 조직화하고 민족번영과 산업화를 통한 조국 근대화운동이요, 정신혁명운동이며 지역사회 공동체운동이라고 할 수 있다.

이러한 측면에서 볼 때 새마을운동의 추진주체는 주민이며 지원주체는 정부인 '민간주도형의 지역사회개발운동'이며 '농공병진운동[1]', '총체적 개발운동', '더 잘살기 운동[2]' 등 유사개념이 있겠지만 본질적인 면에서 볼 때 다음과 같은 몇 가지 특성을 갖는다.

---

1) 신윤표, 새마을운동과 지도이념, 중앙공무원교육원 정신교육특별과정 교재, 1975. p.5
2) 박정희 대통령, 새마을 소득증대 촉진대회 훈시, 1972. 5. 18

새마을운동의 특성

새마을운동은 박정희 대통령에 의하여 처음으로 창설된 우리나라의 새로운 개발형태로서 1970년 4월부터 1971년까지의 새마을 가꾸기 사업을 중심으로 시작되었으며, 근면·자조·협동을 정신으로 지역주민의 자조·자율적 참여로써 시작된 범국민근대화운동으로서 단순한 농촌개발운동만은 아니다. 구체적 특성은 다음과 같다.

대상

1971년에서 1973년까지 처음 3년간은 농촌에 중점을 두었다. 우리 사회는 ① 1945~1950년까지의 혼란기 ② 1950~1955년까지의 한국전쟁 및 전후복구기 ③ 1955~1960년까지의 침체기 등 역사의 시련기를 거쳐 성장해 왔다. 특히 1961년부터는 5·16군사혁명을 통하여 국가발전목표를[3] ① 경제성장 ② 국가안보 ③ 사회복지 ④ 국민형성에 두기 시작하였기 때문에 우리의 국가발전의 도약단계가 시작되었다.

다만, 1960년대 초반에는 내부수익률도 높고 회임기간이 짧은 공업부문에 집중적 투자지원을 하였고, 1969년부터 북한의 경제성장을 능가하기 시작하였다.[4]

그러나 북한은 ① 대외경제협력이 여의치 못하고 ② 봉쇄체제로 인한 기

---

3) 신윤표, 신행정학, 법정학회, 1974, pp.318-319
4) 남북한 경제현황비교, 한국개발연구원, 1975, pp.20-21

술도입 및 혁신의 차질 ③ 군수산업을 위주로 한 대공업우선책으로 인한 산업간의 심한 불균형 ④ 병력동원에 의한 노동력 부족 등으로 침체상태를 면치 못하고 있었다.

이에 우리는 경제기반구축을 통한 근대화의 국민적 집념과 의지를 가지고 1970년대에는 농공병진의 개발모형으로 산업화를 계속하여 공영의 지속적인 발전을 위한 농촌근대화의 추진이 중점방향이 되어야 하겠다는 유도가 새마을운동의 시작에서 나타났다. 그리하여 공동운명체 의식도 강하고 또한 고도성장의 결과 생길 수 있는 지역간·산업간의 격차를 해소하기 위한 정책도 요구되었기 때문에 농공병진, 도·농 균형발전을 기하기 위하여 농촌개발에 비중을 두고 시작하였다는 점이 특성이다.

새마을운동의 추진단위

국토종합개발계획의 입장에서 볼 때 국토자원의 이용개발과 보전을 위해서는 도·시·군·읍·면의 건설종합계획 및 도시계획 등 지역개발 방향에서 대단위 광역권으로 추진단위를 정할 수 있으나 새마을운동에서는 '마을'(동)을 단위로 하였다.

지역의 범위는 사회·경제·역사·정치적 조건에 따라 차이가 있지만 종교적 통일도 안 되어 있고 소비나 생산과정에서 조합구성도 없으며, 자조능력개발의 훈련이 부족한 우리나라의 현실을 볼 때 인간적 친화성이 높고 지도자를 중심으로 한 주민욕구의 공동추진이 가능하며, 생활권과 경제권의 기본단위임은 물론 신뢰와 협동·인간관계의 조화 속에 계획을 수립하고 사업을 추진하며 가능성 추구의 수단, 생산성 추구의 방법, 집단역학 효과를 낳는 수단으로서 전통성에서 찾아볼 수 있는 '품앗이', '두레',

'계'와 같이 자연부락단위인 리·동 34,665개 마을에 점화되었다는 점이 특성이다.

그러나 여기에 그치지 않고 1974년부터의 기본방향은 도시와 농촌에 똑같이 중점을 두어 농촌새마을운동과 도시새마을운동을 다음과 같은 목표[5] 아래 추진하였다. 다만 농촌에서는 소득증대와 직결하도록 하며 도시에서는 정신계발 및 새마을정신의 생활화를 위한 생활태도 개선과 질서 확립에 비중을 두었다는 점이 또한 특성이라 하겠다.

뿐만 아니라 단위지역에 있어서도 새마을사업의 추진권역을 1975년부터 시작하여 1976년에는 본격적으로 마을단위에서 마을간 협동권역으로 확대함으로써 ① 입지유형별 ② 전통성 ③ 지형 ④ 학구 등 생활권과 규모경제권 중심의 대단위협동권으로 전개를 시도하고 있는 점이 특성이라 하겠다.

새마을운동의 추진체계

새마을운동은 자발적인 지역사회조직을 토대로 민간주도형으로 추진되어야 하는 운동이며 주민의 창의와 자율적인 참여와 노력에 의하여 추진되고, 주민의 공통적 욕구를 토대로 상향적인 조직체제에 의해 추진된다. 따라서 새마을운동은 그 추진체제가 지역주민이다. 그러나 행정의 지원은 계속되며 특히 ① 재정적 지원 ② 기술지원 ③ 행정일반 개발관리의 지원은 계속되는 점이 특성이다. 이를 방정식으로 나타내면, "주민의 자율적

---

5) 새마을운동, 문화공보부(현, 문화체육관광부), 1972, p.66

참여×행정지원=정신계발·소득증대·환경개선"이다.

이와 같이 행정은 어디까지나 지원체제로서 기능하며 주민 스스로가 부락발전사업을 추진하도록 동기부여를 하는 역할을 맡는 운동이다.

관·민·도·농 총조화 운동

정부는 주민의 욕구와 국가목표를 조화시키는 차원에서 행정지원을 계속하며 자조정신이 강한 마을에 우선적으로 지원함은 물론 외부지원을 보조로 하여 농촌과 도시간의 협력이 이루어지고 있으며, 새마을운동에는 모든 직장과 가정이 참여하고 모든 지역이 참여하며 노력의 중복이나 마찰을 조장행정기관이 적극적으로 조정함으로써 국민총화를 달성하는 방향에서 전개되었다는 점이 특성이기도 하다.

생산적 원리가 적용되고 있는 운동

초창기에는 농촌과 마을에서 주로 눈에 보이는 환경가꾸기사업을 하였다. 그 이유는 ① 농로 ② 마을 안길 ③ 지붕 개량 ④ 경지 정리 ⑤ 산림녹화 사업 등을 전개함으로써 새마을정신인 근면·자조·협동의 자세를 훈련하며 '땀의 결실'을 눈과 피부로 확인할 수 있게 함으로써 마을지도자를 중심으로 봉사와 희생의 참뜻을 배우고, '하면 된다'는 의지를 갖게 하여 새마을정신이 생활화될 때까지 흥미와 자극을 지속할 수 있도록 하기 위함이었다.

물론 이와 같은 환경가꾸기 사업은 계속되어야 할 것이다. 그러나 새마을운동은 본질적으로 지역주민의 '주머니 실질소득'을 증대시키는 것 위주이며, 이를 위하여 지역사회에 부존하는 인적·물적·제도적·정보자원 등 제자원을 효율적으로 활용함으로써 지역발전과 국가발전에 기여하도록 기술과 지식의 도입 위에서 추진되고 있는 운동이라는 점이 특성이라고 본다.

근대화운동이며 산업화운동

새마을운동은 새 역사창조를 위하여 요구되는 범국민운동으로 행동적 실천운동의 원리를 가지고 산업화를 추진하는 근대화운동이다. 이를 위해서 지도자의 발굴·육성과 새마을정신의 국민정신화를 위하여 사회교육으로서의 새마을교육을 국민교육화로 전개하며, 향토교육도 확장하는 등 한국근대화의 이념, 그리고 우리 민주주의의 실천이념을 포함하고 있는 것이 특성이다.

지속적인 질적변화와 양적성장 사업

새마을운동은 일시적인 것이 아니다. 연차적·단계적으로 추진되기는 하나 단기적 효과위주의 운동이 아니며, 장기적이고 종합적인 개발사업을 목표로 하는 운동과 사업의 이중적 성격을 가진 것이 특성이라 할 수 있다. 따라서 지속적 발전을 추구하는 종합적인 개발운동이며, 평가되고 다시 재이용feed-back되어 지속되는 과정적 성격도 갖는 점이 특성이라고 말할 수 있겠다.

새마을정신의 생활화운동이며 새마음운동

박정희 대통령은 1977년 1월 12일 연두기자회견을 통하여 새마을운동이란 새마음운동이라고 다음과 같이 말하였다. "농촌에서 자발적으로 일어난 의식혁명이라는 것, 이 운동을 통해 흙을 사랑하고 자연을, 내 고장을 그리고 조국을 사랑하게 된다는 것이 새마을운동의 특징이라고 믿습니다. 잘살고 못사는 것이 팔자소관이 아니라 마음먹기에 달린 것이란 새로운 의식을 갖게 된다는 점에서 새마을운동을 '새마음운동' 이라 부르는 게 적절한 표현이라 봅니다. 이 같은 신념, 새로운 마음가짐을 갖는 것이 바로 새마음운동이요, 이는 새마을운동의 기본철학이라고 생각합니다."

이와 같이 국가발전의 기본원리를 올바른 정신적 바탕에 두면서 국가영도자와 국민의 집념이 합일된 자기변개운동이요, 자기혁신운동이며, 인간개조와 사회개조를 전제한 의식혁명으로서 민족총화의 기본철학을 가진 새마음운동이란 점이 또 하나의 특성이라 하겠다.

새마을운동의 철학

새마을운동의 기본정신

근면과 창의

1972년 4월 박정희 대통령이 작사·작곡한 새마을 노래에서는 "새벽종이 울렸네, 새아침이 밝았네, 너도 나도 일어나 새마을을 만드세"라고 민족의 자각을 촉구하며 모든 행동의 기초가 근면, 자조, 협동에 있다는 것을 의미한다고 풀이한 바 있다.

이와 같이 새마을운동은 근면, 자조, 협동, 과학 그리고 창의를 발하는 「새마을정신」으로 자원이 넉넉하지 못한 입지를 살려서 잘살면서도 존경받는 나라, 밝은 사회 창조정신을 기본으로 한다.

과거 조선 문화에서 볼 수 있었던 귀족주의나 유학사상이 우리에게 끼쳤던 죄 될 만한 것으로 ① 모화사상 ② 당쟁 ③ 가족주의의 폐해 ④ 계급사상 ⑤ 문약 ⑥ 산업능력의 저하 ⑦ 상명上命주의 ⑧ 복고사상 등을 들 수 있다.[6]

이 중에서 볼 수 있는 문약·산업능력의 저하를 가져온 이유는 양반계급이 직접 산업에 종사하기를 좋아하지 않은 탓으로 자연히 국민은 산업에 대한 능력과 열의가 저하되고 산업이 피폐하여 생활이 인고하지 않을 수 없게 되었다고 본다. 이에 반하여 박정희 대통령은 새마을정신으로 새로이 국민 이상을 제시하였다.

자조·자립

박정희 대통령은 1970년 4월 22일 정읍의 지방장관 회의에서 "우리 스스로가 자조·자립정신을 불러 일으켜서 땀을 흘려 일한다면 모든 마을이 머지않아 잘살고 아담한 마을로 그 모습의 바꾸어지리라고 확신한다… 이 운동을 새마을 가꾸기 운동이라 해도 좋을 것이다."고 하였다.

또한 1975년 10월 5일 시정연설에서는 "새마을운동은 정신혁명 운동이요, 잘살기 운동이요, 내 고장 내 나라를 내 힘으로 지키겠다는 자강운동"임을 강조한 점에서 볼 수 있듯이 급변하는 국제정세의 격류 속에서 조국

---

6) 이상은, 유교의 이념과 한국근대화, 한국근대화의 이념과 방향, 동국대, 개교 60주년 학술심포지움 논문집, pp. 198-199

의 국권을 수호하고 민족의 중흥을 이룩하여 세계 속의 한국을 만들기 위해서는 국민 개개인의 자주·자조·자립정신이 바탕이 되어야 함을 강조한 것으로 생각한다.

우리는 이민족과 대결하여 900여회나 되는 외침을 치렀으나 이를 극복하고 한민족 한문화를 지켰으며 민족주체성을 갖고 살아왔다. 거란족·만주족·몽고족은 모두 중국에 동화되었으나 우리만은 의복 모습 하나 변치 않았던 민족사의 교훈을 살려야 할 것이며 갑오농민혁명과 동학사상에서 가졌던 민족주의사상을 민족자립에의 의지로 하는 것이 곧 새마을운동의 기본 정신이라고 생각한다.

협동·단결

새마을운동은 근면·자조·협동을 기본 이념으로 생산과 생활의 조화로운 발전을 이룩하여 국민의 생활수준을 높이고 새로운 역사창조의 기틀을 조성하기 위한 민중운동이다.

따라서 일을 보다 능률적으로 추진하고 보다 큰 힘을 발휘하기 위하여 '이웃끼리 서로 도우며 모두가 잘살 수 있는 운동으로서 특히 협동에서 생기는 능률, 협동으로 다지는 단결심, 협동에서 생기는 자신 등을 기초로 해서 국민 모두가 잘살 수 있고 나아가서는 국가의 근대화를 촉진' 하기 위한 기본 정신이 새마을정신이라 하겠다.

삼국시대 이래 '두레' 또는 '품앗이' 라고 하여 여성들은 '길쌈' 을 하였고 남성들은 '공동작업' 을 하는 등 민족고유의 전통성을 간직하기도 하였다.

하루에 혼자서 한 마지기에 모내기를 하기는 어렵지만, 열 사람이 논 열 마지기에 모를 심는 것은 쉬운 일이다. 이와 같이 협동의 철학을 갖추고 협동의 원리를 아는 우리는 혼자 있으면 담배 피우고, 두세 명이 모이면 험담을 하며, 네다섯 명이 모이면 노름을 하는 일이 없도록 하고, 혼자 있을 때는 사색하고, 둘이 있으면 건전한 대화를 하며, 셋 이상이 모이면 노래 부르고 운동하는 '우리' 의식을 갖는 협동분위기를 조성하도록 해야 할 것이다. 이러한 정신이 곧 새마을정신이라고 본다.

근검 · 절약

박정희 대통령은 1974년 12월 18일 전국새마을지도자 훈시를 통하여 "지금 우리에게 가장 시급하고도 중요한 것은 당면한 세계적 경제위기를 어떻게 하면 남들보다도 더 빨리 그리고 더 슬기롭게 극복해 나가느냐 하는 일이다. 나는 우리가 이 난국을 극복하기 위해서는 정부와 국민이 혼연일체가 되어 근검 · 절약을 생활화하고 합심 협력하여 국력배양에 헌신하는 길 밖에는 다른 길이 없다고 확신하고 있다. 또한 아무리 증산을 한다 해도 우리 사회에 낭비와 사치풍조가 남아있는 한 땀 흘려 노력한 보람은 소용이 없게 되는 것이다.

따라서 나는 우리 국민들이 의 · 식 · 주생활의 모든 면에서 근검 · 절약해야 할 것을 당부하고, 특히 사회지도층이 이에 솔선수범해야 한다."는 것을 강조하였다. 이것이 곧 도시에서의 새마을운동의 실천방법이라고 할 수 있다.

이와 같이 1975년의 3대 새마을운동으로 표방하여 증산 · 인보 운동과 같이 부녀층이 주축이 되어 실천하여 왔다. 이 운동의 정신이 곧 근검 · 절약의 정신이며 새마을운동의 기본정신의 하나라고 하겠다.

과학과 합리주의

박정희 대통령은 1973년 3월 23일 전국교육자대회에서 "새마을운동을 통한 생활의 과학화"를 강조한 바 있다. 오늘 우리에게는 '과학적으로 사고하고 합리적으로 생활할 것'이 절실히 요청되고 있다.[7]

이 합리주의에 관하여 수원 새마을지도자연수원 김준 원장은 '농심'이란 개념을 가지고 말한 바 있다. 즉 농심이란 ① 콩 심은데 콩나고, 팥 심은데 팥 난다는 과학적인 생활태도다. ② 근면과 실천위주다. ③ 인과응보의 진리를 믿는 것이다. ④ 인내력·생명력을 키우는 것이다. ⑤ 거짓과 협잡을 모르는 정직한 순박성을 지닌 마음이다. ⑥ 머리를 숙이는 겸허한 자세다. ⑦ 생명과 가치를 창조하는 적극적인 생산성이다. ⑧ 생성·발전하는 원천적인 기본질서다.

이에 대하여 새마을운동은 이 '농심'을 배우고 실천하는 운동이라고 생각하기 때문에 새마을운동의 기본정신은 과학적 합리주의와 농심農心이라 하겠다.

민주·애국

「잘살아 보세, 잘살아 보세 우리도 한번 잘살아 보세」

「이 몸이 죽고 죽어 나라가 산다면 아아 이슬같이 죽겠노라」

「형제간의 싸움을 없애 버리고 평화롭고 번영한 나라 만드세」

「겨레여 우리에겐 조국이 있다. 내 사랑 바칠 곳은 오직 여기뿐 심장의

---

7) 정종택, 새마을운동과 지도이념, 1975. 1, 내무부(현, 행정안전부), p.17

더운 피가 식을 때까지 피땀으로 이 강산에 씨를 뿌리리」

「눈물을 흘리며 씨를 뿌리는 자는 기쁨으로 거두리로다. 울며 씨를 뿌리러 나가는 자는 반드시 기쁨으로 그 곡식 단을 가지고 돌아오리라」[8]

이러한 노랫가락이 흥겨웠던 연대가 지속되어 왔었다. 국민의 모든 능력을 한 곳에 집중해서 국력의 가속화를 해 보자는 것이 새마을운동이며 새마음운동이다. 이러한 민주화의 기본정신은 곧 자유민주주의를 실천하는 정신으로서 4·19에서 5·18정신으로 이어져 우리의 힘으로 시장경제를 중심으로 한 산업화와 민주화를 이루었고, 오늘도 통일 선진조국을 위한 창조열정으로 모아져 새로운 시작은 계속되고 있다.

개척과 실용주의 정신

실용주의란 일정한 내용의 결론들로 구성된 체계의 이름은 아니며 하나의 방법론이라고 보는데 실용주의자들의 공통된 이론들 가운데서 특히 근대화의 과정과 관계가 깊다고 생각되는 주장 내지 신조들이다. 따라서 이를 새마을운동과 관련지어 볼 때 실용주의는 ① 사회현실을 주제로 삼는 철학이라는 점, ② 자연현상이나 사회현상에 있어서 각 부문에서 그 부문의 고유한 특색이 있을 수 있음을 인정하고, 한 나라의 역사적 발전을 지배한 법칙과 똑같은 법칙이 다른 나라의 역사적 발전에 있어서도 지배하리라고 단정해서는 안 된다고 주장한다. 각기 그 경우에 맞는 법칙을 실험

---

8) 성경, 시편 126:5-6

적으로 발견해야 한다는 다원론적 경험주의라는 면에서 인간사회의 실천적인 문제에 대한 해결안을 제시하지는 못했으나 새마을정신과 내용을 같이하는 면이 있다.

③ 근대화라는 역사적 전환을 추진함에 있어서 상대론적 가치설을 취함으로써 시대와 사회의 특수성이 요청하는 바를 따라서 밝은 윤리 내지 낡은 가치관에 대한 비판의 자세를 고취하고 있는 점에서 새마을정신과 일맥상통한다. 더욱이 실용주의에서 취하는 상대론적 가치설이 근대화의 이념과 잘 조화되며 인간의 존엄성을 믿고 합리적인 사회생활을 통한 번영을 추구하며, 휴머니즘의 정신을 철학적 배경으로 삼는 점에서 실용주의는 새마을정신이다.

④ 실용주의자들의 관심 표명에서 나타난 바이지만 독점자본주의 경제제도를 터전으로 삼고 일어난 부정과 부패를 제거하여 대상의 권익이 옹호되는 명랑한 사회를 건설하자는 주장이며, 현존하는 사회적 모순을 제거하는 개혁의 방법으로서는 평화적 설득을 통한 합의의 방법, 즉 민주주의적 방법을 써야 한다는 주장인데, 후자에 대하여는 '개혁된 사회에로의 발전' 의 뜻을 갖는 우리 근대화라면 실용주의의 본고장인 미국과 비교할 때 이론이 있을 수 있다.

그러나 새마을운동에서 당장 결과를 얻자는 것보다는 조국 근대화운동으로 볼 때 폭력적 투쟁의 방법에 호소할 수 없다는 면에서 새마을정신은 실용주의 입장을 취하고 있다 하겠다.

⑤ 실용주의는 과학의 성과를 존중할 뿐만 아니라 과학의 방법과 과학적인 사고방식까지도 매우 소중히 여긴다. 새마을사업도 소득증대사업을 중심으로 기술과학의 생산력을 높이 평가하고 정신계발을 통하여 과학적 사

고방식을 귀히 여기며, 봉건성 내지 전근대성을 탈피한 새로운 가치관의 형성을 위하여 새마을교육을 하였다는 면에서 볼 때 새마을정신과 지도이념은 실용주의의 철학사상을 지니고 있다.

새마을운동과 의식개혁

민주시민 의식 배양

첫째, 새마을운동은 산업화와 민주화를 이룩한 근대화운동으로 생각할 때 정치와의 상관성을 갖게 된다. 특히 '10월 유신維新: Restoration'이란 정치논리와의 관계성인데 정치는 민족의 생존과 번영, 국가의 안전과 발전을 도모하는 집단행위로 본다. 그런데 확실한 것은 새마을지도자가 당시 집권당인 공화당의 당원이 될 수 없도록 정치권과 분리해 놓은 통치철학으로 시작되었다는 점이다. 특히 유신維新을 서경에서 구염오속舊染汚俗, 함기유신咸基維新에서 말한 더럽고 속되게 물든 것을 모두 개혁하고 혁파하여 새롭게 만들자는 철학을 담고 있다고 본다. 그리고 새마을운동은 오직 조국 근대화와 국력조직화 방법으로서의 산업화를 위한 국민운동으로서 지방자치를 열 수 있는 '지방화 시대'의 풀뿌리 민주주의를 실천하는 도장이 되었다고 볼 수 있다. 오히려 차원 높은 비정치적 민주화의 생활철학을 배양할 기회를 만들었다고 본다.

둘째, 1979년 10월 26일 박정희 대통령 서거로 침체되었으나 ① 민주주의 토착화 ② 복지사회건설 ③ 정의사회 구현의 국정지표를 내건 제5공화국에서도 지속되면서 풀뿌리 민주주의 토착화를 위한 경제적 민주화와 정치의식 성숙화에 결정적 영향을 키웠다고 본다.

경제적 자립의식의 대중화

낙후된 농촌진흥을 촉진하기 위하여 시작된 새마을운동은 남북대결구도, 식량부족 속에서 환경개선에 중점을 둔 새마을 가꾸기 사업으로 어느 정도 성공하게 된 후 우수마을 우선 지원의 정부지원정책에 힘입어 새로운 정신적 바탕 위에서 공무원과 새마을지도자들의 헌신적 노력, 열정적인 주민참여가 합력되어 경제적 자립의식이 대중화되었다고 본다.

특히 다음 분야는 특별한 장점이라 하겠다.

첫째, ① 농로확장 ② 지붕개량 ③ 교량건설 ④ 수리시설 ⑤ 방파제건설 등 환경개선 사업이다.

둘째, ① 마을조림양묘 ② 집단재배 ③ 병충해 방지 등 영농과학화 ④ 공동구매와 판매 ⑤ 토지이용도 배가 ⑥ 개간개척 등 소득증대 생산성 향상 사업이다.

셋째, 농어촌 전화사업 등 후생복지사업의 확대 등 각종 지역사회개발사업과 금고육성 등 직장, 도시, 공장 새마을 등 모든 분야에서 산학협동으로 학교 새마을운동이 크게 기여하게 됨으로써 물질적 경제성장과 수출증대와 함께 정신적 도덕적으로도 잘살게 되는 공생발전 국민경제가 확립되는 새마을경제의 특장特長을 갖게 되었다고 본다.

통일역량의 제고

제국주의 이데올로기의 전쟁 속에서 분단 조국의 한을 품고 세계 속에서 한국의 위상을 바로 찾는 것은 한민족의 가장 절실한 사명임을 통절하게 느끼면서 살아온 우리이기에 새마을운동 연대 이후에 한국의 전력증강 5개년 계획의 실시로 방위산업도 본궤도에 오르게 되었다고 본다.

그러나 자주적 안보체제의 고양과 함께 독일의 경우 '빌리브란트'의 동방정책 이후 18년간을 동독의 5배에 가까운 서독경제력인 때 '민주시민교육원'을 여·야 합의로 운영하면서 현재 우리와 수평적, 산술적으로 비교한다면 40배에 가까운 동독 무상원조를 계속하였으며 평화통일을 준비하였고, ① 독일 민족공동체 ② 경제공동체 ③ 문화공동체 중심으로 교류협력을 지속한 문화사적 교훈을 절실하게 생각하여 '하나의 조국' 만들기에 혼신을 다해야 할 것이다.

그런 점에서 뉴 새마을운동에서는 통일 새마을운동을 구체적으로 진흥시켜야 한다. 평화와 번영의 '신 동북아시대'를 여는 역사운동으로 뉴 새마을운동을 전개하자. 여기서 잘 못하면 한반도의 영구적인 신분단 시대를 맞게 될 수도 있다. 통일정신도 산업화와 물질주의, 민주화 속에서 '효 Hyo: Harmony of Young & Old란 의미'[9]와 같은 전통가치와 공동체의 약화를 가져와서는 안 된다. 시장경제 중심이어야 하지만 천민자본주의가 되어서는 안 된다. 우리 경우 분단비용은 통일비용보다 엄청나게 크다는 사실도 잊지 말자. 특히 한민족 공동체와 자유민주주의 융합融合이 필요하다.

새마을정신으로 물질만능주의, 퇴폐적 소비문화를 추방하자. 포퓰리즘 정치, 패거리 정치, 기초 질서마저 없는 '떼법' 공중도덕, 섹스, 스크린, 스포츠3S문화 중심의 미래 준비 없는 하루살이 인생관을 거부하자. 1910년 무렵 신채호 선생이 외쳤던 '신민新民운동'을 전개하자. 안창호 선생이 말한 '힘없는 민족은 종노릇하게 될지니 무실역행務實力行' 힘을 기르는 '선

---

9) 최성규, 효 실천 210, 성산서원, 2011, pp.6-7

진·부유·애국先進·富裕·愛國'으로 뉴 새마을운동을 진흥시키자.

사회공동체운동으로 탈바꿈

1970년대 신 농촌 잘살기 운동으로 출범한 새마을운동은 '두레' 운동의 성격을 가진 국민의식구조의 혁신운동이기도 하다.

비행기가 활주로에서 이륙할 때 가장 위험하듯이 '도약시대' 인 1970년 대가 발전의 계기가 형성된 연대였다. 구미제국의 경우와는 달리 기독교 문화국도 아닌 우리는 구미제국의 각종 제도나 문물을 무비판적으로 도입 함으로써 사회연대의식 없이 개인주의와 신자유주의 물결이 칠 수도 있었 는데 새마을정신으로 이를 극복하였고, 식민지와 전쟁 후유증도 이로 인 한 패배주의적인 의식구조도 씻을 수 있는 뉴 새마을운동의 3대 정신이라 할 새로운 변화와 도전, 그리고 창조로 의식변화를 일으켜 정신문화운동 을 전개하기 때문에 이로써 이타주의와 사대주의적 의식도 불식하게 되었 다고 본다.

따라서 국민적 사회의식은 긍정적이며 합리적인 사고방식으로 바뀌기 시작하여 안정과 질서 속에서 발전과 전진의 역사는 시작되었다고 하겠다.

한류문화의 세계화

서양의 르네상스운동이 그리스, 로마문화의 부활운동이었고, 일본의 근 대화는 무사도의 전통인 대화혼大和魂에 두었듯이 충효문화중심의 한민족 문화의 꽃이 피기 시작한 것도 새마을문화에서 새로운 시작을 보게 된다. ① 생명의 전수자 부모님 공경 ② 은혜에 보답하는 효 ③ 오늘이 있기까지 많은 일로 고생하신 어른들을 공경 ④ 삶의 나침반이 되어 주신 스승 공경

⑤ 어른들은 내일의 좋은 세상 만들 꿈과 희망이기도 한 어린이, 청소년, 제자, 후배들을 건강하고 사명감 갖고 일할 수 있도록 멘토가 되어주고 영적, 육적, 사회적으로 양육하고 보호해 주는 일, 가르치는 일, 저마다의 달란트를 발견하고 발휘할 수 있도록 돕는 일 ⑥ 자신만이 아닌 세계 열방을 품는 사람이 되도록 가르치는 일과 본을 보여주는 일 ⑦ 독립성을 키우며 정직, 성실, 유능의 가치를 진선미眞善美의 가치를 추구하는 삶을 살도록 서로서로의 마음을 모으는 일 ⑧ 정서적 안정과 자신감을 심어주는 일 ⑨ 선조들의 희생을 기억하며 역사에서 교훈을 찾는 일 ⑩ 국가 기념일 정신을 선양하는 일 ⑪ 지역, 세대, 계층 간에 하나 되게 하는 사회통합에 앞장서는 일 ⑫ 음란한 세상문화를 배격하고 거룩하고 정결한 삶을 사는 문화운동에 참여하는 일 ⑬ 부정부패를 추방하고 정의롭고 공정한 사회, 밝은 사회 만드는 일에 내가 먼저 본을 보이는 일과 생활의 모습에서 살아 숨쉬도록 하며 한류문화의 참모습을 세계에 전수하여 인류문화 창조에 기여하도록 해야 한다.

녹색문화의 창조에 기여

① 자연에 대한 올바른 가치와 윤리를 인식하며 자연을 사랑하고 감사한 마음을 갖고 모든 자연이 생육하고 번성하여 땅에 충만하도록 보살피며 바다의 물고기와 하늘의 새와 땅에 움직이는 모든 생물을 다스리는 일[10] ② 인간도 자연의 가족일지니 지속가능한 개발과 보전의 조화를 이루도록

---

10) 성경, 창세기 1장 28절

하는 일 ③ 과학문명을 잘 이용하여 더 이상 무질서한 자연파괴와 훼손을 막으며 수자원을 보호관리 하는 일 ④ 쓰레기 문제의 해결과 폐기물 배출 및 CO_2의 감축관리 ⑤ 신재생에너지의 연구개발 ⑥ 물, 전기 등 자원절감 ⑦ 수목장 등 장묘문화를 바꾸는 일을 통한 새마을문화운동의 진흥도 뉴 새마을운동의 몫이다.

이웃사랑, 인류봉사문화운동의 확장

① 지구촌이 한 공동체임을 자각하며 한민족의 한을 품고 세계로 미래로 나가는 일 ② 각자의 재능을 이웃사랑과 인류의 평화, 생명, 산업진흥을 위해 사용하는 일 ③ 특히 어려운 이웃에게 관심과 사랑을 베푸는 일 ④ 자원봉사를 생활화하는 일 ⑤ 다문화 가정에도 섬김과 나눔의 손길을 펴는 일 ⑥ 민족 간, 남북 간, 국가 간, 계층 간, 지역 간, 세대 간, 종교 간의 갈등을 평화와 화해, 교류협력으로 승화, 상생공영의 세상을 만드는 일 ⑦ 세계 인류에 도움을 줄 지구촌 미래 지도자를 양성하는 일을 중심으로 새로운 과학문화 융합운동을 뉴 새마을문화운동으로 세계화하여야 한다.

21세기형 뉴 새마을 교육으로 전환

교육은 사회문화의 계승 및 발전의 수단이라고 볼 때 인간의 사고적, 창의력 또는 가치관, 지식, 기술 등을 의도대로 향상, 발전시킬 수도, 교정할 수도 있다고 본다. 최근 사회변동을 보면 우리 사회는 '티핑포인트Tipping Point'를 막 지나고 있다고 생각된다. 요컨대 모든 게 한꺼번에 갑자기 변화하는 극적 순간임을 느낀다. 당연했던 것이 부자연스러운 것이 되고 낯선 것이 오히려 익숙해지는 지점, 그 티핑포인트 말이다. 우리 사회의 '모

順矛盾: Inconsistency' 현재와 미래가 갈등 속에서 공존하면서 산업화의 한세대, 민주화의 한세대를 넘어 새로운 국면의 문턱에 서있다. 그래서 우리 교육도 패러다임을 바꾸고 콘텐츠의 혁신을 이루어야 한다.

① 객관식 테스트의 만능풍조가 아닌 산교육이어야하며 ② 인간 교육이 먼저 되고 인물과 인재양성 교육이 뒤를 이어야 하며 ③ 빵을 굽는 방법론의 교육만이 아니라 빵을 먹고 빵 값을 하는 사명인을 만드는 교육 ④ 민주시민으로서 정신적 생명력을 키우는 교육 ⑤ 세계시민, 미래시민교육 ⑥ 개척정신, 실용주의 정신, 주체적 의지를 기르는 교육 ⑦ 공익과 질서를 앞세우는 건전한 공동체 생활교육 ⑧ 공정사회 건설교육 ⑨ 21세기형 문화, 경제 사회조건 변동을 관리할 수 있고 변동에 적응할 수 있는 교육 정신의 부활로 뉴 새마을운동의 세계화를 위한 교육으로 율곡선생이 말한 대로 시세불일時勢不一이니 수성守成과 창업創業, 경장更張: Reformation이 계속되어야 한다.

새마을운동의 필요성 및 중요성

새마을운동은 주민이 공동운명체의식을 가지고 자기발전을 지역사회 단위로 집결시켜 집단 공동 노력으로 지역사회 발전을 추진하는 살기 좋은 마을 만들기 운동이며 나아가서는 국가발전목표를 앞당겨 이룩하는 기본원리임을 그 특성에서 볼 수 있다. 따라서 조국 근대화를 위한 단계에서 ① 농촌과 도시를 개발하며, ② 부조리와 부정을 없애고 국민총화를 이룩하는 일 ③ 우리 민주주의의 뿌리를 튼튼히 하며 하나의 조국을 만드는 일에 전 국민이 단합하여 평화를 이 땅에 정착시키는 일 ④ 지역주민들의 자발적인 개혁운동으로서 국력배양운동을 범국민적으로 전개하는 운동이며 역사발전의 과정에서 중요한 과제해결의 전략이 되고 있다. 특히 새마을운동은 다음 몇 가지 면에서 그 필요성과 중요도를 강조할 수 있다.

첫째, 개발전략으로서 중요성을 갖는 점이다.

1960년대에 추진된 근대화작업은 1·2차 5개년 계획의 성과로 공업과 도시화가 급속히 이루어진데 비하여 농어촌 발전은 상대적으로 뒤졌다. 따라서 1970년대에는 중화학공업의 추진이나 수출증대와 같이 농어촌의 혁신적 개발이 주요과제가 되었다. 특히 격차의 해소문제는 중요한 사회문제이기 때문에 새마을운동을 통하여,

① 전 국토를 작업장화하고 모든 일손을 생산화하며, 전 농민을 기술요원화하는 일은 식량문제를 해결할 수 있는 합목적적인 수단이 되었다.

② 2차 경제개발 5개년 계획에서와 같이 농어촌에 2조원의 투융자정책을 반영함으로써 도·농간의 균형적 발전이라는 사회정의의 요청이 달성될 수 있다는 점에서도 중요한 의의를 갖는다.

③ 농촌권이 개발됨으로써 도시 공산품의 구매력도 향상될 수 있으며 농공간의 불균형이 해소될 수 있다는 점에서도 농촌권 개발을 위한 새마을운동은 중요한 의미를 갖는다. 또한 도시인구의 집중방지를 위해서도 필요성을 느낀다.

둘째, 근면·자조·협동정신이 생활화될 수 있는 국민정신혁명의 전기를 이루게 되었다는 점이다.

오랜 역사를 통하여 관권에 시달림을 받았고 일본제국주의자들의 식민통치로 경제적 착취와 문화말살을 강요당했던 국민들은 모든 것을 체념한

채 정부에 의지하고, 가난을 숙명으로 돌리고 살아가는 의식구조가 되었다. 이는 새마을운동을 통하여 '하면 된다'는 의지를 갖게 되었고, 잘살아보겠다는 집념을 갖게 되었으며, '자조자 상조自助者 相助'요, '자조자 천조自助者 天助'라는 교훈을 알게 된 민족자각과 국민성 개조에 전기가 이루어졌다는 점에서 중요성을 갖고 있다.

일찍이 미국은 ① 청교도 정신 ② 실용주의 생활철학 ③ 개척자정신을 국민적 합의로 하여 오늘의 미국을 이루었듯이 우리도 민족적·국민적인 혼의 흐름이 필요했기 때문에 새마을운동을 통하여 국민의 개발의욕을 불러일으켜 개척과 실천운동을 전개하며 온 국민이 새마을정신을 생활화할 수 있게 된다는 점에서 보다 큰 의미를 지닌다.

셋째, 국가의 기강을 확립하는 점이다.

대중사회·대중문화란 말을 우리 사회에서 많이 듣고 있는데 사회학적 개념에서 본다면 봉급생활자가 80%를 넘을 때 비로소 사회구조적으로 대중사회가 되었다고 할 수 있다. 그런 면에서 본다면 우리는 8·15해방과 더불어 미국의 물질문명과 대중문화가 말초적 자극을 하면서 우리의 고급문화와 전통문화를 잠식하고 들어왔다.

그 후 다시 국토분단과 전쟁의 상처를 갖고 혼란과 가난 속에서 살아오는 동안 가치관마저 무너졌다. 이와 같은 국민의 의식구조, 특히 농민의 가치관·태도 및 행동의 변화를 가져올 수 있는 기회가 되었다.

요컨대, 새마을운동을 통해서 협동·자립·자조가 이루어지고 환경이 개선되며 현재의 큰 사회문제인 지역간·계층간의 괴리현상이 지양되기 시작하고 사회적 통합의 정도가 향상되고 있다.[11]

이상의 분석을 제시하면 다음과 같다.

① 환경개선으로 노동력이 질적으로 보존되어 간다.

② 폐습일소와 서정쇄신이 새마을정신으로 추진되고 있다.

③ 정부의 동원이 아닌 주민의 자율적 참여로서 총화의 물결이 일고 있다.

④ 쇄신·개혁·진취의 뜻을 갖는 '새' 정신을 갖게 되었으며,

⑤ 구제·보조·융자의 결점을 보충한 유인제로서의 정부지원기술이 발전되어 간다.

⑥ 협동·자립·자조가 싹텄고 새로운 국민도의의 재건이 이루어졌다.

⑦ 용기와 자신감을 갖고 민주화와 선진화를 통한 압축성장의 모델을 만들었다.

⑧ 급격하게 변모해 가는 국내외의 움직임에 능동적으로 대처해 나가야할 방법론이 국민적으로 이루어지고 있다.

⑨ 올바른 국민관과 국민통합의 의식을 바탕으로 하여 국가기강을 바로잡고 생산적이요 건전한 국민정신을 배양하는 운동으로 전개하였으며, 새마을교육을 통하여 정신혁명이 이루어지고 있음을 새마을운동의 또 하나의 큰 의의라 하겠다.

넷째, 평화를 정착시키고 민주주의를 성장 발전시키는 점이다.[12]

새마을운동은 우리 마을이 잘살기 위한 운동인 동시에 우리 마을을 튼튼히 지키는 운동이다. 따라서 새마을 증산운동으로 힘을 기르고 자위새마을로 마을을 개발하며, 인보운동으로 새마을 주민총회를 매달 25일 개최하면서 이웃과 같이 국민적 합의를 찾고 발전목표 속에 일하게 되는 기풍

---

11) 박동서, 새마을운동의 목적, 행정논총, 제11권, 제2호, 1973, 서울대 행정대학원, p.8

12) 1972년 2월 26일, 서울대 졸업식에서, 내무부(현, 행정안전부), 새마을운동자료, 1972, p.6

이 조성되었을 뿐 아니라 지도자를 주축으로 민간주도형의 개발형태로 지속하였기 때문에 주민의 실질적 참여 폭이 넓어졌다. 따라서 민주주의의 살아있는 훈련이 될 수도 있다고 보기 때문에 여기에서 또 하나의 중요성을 찾는다.

다섯째, 조국 근대화를 위한 범국민적 운동이라는 점이다.

시작할 때에 지금까지 있었던 사회혁신운동과는 달리 대통령을 정점으로 하여 국민 각자가 '우리'라는 공존재의식을 갖고 사회의 가장 약한 부문을 강하게 만드는 최약보완의 원리를 실천원리로 하여 전개하였으며, 주민은 개인으로서가 아니라 지역사회협동체 내의 한 구성원으로서 협동하며, 개인 노력을 지역사회단위로 응집하여 집단노력으로 전환시키려 했다는 점이다.

최한기 선생의 말과 같이 '실사구시實事求是'의 정신으로 물리적 실物理的 實; 부존자원상태이든 시적 실詩的 實; 정신상태이든 주어진 여건을 잘살려 이를 보다 나은 방향, 즉 발전지향적으로 만들려는 실천운동이기 때문에 보다 큰 의의를 갖게 된다.

특히 정부완전주도의 성격을 갖지 않는 새마을운동은 지역사회 주민의 자발적이며 자조적인 협동노력에 의하여 주민 스스로가 생활태도와 정신자세를 근대화하고 혁신하며, 경제적·사회적·문화적 생활환경을 발전·개선해 나가는 민간주도의 일대 사회개조운동이요, 인간개조운동이며 '보다 잘 살기 위한 운동¹³'이라는 점에서 새마을운동의 중요성을 찾을 수 있다.

---

13) 1972년 5월 18일 광주 소득증진촉진대회 치사에서

Chapter 2

새마을운동의 발전단계

새마을운동의 점화단계 1970~1979

> ### 1970년 : 새마을운동의 태동기
> – 방향의 제시 단계

　1970년 4월 22일 극심했던 전남북 한해대책을 논의하는 정읍에서의 지방장관회의에서 '새마을 가꾸기 운동'의 이름으로 박정희 대통령은 국토개조, 의식개조, 총체적 사회개조를 통한 존경받고 잘사는 나라 만들기 근대화운동으로서 새마을운동을 제창하였다. 그 당시 새마을 가꾸기 운동의 시작을 정읍에서 제창할 것을 본 저자는 제안한 바 있다. 그 이유와 내용을 정리하면 다음과 같다.

첫째, 백제 가요 '정읍사井邑詞 정신'은 어머니와 아내의 길, 남편과 자식 사랑의 뜨거운 정을 느낄 수 있기 때문에 조선조 500년간 공자문화의 산물인 남녀유별, 여성차별 정신을 없애고 오히려 새마을 부녀회를 지역사회개발중심공동체로 조직할 필요가 있기 때문이다.

둘째, 조선조 인조1623~1649는 서인의 반정에 의해 왕위에 올랐으나 공신세력의 횡포를 견제하기 위해 남인을 함께 등용하여 붕당간의 견제를 유도하면서 왕권을 안정화시켰다.

당시 서인은 ① 재상중심의 권력구조를 지향하고 ② 재무구조의 개선 ③ 국방력 강화를 위해 노비속량과 서얼허통庶孽許通[14]에 적극적이었다. 이에 반해 남인들은 ① 농촌경제의 안정에 치중하여 수취체제의 완화와 중소지주 및 자영농의 안정을 중시하고 ② 서얼허통이나 노비속량 등 신분차별제 완화에는 소극적이었다. ③ 삼권분립이나 지방자치는 생각도 못하고 왕권만 강화하는 데 치중하며 ④ 삼사三司의 정책비판 기능에 큰 비중을 두려고 했다. ⑤ 서인정권의 권력기반을 유지할 수 있도록 힘쓰며 탕평책을 쓰지 않은 채로 인재등용을 소홀히 하였다.

인조의 뒤를 이어 왕위에 오른 효종孝宗, 1649~1659은 청에 인질로 잡혀갔던 수모를 설욕하기 위해 ⑥ 적극적인 북벌운동을 계획하고 ⑦ 지역차별 없이 서인이면서도 재야에서 학문을 닦고 있던 충청도 지역의 송시열 등

---

14) 한영우, 다시찾는 우리역사, 경세원, 1997, p.302, 412
서얼은 양반소생으로 인구비중도 높았으나 전문기술직 이외에는 벼슬길이 법제적으로 막혀 있다가 서얼들 자신의 꾸준한 집단상소운동 결과, 18세기 후반 청요직으로의 허통(許通)이 이루어졌다.

젊고 유능한 산림인사들을 대거 등용하고 ⑧ 김자점 등 반사대·반외세 정책을 세우며 친청파 대신들을 몰아냈다. 한편 허적, 윤선도 같은 저명한 남인 인사들도 등용하여 붕당연합의 조화정치를 시작하였다. ⑨ 경상도, 전라도, 지역차별 없이 대동법을 충청, 전라도까지 확대 시행1651하였다. ⑩ 빈부격차를 줄이며 빈익빈부익부 세상이 되지 않도록 차등 세금제, 국민부담을 줄이는 일, 민생안정을 위한 여러 조치가 시행되었다. ⑪ 하멜Hamel이 가져 온 조총鳥銃 기술을 도입하여 서양식 무기를 도입하는 등 과학기술의 근대화를 시작하였다. ⑫ 문반, 무반 소위 양반자제에게도 군포軍布를 받자는 주장이 일어났으나 실현되지 못했다. ⑬ 공명첩空名帖을 발행하여 곡식을 받고 관직을 팔기도 했다. ⑭ 실학자 반계 유형원柳馨遠은 전북 정읍 옆 부안扶安에서 전제개혁을 비롯한 사회개혁안을 구상하여 특히 농촌을 살려야 나라가 산다. 못 살고 눈물 많고 억울한 민중민초시대를 열어야 하며 탐관오리의 부패를 막고 윤리가 바로 서야 백성이 산다는 정신으로 반계수록磻溪隧錄을 썼다. ⑮ 이어 14세기 왕위에 오른 숙종肅宗, 1674~1720은 환국換局이라 하여 신하들의 충성심을 경쟁시키고 왕권강화를 위해 붕당을 자주 교체하였다. ⑯ 농촌에서는 무지와 빈곤 속에서 희망 없는 미륵신앙을 가진 하층민들과 도시에서는 노비들이 주축이 되어 비밀결사로 반란이 일어나 사회가 매우 불안했다. ⑰ 9년간 집권한 노론은 숙종 15년1689에 남계인의 후궁 장희빈이 낳은 왕자가 세자로 책봉되는 과정에서 몰락하고 남인이 다시 집권했다. 이 무렵 효종의 계모 조대비趙大妃의 복상문제를 놓고 송시열 등 서인은 왕과 사족·서민의 예가 같아야 하기 때문에 9개월 상복을 주장했고 남인은 왕과 사士·서庶의 예禮가 같을 수 없다며 3년복을 주장했다. 이러한 사색당쟁으로 서인이며 노론의 핵심인물인 송시열이 남인 집권기에 사약을 받고 처형당한 곳이 바로 '정읍'이다는 점이다.

그 후 소론의 지지를 받아 영조가 52년간 집권했고, 정조의 탕평책, 신문고 제도의 부활, 소민小民을 보호하는 민국民國건설, 규장각을 통한 문예부흥과 개혁정치, 상공인 유치, 상업도시, 농업도시, 군사도시건설, 도로교통으로 신작로新作路를 내고, 자유상업을 진작시켰으며, 광산개발과 수공업발달, 산업발전과 신분제의 변화로 중인中人이 인구의 큰 비중을 차지하면서 서양문화를 받아들이기 시작했다. 지방차별 타파를 주장하는 평안도 및 삼남지방의 민중봉기, 정약용의 국가재정과 농촌경제의 안정을 위한 정전제도井田制度 주장, 무관 집안에서 태어나 상업문화와 부민富民의 성장을 목도한 최한기崔漢綺, 1803~1870의 상업국가 건설을 중심한 실사구시實事求是 정책제안 등도 역사적 교훈으로 살려 새마을운동, 새마을사업에 적용하며 농민교육원을 새마을연수원으로 체제개편을 하고 모든 공무원 교육원에서 대대적으로 새마을교육을 실시할 것과 정읍 고부면 동학농민혁명이 일어난 역사 현장에 '새마을중앙연수원'도 장래에는 세웠으면 좋겠다는 정책제안을 하였다.

셋째, 동학의 정신, 한국적 앙시앵레짐Ancien régime 즉, 우리 역사의 생성발전과정에서 사색당쟁과 탐관오리 양반시대를 거부하고 반사대, 반부패, 민중중심 역사를 외친 '동학농민혁명'의 발상지가 정읍이라는 사실이다.

동학농민운동은 교조신원敎祖伸寃의 요구를 벗어나 척왜양창의斥倭洋倡義 즉, 일본과 서양의 지배에서 벗어나 자립, 자조, 자강을 외치는 민족중심의 대의를 내걸었다. 특히 당시 피압박계층의 기본 대중이었던 농민을 주층으로 천민, 상인, 수공업자, 하급관리, 식자층, 서당의 유생 등 각 계층

의 총체적 참여로 밑으로부터의 시민혁명적 성격을 가졌다고 보고 동학정
신만이 새마을정신의 혼이 될 수 있을 것이라고 제안하였다.

넷째, 충무공 이순신李舜臣이 함경도 삼수갑산에서 봉사奉事 직급으로 있
다가 정읍 초대 현감으로 부임하였을 때 목수들과 같이 거북선 구상을 하
였고, 전라좌수사로 백의종군하였을 때 정읍 향촌, 공동체에서 향토방위
를 맡았던 사람들도 따라가서 공을 세우니 『난중일기亂中日記』에 약무호남
시무국가若無湖南 是無國家, 호남이 없었다면 나라가 없을 뻔했다라고 기록한 대목이
나오는 바, 그런 "충무공 정신이 살아 숨쉬는 고을인 정읍에서 새마을운동
시작 선언을 하시면 어떠실지요?"라는 청원도 하였다.
특히 충무공 이순신은 시時 · 처處 · 위位 세 글자를 써놓고 나의 위치에서
내가 가진 사명과 소명을 다하여 나라의 처지를 생각하고 역사정신과 시
대정신을 실천하면서 정읍현감 시절에도 일편단심 나라를 걱정하면서 보
낸 역사의 현장이념으로 세워진 '충렬사'가 있는 고을이니 각하의 뜻, '내
일생 조국과 민족을 위하여'와 충무공 정신을 '새마을정신'으로 승화시켜
제2건국시대를 열기 원한다는 말씀도 드렸다.

다섯째, 1946년 6월 3일 이승만 전 대통령은 자유민주주의의 단독정부
수립의지를 정읍에서 선언한 바 소위 '정읍선언'의 역사성은 자유민주주
의, 시장경제, 법치주의가 조국 근대화의 목표이기 때문에 새마을운동의
선언이 정읍에서 시작하면 좋지 않겠는가의 청원도 하였다.

여섯째, 1960년 3월 15일 자유당 정 · 부대통령 총선거에 부정선거가 있

었을 때 정읍의 박재표 순경의 환표고발사건동아일보은 4·19혁명의 기폭제
가 되어 이처럼 자유민주주의를 지킨 땅이 정읍이기 때문에 조국 근대화
의 새로운 출발로서 새마을운동은 의병정신이 살아 숨쉬는 충효의 땅 충
청도나 정읍에서 시작하면 좋겠다는 내용으로 충언을 드린 바 있다.

위와 같은 뜻은 1970년 4월 22일 전남·북 한해 대책 지방장관 회의시
박정희 대통령 선언으로 정읍에서 최초로 새마을 가꾸기 운동으로 방향이
제시되었으며, 동년 5월 6일 '국토를 잘 보존하자' 는 친필 지시를 하였고,
동년 11월 11일 농특사업경진대회에서는 농어촌지도자들의 창의와 노력
을 강조함으로써 오늘날의 새마을운동이 시작되었다. 이 해부터 지원체제
로서의 정부지원은 내무부현, 행정안전부가 주관이 되어 1970년 10월 1일에
『새마을 가꾸기 길잡이』라는 책이 발간되고, 전국 읍·면장에게 새마을 가
꾸기 교육을 실시함으로써 새마을운동은 본격적으로 태동되었다.

1971년 : 시험기
– 새마을정신의 배태

1970년부터 1973년까지를 기반조성단계라 한다면 1970년은 방향이 제
시된 태동기로 볼 수 있으며, 1970년 10월부터 1971년 5월까지는 전국
33,267 행정리·동에서 농한기를 이용한 시험사업을 전개하였다.
이 해는 10대 가꾸기 예시사업으로 ① 마을진입로 ② 소하천 ③ 소유지
의 정비 ④ 공동우물 ⑤ 공동빨래터 ⑥ 퇴비장설치·마을식수 등을 중점사

업으로 추진하였다.

정부에서는 행정리·동당 시멘트 335포대를 균등지원하고, 1971년 9월 29일부터는 새마을정신을 근면·자조·협동으로 하여 새마을 가꾸기 운동을 통한 주민의 소득증대와 정신개발을 지향하기 시작하였다.

1972~1973년 : 기초·점화 및 기반확립 단계
- 새마을정신의 점화·확대 및 자율실천의 기반구축

제3차 경제개발 5개년 계획이 착수되어 1980년대 100억불 수출, 1인당 GNP 1,000불 소득을 목표로 새마을운동의 궁극적인 목표를 농어민소득 증대에 두고 추진되었다.

또한 1972년 10월 17일에는 대통령특별선언을 통하여 '새마을사업이 국가시책의 최우선사업'임이 명시되어 계속 지원되었으며, 자조정신의 점화도 신념과 자신 속에 본격화되기 시작하였다.

1973년은 자조협동단계인 동시에 적극적 추진단계라 하겠으며, 발전된 수준에 따라,

① 기초마을하 : 18,415개

② 자조마을중 : 13,943개

③ 자립마을상 : 2,307개로 구분 차등화하여 지원하였다.

특히 하천·국도변 가꾸기 등 사업을 주민직영사업으로 실시하여 노력을 현금화함으로써 협동의 기초가 되는 마을기금을 조성하는 데 주력하였

고, 각각의 마을 실정에 맞는 사업을 추진함으로써 지역특성을 고려하기 시작하였다.

정부에서는 기초마을 시멘트 500포대와 철근 1톤을 기준으로 지원하고, 자조마을에는 노임소득사업을 전개시키는 한편, 우수마을 우선지원원칙에 따라 자립마을에는 소득사업과 문화복지시설을 중점 지원함으로써 기초 환경을 계속 정비·개선하는 한편, 농어민은 근면·자조·협동으로 소득을 높일 수 있는 생산기반을 확장하였다.

아울러 구체적 목표로써,

① 모든 국토의 작업장화

② 모든 일손의 생산화

③ 모든 농민의 기술화를 이루어 가면서 부차적인 소득사업으로 마을단위 소득사업에 재투자할 기금을 높이기 시작하였다.

또한 1973년 1월 8일에는 농수산농림수산식품부·상공외교통상부·문교부교육과학기술부 및 농협에 새마을 전담부서를 신설했으며, 시도·시군구에 새마을지도과를 신설하여 지원체제를 강화하였고, 새마을지도자의 사기를 높이기 위하여 상훈법에 새마을훈장을 신설하는 등 체계적인 지원이 시작되었다. 이로써 전국 34,665개 마을이 모두 참여하여 새마을운동이 종합체계화되기에 이르렀다.

1974~1975년 : 자조발전 및 내실 영속화 단계
– 저변확대 및 도약의 해

1974년부터는 기본방향으로 자조·협동을 바람으로 주민 스스로의 힘에 의한 자율적 추진기반을 구축하였다. 정부는 새마을운동의 3대 역점 시책을 ① 새마을 소득증대 ② 새마을교육 ③ 도시새마을운동에 두었다. 즉,

① 사업면으로는 소득증대에 직결추진

② 정신면으로는 새마을교육으로 새역사 창조의 역군양성과 국민상의 재정립

③ 참여면으로는 도시새마을운동을 전개하여 도시민의 공동참여

④ 추진면에서는 주민총의의 자율실천을 기본방향으로 하여 새마을운동은 내실화 기반이 구축되었다.

1975년은 새마을운동을 신앙화하며 영속적이고 내실을 기하는 '새마을운동 도약의 해'로 설정하여 새마을 가꾸기 사업의 범위를 증대하여 이를 생활화하고 새마을 소득증대의 기반을 확충하려고 사업을 전개하였다.

총화참여를 통한 경제난국의 극복에 중점을 두고서 3대 운동으로,

① 새마을 증산운동

② 새마을 근검운동

③ 새마을 인보운동을 전개하였다.

특히 4대 시책으로,

① 새마을 소득증대사업

② 새마을 노임사업

③ 새마을 국민교육

④ 도시새마을운동에 역점을 두고 전개하였다.

이와 같은 운동의 추진을 지원하기 위하여 1975년에는,

① 전국 138개 군에 새마을 담당 부군수제가 신설되었으며,

② 새마을운동 중앙협의회의 기능강화를 위하여 종전 15개 부처에서 22개 부처로 확대하였으며,

③ 1975년 6월 30일 까지는 11개 시 · 도 및 33개 시에 '민간단체 새마을운동협의회' 를 구성 완료하는 등, 국력을 배양하여 총화단결 기반을 다지는 데 중점방향을 두고 있었다.

1976년 : 심화발전 단계
– 범국민적 본격참여의 해

1976년도는 전국 35개 도시가 새마을운동을 본격적으로 시작하여 직장 · 단체 4,418개가 참여했다.

3대 운동은,

① 새마을 증산운동

② 새마을 근검운동

③ 새마을 인보운동을 중심으로 운동과 사업을 병행하였다.

4대 사업은,

① 소득증대

② 국토 가꾸기

③ 도시새마을

④ 국민교육을 지속적으로 확대 추진하였다.

그리하여 농민들은 3,622만 석의 높은 수확을 거두었고, 특히 민간단체 새마을운동중앙협의회가 창립되어 활기를 띠게 되었다. 반상회주민총회로 발전되어 종전 34,665개 마을이 35,031개 마을로 조정된 후 전국 138개 군에서 추진한 새마을운동의 실적을 모두 기록한 카드를 근거로 일제히 평가되었다.

그 결과 전체 마을 중 25%가 140만 원 이상의 소득을 달성한 해였다, 또한 새마을운동은 농촌에만 적용되는 것이 아니라 범국민화되었다. "우리가 세계 속의 한국으로 웅비할 수 있는 참다운 정신혁명 운동이요, 국력배양을 촉진하는 활력소"임을 실증한 총화의 해였다.

1977~1979년 : 심화 단계
– 새마을운동의 정착 및 생활화

1977년부터 1979년까지는 새마을운동의 효과를 한층 더 제고하고 그 뿌리를 더욱 튼튼하게 만든 시기였다. 마을 단위로 소규모 사업만을 추진하는 데 한계가 있음을 인식하고 지역과 사업의 규모를 확대하여 사업의 경제성을 높이는 방향으로 전환하기 시작했다. 또한 도시와 농촌을 연계시킴으로써 새마을운동의 광역화를 도모하고 도농간의 일체화를 기하고자 하였다.

지역특성을 고려한 새마을운동의 역점사업은 농촌의 경우 소득증대와 문화·복지시설의 확충이었고, 도시의 경우는 물자절약과 생산성 향상 및 노사관계 건전화였다.

농촌지역에서는 축산과 특용작물 재배를 장려하고 농공단지 조성과 새마을공장건설로 농외소득을 높이고자 하였다. 그리고 취락구조를 개선하고 문화주택을 건립하여 농촌의 생활환경을 향상시켰다. 특히 정부의 규격자재 공급으로 주택개량을 촉진하는 데 힘썼다.

한편, 도시에서는 골목길 포장, 내 집 앞 쓸기, 질서 지키기에 역점을 둔 도시새마을운동을 추진하였고, 직장 및 공장에서는 생산성 제고, 물자 절약, 노사간 공동체 의식 함양 등에 주력하여 직·공장 새마을운동을 활발히 전개하였다. 그 결과 생산성과 소득이 크게 증가하여 1인당 평균 총생산이 1976년 765달러에서 1979년 1,394달러로 약 2배 향상되었으며, 생활환경 여건도 전국적으로 고르게 개선되는 효과를 가져왔다.

1970년대 후반기에 보여준 새마을운동의 특색은 규모 확대와 특성부각이라 할 수 있다. 먼저 공간적으로 마을단위의 개별성에서 지역단위의 연계성으로 확대하는 경향을 띠게 되었다. 특히 공유의 자연자원을 여러 마을이 공동으로 개발하고 이용함으로써 효율성과 경제성을 제고하는 지혜로움을 발휘할 수 있었다. 또한 사업 규모도 점차 확대하여 규모의 경제성을 확보하고, 광역단위의 시설을 공동으로 건설하여 이용의 범위를 넓히고 이용률을 제고시켰다.

주민의 소득증대와 마을공동기금의 축적으로 보다 큰 규모의 사업을 착수할 능력을 갖춤으로써 이러한 성향은 가속되었다. 또한 새마을운동의 추진단위, 곧 농촌과 도시 및 직장·공장 단위별로 기능과 수요에 부응하는 특성 있는 사업과 활동을 발굴·추진함으로써 보다 실질적 효과를 제고시켰던 것이다.

새마을운동의 활성화 단계_{1980~1999}

1980~1989년 : 체제정비 단계

박정희 대통령_{1979년 10월 26일}의 서거로 말미암아 정치·사회적 혼란을 거쳐 제5공화국과 제6공화국에 이르는 80년대에 있어서의 새마을운동은 가장 어려웠던 변혁과 침체의 역경을 경험했다고 할 수 있다. 정부주도로 추진해 오던 새마을운동을 80년대에 들어서면서 민간주도의 체제로 전환하였다.

1980년 12월 1일 사단법인 새마을운동중앙본부가 창립되었으며, 1980년 12월 13일자 법률 제3269호로 공포·시행된 새마을운동조직육성법은 국민의 자발적 운동에 의하여 조직된 새마을운동조직을 지원·육성함으로써 새마을운동의 지속적인 추진과 향상을 도모하고 국가·사회발전에 기여함을 그 목적으로 제정되었다. 이는 새마을운동 민간조직을 전국적 체계로 구성한 것이다.

새마을운동 조직으로는 새마을운동중앙본부와 그 산하조직인 새마을지도자중앙협의회, 새마을부녀회중앙연합회, 직장새마을운동중앙협의회, 공장새마을운동추진본부, 직능새마을운동중앙협의회 등을 두었고, 시·도에 지부를, 시·군·구에는 지회를, 읍·면·동과 마을에는 남녀 새마을지도자를 두었다. 이들은 새마을운동중앙협의회와 6개 회원단체로 변경·확대되었으며, 이후에 새마을청소년회, 새마을체육회, 학교새마을운동 등이 생겨났다.

하지만 중앙조직의 지도층이 범한 지나친 독주와 운영부실로 국민의 지탄과 비난을 받아 일시적인 정체에 빠지기도 했다. 새마을 비리로 인해 여론의 지탄을 받았고, 이로 인해 새마을지도자들의 의욕과 사기가 크게 위축되었으며 새마을사업까지 좋지 않은 영향을 주기도 했다.

이러한 가운데에서도 새마을운동은 지속되어 진입로 포장, 복합영농, 작목개선, 유통개선, 새마을금고사업, 국토공원화사업 등이 꾸준히 전개되었다. 특히 88서울올림픽대회는 질서·친절·청결이란 3대 과제로 올림픽새마을운동을 대대적으로 전개하여 성공적인 개최에 크게 기여했으며, 1인당 국민 총생산도 1979년 1,394달러에서 1989년 4,934달러로 향상되었다.

한마디로 80년대에 이루어진 새마을운동은 관주도에서 민간주도로 추진체제의 전환을 가져 왔고, 이에 따라 정부와 민간부문의 새마을운동에 대한 역할 분담이 이루어졌으며, 다소간의 부작용과 침체현상에 직면했지만 이를 극복하여 본래의 모습을 회복하려는 노력을 경주했다는 사실을 대표적 특색으로 지적할 수 있다. 그리하여 새로운 각오와 자세로 90년대로 들어서는 전환을 맞이했던 것이었다.

1990~1999년 : 자율확대 단계

새마을운동은 90년대 들어와서 새로운 변화를 모색하기 시작하였다. 국제적인 개방화와 국내적인 지방화의 물결에 부응하는 한편 조금씩 어려워지기 시작한 경제발전을 촉진하고 무질서와 비윤리적 풍조로 흐르는 사회 기강을 바로잡아야 할 시대적 과제에 직면하였던 것이다.

WTO체제로의 진입, 지방자치제의 출범, 1997년부터의 외환위기 도래와 IMF체제의 시작 등은 우리에게 많은 시련과 고통을 안겨 주었으며, 새마을운동은 이러한 국가적 어려움을 극복하기 위한 활동을 적극 전개하였던 것이었다. 새마을 조직 자체로는 자율과 자립의 기반을 다지고 그 능력을 제고하는 데 힘썼고, 이를 위해 조직의 개편과 인력의 감축을 꾸준히 단행해 왔다. 중앙보다는 일선현장을 중시하여 사업과 활동을 지역특성에 맞도록 선정·추진함으로써 보다 실질적 효과를 거두고자 하였다.

특히 고향과 이웃을 사랑하고 봉사하는 정신을 생활화하고 공동체 의식을 함양하며 도덕성을 회복하기 위한 활동을 많이 전개했다. 이 기간 동안에 역점을 둔 사업은 내 고장 환경 가꾸기, 전통문화의 계승·발전, 경제 살리기, 도·농간 직거래 촉진, 일하는 기풍 진작, 건전생활운동, 도덕성 회복운동, 자원봉사활동 확대 등이었다.

아울러 공식적 교육·훈련과 각종 행사 및 모임을 통해 새마을지도자와 공직자, 기업 임직원 및 학생들, 그리고 일반국민에까지 의식개혁을 위한 교육을 널리 실시하였다.

1989년에 4,934 달러이던 국민 1인당 총생산이 1996년에는 드디어 1만 달러를 넘어섰으나 불행하게도 1997년 말의 외환위기로 인해 경제적 위축의 상황에 돌입하게 되었던 것이다. 이러한 악조건의 상황은 정부 및 국민과 손을 잡고 새마을운동의 저력을 다시 한번 발휘하여 조속한 기간 안에 극복해야 할 시대적 과제가 되었다.

'90년대에 전개된 새마을운동의 특색은,

첫째, 자율과 자립의 기반을 강화하여 독자적인 활동능력을 구비하려는 노력을 경주하였고,

둘째, 세계화·개방화·지방화라는 내외적 변화에 부응하여 국제사회에서의 경쟁력을 함양하는 데 기어코자 했으며,

셋째, 경제위기 극복을 위한 국민의식의 개혁과 사회풍토의 건전화에 많은 힘을 기울였다는 데 있었다.

새마을운동의 세계화 단계

2000년 이후~현재 : 선진화 복지애국先進化 福祉愛國 시대의 창조

2000년 이후 새마을운동은 2000년 2월 새마을운동중앙협의회에서 새마을운동중앙회로 명칭을 변경하고, 제2의 새마을운동을 본격적으로 추진하였다. 기존의 '잘살기'라는 목표와 이념을 '더불어 사는 공동체 건설'이라는 새로운 비전과 이념으로 확장하였다.

2000년 이후 새마을운동의 역점과제는 시민의식 선진화, 복지공동체 구현, 지역활성화, 친환경 조성, 국제·통일협력 등으로 구분할 수 있다.

① 시민의식 선진화를 위한 사업으로 도덕성 회복, 국민정신교육사업, 각종 문화사업이 활발하게 이루어졌다.

② 복지공동체 구현을 위해 민간안전망 사업, 재난구호 및 봉사활동, 소년소녀가장 및 독거노인 등 사회경제적 약자를 위한 지원사업 등이 중심적으로 전개되었다.

③ 지역활성화를 위해 농촌 및 지역경제 살리기, 도·농결연사업, 농어촌 가꾸기 등이 실시되었다.

④ 친환경 조성을 위해 폭넓은 자연환경보전사업을 시행하여 1970년대 개발주의로부터 훼손된 생태환경을 복원하는 데 많은 기여를 하였다.

⑤ 국제, 통일 협력과 관련하여 베트남, 캄보디아, 중국, 콩고민주공화국 등 새마을운동의 도입을 희망하는 국가들에 새마을시범마을 조성, 주거환경개선 지원, 봉사활동 등을 시행하여 새마을운동의 경험을 전수하였다. 또한 통일손수레 보내기, 탈북자 지원, 북한지역 재난구호 등을 통하여 통일협력사업도 활발하게 전개하였다.

2004년부터는 '새마을, 새정신, 새나라 만들기'의 구호를 제시하고, 다양한 봉사활동을 전개하여 새마을운동의 공공성을 홍보하고 사회적 동참을 이끌어 내기 위한 노력을 경주하였다. 이 과정에서 1990년대를 시작으로 본격화된 봉사활동은 지역사회 공헌 및 공동체 의식 함양 그리고 사회통합의 촉매제 역할을 담당함으로써 새마을운동의 사회적 재조명을 위한 계기를 마련하였다.

한편, 2000년 이후 새마을운동은 UN을 비롯한 국제기구 및 저개발국가 등 국제사회로부터 지역사회개발운동의 성공적인 모델로 인정받음으로써 새로운 위상을 정립하였다. 새마을운동중앙회가 2000년 UN의 NGO로 가입되었으며, 2003년 필리핀을 시작으로 2005년 콩고·스리랑카·몽골 등 아프리카와 아시아의 저개발국가와 러시아·중국·베트남 등 사회주의 국가에 대한 새마을운동의 보급이 본격적으로 추진되었다.

또한 1998년 시작된 '통일 손수레 보내기 운동'을 중심으로 2000년 이후 통일새마을운동이 본격화되었다. 2001년 대북지원사업자 승인, 2002

년 산란종계장 협력사업, 2005년 각종 농기자재 보내기, 재난구호 등 통일 새마을운동을 통하여 민족 동질성 회복 및 남북 상생공영관계 개선을 위하여 힘을 모았다.

2008년부터는 특히 환경오염과 자원고갈에 대한 산업구조 녹색화, 국가 브랜드 이미지 제고, 지구 살리기 운동으로 새마을운동을 승화시켜 한국 대학교수 새마을연구회가 중심이 되어 선진한국창조 국민운동과 '한국 : 그 도전과 선택' 차원에서 '뉴 새마을운동'을 1960년대 가나안 농군학교 구호였던 '내가 먼저, 나 하나만이라도Me First' 정신으로 UN녹색봉사단 조직을 시작으로 녹색새마을아카데미를 설립하여 새마을교육의 세계화, 미래화 그리고 산업화와 민주화, 선진화를 새마을운동 42여년 역사의 힘을 모아 발전시켜 나가야 한다.

이제 선진일류 코리아 창조 뉴 새마을운동 단계에 진입하였다. 따라서 ① 한류문화의 확산 ② 녹색미래의 실현 ③ 친환경 음식문화 개선사업 ④ 폐자원 순환사업 ⑤ 물과 에너지 절약 및 재창조 사업을 중심과제로 오늘도 진행형 선진화운동과 사업으로 지속가능한 지역발전에 기여하도록 하자. 2012년부터는 지구촌 공생발전地球村 共生發展을 위한 뉴 새마을운동 세계화 시대를 창조하자.

Chapter 3

새마을운동의 발전과 확산과정

새마을운동의 유형별 실천과제

농촌지역의 새마을운동

특성

1970년대 우리 농촌지역의 마을은 유형별로 산촌마을1,753개 · 중간마을 18,895개 · 평야마을8,104개 · 어촌마을1,583개 · 도시근교마을4,330개 등으로 구분할 수 있다.

지역적으로 취락구조가 비슷하고 배산임수의 입지를 갖고 있으며, 지연 · 혈연적 집단으로서의 공동운명체 의식이 비교적 강하고 정적 윤리사회로서 자연부락으로 구성되어 있었다.

1970년대 새마을운동 초창기의 농촌 전역의 몇 가지 공통적인 특성을 보면 다음과 같다.

① 야산개발을 중심으로 하여 경지확장이 아직도 가능한 지역권이다.

② 단위면적당 수확량을 올릴 수 있는 가능지역이다.

③ 모든 주민의 기술화가 요구되며 전화電化 · 화학화 · 기계화 · 수리화 水利化 등 4화4化운동이 요구되는 지역이다.

④ 단위농가 중심의 기업농형태가 크게 구실을 못하며 오히려 0.5ha 미만의 영세소농구제대책이 요구되는 농업구조의 취약성을 갖고 있는 지역이다.

⑤ 자원지도자가 있으나 기술지도자가 아니고 마을 유지가 지도자로 활동하거나 과거 자유당이나 민주당 때부터 마을 일을 본 동장이나 이장, 그리고 농협 일을 보아왔던 지도자가 새마을운동 초기에도 새마을지도자로서 기능을 하고 있는 지역이다.

⑥ 아직도 의타심이 강하며 협동의식이 부족한 지역이다.

⑦ 생활의 비합리성이 잔존하고 비과학적 생활태도가 남아있었다.

⑧ 자본이 부족하며 영농과학기술의 미발달과 인구학적 근대화가 이루어지지 못하고 있는 지역이었다.

이와 같은 농촌권의 특성은 부분적으로는 지역사회개발이 늦어지게 된 이유이기도 하며, 1970년대의 새마을운동 전개에 있어서도 장해요인이 되기도 하였다.

따라서 새마을운동 초기인 1971년부터 1973년은 특히 농촌지역에 중점을 두고 시작하였다. 그러면 지금까지 추진되어 온 농촌지역의 새마을운동을 검토하겠다.

내용

생산소득 기반사업

새마을 가꾸기 사업

새마을 가꾸기 사업이란 우리가 살고 있는 마을을 깨끗하게 가꾸어 편리하고 살기 좋은 부자마을로 만드는 사업을 말한다. 새마을 가꾸기는 그 형태가 외관적·전시적인 사업으로 표출되는 것이었지만 시멘트 위주의 환경개선만은 아니었다.

첫째, 새마을 가꾸기 사업은 새마을운동의 주축사업이다.

이 사업을 힘 모아 추진하는 과정에서 마을주민이 협동하고 단결하게 되어 '하면 된다'는 의지를 기르게 되고, 여기에서 얻은 힘을 생산소득사업과 직결시켜 나감으로써 더욱 알찬 운동이 될 수 있다는 것이었다.

둘째, 환경개선·정신계발·소득증대를 근본 바탕으로 하는 사업이다.

새마을 가꾸기 사업의 밑바탕은 마을 안길·농로·담장·하수구·소하천 등 마을의 기초환경을 깨끗하고 편리하게 만드는 데서 출발하나 주민이 자율적으로 추진하는 사업이다.

셋째, 새마을 가꾸기 사업은 마을의 실정에 따라 추진하였다.

수농로개설 사업

① 농로 - 노폭 5m 이상의 농촌도로를 말한다.

② 암거 - 도로가 작은 수로 등과 교차하는 경우 배수를 위하여 길 밑으로 묻는 관 등을 말하며, 암거를 설치하는 이유는 좋은 농로라 할지라도

물을 빠지게 하는 방법이 없으면 소용이 없기 때문이었다.

③ 석축 – 돌로 축대를 쌓아 홍수를 방지하는 시설이다.

④ 측구 – 노면에 물이 스며들지 못하도록 적당한 구배를 주어 고인 물을 인조하천으로 뽑아내는 배수처리 공작물이다.

⑤ 소교량 가설사업을 수행하는 일이었다.

지붕개량사업

① 지붕개량

초가지붕을 잇는데 소요되는 경비가 절약되며, 지붕을 개량함으로써 생짚과 썩은새를 활용하면 농가의 소득을 높일 수 있다. 뿐만 아니라 주거수준과 청소 및 위생관념이 향상되며, 화재의 위험성이 적어진다.

② 주택개량

우리나라의 농촌주택 실태는 다음과 같다.

　㉠ 주택 규모가 협소하여 안채의 평균면적은 14평건평, 부속건물은 10
　평 정도이며, 마루는 농산물의 보관 장소와 현관 역할을 하고 있다. 또
　한 각 방마다 조명과 통풍이 잘 안 될 뿐만 아니라 각 방과의 연결 기
　능이 무질서하고 동선이 불편하다.

　㉡ 주택에 사용된 재료가 견고하지 못하다.

　㉢ 주택의 배치에 있어 작업장이 안채의 전면에 위치하고 있다. 따라
　서 풍향이 농사철에는 남동·동서이므로 먼지 등이 안채에 들어갈 뿐
　만 아니라 건물배치가 산만하여 비능률적이다.

　㉣ 위생설비가 부족하다.

　㉤ 주택에 대한 농민의 의식구조가 방관적이다.

따라서 이를 부분적인 개수·보수, 신축에 상관없이 위생적이고 경제적·능률적인 표준주택으로 개선하였다.

간이급수시설사업

1970년대만 하여도 국민의 약 48%가 위생면에서 불안전한 우물물을 마시고 있었다. 그때에 새마을운동을 통해서 농어촌에 간이급수시설을 함으로써,

① 수인성 전염병을 예방하고

② 불필요한 노력을 절감하며

③ 물을 자유롭게 사용하여 주변이 깨끗해졌다.

따라서 건강과 생활의 편리, 환경개선을 위하여 시급한 사업으로써 간이급수시설을 하였던 것이다.

농어촌 전기가설사업

중앙에서는 상공부현, 지식경제부에서 당해 연도의 확보된 예산을 기준으로 전기가설 목표 호수와 전기가설 대상 지역의 선정기준·조사설계지침·공사시공 및 검사요령 등 사업추진에 필요한 세부적인 추진지침을 시달하였다.

이에 따라 시·도에서는 새마을우수부락·새마을공장 설치지역을 최우선하여 선정하였다.

제외지구로서는,

① 저전압지구로서 기존 시설의 보강공사를 필요로 하는 경우

② 송·변전시설을 새로 해야 할 지구

③ 호당 융자금이 적은 지역

④ 단위지역 대상 마을호수가 30호 미만의 소규모 지역 등이었다.

새마을 소득증대

농업

① 소득증대

주곡의 자급을 목표로 하여 토지와 노동력 또는 기술을 식량증산에 최우선으로 활용하여 생산면적을 넓히고 단위당 생산성을 높임으로써 마을의 장기 안정된 기간소득원으로 개발하고 자립경제를 지향할 수 있는 과학적인 영농개발에 주력하였다.

또한 지역농업의 특화를 위하여 식량작물을 제외한 농산물·축산물·수산물 및 임산물 등의 생산은 지리적 환경조건과 경제적 입지여건을 세밀히 분석하여 타 지역보다 유리한 몇 가지 작물이나 품목만을 선택하여 집중적으로 기술을 개발하고, 대량생산·공동가공·공동판매할 수 있도록 협동 추진하여 생산체제의 근대적 혁신을 기할 수 있는 단지·협동생산체제를 조성하는 방향을 찾았다.

② 농외소득증대

도시에 집중되어 있는 공장을 농어촌과 지방공업단지로 분산시키며, 새마을공장을 건설하여 농어촌의 소득구조를 개선하였다. 이와 같은 농촌공업의 확대방법 이외에 농외취업확대로서 통근취업의 기회를 조성하고 농번기 취로사업을 확대하며, 농어촌 부업을 조직적으로 육성하여 노동력을 최대로 활용하려 하였다.

③ 안전한 소득증대

주산단지의 계획생산과 계약생산체제를 제도화하고 광역마을권의 유통조직을 육성하여 생산자와 소비자를 보호하는 유통질서를 새마을사업을 통하여 점진적으로 확립함으로써 소득원의 안정을 기하려고 노력하였다.

④ 도시와 농촌의 균형발전

지역의 종합개발계획을 병행 추진하여 도시와 농촌간, 공업과 농업간의 생활과 소득의 균형발전이 되도록 하였다.

⑤ 종합화된 지도와 지원

행정·자금·기술지도·지원의 분산 또는 중복에서 오는 비효율적인 요인을 사전에 조정하여 사업추진과정에서 생길 혼란을 미리 예방하고, 낭비적이며 제도적인 모순을 발견·제거하려는 노력이 계속되었다.

농업 새마을소득증대 계획수립에 있어서 고려하였던 사항

① 올바른 계획과 착실한 실천

동일한 마을이라도 마을이 위치한 자연적·사회적 환경에 따라 차이가 있으므로 마을의 지대별로 구분하여 계획을 수립하였다.

② 마을별 특화계획수립

지대별로 특화를 유도하였다. 이때는 국민경제적 관점에서 선정토록 하여 일시적인 과소생산이나 과잉생산에서 오는 불안정한 시장가격 하에서 평정된 수익률만을 보고 사업종목을 선정하거나 포기하여서는 안 되며, 특화지역이나 마을에 대하여는 유통구조의 개선으로 안정가격·적량생산체제를 유지하기 위한 각종 시책을 병행하였다. 이러한 시책은 관계기관이 협의하여 특정 마을이나 지역에 대하여 지속적인 시책이 되도록 노력하였다.

농업 · 농외소득의 증대

농림어업 소득증대 방향으로 식량의 자급에 주력하며 지역농업특화를
하여 적지적작농업을 집중 개발하였다.

그리고 농외소득 증대를 위하여서는,

① 도시공장의 지방유치와 신규설립 공장의 지방분산을 시켰다.

② 농어촌공업을 육성하였다.

③ 농어촌의 공업화 및 공업입지조성을 위한 기반조성을 추진하였다.

④ 농촌지역의 유휴노동력을 흡수하고 지역개발을 촉진하기 위한 재정
투자에 의한 노임취로사업을 계속 확대하였다.

⑤ 기술교육의 강화 및 취업기회를 조성하였다.

⑥ 새마을공장의 지역생산, 원료사용과 주민의 자본공동참여를 조장하
고 있었다.

새마을소득사업 지원시책

① 자금지원

1961년에 새로운 종합농협이 발족되어 농업금융체제의 확립과 더불어
융자지원의 확대, 농업자금 · 융자규모의 대폭적인 신장, 융자제도의 개선,
상호금융의 강화 등 농업금융지원이 있었다.

소득증대에 대한 의욕은 높지만 자금이 없어 사업을 못하는 우수 새마을
에는 간편한 절차와 연 3% 이내의 저리회전자금을 물적 담보의 제공없이
서류 제출만으로 융자하였다. 이 자금으로 소득사업을 실시하고 새마을운
동을 영속화할 수 있는 기반을 조성하며, 모든 주민이 소득사업에 참여하
도록 유도하였다. 또한 종래 농촌에 다원적으로 지원하고 있던 시 · 군의

농가대여양곡특별회계 · 복지자금특별회계 · 농촌진흥특별회계 · 비육우특별회계 · 가내공업육성특별회계 · 농촌부흥자금특별회계 등을 모아 새마을소득금고를 운영하였다.

이 새마을소득금고 자금은 마을의 여건 · 기술성 · 시장성 · 경제성과 마을주민의 공동이익 등을 마을개발위원회에서 검토하고, 마을주민이 지도자를 중심으로 단합되었는가, 주민부담액이 적립되어 있거나 부담할 수 있는 능력이 갖추어진 마을인가를 검토하여 총사업비 70%를 초과하지 않는 범위에서 100만 원이내로 융자 지원하였다.

사업의 성질에 따라 단기성 자금과 중기성 자금으로 구분하였다. 단기성 사업은 1년 거치 2년 균분상환_{농산물 생산작물과 축산자금 등 당년도에 투자효과가 나타나는 사업}하였으며, 중기성 자금사업은 2년 거치 3년 균분상환_{농기구 구입 · 양묘 · 잠업 · 농수산에 관한 시설자금 · 농어촌개발 및 생산기반 사업자금 등 소득효과가 차년도 이후에 나타나는 사업}하게 하였다.

상환책임은 새마을지도자와 마을개발위원회의 연대보증 하에 인적 담보로 융자되기 때문에 융자금의 상환은 사업, 대상자와 연대보증인이 책임을 지는 제도였다.

이와 같은 새마을소득금고는 효율적인 관리를 위하여 1974년도 하반기부터 부산시와 전국 각 시 · 군에 '새마을소득금고운영특별회계'를 설치하여 운영 지원하였다.

② 기술지원
  ㉠ 전문기술지원단 운영
  소득증대사업 각 분야별 전문가들로 구성된 기술지원단을 편성하여 각 사업별 중요시기에 현지지도를 실시하고 새로운 기술을 신속히 보

급함으로써 발전사업의 수행을 도왔다. 이를 위하여 중앙기술지원단과 도기술지원단·시군기술지원단으로 나누어 활동하며, 그 기능을 보면 다음과 같다.

- 기술상의 문제점을 파악하고 대책을 강구한다.
- 사업운영 및 추진상의 시책을 건의 하고 연구·지도사업에 반영한다.
- 새마을 기술 또는 성공사례를 계속 발굴·검토하여 신속히 보급한다.
- 국지별 시장성 등 경영기술을 지도한다.

ⓒ 농업산학협동

농업기술의 발달을 위하여 농촌진흥청과 그 계통기관과 20개에 가까운 농업계 대학과 농업계 전문학교 교수들이 시험연구사업이나 지도자 훈련에 공동참여하도록 현직 대학교수를 농촌진흥계통기관의 연구관 또는 지도관으로 임용하여 공동 연구하도록 하였다.

③ 농업기술지원

정부는 농업기계화사업으로써 농업기계의 생산·도입·보급·이용관리·기술훈련·사후관리·농업기계의 전시, 연시 및 시범사업을 추진하고 있으며, 그 추진 방침은 다음과 같다.

ⓐ 영농의 주축기종인 동력경운기를 계속 확대 공급하여 심경과 적기 적작에 의하여 식량증산을 기한다.

ⓑ 농업기계의 구입자금을 장기저리자금으로 지원하여 보급을 촉진하고 영농적기에 공급한다.

ⓒ 농업기계를 구입하려는 실수요자가 안심하고 농업기계를 구입·이용할 수 있도록 품질보장을 강화한다.

ⓓ 농업기계의 공동 이용을 통하여 농업기계의 이용효율을 제고한다.

ⓜ 우리나라 영농실정에 알맞고 경제적이며 성능이 우수한 농업기계의 연구개발을 계속 추진한다.

ⓗ 농업기계의 사후봉사는 생산업체 중심의 사후봉사체제를 강화하는 방향에서 철저히 실시하는 것이다.

ⓢ 농업기계의 운전조작·기술훈련을 강화하는 것이다.

④ 유통지원

㉠ 농업협동조합의 유통지원

농산물생산이 계절을 타고 부피가 크며, 부패하기 쉽고 다양한 생산성 등의 특성 때문에 각종 유통시설이 요구되고 있으며, 농협지원이 극히 필요하였다. 그 사업내용을 보면 다음과 같다.

- 농민이 생산하여 출하하는 각종 농산물의 수집 및 판매
- 조합원의 편익을 도모하기 위하여 적은 양도 취급
- 선별·포장 및 검사를 실시하여 농산물 제값 받기를 위한 상품성을 제고
- 거래는 수탁판매를 원칙으로 하나 매입한 후 판매도 가능
- 농민조합원이 농산물 출하에 필요로 하는 제반사항을 상담하는 출하 상담실 운용
- 각종 시장정보를 수집하여 조합원에게 제공하는 것 등이다.

㉡ 수산업협동조합의 유통지원

어민소득증대를 위한 일환책으로써 생산제한·기술지원·판매확장·생산자재 및 생산자금의 지원 외에도 판매제도 개선 등 제시책을 구현하여 왔다. 특히 공동수집과 판매에 있어 수집과 출하는 어업협동조합

이 담당하고 판매는 수협중앙회가 담당하며, 어협과 어촌계의 공동수집·판매사업에 있어서는 수집과 출하는 어촌계에서, 판매는 어협이 각각 담당하고 있었다. 이 경우 수산물의 판매에 있어서는 중간상인을 배제하고 유통경비를 절감하여 유통한계의 단축과 마진감소로 생산자와 소비자 이익을 다함께 보호해야 한다는 점이다.

그러나 다음과 같은 문제점으로 인하여 수산물의 원활한 판매를 이룩하지 못하고 있는 실정이었다. 즉, 시장 및 조직에 있어서,

- 유통경로의 다단계성과 유통마진의 과다
- 도매시장의 기능 미약과 시설기준 미달 및 운영부실
- 산지와 내륙지 간의 수급조절기능의 미약
- 소매기구의 전근대성
- 객주 및 사적인 매매 성행 등 여러 문제가 산재하기 때문에 계통판매를 확충하고 내륙지 공판장 개설과 시장정보 기능을 강화하는 정책지원이 계속되어야 했다.

국토 가꾸기

국토 가꾸기 사업

국토 가꾸기 사업이란 1972년 이후 내무부현, 행정안전부가 주관이 되어 추진한 경춘간 국도정비·서울~판문점 통일로 주변정비·천안시의 도시정비 사업·보호수 가꾸기·절개지 보존사업 등과 같은 새로운 의미에서의 국토 가꾸기 사업을 말한다.

국토 가꾸기 사업의 대상은 ① 국도변 가꾸기 ② 도읍 가꾸기 ③ 관광지

가꾸기 ④ 소하천 가꾸기 ⑤ 가로수와 보호수로 지정된 희귀수목의 관리 ⑥ 화재상습마을의 이주·노변 불량주택 정돈·도서낙도 개발 등이라 하겠다.

국토 가꾸기 사업은 다음 추진요령에 의하여 실시하였다.

① 유휴노동력을 취로시켜 노임소득을 올린다.

② 시·군에서 노선별·지구별 계획사업량을 확정하여 사업별 세부설계에 의한 산출된 금액을 시장·군수가 현지 부근마을에 도입하여 새마을지도자를 중심으로 추진하고 있다.

③ 사업시기는 농한기를 이용한다.

④ 경관미와 실용도를 감안하여 특색 있는 사업을 하는 방향이다.

⑤ 사후관리를 철저히 하려는 노력을 한다.

국도변 가꾸기 사업

전국 국도의 도로 연변을 정리·정돈하는 사업이다. 총 대상이 되는 물량은 전국 778개 노선에 23,028km를 목표로 하였다.

이 국도변 가꾸기 사업은 크게 나누어 정부에서 지원하는 ① 언덕손질 ② 노면정비 ③ 측구정비 ④ 가로수 식재 ⑤ 나대지 녹화 ⑥ 지붕개량 등의 사업과 주민자력으로 지도자가 중심이 되어 성장과 개발위원회의 협조를 얻어야 했다.

대상사업으로는,

① 불량건물정비

② 울타리 개량

③ 노면정비

④ 청도 등 환경정비를 주로 하였다.

사업기간·사업추진 방법·사업비 조달 등에 관한 사업계획서를 수립하여 마을총회에 부의하고, 마을총회에서 사업계획이 확정되면, 새마을지도자가 중심이 되어 사업으로 추진하였다.

도읍 가꾸기 사업

도읍 가꾸기는 전국의 읍·면소재지 이상의 소도읍·시군청 또는 도청소재지의 도읍을 정리·정돈하는 사업이다. 이 도읍 가꾸기 사업의 대상은 1,505개의 도읍으로 크기에 따라 3단계로 나누어 추진하였다.

① 추진절차를 보면 지원사업의 경우는 다음과 같다.

㉠ 도지사가 도읍 가꾸기의 대상 지구를 정하고 관할 시장·군수가 사업을 주관하여 추진

㉡ 대상 지구의 도읍 가꾸기 계획도와 설계서 및 사업계획서는 시·군의 관계기술공무원이 작성하고 사업을 지도·감독

㉢ 사업의 집행은 시·읍·면 직영 또는 마을도급으로 추진

② 지원사업으로는 가로·골목포장, 보도블럭 설치, 언덕손질, 가로수식재, 하수도·측구정비, 도심하천 정비 등이다.

③ 주민자력사업은 마을총회에서 결정하며 새마을지도자를 중심으로 추진한다. 예컨대, 화단 등 녹지조성, 주택환경 개선, 간판·표지 정리, 청소 등 환경 정리, 주차장·정류소 정리, 전선 전주 관리사업 등이다.

소하천 가꾸기 사업

일반적으로 하천은 규모에 따라 하천법의 적용을 받는 '법정하천'과 하

천법의 적용을 받지 않는 '소하천'으로 나누어지며, 법정하천은 건설부현, 국토해양부에서 직접 관리하는 직할하천과 시·도지사가 수임관리하는 지방하천·준용하천으로 구분하여 관리하였다.

정부는 지난 1972년부터 소하천을 가꾸기 위하여 소하천을 세분하며,

　㉠ 하폭 11~20m까지를 군단위 하천으로 지정하여 군수가 관리하고,

　㉡ 하폭 6~11m까지를 면단위 하천으로 지정하여 읍·면장이 관리하며,

　㉢ 하폭 2~5m까지를 마을단위 하천으로 지정하여 이장이 관리할 수 있도록 소하천 관리체계를 확립하여 주민의 참여 하에 완공 위주로 소하천을 정비해 나갔다.

1970년대 초 우리나라의 총 하천은 약 40,042개소 69,400km로 법정하천이 30,290km, 소하천이 39,110km로 되어 있었다. 이 중,

　㉠ 제방(뚝)이 없거나 불완전한 소하천

　㉡ 붕괴된 제방을 개수 또는 보수하고

　㉢ 물줄기를 바로잡아 홍수시 침식과 붕괴를 방지하고, 농경지의 피해를 예방하며

　㉣ 폐천부지의 농경지화 등의 제공사를 소하천 가꾸기 대상으로 하였다.

그리고 소하천 가꾸기 사업의 추진방향으로는 다음 사항이 고려되었다.

① 지대별 특색 및 다목적 효과 제고

이를 위하여,

　㉠ 환경미화 개념을 살려 정비하며,

　㉡ 농촌하천은 농수로·제방·농로 겸용 등 생산기반 조성의 개념을 살린다.

　㉢ 관광지, 국도변 하천은 경관조성 개념으로 정비한다.

㉣ 산간하천은 사방조림계획과 연관된 개념으로 정비한다.

　　㉤ 홍수피해 방지효과를 가져 오며,

　　㉥ 농토 보호 및 확장, 저수 및 농수로 활용으로 식량증산에 기여할 수

　　있도록 하였다.

　② 지대별 유형에 따른 정비

구체적 방법을 보면 도시하천은 환경정비를 위하여,

　　㉠ 상류지역 정비는 밀식조림으로 정상수위를 확보한다.

　　㉡ 하상정비는 청소·지면 고르기 등을 한다.

　　㉢ 하수구 폐수를 처리한다.

　　㉣ 구조물 정비는 교량·난간정비·하수구를 손질한다.

　　㉤ 주변정리는 불량건물을 정비하고, 공장폐수 등 공해방지시설을 하

　　였다.

　이외에도 휴식시설과 산책도로 조성 등의 사업을 전개하고 있으며, 농촌

하천 가꾸기 사업으로는,

　　㉠ 저수시설

　　㉡ 농로수 정비

　　㉢ 제방·농로 정비

　　㉣ 농토 조성 등이 있다.

　국도변·관광지 하천은 제방 및 호안을 정비하고, 하상을 정리하여, 물

줄기를 바로잡고 하천의 식수와 녹지대 조성 등 자연에 조화되게 조경 위

주로 정비하였다.

가로수 가꾸기 사업

① 도로변에 나무를 심어 경관과 녹음을 조성하여 시민에게 쾌적감을 주어 명랑한 가로환경을 조성하고,

② 시가의 도시공해 · 방수 · 방음 · 방진을 피하고,

③ 해안 주변의 방풍이나 방조의 효과를 위하여 가로수를 식재하고 가꾸었다.

가로수 가꾸기는 가로수 식재 10년 계획에 따라 일반국도 · 지방도 · 시 · 군 도로로 구분하여 기본계획에 따라 식재할 계획으로 단계별 추진을 하였다.

사방사업

울창한 산림은 ① 목재의 제공 ② 상류수원의 확보 ③ 한 · 수 재해의 미연 방지 ④ 농업용수와 공업용수의 공급 ⑤ 인간생활환경의 미화 ⑥ 국민의 보건향상 및 정화순화에 크게 기여한다.

사방사업은 크게 산지사방과 야계사방野溪砂方으로 분류하여 추진하였다.

① 산지사방의 경우

㉠ 대단지 · 특정지역 및 주요 도로변을 우선적으로 시행하고 지구별 완결 위주로 추진

㉡ 특수사방과 일반사방은 나지녹화裸地綠化를 병행하며 지구별 완결 위주로 실시

㉢ 도시주변 및 도로변에 야계사방을 요하는 지역에는 조경사업으로 시공

㉣ 무너지고 밀린 땅은 계간처리를 위주로 시행하였다.

② 야계사방의 경우

ⓐ 성림지 및 산지 사방시공이 완료된 상류의 황폐계간에 실시

ⓑ 상류 산지가 안정되고 집수구역 면적이 300ha 미만으로 침식이 심한 황폐계류에 실시

ⓒ 특정지역과 고속도로변·새마을 주변에 우선적으로 실시하고, 전답과 마을을 통하는 계천은 시공치 않는 게 원칙

ⓓ 마을주민의 생활과 직결되는 지역에 자력으로 시공하도록 유도하였다.

노변불량주택 정돈사업

노변불량주택 정돈사업이란 농촌 취락과 주택개선의 표본이 되도록 하는 사업으로써 생계와 영농에 편리하고 농촌 취락과 주택건설의 표본이 되도록 할 뿐만 아니라, 이주농가에 대하여는 안정되고 편안한 가운데 위생적인 가정을 꾸며주는 사업이다.

이 사업의 대상주택으로 도로변의 불량독립주택으로는,

① 도로면에 서까래가 걸쳐 있거나 벽체가 돌출된 주택

② 도로의 굴곡부·급경사 지점에 위치하고 있는 주택

③ 철도 건널목에 위치하여 시계에 장애를 주고 교통사고를 일으킬 위험이 있는 주택

④ 접도구역 내에 있는 불량독립주택 등이다.

여기에서 제외되는 주택은,

① 군·시계획법 적용 또는 준용지구

② 소도읍지구에서 20호 이상의 밀집지구에 있는 주택들은 제외하였다.

수해상습마을 이주사업

하천변이나 저지대에 위치하여 수해의 위험이 큰 마을을 인근 안전지대에 옮겨 생활의 안정을 기하도록 하는 사업이 수해상습마을 이주사업이었다.

① 수해상습마을 이주사업의 대상

　㉠ 수해상습지역의 하천변이나 제방 밑에 들어서 있는 마을

　㉡ 빗물이 몰려 침수되는 저지대에 있는 마을

　㉢ 강물이 불어나면 왕래가 끊기는 고립지대에 있는 마을

　㉣ 산사태로 묻혀 버릴 위험이 있는 급경사 밑에 있는 마을

　㉤ 산골짜기 급류에 쓸려 나갈 위험이 있는 마을을 대상으로 하고 있다.

② 이주사업의 추진요령

　㉠ 이주대상 마을의 선정

　㉡ 이주 예정지 확보

　㉢ 이주마을의 조성

　㉣ 자금의 지원 및 관리의 순이다.

도서낙도 개발사업

1970년대 우리나라의 섬은 총 2,900개로 유인도가 705개였고, 무인도가 2,195개였다. 이는 연차적인 개발계획을 세워 살기 좋은 고장으로 만드는 사업을 계속하였다.

이에 대한 방침으로는,

① 섬이 많고 시급한 지역부터 집중적으로 개발

② 급하고 효과가 큰 지역부터 개발

③ 영세민을 많이 취로시켜 생계를 안정시키도록 하였다.

도시새마을운동

의의

새마을운동은 농촌만 하는 것이 아니라 범국민적인 운동이기 때문에 도시사람들도 적극 참여하도록 하였다. 물론 도시에서도 좋은 성과를 낸 사례가 많았고, 이 운동은 범국민적으로 전개되어 직장·학교·군대·일반기업체가 적극적으로 활발히 참여하였다.

잘살기 운동으로 새마을운동은 '관·민·도·농의 국민 총조화운동'으로써 도시권에서도 전개되었다. 특히 도시새마을운동의 경우는 다음 세 가지 면에 중점을 두었다.

① 경제적 측면

규모의 경제논리에 따라 자본과 기술이 상호작용하여 생산력·소비력 그리고 관리력이 집적되어 국력배양을 위한 거점지역이기 때문에 보다 다원적이고 합일적인 도시민의 참여확대가 요구되었다.

② 사회적 측면

읍 이상의 도시가 농촌을 상회하고 있을 뿐만 아니라 비교적 인구학적으로 근대화된 계층이 모여 있는 지역으로 공공시설과 사회지도층이 살고 있다. 우리의 경우는 사회학적으로 볼 때 대중사회가 구조적으로는 되어 있지 않으나 우리의 전통문화를 잠식하고 미국문화와 일본문화 등 외래문화가 농도 짙게 들어올 수 있는 지역이고, 또 현재에도 들어와 있기 때문에 농촌지역에 비하면 사치와 낭비·허영 등이 많고 윤리관이나 가치관의 혼돈 속에 놓여 있는 계층도 있을 수 있기 때문에 도시에서도 적극적으로 추진되어야 한다는 입장을 취하였다.

③ 정치 · 행정적인 면

　인구증가율과 인구밀도가 높고 도시실업자의 고용증대가 문제되며 사회변동의 관리가 요구되는 지역일 뿐만 아니라 민주주의 토착적인 성장과 질적인 변화가 시민의식 속에 새로이 정립되어야 할 곳으로서 근면 · 자조 · 협동하는 새마을정신이 생활화되도록 새롭게 전개되어야 했기 때문에 더욱더 도시새마을운동의 필요성을 느꼈다.

　이와 같이 도시새마을운동은 그 실천지표로써,

　① 새생활 문화운동을 시민운동으로 전개

　② 서로를 이해하고 신뢰하는 사회풍토를 만들며 협동하는 근린운동

　③ 보다 더 잘살기 위한 생산운동의 전개

　④ 생활의 과학화운동

　⑤ 민주시민운동

　⑥ 의식개혁의 새마음운동을 들 수 있다.

도시의 특성

　도시새마을운동의 효과적인 추진을 위해서는 도시의 특성을 정확히 파악하여 앞으로의 추진방향을 명확히 정립하여 나가는 것이 중요한 과제라고 보았기 때문에 도시의 특성을 다음과 같이 개념규정을 한다.

일반적인 도시의 특성

　① 생활의 중심이 농촌권과 달리 직장과 단체다.

　② 가정경제의 주체가 농촌에서는 대가족제도에 가부장적인 남자인데 비하여, 도시는 핵가족제이며 주부 위주로 운영된다.

③ 생활구조면에 있어서 농촌은 모든 가족이 농토를 중심으로 마을권 내에서 주로 생활을 하지만, 도시는 부모와 자녀들이 각각 직장과 가정·학교로 그 활동영역을 달리하기 때문에 가족 구성원간의 공동관심사가 다르며, 인보집단의식인 '우리마을' 이라는 개념이 거의 없다.

④ 활동을 규제하는 규범에도 농촌에서는 오랜 관습이나 협동의 미덕에 규제되는 데 반하여, 도시에서는 법률이나 질서가 선행하게 된다.

⑤ 도시는 좁은 지역에 많은 인구가 집중되어 있고 각양각색의 기능단체와 사회문화, 교육시설이 집중되어 있는 기능지역사회사회적 집중도가 높은 기능사회이다. 농촌사회와 같이 인구밀도가 희박하고 농업이라는 단일직능을 기초로 하여 성립된 단순 지역사회와 다르다.

⑥ 도시는 그 주변농촌을 포함한 경제권·문화권 형성에 있어서 지배적 위치를 점하고 있다경제적 지배성·문화적 우월성.

⑦ 도시민은 거주지역근린에 대한 유대의식이 희박한 반면 자기직능직장·학교·단체 등에 대한 연대의식이 강하며 일상생활활동의 주무대는 거주지역이 아니라 직장이다.

⑧ 주민의 생활활동의 영역은 농민과 같이 단심원적단일중심적이 아니라 다심원적·다중심적이다.

⑨ 주민의 구성이 이질적이다생활수준·직업·학력·의식구조 등.

⑩ 대체적으로 지식수준과 생활수준이 높으며, 자기중심적이고 소박함과 감수성이 적다.

⑪ 주민의 이동성타지역 이주과 유동성도시지역 내의 이동이 높다항구적 정착률의 저위.

도시와 농촌의 상이성

① 일반적으로 도시인은 이기적이며 배타적이다. 따라서 협동심이 약하고 모든 일에 주관적이며 폐쇄적이다.

② 도시인은 편리한 곳을 찾아 자기 능력껏 마음대로 이주하며 살 수 있으며, 집과 직장이 떨어져 있는 것이 보통이고, 이웃을 잘 모르고 지내기 때문에 현재 주거지에 특별한 애향심이 없다. 따라서 '우리 동, 리' 라는 관념과 애착이 없고 항상 유동적이다.

③ 도시가족은 소가족 형태로 분화되어 노인문제가 발생하고, 각종 범죄 등에 의한 이웃 불신풍조가 있으며, 직장간의 사회적 관계권은 형성되고 있으나 가정간의 연계의식은 없어 이웃과 우리라는 분위기가 조성되지 않으며, 사람과 사람과의 관계권 형성에 별 관심이 없는 이익다원사회의 생태이다.

④ 생활양식과 직업 등이 이질적이고 혼합적이어서 동일화 작용이 일어나기 힘들다.

⑤ 이질적 요소의 시민조직이 상존하고 있다.

⑥ 새마을운동이 전개되고 있는 장이 자연부락이 아니라 행정구역 단위라는 점 등이 농촌새마을과 다른 점이라 하겠다.

이와 같이 도시새마을운동은 농촌새마을운동과 비교하여 볼 때, ① 단위 ② 사업 ③ 개발사업 ④ 지도자의 리더십 ⑤ 지역주민 참여도 ⑥ 재조직 기능 ⑦ 지역주민의 가치관 ⑧ 행정지원의 방법 ⑨ 생활의 질의 격차 ⑩ 문화수준의 차이 등이 있기 때문에 기본방향과 방침에 있어서는 보다 도시의 특성을 살려야 한다는 반성과 새로운 전략이 요구된다는 도시 및 지역발전계획 정책대안을 제시한 바 있다.

기본방향

추진방침

① 직장 및 단체와 가정을 2대 사회적 실천거점으로 구분하여 가정에서는 주부층이 선도역할을 하도록 하며, 사회에서는 직장과 단체가 중심이 되어 실천 주체별로 특성과 실정에 따라 손쉬운 일부터 남을 시킬 것이 아니라 스스로 하는 것으로 출발하여 점진적으로 사회의 목표와 규모가 번져 나가도록 한다.

② 추진목표에 있어서는 지역새마을 도심지보다 변두리를 중심으로 협동사업에 의한 근린운동이 되도록 한다.

③ 가정새마을운동은 상류층·지식층부터 솔선수범하여 근검하는 시민운동으로 추진되게 한다.

④ 학교새마을운동은 학교단위와 학구로 추진하여 학교교육이 가정과 지역에 직결된 교육의 향토화 운동이 되도록 추진한다.

이와 같이 4개 분야로 실천 주체별 새마을운동이 상호보완의 원리를 살려서 추진되도록 유형별로 추진방법을 달리한다.

⑤ 특히 '77년부터는 새환경, 새질서, 새마음 시민운동을 중심으로 하여 나간다.

⑥ 서정쇄신과 함께 추진하여 도시병리 및 공해의 추방으로 사회기강을 확립하고 국민의 도덕심을 함양하는 방향으로 나아간다.

⑦ 주민참여를 중심한 주민총회를 중심으로 실질적인 마을협의회 운영을 하여 나가도록 한다.

⑧ 시민생활의 기본이 되는 생활환경을 정비·정돈할 것을 추진방침으

로 한다.

도시새마을운동의 시책

지금까지 도시새마을운동을 가열화시키고 이를 뒷받침하기 위하여 정부에서 추진 및 지원하였던 시책은 다음과 같다.

① '새마을의 날'을 매월 1일로 정하고 청소운동 등을 실시

② '새마을 상담실' 등의 설치 운영

③ 도시 '새마을지원금고' 설치

④ 골목단위 '이웃회' 조직

⑤ '새마을 소식' 발간

⑥ 새마을 순회홍보 실시

⑦ 새마을 시정강좌 실시

⑧ 새마을 성공사례 발표·전파

⑨ '오늘의 시민' 선발·시상

⑩ 새마을 행사 실시

⑪ '모든 시민의 새마을운동' 추진

⑫ 도시새마을운동 보고회 개최

⑬ 새마을 평가 실시

⑭ 새마을 교육 실시

⑮ 반상회 실시

등을 시책으로 하여 실천하고 있었다.

도시새마을운동의 내용

역점시책

근검운동

경제난국을 극복하고 국력을 배양하기 위하여 사치풍조와 낭비를 추방하고 빚을 두렵게 여기고, 저축을 미덕으로 알며 생산지향적인 생활을 하려는 범국민적인 새운동으로 추진하였다.

이에 대한 실천사항은 다양하지만 문제는 일상생활에서의 실천이며, 효율의 극대화라 하겠다. 당시의 추진요령을 몇 가지 예시하면 다음과 같다.

① 유형별직장·단체·가정·학교별로 '10% 절약, 10% 증산'을 추진한다.

② 모든 매스컴에서 근검·절약에 대한 캠페인을 전개하며 각종 사회단체에서 실천하고 계도활동을 편다.

③ 근검·절약운동을 위한 직장교육을 철저히 실시한다.

④ 각 학교에서는 학생들의 계도를 통하여 가정과 연결, 파급시켜 나간다.

⑤ 직장·지역단위 저축 조직을 마련하고 확대해 나간다.

⑥ 직장·단체 또는 학교에서는 근검·절약 모범사례를 발표하여 월별로 정기적으로 상호 비교평가회를 갖고 선의의 경쟁을 유발케 한다.

⑦ 근검·절약에 관한 표어·포스터·수기 등을 직장단체 또는 학교에서 공모하여 널리 활용·홍보하였다.

인보운동

인보운동은 어려운 이웃을 도와 나가는 일에서 상부상조하는 사회기풍을 조성하여 밝고 명랑한 사회를 건설하는데 그 뜻이 있었다.

이를 위한 추진요령은 다음과 같다.

① 직장에서는 상조회·공제회·직장상호신용금고 등을 조직하여 동료를 돕고, 직장인의 근무만족도를 높이는 방향에서 종합운동을 전개한다.

② '새마을이웃회'에서도 주민총회를 열어 마을주민들의 고충을 처리하여 준다.

③ 언론계에서는 이웃돕기 캠페인을 전개한다.

④ 사회봉사단체가 중심이 되어 이웃돕기운동을 활발히 전개하고 행정면에서도 이 활동을 지원·권장하여 범국민적인 참여가 되도록 한다.

⑤ 병원이나 의사회 등에서는 생활보호대상자와 영세민에 대한 무료진료 활동을 확대해 간다.

⑥ 새마을추진협의회에서는 관내 각 기관단체나 독지가들과 협조해서 어려운 학생을 돕고 산학협동을 이룩하기 위해 장학기금을 형성하여 '성금구좌제'나 범시민적인 자율참여의 길을 넓힌다.

⑦ 자매결연운동을 더욱 확대하여 이웃돕기운동으로 추진하되 '한 직장 한 새마을 결연운동'·'한 직장 한 수용시설 결연운동' 및 공공기관을 비롯한 직장단체의 간부급 지도층 인사들과 불우한 사람들과의 '1인 1명 결연운동'을 전개하고 새마을이웃회 등 지역단위로 관내 유지 부유층과 관내 불우한 이웃과의 '1인 1가 결연운동' 등을 확산 전개한다.

⑧ 모든 지역 새마을이웃회나 사회봉사단체 등에서 특히 군인·경찰의 위문활동을 전개하여 관내지역 출신의 군인·경찰들에게 위문편지 보내기, 신문·라디오 등 위문품 보내기를 연중 지속적으로 벌이며, 그 지역 주둔 군경부대와 직장·단체 및 지역과의 자매결연운동을 벌인다. 특히 국경일이나 명절에는 대대적인 위문활동을 벌여 일선 장병·해안초소경비경찰·불우청소년을 위로한다.

⑨ 기능별 직장단위마다 조직원에게 새마을운동을 위한 동기를 유발한다. 이를 위하여,

- 참여하는데 즐거움이 있어야 하고 기다려지도록 한다.
- 가급적 자기의 욕구에 일치하고 자기에게 이익이 된다는 확신을 갖도록 해야 한다.
- 하면 된다는 자신을 가질 수 있도록 해야 한다.
- 지역이나 직장의 여건과 특성에 맞아야 한다.
- 자기의 의견이 반영된다는 생각을 가질 수 있도록 해야 한다.

도시새마을운동의 역점사업

도시환경개선사업

도시민 스스로의 자조적인 협동작업을 통한 사업으로써 ① 골목 정비 ② 가로 정비 ③ 도심하천 정비 ④ 푸른도시 가꾸기 ⑤ 근교농촌동 가꾸기 ⑥ 불량지구 현지개량 등이다.

이러한 사업은 국토 가꾸기 방식으로 이루어진다. 따라서 개별적인 사업 추진요령은 앞에서 다루었기 때문에 생략하고, 새마을지원금고에 의한 사업추진 요령만을 설명한다.

이 새마을지원금고는 각 시와 구청단위로 설치되어 시비와 새마을 성금을 재원으로 운영하고 있다. 그리고 새마을 실적이 우수한 마을, 새마을 의욕이 높고, 하려는 열성이 있는 마을에 한하고, 나머지의 자재비와 노력은 주민들의 생활수준과 수익 정도에 따라 자진해서 부담한다.

또한 새마을지원금고사업은 이웃회의 지원신청 → 시 지원 결정 → 시의

자재지원과 기술지도 → 사업확인의 순으로 이루어졌다.

생활환경 개선사업

① 이웃 넓히기의 한 방법으로 '복지만두레' 운동을 전개해야 한다.

② 식생활 개선과 쓰레기 줄이기 운동을 적극적으로 전개해야 한다.

③ 폐품활용과 아끼고 나누고, 특히 저탄소운동도 절실하다.

④ 가족계획 등의 사업을 전개하였으나 이제는 출산장려운동을 해야 할 것이다.

⑤ 소형 아파트 중심으로 재개발을 추진해야 한다.

새마을 민주시민교육

새마을교육과 홍보를 종합·체계화하고 대상을 확대하여 도시새마을운동을 연중 실시함으로써 범국민적 새마을운동을 조성하고 나아가 시민 각자의 자각을 촉구하는 데 있다.

추진을 위해 다음과 같은 방법으로 총체적 지원이 요청된다고 보았다.

① 새마을교육홍보계획의 수립

② 교육시설의 보강

③ 교육용 교재의 정리 확보

④ 새마을교육홍보 전담요원의 배치

⑤ 교육 강사진 확보

⑥ 교육 내용의 보강

⑦ 상설 새마을홍보판 설치

⑧ 기동교육홍보반 편성

⑨ 새마을 홍보물 발행

⑩ 새마을 행정강좌 실시

⑪ 새마을정신교육의 확대

⑫ 산·학·관·NGO 혼합형 평생교육원독일형 민주시민교육원운영을 새롭게 지속하여야 한다.

도시새마을운동의 분야별 추진요령

도시새마을운동의 분야별 추진운동으로는 직장·지역·가정·학교새마을운동의 4개 유형으로 나누어 추진하였다. 이를 구체적으로 보면 다음과 같다.

직장새마을운동

직장새마을운동의 표준사업

① 업무개선면에서는 절약·근면·친절봉사·직장 내 단합 등 건전직장을 조성하는 활동

② 노사협조면에서는 후생복지 시설·직장금고 운영·생산성 향상·원자재 아껴 쓰기·품질 서비스 향상·기술교육 훈련 등 생산적인 직장을 조성하는 활동

③ 직장환경면에서는 청소·유실수 심기·작업환경 개선 등 깨끗하고 아름다운 직장환경을 조성하는 활동

④ 사회봉사활동으로는 자매결연, 성금·상품 보내기 등 지역새마을돕기, 노력봉사, 건전사회활동 등을 추진한다.

도시는 다양한 직장으로 구성되어 있기 때문에 직장새마을운동의 핵확산작용으로 그 열기는 대단했다.

직장을 직군으로 나누어 보면 공공기관 및 단체·학교·각종조합·기업체·언론기관·금융기관·종교단체·문화단체·봉사단체·취미단체·청소년단체·기타로 분류할 수 있고, 각기 업무내용과 특성에 따라 다르겠지만 일반적인 추진요령을 보면 다음과 같다.

① 공무원의 경우

　㉠ 자율적 자숙운동을 전개한다.

　㉡ 민원봉사 활동을 쇄신한다.

② 지역주민으로서의 경우

　㉠ 청소운동에 앞장선다.

　㉡ 이웃과 대화하고 어려운 이웃을 돕는다.

　㉢ 마을의 새마을사업에 앞장선다.

　㉣ 자기 집부터 근검생활을 솔선수범한다.

　㉤ 직장새마을운동 추진협의회에서 정기적으로 자체평가회를 갖는다.

　㉥ 거주지 지역단위로 '새마을친목회'를 만들어 협동적으로 실천한다.

③ 이밖에 공무원이 해야 할 새마을운동

　㉠ 직장주변운동사업을 실천하는 노력을 한다.

　㉡ 새마을합창단을 조직하여 건전 노래 부르기 운동을 한다.

　㉢ 직장체육활동과 취미활동을 권장한다.

　㉣ 직원복지시설의 개선 등을 추진한다.

직장새마을운동의 새로운 추진방법

먼저 단체가 맡은 직능과 특성을 살리는 사업을 선택하여 전개하되,

① 단체의 간부가 먼저 참여하고 모든 직원이 스스로 참여하는 자율회를 구성한다.

② 자율회의 구성원 전원이 참석한 총회에서 직장새마을지도자를 선발한다.

③ 구성원총회에 의하여 자율적 실천사업요목을 결정하게 한다.

④ 작고 손쉬운 실천요목을 설정하여 추진한다.

⑤ 정기적이고 반복적으로 직장 자체의 새마을교육을 실시하여 모든 직원을 새마을 요원으로 육성한다.

⑥ 다른 직장의 우수사례를 비교·견학하기 위하여 직장끼리 비교평가회를 가져 선의의 경쟁심과 자율참여 의식을 높여 나갔다.

지역새마을운동

골목과 통반·동단위로 그 지역여건에 따라 실정에 알맞은 사업을 선택하여 새마을지도자 중심으로 지역주민이 참여해서 추진하는 운동이 되도록 하였다.

표준사업

① 근린조성운동으로서 집회시설·어린이놀이터·경로당·탁아소·마을 공동활동·자모회활동 등을 통해 이웃을 알고 지내며 넓혀 가는 이웃넓히기운동이 있다. 이웃돕기운동으로는 불우이웃돕기·자매결연·마을장학금·고아원과 양로원 위문·물건 나눠 쓰기 등의 사업이 있다.

② 근린개발운동으로 환경시설 정비를 위한 가로골목 정비, 도심화원 정비, 불량지구 개량사업과 푸른도시 가꾸기 운동으로 공원·근교산지 녹화 및 시민헌수운동을 추진하였다.

지역새마을운동의 종류

① 가로새마을운동 – 골목·가로변·거주지역

② 시장·상가새마을운동 – 시장·상가 등

③ 점포새마을운동 – 주택가·독립점포 등

④ 관광지새마을운동 – 해수욕장·온천장·고적·사찰 등

⑤ 도시근교 새마을 가꾸기 – 도시 근교의 농촌취락 재편성 등으로 분류하고 추진하였다.

추진요령

① 가로새마을운동

　㉠ 공동이익사업을 위주로 추진

　㉡ 새마을금고를 중심으로 이웃회의 주민신청에 따라 주민자력 사업의 소요사업비 범위 내에서 자재를 중심으로 지원

　㉢ 특히 가로정비는 인근 기업체·관공서 등 직장단체에서 자진 참여하여 정비

② 시장·상가새마을운동

　㉠ 조합을 중심으로 시장·상가단위로 새마을운동 추진체를 구성하고 상인총회에서 지도자를 선정하여 추진체계 정비

　㉡ 마을별 새마을지도자를 중심으로 청소·영수증 주기 등 손쉬운 사

업부터 착수해서 점차 사업 확대

ⓒ 상인들의 공동관심사는 수익이기 때문에 지도자는 새마을운동이 판매액을 올리는 고객을 유치하여 신용회득을 위한 지름길임을 설득하여 모든 상인이 자발적으로 참여하도록 유도

③ 점포새마을운동

ⓐ 점포의 환경을 개선하여 면모를 새롭게 단장

ⓑ 올바른 상거래를 통하여 고객과의 인간적인 관계를 유지·개선하며 지역새마을에 적극 참여

ⓒ 민방위교육이나 새마을부녀교실 등에 적극 참여하여 새마을운동에 자율적으로 참여

④ 관광지새마을운동

ⓐ 마을지도자와 업소대표 등을 중심으로 추진협의회를 구성하여 전주민·업소·학생층이 총 참여하는 자율운동으로 전개

ⓑ 마을·거리·관광시설·관광 루트 단위별로 책임지역을 지정해서 담당하여 관광지 가꾸기 사업을 추진

ⓒ 전 주민의 관광요원화

ⓓ 관광객을 위한 농산물채소·원예·공산품기념품·토산품 등의 개발과 생산을 마을협동사업으로 추진하여 소득원 확보

ⓔ 민속놀이를 개발·권장하고 관광자원화

⑤ 도시근교 새마을 가꾸기

ⓐ 마을개발위원회에서 주관하여 동장과 새마을지도자가 중심이 되어 추진

ⓑ 시에서는 기술지도반을 편성하여 기술지도를 강화하고 같은 여건,

같은 시설은 표준설계에 의하여 표준화

ⓒ 새마을사업 자재지원은 시장 책임 하에 관리하되 동장과 새마을지
도자·마을 담당공무원은 보관·수불정산업무를 철저히 하여 자재 유
실 방지

ⓔ 새마을운동을 일상생활화하기 위하여 계절별, 월별 역점 실천요목
을 선정하여 중점 추진.

가정새마을운동

가정새마을운동은 주부가 중심이 되어 가족 모두가 합심하여 근검하고
화목·안락하며 합리적인 가정생활로 이끌고 이 운동을 골목단위·지역단
위로 확대시켜 나가도록 하였다.

표준사업
① 근검운동으로 저축하기·폐품활용·청소운동 등 추진
② 생활개선으로 생활 간소화·소비절약·가족화목과 효·경로운동·식
생활 개선·가짜상품 안 쓰기 운동
③ 사회활동으로 소비자보호·여성운동·봉사활동·녹색성장 생활화 등
을 스스로 실천하는 사업 등이다.

종류
① 주부새마을운동
② 가장새마을운동

106

③ 자녀새마을운동

④ 노인새마을운동으로 구분할 수 있다.

추진요령

① 주부새마을운동

　㉠ 어머니들이 솔선수범하고,

　㉡ 마을사람들과 더불어 전 가족이 참여하며,

　㉢ 내 집 앞 쓸기·폐품활용과 같은 손쉬운 일부터 실천해 나간다.

　㉣ 각 여성모임에도 적극 참여하여 이웃을 돕고 사회에 봉사하는 시민으로서의 기본적인 의무도 동시에 펴 나간다.

② 가정새마을운동

　㉠ 먼저 건실한 가장으로서의 정신자세를 스스로 가다듬고 가족과 함께 생활개선과 이웃돕기운동을 하나씩 실천

　㉡ 온 가족이 새마을정신을 실천하며 특히 새마을운동을 스스로 하는 운동이 되게끔 분위기를 조성

③ 자녀새마을운동

　㉠ 질서 지키기로 가래나 침 안 뱉고 종이 안 버리기·줄서기·고운말 쓰기 등 도시질서 지키기에 앞서며

　㉡ 자기 일은 스스로 하고 근면·협동생활의 과학화 실천을 집이나 일상생활에서부터 습관을 기르도록 한다.

④ 노년층의 새마을운동

　㉠ 이웃 노인들이 모여서 학교 앞 등 교통정리

　㉡ 공유물 아끼기 운동

ⓒ 낮에 동리를 돌면서 낮도둑이 없도록 경비

ⓡ 성시화^{聖市化}운동과 멘토운동

ⓜ 집안 가훈 갖기 운동

학교새마을운동

표준사업

① 교풍순화운동으로써 면학 분위기 조성·건전한 학생자치활동·학교 내의 환경정비

② 산학협동으로써 새마을 실습장활용·새마을연구활동·새마을교육·학교 지킴이 운동·학교폭력 근절운동

③ 향토 봉사활동으로써 새마을 노력봉사·기술지원 및 위로 봉사활동 등으로 나눌 수 있다.

종류

① 초등학교새마을운동

② 중·고등학교새마을운동 – 인문계, 실업계, 특목고 등

③ 대학교새마을운동 – 전문대학·대학교·대학원 등

추진요령

학구와 학교별 그리고 수준별로 그 특성에 알맞게 실천해 나가되 공통적인 추진요령을 다음과 같이 제안한 바 있다.

① 학교새마을운동 지도교사나 교수를 지정하여 실천생활을 유도한다.

② 가정과 학교를 밀접하게 연결시켜 학생들의 생활 속에서 새마을정신이 내면화되고 자기화되도록 한다.

③ 전인격교육으로 교육·지도하며 보이지 않는 교직과정의 기능은 전교육분위기를 좌우하기 때문에 전 교직원이 학생을 지도함에 있어서 솔선수범한다.

④ 학생들의 자치활동과 학부모조직을 활용하여 새마을운동을 확대 파급시켜 나간다.

⑤ 산학협동기능을 강화한다.

⑥ 교풍을 살리는 실천요목을 선정 추진한다.

⑦ 애국조회 등을 실시하여 국가관확립을 위한 제행사를 하고 다짐하며 반성하는 기회 등을 갖는다.

⑧ 대학의 경우는 '대학교수새마을연구회'를 중심으로 새마을운동 이론의 연구결과 발표·세미나·공청회의 개최, 사례의 분석과 발간 등을 통해서 지식층과 사회지도력의 적극적인 자진 참여를 유도한다.

⑨ 대학은 주당 2시간의 봉사활동학점제를 통한 새마을운동 참여를 활성화한다.

새마을운동의 실적 및 성과

성과의 개황

1970년대는 우리 역사에 있어서 새역사 창조를 위한 사명의 연대이며 근세 이후 낙후와 침체에서 잠을 깨고 민족의 잠재력을 모아 새로운 개척의 연대인 '새마을연대'로써 민주화와 산업화를 동시에 시작하고 새롭게 발전시킨 연대라 할 수 있다.

그 동안의 새마을운동의 성과를 요약하면 다음과 같다.

① 국민의식구조의 변혁을 가져 왔다.

② 협동하는 방법을 배우게 되었다.

③ 잘사는 방법을 알게 되었다.

④ 소득증대방법을 터득하게 되었다.

⑤ 근면·자조·협동의 문화와 생활의 과학화가 정착되었다.

⑥ 생활환경이 가꾸어지고 생활개선이 되었다.

⑦ 1974년 말에는 농가 호당 소득이 도시 100에 비하여 104로 늘어나 도시근로자 소득을 앞지르게 되었다.

⑧ 마을지도자를 중심으로 단합할 줄 아는 조직훈련을 하였다.

이러한 새마을운동의 성과를 정신계발면·생산소득증대면·환경개선면으로 나누어 정리하여 보겠다.

새마을운동의 주요 3대 성과

정신개발면의 효과

근대화의 훈련의식구조의 변혁

낙후와 침체, 체념과 나태의 정체사회로 지적되어 왔던 우리 농촌사회는 첫해부터 새마을 가꾸기 사업이 어느 정도 성과를 거두게 되었고, 여기에서 얻은 자신감이 힘이 되어 농민들은 우리도 하면 된다는 의욕을 갖게 되었다. 또한, '우리도 잘살 수 있다' 는 의지와 신념이 바탕을 이루어 자조·협동·의욕에 찬 생기 있는 사회로 바뀌었다.

자율적 협동체제의 확립

공동작업을 통하여 '두레' 나 '품앗이' 같은 우리의 전통성을 다시 살렸고, 그 속에서 '나' 만을 위하는 이기주의를 개체주의로 잘못 인식하고 협력을 등한시하였던 지난날을 반성하고, '너' 와 '나' 가 같이 살아야 한다는 '우리' 라는 공동운명체 의식이 차츰 커져서 새로운 가치질서가 확립되었다. 또한 새마을지도자를 중심으로 일과 실천을 통하여 마을공동체의 인식과 공존재共存在 의식이 새로이 길러졌다.

이러한 과정이 거듭됨에 따라 스스로 협동의 원리1+1=2+α를 깨닫게 됨으로써 점차 마을이 하나로 뭉치기 시작했다. 따라서 단위마을의 자급자족적 입장을 초월하여 협동권 사업을 중심으로 몇 개의 마을이 모여서 지역사회 발전을 추진하며 세계로·미래로의 꿈과 희망을 갖고 나아가기에 이르렀다.

바람직한 국민통합

농촌권에서는 부녀자와 4H조직 속에 청소년이 참여했고, 개발위원 속에 대중이 참여했으며, 영세소농층도 새마을 노임소득사업과 복차소득사업을 통하여 참여하였다. 도시새마을을 통하여 학교새마을은 지역사회에 대한 봉사활동이 확대되었고, 산학협동체제가 활발히 제기능을 하는 과정이었다. 직장새마을은 자매결연이나 성금·성품·노력 지원을 통하여 주민총화가 이루어지면서, 주민의 자율적 참여와 추진을 이끌어내는 꾸준한 정부지원은 더욱더 국민과 정부와의 거리를 좁혔고, 디아스포라 750만 해외동포의 뜨거운 성원까지 합쳐서 민족 대동단결의 분위기가 일게 되었다.

이와 같이 '관·민·도·농'의 국민총화체제의 구축과 함께 격차해소가 점점 이루어져 빈부격차가 줄고 신중간계층의 폭이 커진 것을 성과로 들 수 있다.

생활질서의 혁신과 부녀층의 참여

농어촌에서는 도박과 미신 없애기·가정의례 간소화·작업복 입기·저축하기·주점 없애기 등 마을마다 마을규약을 정하고 자율적으로 준수해나감으로써 비생산적인 인습을 타파하는 농촌생활기풍을 변모시켜 농촌문화의 변화가 이루어진 점이다.

또한 사회총화기풍이 조성되어 범국민적인 참여가 이루어지고, 특히 부녀층이 자율적으로 참가하여 사치와 낭비·부조리를 없애 건전한 생활질서가 형성되고, 생활기풍이 조성되며, 생산적 생활질서가 정립되고, 생활의 합리화가 이루어졌던 점을 들 수 있다.

유휴노동력의 생산화

1960년대에는 경제개발을 통하여 '보릿고개'가 없어졌고, 1970년대에는 새마을연대를 통하여 새마을운동을 민간주도와 정부지원으로 지속화시킴으로써 농한기가 없어졌다. 이와 같이 모든 일손은 마을협동사업과 소득생산사업에 투입되어 생산으로 전환되었다.

잠재자원의 생산적 활용

농촌사회의 무한한 잠재력을 생산적으로 활용하는 데 크게 기여하였다. 물적 자원·천연 자원·제도적 자원은 물론 도시권과 협조가 이루어져 산업정보자원을 활용함으로써 인적 자원의 활용도를 높였고, 제자원의 이용 극대화를 위한 자원관리의 새로운 방법을 배웠다.

생산소득면의 효과

생산소득면의 효과는 경제적 측면에서 본다면 다음과 같다.

① 생산기반이 정비·확충되어 영농 및 경영구조가 개선되고 생산기여 시설이 확충되었다.

② 협동적·과학적 영농체제가 이루어져 마을단위로 협동영농·과학적 영농체제가 점점 이루어졌다.

③ 개발잠재력이 현재화되어 주민의 기술능력이 향상되고 부존자원이 동원되었다.

④ 농촌유휴노동이 생산화되었다.

⑤ 도·농 영세주민을 위한 노임소득사업이 크게 확대되었다.

⑥ 각종 투자정책을 소득과 연결시켜 타당성 분석을 하는 경향이 있다.

⑦ 유통구조가 점차 개선되었다.

⑧ 농가소득은 크게 향상되었다.

환경개선면 특히 문화적 측면에의 효과

① 생활환경이 개혁되어 비도시권에는 기초생활권이 정비되었다.

② 문화시설·공동복지시설이 확충되었다.

③ 문화창조의 계기를 이루어 문화의식이 향상되고, 고유문화가 재발굴되어 가며, 농민문화활동의 수준이 오르게 되었다.

새마을운동 연관사업 성과

첫 번째, 농촌도로정비사업이다.

새마을운동은 우리 농촌에 '길의 혁명'을 이룩하고 생활권과 영농권을 크게 확대시켰다.

두 번째, 농업용수시설이다.

홍수와 한해가 없는 안전영농은 농촌의 농가소득을 배가시킬 수 있는 첩경이다. 정부는 농업용수개발을 겸한 다목적댐으로 춘천댐 · 섬진강댐을 비롯하여 소양강댐 · 팔당댐 · 안동댐을 건설하였다. 앞으로는 '4대강 개발' 보완과 같이 수자원 관리에 힘써야 하는 큰 과제를 안고 있다.

세 번째, 협동시설사업이다.

농촌의 각종 협동시설은 농민들이 근면 · 자조 · 협동의 새마을정신을 생활화할 기본시설을 확충하였다. 이제는 지방별 새마을회관 활용의 활성화가 시급하다.

네 번째, 전기통신사업이다.

새마을운동을 통한 농어촌 전기통신사업의 추진으로 농어촌의 생활환경은 크게 개선되었고, 생산증대와 지방공업육성에도 크게 기여하였다.

다섯 번째, 연구단지 · 공업단지 건설이다.

새마을공장을 활용한 농외소득은 농어촌 소득증대에 큰 비중을 차지하였고, 수출단지와 함께 각종 특화단지 조성으로 경제대국 건설에 기여하였다.

여섯 번째, 치산녹화사업을 들 수 있다.

치산녹화는 국력을 기르는 지름길이다. 정부의 치산녹화 10개년 계획이 1973년부터 시작되자, 새마을운동을 통한 농촌주민들의 조림의욕과 애림 사상이 크게 고취되었고 치산녹화사업은 더욱더 활기를 띠게 되었다. 주민이 참여하여 유실수·속성수·연료수·조경수 등을 심었다. 그리고 치산 치수와 같이 이산이수利山利水의 정책방향 전환을 인식하게 되었다.

일곱 번째, 주거환경개선사업이다.

농어촌의 생활환경개선사업은 새마을운동 초기부터 새마을사업의 주축·점화사업이 되었다. 이처럼 새마을운동의 종합적인 효과는 농어민의 주거환경개선에서 나타난 것이다.

여덟 번째, 문화복지시설사업이다.

간이급수시설은 새마을 가꾸기 사업과 보사부현,보건복지부 지원사업으로 1971년도부터 6년간 1만 5,905개 마을에 간이급수시설을 완료하였다. 따라서 제1차 목표년도인 1981년까지 그 형태가 외관적·전시적인 사업이 아니라 현대생활에 있어 필수문화시설을 향상하려는 방향으로 추진 및 지원사업을 전개하였다.

아홉 번째, 유통구조개선이다.

농산물의 판매처리기능을 강화하고 상품성을 향상시킴으로써 농가소득을 증대시키는 유통구조개선을 추진하였다. 이제는 대기업 유통마진을 줄이고 1사1촌社村결연운동과 농협의 사업기능을 통한 생산자와 소비자 중심 유통구조로 변화되어 가고 있다.

열 번째, 국토 가꾸기 사업이다.

새마을운동을 통한 국토 가꾸기 사업은 그 실천목표를 일상적인 국토의 보전·생산적인 국토의 이용, 그리고 질서 있는 국토의 기능을 조화 있게 정비해 나가는 데 두었다. 그러나 산림의 자원화가 되지 않았고 토지의 지속가능한 개발과 균형개발 정책의 미비를 보완해야 한다.

열한 번째, 새마을교육은 새마을운동과 사업을 통하여 마을을 개발하고 교육을 통하여 국민의 정신을 계발하는 데 중점을 두고 실천해 왔다. 새마을교육을 통하여 우리 국민은 근면·자조·협동의 새마을정신을 생활화할 수 있는 정신적 자세를 확립하였다. 일상생활에서 '하면 된다, 우리도 할 수 있다'는 자신감과 섬김, 나눔의 이웃사랑으로 물질뿐만 아니라 존경받는 두레세상 만드는 일에 참여하여 후세에게 좋은 나라, 평화와 생명의 존귀함이 있는 빛의 나라를 만드는 보람찬 삶을 살아가는 데 기여하고 있다고 생각한다.

Chapter 4

민간주도 새마을운동의 진흥화

민간주도 새마을운동의 배경

지난 42년 동안의 새마을운동은 10년 주기의 연대별로 국가발전에 대한 상징적 의미를 부여할 수 있는 특징을 가지고 있다. 새마을운동 제창 당시 1970년대에는 '잘살아 보자'는 구호 아래 새마을 가꾸기 운동으로 농어촌에서 시작하여 전국으로 확산되면서 우리도 할 수 있다는 자신감을 심어 주었다. 하지만 '70년대에 활기를 띠었던 새마을운동은 박정희 대통령의 서거 이후 민간조직으로 독립하는 과정에서 구심점을 상실하면서 제자리를 잡지 못 했다.

1980년대에 들어오면서 전두환 정부는 새마을운동의 재활성화를 위하여 새마을운동중앙본부현, 새마을운동중앙회를 민간단체로 설립하였다. 도시의 공장과 직장, 지역 새마을운동으로 확산하면서 정부의 역할이 축소되고 새마을지도자 등 민간조직의 역할이 점차 커졌으며, 도시중심으로 질서 · 친절 · 청결운동 등 의식개혁운동이 집중적으로 전개되어 86아시안게임과 88서울올림픽의 성공적인 개최에 많은 기여를 하였다. 한편으로는 민주화를 위한 정치적 소용돌이를 극복하였다.

1990년대 이후부터는 운동의 성격이 기존의 잘살기 운동에서 민간주도의 지역공동체운동으로 변모하였다. 하지만 90년대 이후 새마을운동은 순수민간운동으로 방치되면서 관심 밖으로 밀려났다. 앞으로 새마을운동이 활성화되려면 80년대처럼 민관 파트너십이 복원되어야 할 것이다.

새마을운동을 제대로 평가하려면 새마을운동의 역사적 흐름을 이해해야 한다. 새마을운동의 1차 중장기발전 목표는 제4차 경제개발 5개년 계획이 끝나는 1981년까지 마무리되도록 하였으나, 이미 1979년도에 농가소득과 전국마을의 자립화 계획이 완성되어 사실상 2년 앞당겨 조기 달성되었다.

1980년대의 새마을운동은 1970년대 10년간의 성공적인 기반조성단계를 거쳐 본격적인 확산발전단계를 예고하였다. 그러나 1979년 10월, 새마을운동을 진두지휘하던 박정희 대통령의 유고로 새마을운동은 위기를 맞게 되었다.

1980년대에는 새마을운동사에 있어 매우 중요한 의미를 갖는 두 가지 사건이 존재한다. 즉, 1980년 12월 1일 새마을운동중앙본부가 창립된 것과 1988년 12월 31일자로 새마을운동의 정부 주관부서인 내무부현, 행정안전부 새마을과가 국민운동지원과로 개칭한 것이다. 전자가 민간주도 새마을운동으로의 출범을 알리는 서곡이라면, 후자는 이제 새마을이란 명칭이 중앙정부 직제에서 사라진 것을 의미한다.

민간주도 새마을운동의 특성

'80년대 새마을운동의 첫 번째 특성은, 정부주도의 새마을운동에서 민·관 공조운동으로 전환되었다는 사실이다. 새마을 추진체제도 '70년대식 관주도조직에서 혼합형 조직으로 바뀌었다. 정부의 유관부서가 모여서 새마을운동을 지원하는 새마을운동중앙협의회와 정부 직제는 그대로 유지된 채, 새로운 민간 차원의 조직이 중앙에서 현장에 이르기까지 체계를 갖추고 함께 새마을사업을 추진하게 된 것이다.

1980년 새마을운동조직육성법이 제정되고, 1981년부터는 민간분야 새마을업무가 대폭 이양되기 시작했다. 즉 새마을국민교육, 새마을홍보, 새마을지도자관리, 민간조직 육성관리내무부; 현, 행정안전부, 공장새마을운동상공부; 현, 외교통상부, 지식경제부, 새마을청소년회 육성농수산부; 현, 농림수산식품부, 새마을부녀회 운영지도보사부; 현, 보건복지부사업 등 10건을 시작으로 새마을지도자 포상 추천, 농어촌후계자 발전육성, 새마을가족계획 계도사업 등이 추가로 이양되었다. 그러나 종래의 정부예산에 의한 물량사업은 정부 직제가 존치될 때까지 계속되었다.

정부 새마을사업백서가 마지막으로 발간된 1987년의 경우만 해도 새마을사업 건수는 1,137천 건으로 마을당 평균 31건이 추진되었다. 투자도 총 1조 1,687억 원으로 사상 최대 규모이며, 이 중 정부투자는 1조 14억 원으로 86%를 차지하였다. 이는 새마을운동 시작 해인 1970년 정부 투자액 41억 원의 240배에 해당하는 규모다.

둘째, 농어촌사업은 단순한 소득증대 차원을 넘어서 새마을 복지기반의 확충에 주력하였다.

모든 농촌마을이 자립마을로 승급되면서 마을지표 관리도 자립, 자영, 복지마을로 상향 조정하였다. 그리고 소득 향상과 함께 문화·복지생활 관련 사업들이 다양하게 추진되었다. 즉, 우수새마을 특별지원사업, 새마을 소득종합개발사업, 취락개선·주택개량사업, 위생급수사업, 의료·보건사업, 농어촌전화사업, 새마을협동유아원 건립, 농어촌후계자 육성 등이다.

셋째, 마을단위사업에서 생활권역사업으로 점차 사업추진 단위가 광역화되었다.

새마을협동권사업, 새마을소득종합개발지원사업, 소도읍 가꾸기 등이 그 좋은 예다. 한편 농어촌 중심의 새마을운동이 본격적으로 도시새마을운동과 직능운동으로 확대되기도 했다. 직장·공장새마을운동, 학교새마을운동, 군새마을운동이 관련 부처의 책임 하에 적극적으로 추진되었다.

넷째, 지역사회 개발보다 국민정신 개혁운동이 더욱 강조되었다. 이는 주민들의 자조사업이 점차 한계를 드러내면서, 국가적 프로젝트에 대한 국민들의 관심과 참여 필요성이 대두되었기 때문이다.

민간주도 새마을운동의 평가와 재이용再利用: Feed-back

40여 년 간 전개되어 온 새마을운동은 역대 정권의 부침浮沈에 따라 그 양상을 달리하였다. 그러나 이 운동은 여러 가지 점에서 긍정적인 평가를 받을 수 있다.

첫째, 국민 각자가 독립된 개체로서가 아니라 지역사회 공동체 내의 한 구성원으로서의 공동개발, 공동발전을 위한 협동노력으로써 경주되었다.

둘째, 지역사회 주민이 주체가 되어 자주적이며 협동적인 노력을 경주하는 민간주도의 지역사회개발운동을 지향하였다.

셋째, 지역사회개발운동에서 나아가 국민정신을 일깨우는 의식개혁운동이자 생활운동이었다. 1970년 처음 발의된 이후 정부의 정책변화와 사회변화에 따라 다르게 재규정되었다.

특히 86년 아세안게임과 88년 올림픽을 대비하여 새마을운동을 중점과제로 선정하여 범국민적 질서, 친절, 청결운동을 대대적으로 전개하였다. 정신질서, 행동질서, 환경질서 등 3대 질서운동을 더욱 강화하는 한편, 서비스 종사자 등 다양한 계층을 대상으로 새마을 국민교육을 확대 실시하였으며, 전 국토 공원화사업으로 깨끗하고 아름다운 거리 조성에 역점을 두었다. 따라서 '70년대 새마을운동이 지역사회개발운동의 성격이 강했다면 '80년대 새마을운동은 국민정신운동의 성격이 두드러졌다고 말할 수 있다.

80년대 새마을운동은 '민주도화, 복지화, 광역화, 정신운동화'라는 특성을 갖고 있다. 이러한 특성은 오늘날의 새마을운동 방향성에 대한 단초를 열었다는 데 큰 의의가 있다. 80년대의 관·민 혼합조직체제는 이후 새마을운동단체가 주체가 되고, 정부는 행·재정적 지원기능으로 역할분담이 이루어졌다. 80년대의 새마을 추진체제에서 엿볼 수 있듯이 민·관의 효율적인 파트너십이 복원되어야 한다. 이것이 80년대 새마을운동에서 발견할 수 있는 중요한 의의라고 말할 수 있다.

넷째, 90년대는 특정인의 새마을운동중앙회장 시대의 부패와 정권 동반의 새마을연대를 청산하고 중단위기를 거쳐 지방자치시대, 지역발전 중심의 새로운 시작이 되었으나 성남→중앙, 장성→남부연수원으로 명칭변경, 한·일 국제교류대회, 경제살리기 국민저축운동전개, 금모으기 운동추진으로 IMF극복협력, 실직가정돕기, 러시아 연해주 새마을 협력사업 추진, 북한지역 농촌재건지원사업 추진염소, 비료, 옷감 보내기, 민간사회안전망 운동 추진, 사랑의 징검다리사업 협력, 외국인 새마을교육과 현장방문사업을 추진하여 왔다.

그러나 '90년대 중반 이후는 정부차원의 예산지원이 중단되는 등 순수 민간운동으로 방치됨에 따라 새마을운동은 점차 국민들의 관심 밖으로 밀려나게 되었다.

다섯째, 2000년대에 들어서 새마을운동은 흩어지고 소외된 새마을 가족들의 숨은 저력으로 탈정치권 차원에서 새마을교육이 지속되었으며 중국, 베트남, 태국, 캄보디아, 나이지리아, 몽골, 아프가니스탄, 라오스의 새마을지도자 양성 및 전수교육이 지속되었다.

생명사랑, 평화복지, 선진 KOREA 창조를 위한 새로운 역할을 시작하였다는 점이 특징이라 할 수 있다.

Chapter 5

새마을운동 발전과정에서의 시련

추진적 측면

새마을운동의 추진 노력의 문제

새마을운동은 범국민운동이기 때문에 각각의 기능과 역할은 다르지만 사회와 관계를 맺고 있는 모든 분야의 사람들이 능동적이고 자율적으로 참여해야 하며, 지도자를 중심으로 원심력과 구심력이 강하게 작용해야 지속되는 신념공동체 운동이다.

더욱이 새마을운동은 농촌권에서는 소득과 직결되어야 하기 때문에 추진핵심체는,

① 여론을 형성하고

② 기술지도를 하며

③ 행정부와의 관계 개선

④ 자금과 자료 지원

⑤ 주민의 의사를 조정하여 사업의 우선순위를 정함

⑥ 사회교육자로서 새마을정신계발을 하는 등 마을에 상주하면서 선구자적 개척자로서 새마을운동을 선도하는 다목적형 지도자들로 구성되어야 한다. 하지만 마을마다 필요한 자원지도자와 영농과학기술 인력중심 추진세력이 부족하였다.

발전사업관리상의 문제

농촌권 새마을의 경우

① 마을간의 과잉경쟁으로 인하여 무리한 사업을 추진하게 되어 주민부담이 과중된 사례가 있다.

② 새마을사업이 어느 정도 외형적인 환경사업에 치중된 사례도 있다. 물론 마을주민의 입장에서 가장 절실하고 쉬운 일부터 추진하게 함으로써 가시적인 사업의 성과를 통하여 '하면 된다'는 의지를 기르고 새로운 의욕을 계발하기 위함이었으나 앞으로는 생산소득분야에 중점을 두어야 한다는 문제가 제기된 바 있다.

③ 개발계획 및 발전사업관리의 전문가가 부족하여 획일·졸속적인 사업의 전개가 있었다.

④ 각종 새마을 기술인력개발에 태만했고 인력관리가 부실했다.

⑤ 사업추진에 있어서도 떠들썩하고 요란스러운 점이 있었다면 앞으로는 차분하고 조용하게 추진하여야 할 것이다. 가꾸기 사업으로 시작한 새마을사업 분위기가 소득과 연결되면서 회임기간이 길고 당장 눈에 보이지

않기 때문에 회의적인 분위기가 생김으로써 새마을지도자의 사기나 주민의 응집력이 약해질 우려가 발생하는 것이 문제였다.

⑥ 초기의 점화단계에서부터 새마을정신을 깨우치기 위하여 확산·파급에 주력했지만 확산된 사업을 체계 있게 정리·정돈하면서 지역특화사업 위주로 내실 있는 사업을 전개하여야 할 필요성이 커졌다.

⑦ 마을주민들은 마을단위의 주민이익사업을 대상으로 하였으나 점진적으로 광역권사업, 글로벌사업까지 확대·발전시켜야 할 필요성이 대두되었다.

⑧ 새마을 가꾸기의 방식과 영역이 좁다.

⑨ 규모경제성이 부족한 사업형태가 많다.

⑩ 주산단지별·지역별 영농교육이 미약하다.

⑪ 유통체계의 개선이 필요하다.

⑫ 신 산업도시 건설이 요구된다.

⑬ 낙후마을 특별지원대책이 요망된다.

⑭ 직장새마을운동이 서정쇄신의 차원에 머물고 있어 창의적인 운동으로 전개되지 못하고 있다.

⑮ 학교새마을운동이 보다 구체적이며 적극적인 지역사회개발운동의 중심처가 되지 못 하고 있다.

⑯ 도시권의 부녀층, 그 중에도 재산과 지식을 가진 고급문화의 창조계층이 아직도 무관심권에 남아 있다.

⑰ 새마을 추진체가 다원화되어 상호간에 다소 불협화음이 일고 있다.

⑱ 중앙정부나 지방자치단체의 적극적인 지원이 없을 뿐만 아니라 역대 새마을지도자들도 크게 인정을 못 받으며, 사회환경의 변화 등으로 새마

을지도자의 사기가 떨어지고 있다.

⑲ 여러 가지 사정으로 지도자가 바뀌어야 할 마을의 경우 더 나은 승계 지도자가 나오지 못 하고 있다.

⑳ 농업의 기계화·화학화·수리화·전화 등의 과정에서 자본이 부족하다.

㉑ 대기업과 중소기업의 협력이 부족하고 소득격차, 일자리창출, 빈곤, 질병문제와 같은 사회정의를 대변하는 운동이 못 되고 있다는 것 등이 문제점이라 할 수 있다.

시·군·구권市·郡·區圈 새마을의 경우

① 새마을운동 민간단체협의회와 같은 조직의 기능이 활발하지 못한 점.

② 거주지역중심의 새마을운동에 치중하려고 한 점.

③ 시한적사업노임소득사업 등 이외에 지속적 발전을 위한 사업이나 활동의 계속 제공이 부족하였다는 점.

④ 도시민의 열성적인 참여를 유발시킬 수 있는 행정지원책이 미약하였다는 점.

⑤ 운동전개과정에서 도시 근대화운동과의 연결이 미흡하였다는 점.

⑥ 인구문제·용지난·교통난·공해 등과 같은 생태학적 차원의 환경문제에 대한 관심이 적었다는 점.

⑦ 범죄·비행 등 산업사회의 병리현상의 자율적 정화운동 또는 도덕 재무장 운동의 차원에서의 고려가 적었다는 점.

⑧ 거주지역단위의 자생조직의 활용이 잘 안 된 점.

⑨ 직능단위별 조직들의 직장새마을운동이 활발하지 못한 점.

⑩ 새마을교육을 받은 대상자가 적어서 분위기가 덜 고조되었다는 점을

들 수 있다.

행정지원적 측면

새마을운동에 대한 정부지원이란 새마을운동에 필요한 자금과 자재를 지원하고, 새마을 기술인력을 지원하며, 정책이나 법제의 정비 등 행정일반을 지원하는 것을 일컫는다. 정부지원의 유형과 원칙에 몇 가지 문제점이 발견된다.

정부지원의 유형

마을수준에 따른 지원

① 기초마을에 대해서는 주민이 자율적으로 참여하며 협동의지로써 지도자를 중심으로 새마을운동에 참여하려는 자조의욕이 점화되도록 기본지원을 하였다.

② 자조마을에 대해서는 소득증대를 목적으로 생산기반 조성을 위한 지원과 함께 농업소득은 물론 특히 농외소득이 증대되도록 가열지원을 하였다.

③ 자립마을에 대해서는 복지환경개선 및 소득향상이 이루어지도록 우선지원을 하였다.

마을사업에 대한 단계적 지원

마을사업이 기본사업 · 지원사업 · 소득사업으로 단계적 추진이 이루어지도록 지원하였다.

기본사업

가꾸기 사업·농로개설·지붕개량을 주 사업으로 내무부^{현, 행정안전부}가 중심이 되어 정부가 행·재정지원을 아끼지 않았다.

지원사업

노임사업과 문화복지사업으로 구분 추진하였다. 노임사업에는 국토 가꾸기·소도시 가꾸기·산하 가꾸기가 있는데, 이는 내무부^{현, 행정안전부}가 지원하고 있으며, 문화복지사업의 경우 사업지원부처를 보면 다음과 같다.

① 농촌전화사업은 상공부^{현, 외교통상부}와 지식경제부
② 농촌표준주택의 건설은 건설부^{현, 국토해양부}
③ 간이급수시설의 설치는 보사부^{현, 보건복지부}
④ 이동진료는 보사부^{현, 보건복지부}
⑤ 마을통신시설은 체신부^{전, 정보통신부}
⑥ 메탄가스시설은 농촌진흥청이 지원하였다.

소득사업

소득구심사업과 새마을생산사업이 있으며 지원부처는 다음과 같다.

① 소득구심사업에서 조림은 내무부 산림청^{현, 행정안전부 외청}, 농가 공산품 사업은 상공부가^{현, 외교통상부}와 지식경제부, 마을소득사업은 농수산부^{현, 농림수산식품부}가 지원을 담당하였다.

② 새마을생산사업의 지원은 농수산부가 담당하고, 이 사업 중 생산협동

사업인 집단재배 · 퇴비증산 · 영농시한제 · 수도 · 병충해방제 · 토지이용도
배가 사업을 중점 지원하였고, 유통구조개선 계약재배와 수매계약을 지원
하여 주었다.

효과에 따른 지원

① 보충적 지원

② 자극적 지원

③ 보상적 지원으로 구분 지원하였다.

내용에 따른 지원

① 계획지원 ② 중점지원 ③ 적정지원이 있었으며, 개발유형에 따라 지
원하여야 된다는 지침이 있었다.

정부지원의 원칙으로는,

① 선택과 집중, 그리고 특화지원의 원칙

② 새마을정신이 강한 우수마을 우선지원

③ 새마을운동중앙협의회가 상호협의 하에 모든 사업에서의 우선사업
으로 새마을사업을 지원하여야 된다는 원칙이었다.

그런데 행정지원과정에서 여러 가지 문제점이 나타났다. 이를 정리하여
보면 다음과 같다.

문제점

재정 및 물자지원면

① 노임사업의 경우 농촌지역에 너무 성급히 실시하고 획일적인 지원이 되는 경향이 있다는 점이다.

② 소득과 직결된 사업보다는 가시적이고 환경사업에 치중한 지원이 많기 때문에 이에 대한 자재지원을 지양하여야 한다.

③ 자립마을의 경우는 융자형식에 의한 현금지원을 할 경우 사업에 대한 타당성 분석이 요구되며, 사업에 대한 사후관리가 안 되고 있다.

④ 사업의 하달식 결정과 지시에 따른 집행 때문에 조장행정기관은 심부름만 하는 경향이 있어 읍·면직원은 참여의식이 약해지고 있다.

⑤ 사업규모의 비적정성 : 단위마을별·협동권사업별로 사업을 수행할 수 있는 능력과 재원 및 인력을 동원할 수 있는 범위 내에서 사업규모가 책정되도록 해야 하지만 지도공무원의 사명감이 부족하고 사업분석의 능력이 모자라 전시사업 위주의 편파적 행정지원을 한 곳이 있으며, 적시지원이 안 된 경우도 있었다는 점이다.

⑥ 정부자금 지원의 경직성 : 새마을사업을 지원할 때 정부계획에 의하여 지원하는 것이 일반적이고, 주민의 의사를 고려하지 않았으며, 보고서에만 의존하여 지원을 결정하였다. 이 경우 면장직에 재량권을 부여하고 정부의 정책목표 결정시 일선기관과 주민욕구사업 추진주체와의 관계권 형성이 제대로 되지 않은 채 사업자금이 지원되고 있었다.

⑦ 소득사업을 위한 지원의 경우 관의 성의 있는 사업계획 없이 주민에게 일임하여 과다한 주민부담과 정책부담으로 시작되었으나 시장성분석이 제대로 되지 않고 판로 등의 문제로 손해를 보고 있기 때문에 농업협동조합의 사업기능이 강화되어 내무부현, 행정안전부 기능으로 주도하는 것을 농수산부현, 농림수산식품부 기능으로 바꾸어야 한다는 문제의식이다.

⑧ 취로사업을 비롯하여 정부지원은 일률적 균등분배방식을 벗어날 필요가 있다.

⑨ 사업량의 적기영달이 안 되는 사례의 시정과 사업비의 현실화가 요청되고 있다.

⑩ 역대 새마을중앙회가 정치화되었고 탈정부지원기관인 NGO화하여 사실상 정부지원과는 상관이 없는 것 자체가 문제화되고 있다.

기술지원면

① 일선행정기관의 기술지도력이 약하다. 지역계획이나 지역사회개발을 위한 지도기술과 특히 영농지도 능력이 없는 공무원이 배치되었고, 읍·면의 경우는 새마을 담당직원이 총무계에 소속되어 있어 다른 업무에 바쁘다. 예를 들면 자립마을 중에서도 우수마을에는 농촌지도사를 1부락 1명 배치를 원칙으로 하지만 기초마을에는 7개 마을에 1인 실정이었으며, 이 또한 문제의식이 없고 지도 또한 게을리 한 사례가 많았다.

② 영농수준을 높이기 위한 기술지원이 부족하다. 예컨대 공동 못자리·종자개량·병충해방제 기술이 낮다.

③ 농촌권적 기술인력개발정책이 미흡하다는 점이다. 충남권 내 250개의 특별지도마을을 대상으로 한 현지답사와 면접조사의 종합분석에 의하면 농업계 출신으로 현재 마을에서 영농을 하는 사람과 마을을 떠난 사람의 비율은 농고의 경우 5:3이었고, 농대의 경우는 1:6이었다. 이와 같은 조사에서도 농촌권 기술인력이 부족함을 알 수 있다. 특히 특화사업별 필요기술인력은 더욱 부족한데, 이에 대한 기술인력개발지원책이 수립되어 있지 않은 현실이 소득증대의 문제로 나타나고 있다.

④ 농촌지도소·농협 등 영농지도기관의 활동이 강화되지 못하고 있다.

개발관리 일반지원면_{정부시책상의 제문제}

① 정부에서 일단 확정 지시된 사항을 빈번히 변경함으로써 정부방침의 신뢰성이 흐려져 결국 지도공무원의 지도력을 약화시키는 사례가 있다.

② 사업이 동일시기에 중첩됨으로써 노력 부족으로 완공이 지연된 사례가 있다.

③ 생산품의 판로 미보장으로 소득사업을 기피하는 사례가 있다.

④ 마을에서 추진할 사업을 책정함에 있어 충분한 기일을 주고 사업비와 사업선정을 주민총의에 의하여 자율적으로 결정할 수 있도록 하지 않고 긴급히 책정·제출케 함으로써 결국 후일에 계획을 변경하는 사례가 있다.

⑤ 새마을운동의 지속적인 발전을 위한 기술지도자와 추진역군의 지속적 양성교육이 보다 적극적으로 수행되어야 한다.

⑥ 지속적 새마을운동 발전종합계획과 마을단위별 발전계획의 수립이 미비하며 상호 조화점을 마련하지 못하고 있다.

⑦ 도시새마을운동과 농촌새마을운동의 연관효과 제고방안이 수립되어 있지 않다.

⑧ 지원체제의 역기능으로서 관주도형의 개발사업이 있으며, 행정의 과학화를 이루지 못해 지향적 사업추진이 묵과되는 사례가 있다.

⑨ 지역적 이기주의를 배제하지 못하고 사업규모의 비적정성을 분석하지 못한 채로 편파적 행정지원을 한 곳이 있다.

⑩ 새마을공장지원의 경우 거점개발형·농민주도형·농업자원활용형이 되지 못하고 대기업 계열화를 위하여 정책지원을 했으나 부실화되었다.

⑪ 새마을사업의 해독 내지는 종합평가를 위한 조사작업이 부족하였다.

⑫ 새마을 지도담당 공무원의 사기가 저하되어 있으나 이에 대한 인사정책의 쇄신이 없었다.

⑬ 시장정보·수송·출하·분산의 합리화가 요구된다. 따라서 산지생성권의 협동권 사업의 전개와 관계권 형성이 요구되는데 그러하지 못하고 도시자본이 일방적으로 다각투입되어 다시 소비 자본화하는 경향에 대한 제어와 확대 재생산정책이 미흡하였다.

⑭ 새마을운동의 추진을 위한 관계법제의 정비와 개발법제의 제정 및 개정이 부분적이지만 계속적으로 요구되고 있다.

⑮ 뒤떨어진 마을이나 기초마을은 구체적으로 낙후요인을 분석하고 점화 가열인자를 찾아서 중점 지원하도록 새로운 지원책이 수립되어야 하는 사정이었다.

⑯ 가정새마을·직장새마을·학교새마을·지역새마을을 관련시켜 도시새마을운동을 적극적으로 지원하여야 하지만 아직도 도시여성층의 참여가 부족하고 기업체 및 사회지도층의 솔선적인 참여 정도가 약하였다.

⑰ 마을에 있는 각종 새마을과 관련된 조직체의 기능화가 이루어지지 못한 채 각 조직책임자 간의 힘의 견제 내지는 다소간의 불협화음이 없지 않다는 점이다.

⑱ 도시문화가 농촌에 급격히 침투되어 농촌주민은 상대적 빈곤의식을 크게 느끼는데, 문화권 형성책이 없고 TV 공해방지책이 없다.

⑲ 자립마을이 되고 140만원 소득1970년대 현존 가격을 달성한 성공마을의 경우 다음 단계에 대한 사업과 운동방향이 잡혀 있지 않다.

⑳ 새마을운동에 대한 장기발전계획 없이 매년 지침으로 운영하고 있어

주민들의 지속적인 전략이 세워지지 않고 있다.

㉑ 이제부터라도 농촌 스마일운동 프로젝트를 새마을중앙회와 공동추진하여 '뉴 새마을운동'으로 활성화하지 않으면 모든 것이 휴면상태로 전락할 우려가 있다.

Chapter 6

뉴 새마을운동의 역사적 배경

지역사회개발운동의 발자취

단군조선 시대 홍익인간弘益人間 이념의 부활

단군신화에서 말하는 경천애인敬天愛人 사상과 사인여천事人如天 정신으로 인간세계를 널리 이롭게 하여 힘없는 사람은 힘 있는 사람을 존경하고 힘 있는 사람은 힘없고 약한 사람들을 사랑으로 돌보아 화평하게 살려는 이념운동은 새마을의 뿌리정신이라 하겠다. 우리의 개국이념은 같이 잘살아 보자는 새마을운동의 이념과 다를 바가 없다.

또한 단군왕검은 산천을 다스려 백성들이 편히 살 수 있도록 개척하라治國內山川, 以尊民居 하였고, 황무지를 개간하고 전답을 만들어 백성들에게 농사짓는 법을 가르치게 하였다. 이와 같이 오천년 전부터 농심農心은 한민족 가슴속에 채워져 있었고 이 욕구가 새마을운동으로 나타난 것이라 할 수 있다.

계契, 두레, 향약鄕約의 상부상조 협동건설운동의 전수

계契를 통한 상부상조 운동

삼한시대의 변한弁韓에서 발달된 부족 간의 공동문제를 해결하기 위한 모임에서 시작되어 신라에 이어 조선조의 사회적, 도덕적인 기능을 가진 충효계, 친목계, 혼상계가 있으며 납세를 상호 협력으로 납부하였으며, 이 계를 통해서 봉건관료 계급이나 토호의 주구誅求에 대항도 한 전통이 있다. 이외에도 상조계, 풍습개선계, 권농계, 납세기한 엄수계도 있다. 이와 같은 사회운동형의 자생적 주민조직 모임에서 역사적 의의를 찾을 수 있다.

두레의 협동사업

여성들이 중심이 된 단체적 생산활동을 경제적으로 권장하기 위해서 신라 제3대 9년AD32년에 있었던 추수를 감사하는 시월제十月祭 두레 행사는 오늘의 추석절의 시원이 되었다고 한다. 초기 부락 부녀자들이 지역 전체 장정들과 같이 공동생산사업 방법이었으며 마을 교량 설치, 공동 농기구 구입, 상부상조, 공동유흥으로 이어왔다고 본다. 실로 두레의 조직은 사라졌지만 새마을부녀회 활동과 상호협동적인 조직체의 모체가 되었다.

향약鄕約의 향촌사회 미풍 진작운동

향약은 향리 주민들 간의 약속으로 이루어진 조직체로서 ① 향리 전체를 교화하고 ② 미풍양속을 순화하며 ③ 도덕적 질서를 확립하고 ④ 각종 재난에 대한 상부상조 규약실천을 목표로 운영되어 오늘의 새마을교육, 마을금고, 마을문고 활동에도 영향을 미쳤으며 앞으로 한류, 한식 등의 세계화와 제도적 교육을 받지 못한 후진국에도 영향을 줄 수 있는 운동으로 본다. 주목할 내용은 향약 역시 조선조에 와서는 조선의 실정에 따라 변했으며 ① 향리의 약조로서 자치적 사회규범이고 ② 위로부터의 지방수령의 관치가 아니라 ③ 향민의 자치규약이었다는 점 ④ 관료의 부정부패를 규제하도록 규정한 점 ⑤ 사회통합적 기능을 수행한 점 ⑥ 향리를 윤리적 공동체로 발전시키는 큰 계기가 되었다는 점 ⑦ 계와 사창법社倉法을 율곡은 향약에 도입시켜 경제공동체로서 역할을 강화시켰고 ⑧ 시대와 지역적, 신분적 실정에 맞게 변용시켰다는 점 ⑨ 17세기 임진왜란이 끝난 후는 자연촌을 중심으로 주로 동약洞約 이약里約에서 근면勤勉조의 실천을 이행한 점이다. 예, 충효실천, 의로운 일에 헌신, 사람은 사람답게, 노인은 노인답게, 이웃사랑과 화목 중시, 선공후사先公後私 공을 앞세우고 사를 뒤로함, 세금 납부를 성실히 함, 의를 행함에 용감함, 사사로운 비밀을 모두 드러내는 회개운동과 정직한 삶 살기 운동 이들 내용에서 볼 때, 새마을운동 시작에서 지금까지, 영원토록 지역사회 공동체가 준행할 덕목이요 이념이며 철학이 반영되어 있다고 본다. ⑩ 그러나 18세기를 전후로 관주도의 향촌통제책을 특징으로 한 '주현향약州縣鄉約'이 나왔다. 향교鄉校의 조직을 이용하기도 하고 면단위까지 광역화하여 강제적, 의무적 가입을 시키는 등 정부주도로 운영하였다. 바람직한 것은 한결같이 농자천하지대본農者天下之大本 임을 기본으로 하였으며 서민계층을 돌보며, 축산장려, 혼인 못한 자 시집장가 보내주기 운동, 소비절약, 온 주민 나무심기 등은 뉴 새마을운동에서도 명심보감하고 새마을식구들 온 시민이 다함께 농심생활상의 준직으로 삼아야 할 훌륭한 교훈적인 일로 본다. ⑪ 또한 안정복1712~1791의 향사법鄉社法 시대에서는 향사제鄉社制를 통한 향촌 지역사회운동이 전개되었기 때문에 첫째, 5가家가 통統을 이루고 그 통이 갑甲, 10갑이 사社, 사가 모여 향鄉을 형성토록 하고 각각 조직지도자를 두었으며,

둘째, 화재와 도둑 예방, 나라법령 서로 잘 지키기 운동, 셋째, 효와 공경, 도리에 어긋나는 일 안하기, 넷째, 사격대회, 다섯째, 농업개발법 계몽지도, 여섯째, 향민 자체 방위능력 배양, 일곱째, 반사회적, 반도덕적 행위엄금 등이 주 내용으로 오늘날 지방자치단체의 조례에 버금가는 지방행정조직법을 가졌으며 경국제민적經國濟民的인 탁견이며 이런 철학이 오늘에 되살아나 이어지고 있다.

향교의 향토사회 교화운동

오늘의 새마을교육원, 지역사회 대안학교는 12세기부터 존재해 왔다고 본다. 향교鄕校는 향토학교 또는 지역사회학교로 고려 인종 5년1127년에 시작되었으며 조선조를 지나 한국남한에만 231개가 남아있다. 이와 같이 민중을 교화시키는 사회교육을 통한 민족문화 형성에 크게 기여하였으며 새마을교육의 뿌리정신을 찾을 수 있다.

일제 식민시대하의 사회계몽啓蒙운동Enlightenment

청년회의 민중교화운동

1919년 3·1운동 이후로 지방마다 조직된 청년회는 국민운동을 일으켰다. 특히 ① 야학을 설립하여 부락민에 교육기회를 제공했으며 ② 강습회 ③ 토론회 ④ 독립정신 고취 등 민중계몽운동의 성격을 띠었으며, 상록수 운동의 혼을 남겼다.

중등학교의 지역사회 봉사활동

중등학교를 중심으로 지역사회와 관련된 교육적 활동을 통한 봉사활동을 전개하였다. 즉 ① 사회봉사작업 ② 개량농기구의 대여 ③ 생산물 품평회 ④ 농사선전 및 실제지도 등이며, 이들은 오늘의 뉴 새마을 봉사활동과 그 맥락을 같이 하고 있다.

간이학교簡易學校 교사의 지역사회적 역할

1933년경 시작되었으며 서당을 개편한 직업학교적 성격을 띤 초등보통교육 기관이었다. ① 수업연한은 2년 ② 입학연령은 10세 표준 ③ 부락정주定住의 1교1교원을 원칙으로 함 ④ 촌장의 역할까지가 교원의 사명이었다. 위 모두가 오늘의 새마을지도자에게도 교훈으로 살아있다고 본다.

1945년 해방 후의 지역사회개발운동

1950년 6 · 25 이후의 지역사회개발운동 ·

1953년 휴전 직후 한국정부와 한국재건위원단과의 협력으로 지역사회개발 취업 2개년 계획을 시작으로 한다. 그 후 ① 1957년 6월 21일 한미합동경제후원회에서의 조사에서 결론 낸 물질적, 기술적 지원을 위한 OECD원조가 시작되었으며 ② 지역사회개발 시범부락 선정 ③ 1958년 5개 군 12개 부락 선정 시범지구 요원확보와 훈련진행으로 개발사업은 착수되었다.[15] ④ 1961년 5 · 16군사혁명 후 건설부에 지역사회개발국 신설 ⑤ 농촌진흥청 지도국의 '시범농촌 건설사업'으로 전개되었다. ⑥ 지역사회개발 6개년 계획을 마련하였고, 그 계획은 '부락민의 자조개발 6개년 계획실시기간 1966~1971

---

15) 내무부(현, 행정안전부), 새마을운동 10년사, 1980, p.47

년'이 목표였으며 지원사업과 자조사업은 16개 부문으로 구분되어 있다.[16]

즉, 전천후 농경지확장 및 경지정리, 지력증진, 재배기술개선, 재해대책, 임업, 농기구, 토목건설, 농산물가공시설, 공동이용시설, 원예, 축산, 잠업, 어업, 사회문화, 생활개선 등이다.

하지만 문제는 지도층의 인식부족과 관련부처의 할거주의, 지방단위 행정의 능력부족, 농촌지역사회의 전근대적 요인들로 인한 참여부족 등으로 지역사회개발은 토착화되지 못한 채 지나왔으나 새마을운동 년대에 오면서 이 사업과정을 통하여 얻은 교훈과 경험은 뉴 새마을운동의 세계화에 크게 도움이 될 것이며 '롤모델'이 될 수 있다고 본다.

지역사회학교운동

1952년 한국교육의 재건을 위해 파견된 유네스코 운크라UNESCO, UNKRA 교육사절단은 다음 내용에 중점을 두었다. ① 교사와 아동의 흥미와 협동 ② 지역사회 학교관계자의 지도임무 강화 ③ 지역주민의 교양 및 교육을 위해 모든 학교설비의 활용개방의 종용[17]등이다. 이와 같은 지역사회학교 운동은 1960년 4·19혁명 후 정부에 의해서 '향토학교의 건설'을 통한 교육강화 시책이 이행되기 시작하였다. 그 내용을 보면 다음과 같다. ① 향토재건의 일꾼을 길러내는 것 ② 향토 개발과제를 학습과제로 함 ③ 문화적 유산의 학습을 중시 ④ 향토학교는 향토현실에 맞는 교육 계획을 세워 실천토록 함.

이와 같은 향토학교는 1962년부터 제3공화국에 의하여 적극적으로 계

---

16) 내무부(현, 행정안전부), 새마을운동 10년사, 1980, p.48
17) 한국교육학회, 한국새마을교육에 관한 연구, 한국교육학회, 1974, p.45

승되면서 재건국민운동, 새마을운동과 관계를 갖고 전개되면서 1972년 7월에 문교당국은 '새마을학교'의 설치운영을 공포하였다. 당시 새마을교육 방침을 보면 다음과 같다. ① 향토사회의 문제해결 ② 향토사회의 인적, 물적, 자원활용의 극대화 교육 ③ 학교의 향토개발 활동의 센터로 개방토록 함 ④ 지역사회의 청소년 및 주민교육을 위한 기회제공 ⑤ 지역사회 개발운동에 학교의 적극적 참여 ⑥ 교육문화활동의 지역주민센터로 학교가 역할을 주도함.[18] 이와 같은 내용은 신생국 뉴 새마을운동의 도입 경우 시작되어야 할 새마을교육 중심 지역사회학교 설립과 같이 지역사회 '새마을학교'의 생활중심 교과과정과 교과목중심 교육과정에 도움이 될 것으로 본다.

4H 클럽의 신농촌사회 개발활동

우리나라의 4H운동은 일제 말기 기독교인들에 의해 농촌청소년운동에서 시작되었으며 8·15 해방 후 경기도지사 고문으로 있던 엔더슨C. A. Anderson 대령의 소개로 미국에서 성공한 4HHead, Heart, Hands, Health의 보급에서 싹트게 되었다.[19] 5·16혁명 이후 1962년에 농촌진흥청이 발족되면서 농촌청소년지도사업은 다음 요강과 같이 본격화되었다.

첫째, 4H클럽청소년구락부의 목적을 보면 지智, 덕德, 노勞, 체體의 정신을 토대로 ① 농사와 가사개발 ② 살기 좋고 평화로운 농촌건설이었다.

둘째, 목표는 ① 각자의 기능개발 ② 농사기술의 개량과 실천 ③ 생활문

---

18) 문교부(현, 교육과학기술부), 문교월보, 1972, 5월호, p.14
19) 내무부(현, 행정안전부), 문교월보, 1972, 5월호, p.415

화의 향상 ④ 생산물의 품평회 개최 ⑤ 공동생산과 판매 훈련 ⑥ 몸과 마음을 닦아 훌륭한 시민되기 ⑦ 협동사회 생활훈련이었다.

셋째, 조직의 경우 만 10세 이상에서 만 20세 미만 청소년 남녀로 구성된 자발적 모임이다. 그 형태를 보면 ① 부락단위 4H클럽 ② 학교단위 4H클럽 ③ 대학단위 4H클럽으로 대분되며 ④ 양돈, 원예, 재봉 등 특수사업별로도 조직되었다.

넷째, 교육지도의 조직화를 위해 4H클럽이 합하여 4H연합회도 조직되었다. 또 한편 지방유지로 구성하는 순수한 민간조직으로서 4H위원회가 있어 정신적, 물질적 후원단체의 역할을 하였다.

다섯째, 4H클럽의 활동을 보면 회원들은 개인별 활동을 주로 하면서 다음과 같은 단체활동을 하였다. ① 우물, 하수처리 등 보건위생 과제 ② 도로, 다리 등 안전과제 ③ 환경개선 과제 ④ 경로, 유가족 등 섬김과 나눔운동 등이었다.

위와 같은 과제활동의 성과는 새마을운동이 본격적으로 전개되던 1971년 이후부터는 새마을봉사활동과 생산소득증대 과제활동과 접목되어 1972년 4월 4일 제17회 4H클럽 중앙경진대회의 박정희 대통령 치사[20] 내용에서 ① 성실, 근면, 자조, 자립 새마을정신은 4H운동정신이며 ② 남녀노소, 농민, 비농민 모두 하나 되어 나라 잘살기 운동으로 지속되었음을 알 수 있다.

이와 같은 합력合力으로 1978년에는 4H클럽의 명칭이 '새마을청소년

20) 박정희 대통령 연설문 선집, 새마을운동, 서울, 대통령 비서실, 1978, pp.222~223

회'로 개칭되었고 조직은 연장 및 연소 회원으로 이원화되었다. 다만 시대적 변화에 따라 지도방향의 역점에 차이는 있었으나 유능한 농촌지도자와 영농후계자의 육성이라는 공통점은 지니고 있다. 이와 같이 4H운동은 농촌새마을운동의 선도적인 역할을 해왔으며 오늘에 시작된 뉴 새마을운동의 세계화에도 뿌리역할을 담당하고 있다.

대학생 농촌봉사활동[21]

본 필자는 '신림 가나안농군학교 총동문회' 발기대회2006년 3월 11일 특강에서도 회고했지만 심훈의 상록수와 국사 시간에 배운 일제강점기에 도산 안창호 선생의 외침처럼 우리는 가난해서 못 배웠고, 못 배워서 가난하게 살았으며 '힘없는 민족은 나라도 뺏기고 노예되는 길 뿐이라'는 절규를 철들 때부터 생각하였다. 일제하에서 민족의식 고취와 국권회복을 위한 민중적 자각을 촉구한 역사정신이 1945년 해방 후에도 면면히 계속되어 민족사랑의 혼은 이어왔다고 생각된다. 대학 1학년 때 '가나안농군학교 1기생'으로 수료날 다짐을 말해보라는 '가나안농군학교 교장 김용기 장노님'의 말씀이 있어 필자는 이렇게 다짐하였다.

겨레여 우리에겐 조국이 있다.
내 사랑 바칠 곳은 오직 여기뿐
심장의 더운피가 식을 때까지

---

21) 전국대학학도호국단, 봉사연합회, 대학생봉사활동 10년사, 1982, p.1

피땀으로 이 강토에 씨를 뿌리리!

눈물로 씨를 뿌리는 자는

기쁨으로 단을 거두리로다.

내 一生, 祖國과 民族을 위하여

한 알의 썩는 밀알되어

농심農心 한사랑으로 바르게, 의롭게 살아가면서

청지기 사명을 다하겠습니다.

충남 연산에서 면암 최익현 선생을 모시고 의병운동을 한 할아버지의 정신을 받들어 갑오동학농민혁명의 땅 손화중 동내 깻다리科橋에서 태어난 신윤표답게 동학농민혁명 정신으로 살아가겠습니다.」 하고 의기에 찬 결의를 밝힌 바가 있었다.

1961년 당시 서울에는 11개 종합대학이 있었고 연분친분으로 조직한 농촌봉사활동조직이 있었다. 그 중에서 ① 향토개척단 ② 농어촌 연구부 ③ 구농救農동지회 ④ 4H클럽 학생봉사대 ⑤ UNESCO 학생회 봉사대 ⑥ 재건국민운동본부 구국청년단 특별교육과정을 이수한 학생들로 구성된 봉사대에 참여했다. 그 외에도 성우회기독학생회 봉사대와 맥을 같이함 : 聖友會 Holy Club에 참여하여 '이동농촌문고' 운동을 전개하였다. 선배, 독지가, 기관장, 선생님들의 도움으로 모금한 돈으로 위인전, 농업과학기술, 교양서적, 역사서적 등을 구입하여 방학 때면 동네를 옮겨가며당시 정읍군 2읍 17면 53개동 이동문고운동을 실시했다. 그 때에는 호국운동, 제2광복운동의 길은 전체국민의 70%를 차지하는 농촌의 근대화를 돕는 봉사활동이 절실하다는 생각에 적극적으로 참여하였다. 1964년에는 '전국대학농촌연구연합회'가 조직되었고 1970년 새마을운동 태동기에는 '전국대학생봉사연합회'도 발족되었다. 이제는 '제2의 새마을운동'으로 시작된 패러다임은 변화와 도전, 창조적 방법으로 다시 구성되고 새마을운동의 세계화가 시작되는 원년을 기점으로 국내외적으로 그 전략의 변화가 요망된다.

첫째, 대학별로 차이는 있겠지만 봉사활동을 학점화하여 실질적 참여를 장려할 필요가 있다.

둘째, ① 일반근로봉사활동 ② 의료봉사 ③ 현장교육봉사활동의 내용 ④ 농업기술지원 봉사활동 ⑤ 근로청소년학교 봉사활동 ⑥ 도시새마을운동, 농촌새마을운동, 직장새마을운동, 공장새마을운동 등의 유형별 봉사활동을 지원부터 과정까지 보다 체계적으로 운영될 수 있는 정부, 기업, 대학이 연계된 시스템을 구축하고 종합계획과 그에 상응하는 정부지원과 예산이 합리적으로 구체화되어야 할 것이다.

생활혁신을 위한 재건국민운동再建國民運動

1961년 8월 10일 재건국민운동 전국대회에서 연설한 내용은 1970년 새마을운동을 시작한 해 새마을운동 지도자대회에서의 연설내용과 흡사하다.[22] 그 내용을 보면 다음과 같다. ① 민족자주성, 자조, 협동정신, 사회정의 구현, 민주적인 복지사회 ② 재건청년, 부녀회중심 민족혁명 완수 ③ 사회폐습의 제거와 국민생활 합리화운동 추진 ④ 자립적인 지역개발로 도

---

22) 한승조, 새마을운동의 정치철학, 새마을운동의 이념과 실제, 서울대, 새마을운동 종합연구소, 1981, pp.110-111

농都農 격차를 줄이는 일 ⑤ 신생활운동에 치중하여야 한다는 것이다.

또한 서울농대 교수를 역임한 유달영 본부장을 중심으로 민간운동으로 전환, 향토 건설운동을 전개하였으며 교육내용과 운동 및 사업의 중점은 첫째, 의·식·주 생활혁신지도사업이었다. ① 가족계획 ② 국민저축 ③ 국가의식 고취 ④ 인간개조와 사회개조다. 둘째, 문맹퇴치사업이다. 셋째, 문고보급운동이다. 넷째, 학생봉사활동 지원이다. 이와 같이 재건국민운동훈련소, 그리고 전국에 재건국민운동교육원의 설치운영으로 새마을연대에 와서 새마을연수원의 기틀을 일찍이 시작한 셈이다. 또한 우리도 할 수 있다, 하면 된다는 정신개발 교육효과 새마을운동의 원력으로 작용하게 만들었다고 생각한다.

새마을운동의 선도사업으로서의 농어민 소득증대 특별사업[23]

1960년대 후반에 와서 실시하게 된 '농어민 소득증대 특별사업'은 제3공화국이 이룩한 농촌근대화 사업으로서 특별한 획을 그을 수 있었다. ① 농어민 소득증대 ② 농어민에 의욕과 희망을 줌 ③ 농공병진 ④ 수출진흥 ⑤ 지역개발에 커다란 공헌을 하였다고 본다.

그리고 1972년부터는 전국 137개 농특단지를 선정토록 하고 박정희 대통령의 특별관심으로 사업전개가 진행되었다.

그런데 관료제의 부패와 할거주의 병리는 지금까지도 잔존하지만 당시에도 지방시장, 군수, 산림청, 농촌진흥청, 건설부현,국토해양부, 농협, 농림부현,

---

23) (사단법인)한국대학교수 새마을연구회, 새마을운동 40년사, 2010, pp.200-206

농림수산식품부, 경제기획원 등 연관부서간 행정갈등은 큰 문제였기 때문에 본 저자는 당시 새마을운동 담당 교수로서 봉직하던 '중앙공무원교육원'에서 '새마을운동담당 유관고급공무원 특별교육과정'을 신설하여 교육을 진행하였다. '행정개혁위원회'에서 새마을운동 관련부서의 장들을 한데 묶는 특별위원회를 설치하여 과제수행에 도움을 주었고,[24] 농어촌개발공사가 발족되어 농공병진, 수출증진, 농어민 소득증대에 공헌이 컸다. 이는 새마을 사업을 일으키게 하는 동기유발의 동인 역할을 하였다고 생각한다.

1970년 11월 11일에 '제2회 농어민 소득증대특별사업 경진대회'가 서울 시민회관에서 개최되었을 때, 박정희 대통령, 전국 지방 행정기관장, 유관기관장, 농어민 대표, 새마을지도자 등 수백 명이 참석하였다. 당시 새마을운동 성공사례발표는 충북 중광리 새마을지도자 하사용 씨가 하였고, 박정희 대통령은 유시에서 그의 성공사례를 통한 한 많은 인생역정을 승리하고 자랑스러운 농민으로 살면서 올바르고 쓸모 있는 자녀들로 잘 기르고 있다는 내용을 들은 소감과 함께 우리농민들의 위대한 교사로 칭찬하면서 하사용 지도자와 같은 새마을정신으로 농촌부흥의 꿈을 이루자고 역설하였다. 그와 같은 대통령의 리더십 속에 촌부들을 '새마을지도자'라고 부르면서 정치유신과 상관없이 오직 산업화운동으로서의 새마을운동을 요원의 불길처럼 온 국민이 근면, 자조, 협동의 새마을정신으로 뭉친 국민운동으로 승화시켰기에 오늘의 부흥한국이 있다고 본다.

---

24) 박진환(당시 대통령 특보, 전 농협대 학장), 새마을사업의 점화과정, 새마을운동의 이념과 실제, 서울대, 새마을운동 종합연구소, 1981, p.150

Chapter 7

뉴 새마을운동의 미래와 전망展望

뉴 새마을운동의 역할役割

민족번영과 국운國運개척의 길

1997년 IMF사태 때에도 경제적 위기극복 중심에는 새마을운동이 있었다. 따라서 새마을운동은 복지국가와 복지사회건설을 위한 원동력이 될 수 있다고 본다. 이제 국제적으로 인정받은 우리 국민의 저력은 ① 우수한 과학기술인력 ② 전자산업, 자동차산업, 조선업, 철강산업 등을 중심으로 세계개발도상국에 전수하며 세계화의 기회를 가지면서 국제기능올림픽 연패의 힘, 뉴 새마을운동정신근면, 자조, 협동, 변화, 도전, 창조 실천모형을 수출해야 한다. 뉴 새마을운동은 21세기형 한국형 산업혁명이기 때문에 아랍에미리트UAE로부터 '400억불' 원전 수출협약을 이끌어내는 성과처럼 '뉴 새마을운동의 세계화' 전략으로 삼아 국민적 자율의지를 결집, 대한구국운동大韓救國運動, 부흥운동復興運動, 민주·정의·복지운동民主·正義·福祉運動, 지구촌 공생발전운동地球村 共生發展運動으로 새롭게 도약하도록 하자.

선진국 창조의 기틀

선진 세계일류 국가건설을 지향한다

세계문명사를 반추反芻: Feed-back: 되풀이하여 음미하고 생각함. 할 때 ① 세계대경제공황1929~1933 ② 2차 세계대전 발발1940 ③ 고르바초프에 의한 소련의 대혁명1991 ④ 등소평鄧小平에 의한 중국의 개혁개방으로 시장경제체제의 도입1978, 새마을운동1970의 시작으로 한국은 1945년에 평균 GNP 54불로 출발한 146개국 해방개발도상국 중에서 GNP 2만불, 수출 1조불 시대를 만든 산업화와 민주화를 이룩한 선두국先頭國으로서의 위상을 구축해 이제는 세계 속의 '선진복지사회'로 비상할 때다.

서로 믿고 사는 신의사회信義社會, 상생공조하며 평화와 생명을 사랑하는 세상을 만들고, 진·선·미眞·善·美, 덕德이 우선되는 밝은 사회, 천륜과 자비, 섬김과 나눔의 사회, 잘살면서도 존경받는 건강한 사회를 이루어 총합적 참좋은 나라를 만드는 것이 선진화의 목표라고 본다. 좀 더 구체적으로 보면,

첫째, 경제적 선진화다.[25] 하지만 사회주의 국가에서 사용하는 사회총생산개념과 1인당 국민총생산개념은 다르며, 최근 99%가 1%의 '월가'를 구

---

25) 박세일, 대한민국 국가전략, 2008, 21세기북스, pp.127-209

속하자는 데모처럼 평균국민소득은 높지만 빈부격차가 너무 심한 경우, 그리고 중간층, 신 중간계급이 무너져 역삼각형 사회가 된다든지, 천민자본주의 현상으로 시장경제나 소득분배 경우 지나친 친親성장 정책으로 인한 소득양극화 현상은 경계하여야 하며 대기업과 중소기업의 동반성장정책은 매우 필요하다고 본다. 특히 영세층의 취업, 소득증대와 교육기회 평등, 물가안정, 지속가능한 일자리 창출, 분배의 공정이 잘 이루어지도록 하며 '고용없는 성장Jobless Growth'을 피해야 한다.

둘째, 정치적 선진화가 되도록 해야 한다.

미국 내전 이후 흑인 노예제도를 폐지하여 자본주의와 민주주의 발전에 큰 길을 연 미국 16대 링컨 대통령은 by the people, of the people, for the people을 민주주의 3대원칙으로 제시했다. 여기에 '절차적 민주주의Procedural Democracy'의 단계를 지나 '실체적 민주주의Substantive Democracy'의 성공까지 이루어야 하며 중앙정부와 지방정부의 선진화, 그리고 참여민주주의가 성숙될 때 정치적 선진화가 되었다고 볼 수 있다. 그리고 공원의 과일나무를 케어 자기 정원에 심는 자유가 아니라 자기 정원의 과일나무를 공원에 심을 수 있는 자유가 인정되고 시장경제가 보장되며 '떼법과 무질서, 패거리주의, 사이비정치가, 정상배의 정치적 선동주의라 할 포퓰리즘Populism, 대중영합주의'의 횡행으로 실질적인 국민의 생명과 평화, 인권, 존엄이 유린되지 않는 국민의 실질적 자유와 기본권이 보장된 '자유민주주의Liberal Democracy'가 이루어질 때 정치적 선진화가 되었다고 할 수 있다.

1215년 영국의 민주주의 대헌장 '마그나 카르타' 때부터 자유주의가 정착하고 절차적 민주주의가 도입되기 시작하였다고 보는데, 그 예가 1928년까지 여자에게 투표권이 없었으나 애들을 잘 기르고, 식생활 개선을 잘

하며, 교회에 나갈 자유가 먼저 보장되며, 3권분립과 자유민주주의 시장경제 법치국가의 진면모를 갖추고 있는 영국의 민주화과정을 정치문화사에서 보게 된다. 특히 영국 민주주의에서 주목할 만한 가치 있는 점은 '노블레스 오블리주'로 귀족 상층이 민중과 동행하며 대학이 중심이 되어 소수는 다수의 뜻을 존중하고 다수는 소수의 전문성을 외면하지 않는 소위 '대중성과 전문성의 조화'를 이루는 '조화정치Harmony Politics'가 생활정치화하였으며 대중성과 전문성 간의 균형과 견제가 조화정치문화로 정착된 점을 우리도 뉴 새마을운동을 통한 풀뿌리 민주주의에서부터 다시 시작하여 정치 선진화를 이룩하도록 하자.

셋째, 사회적 선진화를 하여야 한다. 우리는 단군신화에서부터 홍익인간, 사인여천事人如天, 경천애인敬天愛人의 전통문화를 갖고 있으며, 새마을운동의 뿌리정신문화로 작용하였다고 보는 두레, 계, 향약 문화가 살아 숨쉬고 있다. 일제하에서도 기독청년운동은 시작되었고, 3·1독립운동의 주역에는 16명이 기독인이 있고, 초지역, 초계층, 초인종, 초이데올로기 차원에서 한국인의 25%가 기독교인이라는 사실을 힘으로 ① 직업을 소명으로 받아들이고 일하기 싫으면 먹지도 말라는 성경 말씀 ② 네 이웃을 내 몸처럼 사랑하라는 사랑의 계명 ③ 탐욕과 부패한 행동을 멀리해야 하는 기독교정신 이 모두가 합하여 공동체에 대한 섬김과 나눔, 배려와 기여, 책임, 도덕, 윤리의식의 제고, 공익과 사익의 조화, 선비문화의 정착, 만민은 만인과의 투쟁이 아니라 화해와 용서, 소통의 인간관계의 회복 속에 신뢰사회Trust Society, 다정사회Compassionate Society만들기 운동으로서의 지역사회 공동체 운동Community Movement을 지속하여야 한다.

아끼고 나누고 바꿔 쓰고 다시 쓰는 '아·나·바·다' 운동을 전개하자. 평화Peace와 생명Life, 산업Industry의 '피리' 사랑운동도 하자. 국가유공자와 선생님을 직업으로 한 정년퇴임자들도 '학교지킴이 봉사단' 에 참여하자. 공직자 정년 퇴임자들은 '공공기관 옴부즈맨' 으로 참여하는 일자리 창출도 정부에 제안한다. 미국에는 약 140만개의 자원봉사조직이 활동하고 있다. 한남대학교 총장으로 재직할 때 '봉사활동 3학점 인증제' 를 실시한 적이 있다. 지금은 많은 대학들이 자원봉사활동에 참여하는데 일반 시민들도 참여할 수 있는 분위기와 기회를 자치단체 중심으로 시작하여 90대에서 10대가 연합한 9010 대한호국부흥大韓護國復興봉사단을 조직하자. 그리고 지방자치단체 의회의원도 스위스나 스웨덴처럼 명예직으로 봉사하는 제도개혁과 같이 '지역사회 평생교육원' 운영 주체기관이 되었으면 하는 바람이다. 이런 일들이 이루어진 사회가 지역사회의 선진화가 아니겠는가.

넷째, 21세기 총합사회형總合社會型 글로벌 문화권 선진화를 이룩하자.

21세기는 디지털문화시대다. 인터넷혁명에 의한 공존과 화합이 생존법칙生存法則이기 때문에 의식부터 변해야 한다. 유비쿼터스 혁명으로 물질만능가치의 탈물질화가 가속화되면서 ① 투명공정사회 ② 인류의 본성회복시대 ③ 수평문화시대 ④ 다문화 공생발전시대 ⑤ 총합과학總合科學시대 ⑥ 개방화시대 ⑦ 지구촌 정보교신 시대 ⑧ 시간, 공간, 인간이 하나로 통합되는 시대 ⑨ 고도의 정신문명시대 ⑩ 정치, 종교, 경제, 과학, 사회가 생활과 접목되는 융합문화시대 ⑪ 대화, 협력, 화해, 연합 공동체 형성을 요구하는 시대에 걸맞은 문화가 선진문화라 할 수 있다.

다섯째, 지구촌 공생발전共生發展에 기여하는 국제적 선진화를 이룩하자.

국제적 선진코리아가 되려면 ① 인류의 보편적 발전에 기여하는 '세계문명사' 에 공헌국가가 되어야 한다. ② 인종, 종교갈등, 빈곤, 질병문제,

지구온난화와 에너지 부족의 문제, 국제경제위기, 가족의 붕괴와 청소년 폭력문제, 자살문제, 정신적 황폐화의 문제 등에 적극적 해결책과 힘을 줄 수 있는 나라가 국제적 선진국이라 할 수 있다.

우리의 뉴 새마을운동은 지금까지의 실천의지로 신생국 신농촌개발운동의 본이 되도록 더욱 노력하며, 원리와 방법을 전수해 모든 새마을도입국, 피원조국과의 유대교류협력을 하여야 한다. 특히 '복지문화 새마을운동'의 롤모델로서 새마을교육과 현장지도에 새마을 ODA프로젝트를 활성화해야 할 것이다. 그리고 제3세계의 지도자들 양성과 우리대학 해외 봉사활동에 참여하는 학생들에게 '녹색 새마을운동' 오리엔테이션 교육을 할 수 있는 '새마을 사관학교'도 설립되어야 할 것이다. 이와 같은 '뉴 새마을운동의 세계화'를 통한 '새마을 문화력', '새마을 외교력'을 키우고 학술, 종교, 도덕 등의 '정신적 자본Mental Capital' 소위 '소프트 파워'가 강한 나라를 국제적 선진국이라 할 것이다.

그러나 진정한 새로운 지구촌 '선진시대'를 열기 위해서는 ① 식민주의의 해체, 냉전시대와 양극체제의 종말과 함께 신자유주의나 천민자본주의에서 생길 수 있는 선진국병은 치유하여야 할 것이다. 부의 양극화, 시장경제의 횡포의 산물로서 물질적 풍요를 누리게 되었지만 민주시민정신의 성숙이 동반하지 못할 때 생길 수 있는 선진국병이 없는 복지애국福祉愛國, 잘살면서도 도덕윤리적으로 존경받는 복지사회건설이 이상이며, 뉴 새마을운동을 전개하는 나라다운 선진국 모습이라고 본다. ② 개개인의 행복 추구와 사회공동체의 중요성과 가치가 조화된 균형 잡힌 국가가 이상적인 선진국이다. ③ 역사정신과 시대정신이 과거, 현재, 미래준비로 이어지면서 계승, 발전되어 대화와 소통이 이루어진 나라가 참 선진국이며 ④ 다민족, 다문화, 다종교의 공생사회를 이루어 문화융합, 민족융합, 종교융합, 사상융합, 지역융합이 일어나 인류의 보편적 발전을 위하여 지속적 발전의 동력으로 뉴 새마을운동이 세계화될 때 국가 이상으로서의 선진국이라 할 것이다. 끝으로 ⑤ 지도자와 국민은 자기정체성을 확실히 하고 리더십과 팔로우십이 있어야 한다.

지도자와 대중간의 바람직한 역할분담과 성숙한 조화는 정부는 물론 기업, 학교, 노사관계, 종교단체, NGO 등 모든 조직에 해당된다. 이와 같은 지도자의 위민정신爲民精神과 시민과 조직성원의 공민의식公民意識이 뚜렷하면 바람직한 선진사회라 할 수 있다. 이상의 5대 조화가 선진국이 요구하는 필요충분조건이 아닐까 생각한다.

인도의 마하트마 간디1869~1948는 나라를 망치게 하는 사회의 큰 죄악으로 다음의 7가지를 들었다. ① 원칙 없는 정치 ② 도덕 없는 상행위 ③ 노동 없는 부의 축적 ④ 가치관과 인격이 없는 교육 ⑤ 인간을 생각하지 않는 과학 ⑥ 양식을 무시하고 즐기는 향락 ⑦ 희생 없는 종교, 이 또한 우리가 나아갈 선진화 방향을 제시해 주고 있다.

우리의 뉴 새마을운동이 선진국화, 선진사회화 운동으로 세계화하는 과정에서는 한류문화, 한류식품, 한류과학기술, 우리만의 효, 즉 노인과 젊은이, 남자와 여자, 진보와 보수, 직장에서는 상사와 조직원, 집안의 식구들, 물질과 정신 등의 조화라고 볼 때 이와 같은 효孝, HYO에 바탕을 두는 것도 좋다고 본다. 인도의 시인 타고르1861~1941가 "일찍이 아시아의 황금시기에 빛나던 등불의 하나인 코리아, 그 등불이 다시 한 번 켜지는 날에 너는 동방의 밝은 빛이 되리라"라고 말했던 세계 속의 선진 코리아가 되도록 내가 먼저, 나 하나만이라도 일어나 빛을 발하자.

Chapter 8

뉴 새마을운동의 방향과 과제

뉴 새마을운동의 뜻과 길

뉴 새마을운동은 첫째, 비전과 실천주체로 참여하고 자기변개自己變改를 통해 바르게 살며 다시 뛰자는 제안이다. 정치운동이나 정권차원이 아니라 총체적 개혁과 재도약을 통한 국가부흥운동으로서 신 르네상스운동의 성격을 갖는 실사구시운동實事求是運動이어야 하며, 국운을 걸고 추진하여야 한다고 생각한다. 이를 위해서는 ① 세계화와 지방화, 지식정보사회화, 지가혁명知價革命이 조합된 21세기형 디지털사회의 신 패러다임에 걸맞는 총체적 개혁이 필요하다. ② 국민통합형 추진체제와 여·야가 합의된 행정 지원체제의 민·정파트너십형 국민운동이 비전한국 부흥을 위한 민주시민 공동체사회 차원에서 요구된다. ③ 탈정치적이며 총체적 조화운동이기 때문에 매 연도별로 추진되는 한시적 운동이 아니라 중·장기 단기별로 발전계획을 세우고 그에 따라 프로젝트별로 매년 추진해 나가야 할 것이다. ④ 낡은 제도, 구습과 관료지배주의 및 패거리주의적 병든 문화는 생활의 민주화와 과학화, 그리고 상층사회로부터의 희생과 도덕적 본을 보임으로써 근절되어야 한다. 따라서 위로부터의 개혁운동이 되어야 하며 역사정신과 시대정신이 충만한 멘토세력이 연합하여 노블레스 오블리주 운동에 먼저 참여하자는 것이다. 또한 각급 학교와 대학 그리고 학술단체연합회를 통하여 옆으로부터의 촉매와 접촉작용을 하여야 할 것이다.

둘째, 지속적으로 실천프로그램이 보완되어야 한다. ① 과학기술입국 : 기능올림픽 활성화와 생활의 과학화 운동전개, 벤처기업육성 등 '산·학·관·연·사'의 협의로 신생국 중심의 UN회원국에 뉴 새마을운동 센터를 운영한다. ② 환경운동의 전개 : 국제경제환경, 정치사회환경, 지구촌자연환경의 3대 환경을 중심으로 모든 NGO와 종교단체, 각 학교도 참여할 수 있도록 한다. ③ UNAI 반기문 UN사무총장과 함께하는 교육입국운동으로 인성중심인본주의, 사랑주의의 인력자원개발과 인간문화 창조운동을 전개한다.

셋째, 각 나라의 주체가 추진주체민간주도와 지원주체정부주도로 이원화해야 하며, 지방정부가 민간주도로 '뉴 새마을운동 추진 센터'를 운영하도록 정책지원을 한 NGO, 종교단체까지 참여시켜서 모든 참여기관이 자생적으로 추진하는 프로젝트별로 지원해야 한다.

넷째, 추진 및 지원주체들이 거듭나야 한다. ① 지구촌은 한 일터, 인류는 한 형제라는 가치론적 신념과 문화역사적 당위성을 갖고 뜨겁게 참여

하여 의병정신을 발휘할 것이며 새마을정신으로 각 분야별 옴부즈맨 역할
도 할 수 있어야 한다. ② 나라마다 정치개혁과 정부쇄신이 앞서야 하며
구호나 밀어부치기 식은 금물이다. ③ 참여자 중심세력이 희생과 도덕적
본을 보이고 위로부터와 옆으로부터의 혁명의식으로 시작하며 과거는 역
사적 교훈으로 삼고 지구촌미래운동으로 전개해야 한다. 특히, 젊은 세대
의 참여폭을 넓히며 대학운동으로 멘토링 프로그램 운영이 요구된다. 우
선하는 것은 사회에서 도덕적으로 지탄받지 않는 멘토 인적구성이 되어야
할 것이다. ④ 언론, 매스컴은 발상전환의 보도가 되어야 한다. 제국주의
는 무너져야 하며, 기본이 바로선 나라가 되도록 '교과서시대', '학습시
대'를 열어가야 한다. 또한 정치논리로부터 분리시키는 지구촌부흥운동이
며 누구도 거부할 수 없는 평화생명사랑운동이고 새로운 광복운동이다.
우리나라의 경우 제1의 건국운동이 1940년대라면 1970년대 근대화운동
의 상징으로 '잘살아 보세'로 특징 지워지는 새마을운동의 선진화운동은
이제 식량위기, 에너지위기, 플루위기, 금융위기, 기후변화 환경위기를 포
함한 총체적 위기를 극복하고 21세기형 국가사회발전 모델을 만들었다.
새로운 세기를 시작하는 국가부흥운동을 뉴 새마을운동이 중심이 되어 평
화, 안정, 빈곤, 인권적 해결 노력으로 새로운 다자주의多者主義: Renewed
Multilateralism의 모범국 한국을 창조해서 세계시민국가의 멘토 국가가 되어
세계문화사의 새벽을 깨우는 중심이라고 확신하며 지구촌 '문화올림픽'
을 추진하고 지원하자는 것이다.

뉴 새마을운동은 21세기형 총체적 개혁운동이며 민간주도 추진과 정부
지원을 통한 한민족이 중심이 된 밝은 사회를 만들기를 위한 새 공동체 운

동이다. 시민사회창조의 역사주체는 시민이다. 따라서 뉴 새마을운동은 효율적인 사회모순의 해결 대안 운동으로 민주와 시장실패, 정부실패를 최소화하고 방지할 수 있는 시민사회형성이론으로 접근, 제3의 길로서 우리에 적합하고 바람직한 제도, 생활문화, 의식의 형성이론을 실제와 접목시킬 수 있도록 '제로섬 게임'이 아닌 '포지티브 게임'이 되도록 운동전개 방안을 모색해야 한다. 민과 관은 파트너십 체제가 되어 진행하여야 하며 평화와 생명 중심, 자유민주주의적이며 정직과 공의가 만난 정의로운 세상 만들기 운동이 되도록 노력해야 한다.

그 둘, 뉴 새마을운동은 한시적, 국지적, 정치정권 운동이나 관변단체 운동이 될 수 없고, 되어서는 절대 안 되며 회계연도 중심의 단년單年운동이 아니라 미래비전과 지구촌 살리기 운동으로 구성원들의 공감대 속에 적극적이고 자율적인 시민 참여운동이 되어야 한다. 따라서 UN NGO로서의 지속가능한 공생발전에 힘쓰며 일시적 성과에 기대하지 말아야 할 것이다. 효율적인 시스템, 인적자원의 형성, 배분, 활용, 유지를 위한 참사람의 참 생각, 참 행동이 이루어지고 인류화합의 화쟁사상和諍思想이 생활화되어 이해, 화합, 신뢰, 협력, 조화, 투명한 열린사회를 이루며 더불어 사는 나눔과 섬김의 미덕을 실천하는 건강, 실용, 과학, 복지, 문화, 평화, 생명중심 총합 과학적인 신 상생相生공동체의 창조운동이 되어야 할 것이다.

특히 본 운동의 성공 4대 조건은,

1. 지금부터from now on, 있는 자리에서 스스로 개혁하고 근대화와 역사적 혜택을 많이 받은 사람부터 희생하고 실천으로 모범을 보여야 한다. 이는 새로운 의병시대義兵時代의 역사정신을 살려서 신독립운동新獨立運動의

마음으로 참여하고 행동하는 양심으로 사는 길이라고 본다.

2. 인류의 다중위기多重危機 국난극복과 국가부흥운동에 여야와 동서, 중앙과 지방이 나뉠 수 없으며 새 천년의 희망을 갖고 자본주의의 시장경제 법칙, 자유민주주의 법체계도 지키면서 보다 도덕률이 생활화된 정의로운 사회건설과 더불어 함께 살아가는 참신한 참민주공화국시대를 창조할 수 있도록 자유와 평등, 사랑과 참여가 더욱 확장되는 좋은 세상 밝은 사회 만들기에 앞장서야 할 것이다.

3. 과거를 청산하고 새역사를 맞으면서 신지식기반, 미래지향적인 기반을 조성하는데 최선의 방법이 무엇인가를 논의하고 실천주체로서의 한마음 다짐으로 생활개혁과 의식개혁을 통하여 거듭나야 할 것이다.

4. 사업적 성격도 있는 사회운동이기 때문에 중앙이나 지방자치단체가 같이 추진상황의 평가와 시정조치가 필요하다.

이에 대한 평가와 정책, 법률, 제도개혁과 분위기 조성, 제안작업 등은 한국대학총장협회가 맡으며 기획단, 정책자문단, 고문단도 핵심 공인으로 선발하고 연맹의 활동공간, 여건조성 같은 추진을 위한 각종 실무행정지원이 보다 적극적이며 충실한 정책화와 실무지원으로 계속되고 국민이 추진주체로 관은 추진주체이면서 지원주체인 이중고二重苦를 감수하고, 민·관·학·사회단체民·官·學·社會團體가 파트너십 방식으로 상호작용하여 시너지 효과를 높이는 연합접근법聯合接近法으로 추진하여야 할 것이다. 연맹운동은 최대다수의 최대행복을 위하여 널리 인간을 이롭게 하며, 바르게 일하고, 시행착오를 줄이는 방법의 실용화운동이다.

이제 세계적 도전에 응전할 때다. 민족정기를 모아서 새 역사를 창조하고 개척할 수 있는 힘을 기를 때라고 본다. 장제스 정권은 중국 본토에서 쫓겨나 대만에서 자유중국을 건국하면서 오수五守라고 하여 수신·수법·수시·수밀·수분守信·守法·守時·守密·守分을 전국민정신과 특히 공직자 윤리강령으로 지켰다고 한다. 여기에서 특히 모두는 모두에게 신의를 지키고 믿을 수 있는 신뢰사회를 만드는 일과 기초질서부터 모든 것에서 법과 약속, 원칙이 지켜질 수 있는 일, 국가와 민족, 사회문제에 고뇌하는 책임의식과 우리가 살고 있는 이때를 알아야 한다는 역사정신과 시대정신 위에 깨어서 사는 정신과 분수를 지키는 일이야말로 모든 것에 앞서야 하는 책무이며 소명으로 생각하고 이 운동을 추진한다.

뉴 새마을운동 10자 대헌장十字 大憲章

'뉴 새마을운동'은 선진문화운동, 도덕부흥운동, 경제민주진흥운동, 교육과학운동, 평화통일생명운동, 녹색산업진흥운동의 6대 운동을 펼쳐 지구촌 공생발전운동을 중심으로 하며 이를 위한 구체화 비전실천의 15化운동으로 ① 자유화 ② 산업화 ③ 민주화 ④ 과학화 ⑤ 세방화世方化: 세계화와 지방화 ⑥ 미래화 ⑦ 실용화 ⑧ 녹산화綠産化 ⑨ 문화화 ⑩ 공정화公正化 ⑪ 행복화 ⑫ 통합화 ⑬ 복지화 ⑭ 공영화共榮化 ⑮ 협동화를 제창한다.

이에 우리의 나아갈 바 지속가능한 활성화 방법구현 기본철학을 10자헌장으로 요약한다.

그 하나, 신信이다. 믿을 신의 신으로서 믿음Belief, Faith, Conviction과 신뢰 Reliance, Dependence, Trust, 신망Confidence의 신이다. 개인, 기관, 공동체, 나

라는 하나 같이 새나라 새세상을 만드는 기본철학으로서의 '신 : 信'은 알 파요 오메가 임을 믿고 행한다.

그 둘은, 망望이다. 소망所望, Desire, Wish의 망이요, 희망Hope의 망이다. 바람이며 기대요 요구, 꿈Dream이다. 모든 것이 새로운 시작의 소망이며 과거를 교훈으로 새로운 비전을 갖고 도전하고 응전할 힘의 원천이 희망 이다. 보다 좋은 진眞, 선善, 미美의 아말감, 미래를 망望으로 생각하고 무실 역행務實力行한다.

그 셋은, 애愛이다. 사랑Love, Affection 애정, 애착, 영과 육의 만남, 영원 히 필요한 것, 죽음보다 강한 것, '내 이웃을 내 몸과 같이 사랑'할 수 있는 공동체운동으로서의 '지구촌 공생발전운동'이 인간사랑과 함께 지구사랑 운동, 생명사랑운동의 근본임을 깨닫고 '근로, 봉사, 섬김과 나눔운동'에 앞장선다.

그 넷은, 정正이다. 바를 정의 정은 정당正當, Just, Right, Fair, Reasonable 합법 적인 정이요 정대正大, 정도正道, 정언正言의 정이며 정문正門: main gate, 정미 正味: Net, Clear, 정본正本: Original, 정상正常: Normality, 정색正色: seriousness, 정 시正視: Stigmatism, 정식正式; Formality, 정의正義: Justice, 정정당당正正堂堂: Fair and Square, 정직正直: Honesty, 정해正解: 바른해석, Correct Interpretation, 정확正確: 흠없음, Accuracy, Correctness의 정正이다. 옳게, 바르게, 쓸모 있게, 바른 마음 과 바른 행동으로 가치 있는 청지기로서의 사명인답게 바른 역사관, 인생 관으로 일관되고 성스러운 명예심으로 생활한다.

그 다섯은, 실實이다. 실속, 열매의 실이다. 실력實力, 실제의 힘Real ability, 실로Truly의 실, 실업實業, 즉 생산업의 실, 실용實用: Utility의 실, 실적實績: Result, 실천實踐: Practice의 실, 실하다, 튼튼하다, 내용이 꽉 차고 믿을 만하다의 실, 꿈과 이상을 실현하다의 실이다. '새나라운동', '지구촌 공생발전운동'의 실사實事를 시是 즉 발전으로 구하는 실사구시實事求是운동으로 지속적인 개발과 보존의 조화, 녹색산업중심의 생태계 건강과 보존운동을 주도할 세계시민교육과 지구촌봉사자로서 참여 실천에 앞장선다.

그 여섯은, 시是이다. 즉 발전發展의 시是이다. 그리고 발견發見: Discovery의 발, 발광發光 빛을 발하다Radiation의 발, 발기發起 즉 사업계획의 제의, 솔선의 발, 발달發達, 발전發展: Development 즉, 양적성장과 질적변화, 방향Direction, 구체적 설계Planning의 시작, 그리고 목표를 설정하는 시점의 출발이 발이다. 그리고 발명發明: Invention 신고안품의 발이다. 발상發想: Idea을 새롭게 하여 각국은 그 실정에 맞는 발전전략을 갖추고 각 나라의 지역사회 발전운동과 접목해 나가도록 뉴 새마을운동의 세계화로 공생발전하도록 한다.

그 일곱은, 평平이다. 평등平等: Equality, 차별없이 법 앞에는 만민이 평등하다는 의미의 평이며 평민平民, 평생平生: Lifetime, 평안平安과 평화平和: Peace 의 평이다. 여기에는 화합Harmony과 일치의 의미를 포함하며 지금은 수직사회에서 수평水平사회로 사회구조적 패러다임이 변하고 있음을 주목해야 한다. 여기에서 참여민주주의의 본질을 찾아야 한다. 궁핍과 풍요, 소외와 포용, 고통과 연민의 간격을 좁혀가는 미래를 창조하자.

그 여덟은 생生이다. 생은 생명生命: life과 삶이다. 생령生靈: living soul, 살아 있는 생명체의 생生이다. 한생명은 천하보다 귀하다고 인간생명을 중심으로 자연생명까지 포함하여 모든 주체는 모든 일을 할 때에 바른사고방식, 새롭고 바람직한 착상, 가치론적 신념, 의도, 사려와 분별, 섬기고 나누는 배려, 준비하는 숙고와 각오결심, 포기하지 않는 소망적 기대, 역사적 반추 중심 추억과 회상, 낡고 막연하지 않으며 무리하지 않고 간악하지 않은 일시적인 것이 아닌 참신한 생각의 생기生氣: breath of life의 생, 생동生動의 생, 지속가능한 선진생산 중심으로 심장의 더운피가 식을 때까지 자립자존自立 自存, 내애내의乃愛乃義, 성실수련誠實修練, 보은감사報恩感謝 4가지 강령을 실천하면서 생활정치, 생활경제, 생활교육으로 지구촌 공생발전운동을 진흥시키는 일에 용감하자.

그 아홉은, 협協이다. 협동協同: Cooperation, 협력協力: Co-working, 협업協業, 협의協議: Conference, 협조協助: Aid, Assistance, Support의 협이다. 협회協會: Association의 협이다. '지구촌 공생발전운동 연맹'이나 '세계 녹색 새마을운동 연맹'도 UN NGO로서의 연맹으로 발전시키자. 열린세계와의 대화를 주선하며 '성찰적 인간의 또 다른 가능성'을 열도록 학교, 아카데미, 시민대안학교는 연합하여 인류와 지구촌을 위한 학문적 실천, 창조적 봉사가 견고하고 조화롭게 결합되도록 자리매김하여 새롭게 부활하도록 하자.

그 열은, 사使이다. 사명使命: Mission의 사이다. 희망의 지구촌 공생발전운동을 통한 평화, 산업, 생명, 정체성의 첫 자를 딴 조어인 피리봉사단Peace, Industry, Life, Identity의 사명감使命感실천으로 10자헌장 정신을 열매 맺어 잘살고 존경받는 사랑충만한 행복지구촌을 창조하자.

Green Korea 운동 : 녹색 뉴 새마을운동

녹색 뉴 새마을운동의 참정신

선의와 우정으로 뭉쳐 희생과 사랑으로 어두운 인류사회를 밝게 비추는

낮의 해와 밤의 달처럼, 빛과 소금처럼, 이웃사랑을 실천하고, 섬기고 나누는 삶을 인생행로의 최고 멋으로 알고 녹색 새마을봉사단을 통해 UN정신으로 세계평화와 상생공영相生共榮, 지구촌 부흥을 위해 굳은 신념으로 정진해야 한다.

손에 손을 잡고 21세기 녹색성장 르네상스를 창조하자. 이해, 협력, 화합, 친선, 전쟁 아닌 평화의 방법으로 청소년의 4H정신Head, Heart, Health, Hands 배양, 환경, 결식아동, 장애인, 실버가족노인, 기아, 영육 간에 병든 자 치유 등 세계만민을 위한 구호활동에도 참여하자.

또한 재한 외국인 노동자 및 다문화가정의 권익보호, 재소자 2·3세 가족 보호육성, 기타 소외세력의 인권보호 등에 초아적 정신으로 희망의 21세기 인류는 한 형제, 지구촌은 한 일터, 오직 사랑으로 뭉쳐 심장의 더운 피가 식을 때까지 기쁨으로 녹색성장 진흥대열에 앞장서자.

우리 모두는 녹색평화를 꽃피우고 한 생명이 천하보다 귀하다는 진리의 말씀으로 무장하여 사랑, 자유, 평화와 봉사정신으로 거듭나 새롭게 도전하는 3GGlobal, Green, Growth의 미래를 함께 열어가자.

이를 통해 한반도 및 지구촌을 살리고, 3G 공동체의 정체성을 확립하여 세계 속에서 자연사랑, 인간사랑 생명 휴먼네트워크를 구성하며, 글로벌 녹색 뉴 새마을봉사단 헌장을 다음과 같이 선포한다.

녹색 뉴 새마을운동의 헌장 구상

지구촌은 한 일터, 인류는 한 형제인 오늘의 세상

하늘, 땅, 바다, 자연생물은 생육하고 번성하여 땅에 충만케 못하고, 생명체의 질서와 조화를 파괴시켜 병들게 만든 무분별한 개발과 자연천시의 비녹색문화와 기후변화로 인한 인류생존은 위협 받고 있다

'녹색평화 생명사랑'으로 새로운 문명사 창조는 온 지구촌 생명 살리기 운동이며, '죽음의 생태계'를 '청정 금수강산'으로 다시 만드는 운동임을 믿고 5록 운동인 녹신綠信, 녹애綠愛, 녹실綠實, 녹생綠生, 녹산綠産 운동봉사단 참여에 온 국민의 뜻을 모아 녹색성장헌장을 제정하여 녹색 허브 코리아 창조의 역사적 사명을 띠고 '지구촌 생명 살리기' 실천을 다짐한다.

녹신綠信 : 지구촌 녹색환경을 보전하는 일은 1천만 녹색봉사단뿐만 아니라 국가, 공공단체, 전 국민의 사명이며 의무라는 신념으로 활동한다.

녹애綠愛 : 자연파멸, 자원고갈을 막아 자연중심 녹색성장 사랑운동이 인간사랑과 함께 생명사랑운동의 근본임을 깨달아 봉사하는 국민정신을 드높인다.

녹실綠實 : 친녹색환경의 조성, 생태계 보전, 건강성 회복, 개발과 보존의 조화를 위한 녹색생명 살리기 봉사활동은 작은 실천, 자신부터 실천할 것을 다짐한다.

녹생綠生 : 녹색성장 봉사활동은 가정, 학교, 사회, 직장, 공장 등 모든 일터와 생활현장에서 전 국토를 푸르고 아름답게 가꾸도록 체질화되고 생활화될 수 있도록 해야 한다.

녹산綠産 : 광역이수廣域利水개발, 새물결운동, 생태계 보존, 신성장동력 에너지 산업, 푸른산 가꾸기, 해양목장 물고기공원 조성, 자연오염 파괴, 폐기물처리, 재생산업, 녹색성장 첨단과학기술산업 진흥운동 등 봉사정신을 발휘하여 녹색성장 허브 코리아 창조에 헌신할 것을 천명한다.

실천강령

① 우리들은 참가단원 개인 및 단체의 다양한 정체성에 따른 차이를 존중한다.

② 우리들은 각국 내외 3G의 정보 및 지식자산공유, 교류협력이 공동번영을 위한 행동임을 믿는다.

③ 우리들은 상호신뢰 하에 모국 및 재외동포, 국적을 초월하여 녹색평화생명사랑공동체 건설 및 섬김과 나눔 운동의 모체임을 확인한다.

④ 우리들은 인류공동체가 당면한 정치, 경제, 사회, 교육, 문화, 환경적 도전에 대처하기 위해 협동적 행동으로 결속한다.

⑤ 우리들은 UN정신과 세계녹색평화생명사랑의 마음으로 참여할 수 있는 글로벌 기회를 마련하기 위해 '천만회원'을 결속, 대동大同단결하여 '두레세상'을 만든다.

⑥ 본 단은 초지역국가, 초인종, 초종교, 초문명, 초이데올로기 차원에서 인류의 행복추구를 위한 진실과 사랑으로 모두에게 공평, 유익을 끼치도록 최선을 다한다.

⑦ 글로벌 녹색새마을봉사단이 중심이 되어 인류사회를 위한 사랑, 평화, 봉사공동체임을 무실역행務實力行으로 보여준다.

⑧ 지구촌 오대양 육대주의 인적, 물적, 제도적, 정보자원을 네트워크화해 녹색산업진흥과 생태계의 낙원, 복지천국을 건설한다.

⑨ 창의와 인내, 열정, 역동적 협력, 그리고 정직과 사랑을 기반으로 자연사랑 UN 새천년 시대를 창조한다.

3G 중심 녹색 뉴 새마을운동의 과제

왜 글로벌 녹색성장Global Green Growth 중심인가

① 녹색기술개발 및 녹색산업을 육성한다.

- 국민소득증대 및 일자리 창출, 녹색산업인력의 양성
- 산업구조 녹색화 및 청정에너지 확대
- 기후변화대응 및 온실가스 감축, 저탄소CO_2운동과 사업을 병행한다.

② 국가브랜드를 녹색 성장운동으로 추진한다.

- 지구촌 기후변화협약 추진의 선도
- 녹색성장운동 선도 UN NGO로서 글로벌 녹색성장운동봉사단 운영
- UN 녹색산업대학 설립193개 UN 회원국 중심으로 녹색 인력양성

③ 삶의 질 개선 및 생활의 녹색혁명을 일으킨다.

- 저탄소형 국토, 친환경 친문화적, 금수강산 지구촌 살리기 운동
- 생태마을녹색타운 조성
- 녹색소비의 생활화 운동 전개

위 3G 과제 실천을 중심으로 녹색성장시대를 산·학·관·연·사産·學·官·研·社 NGO의 연합운동과 사업으로 녹색 뉴 새마을운동이 전개되어야 할 것이다.

21세기 지구촌 녹색성장의 새로운 패러다임 모색

① 다양성 무한대 확장, 다민족 다문화 조화시대
② 불확실성 속에서 지속가능한 개발과 보전의 조화융합시대

③ 삶의 니즈Needs 변화

④ 합종연횡合從連橫 융복합

⑤ Ubiquitous 시대의 녹색문화 창조

⑥ 핵심가치, 인재가 리드하는 사회

⑦ 창조 mind 중심사회

⑧ 가격, 품질, 이성적, 논리적, 기능적인 것에 안주해서는 안 됨

⑨ 감성중심 이미지 브랜드 중심

⑩ 고충은 나누고 협조를 구하는 조화정치시대가 이루어진 산업화와 민주화가 합한 선진화 시대를 창조하여 보다 인간답고 풍요한 미래를 위해 개척정신의 생활화, 건전한 녹색문화조성, 발전된 함께 사는 좋은 나라를 만들어 가는 시민 공동체운동으로 승화, 지속가능한 균형발전이 되어야 한다.

3G운동의 기대효과와 그 전제

① 환경적인 문제는 원론적인 관점에서 문제점을 하나하나 짚어가며 대책을 강구하여 거시적인 관점에서 각각의 득실을 분명히 하여 실은 줄이고 득은 늘리는 방향으로 전개하여야 한다.

② 경제적 측면에서는 건설시 발생되는 모든 사업비용과 완공 후 예상되는 수익모델을 검토하여 지구촌을 살리고 지속가능한 미래를 여는 사업이 되도록 하여야 한다. 선진한국창조 국민운동연합회가 중심이 되어 미래를 준비하여야 한다.

③ 관광, 용수, 생태환경, 새로운 문화, 샛강 정비, 물고기공원, 해양식량단지화로 지역경제 이익창출, 친환경의 녹색 땅 만들기, 물류문제 해결, 명품녹색도시 건설, 홍수 예방, 산업용지 개발, 친수공간 확보, 수변체제

도시 건설, 일자리 창출, 생태계 회복, 생명이 깨어나는 강 살리기, 자연사박물관, 농업박물관, 녹색진흥 직업전문교육관, 문화관이 있는 터미널 조성으로 새로운 지역주민생활센터 조성 등의 관점에서 추진될 때 금수강산 지구촌 살리기는 성공하며, 녹색평화생명산업의 중심시대가 올 것이다.

3G 운동에 대한 기대효과

① 삶의 질 향상과 지구촌 살리기 정책의 생활화
  • 녹색성장 전문인력 양성
  • 녹색도시건설
② 기후변화협약 모범국가로 부상
  • 녹색인력의 후진국 자원봉사단 파견과 고용창출
  • 녹색성장산업의 육성기회
  • 지속가능한 개발과 보존의 조화 국가로 탄생할 것을 희망하며 확신
③ 신성장동력 창출과 개발도상국가 중심지원
  • 환경 · 생태 · 생명 살리기
  • 홍수예방과 지역발전
  • 넉넉한 물 확보로 공업용수 · 생활용수 · 농업용수로 활용가능

글로벌 녹색 새마을봉사단 창단

창단의 목적
지구촌을 생육하고 번성시킬 책무는 인류에게 있다. 평화의 땅으로 생명

을 존귀하게 여기고 모든 산업을 진흥시켜 상생공영의 세방화世方化 : Glocalization=Globalization+Localization시대를 창조해야 한다.

21세기 새천년이 시작된 이때 세계만방의 다민족 디아스포라Diaspora의 에너지를 결집해 녹색 허브 코리아로 부흥하여 세계중심의 녹색평화 생명산업 중심국가로 for the UN 시대에 앞장서고자 함이다.

미래사회는 동반자사회다. 화해와 협력의 시대이며 동료의 사회다. 미래사회는 지구촌사회이기 때문에 교류와 봉사의 사회이기도 하다. 따라서 상호간의 갈등과 배타의 시대는 사라져야 한다. 더욱 더 분단조국은 하나의 모국이 되어야 한다. 우리 민족의 안정과 쾌적한 삶을 추구하기 위해 교육도 경제도 정치도 3G 중심이 되어야 할 것이다. 사람들과 함께 공존할 수 있다는 확신 하에 이웃과 민족에게 표출되어야만 하는 맑은 영혼들이어야 한다.

일정한 방향으로 의견을 조율하고 다양하고 전문화된 사회인력이 국가부흥을 위해 헌신하겠다는 정신이야말로 우리를 흥분케 하는 일이다.

민족의 분열은 국가의 비효율성을 가져오고 국민의 정체성을 부정하게 되어 세계화에 동참할 수 없게 된다. 한번 뒤쳐진 사태는 실로 많은 노력으로 많은 세월이 흘러야 원상태로 회복될 것이다. 동반자적 사회는 세계화의 질서 속에서 다중문화적 사회구성의 구심체가 된다. 열린 마음으로 모든 상황을 수용하되 세계화 속의 민족현실을 그냥 보아 넘길 수만은 없다.

사회변화에 적응할 만한 지혜와 용기, 자신감 있는 구심체로 거듭나야한다. 아니 그것들을 올바르고 정확하게 셈할 수 있는 사회 구석구석 전문가들과 국민이 함께 하는 조직이 형성될 때 우리 민족의 장래는 세계화 속에 우뚝 서게 될 것이다.

한민족이 일어서야 한다. 이제는 구체적인 대안과 활동방향으로 정정당당하게 세계문화사를 써야 한다. 이에 글로벌 녹색 뉴 새마을봉사단은 전 세계에 흩어져 있는 우리 동포들의 정보네트워크를 구축하여 인적 자원을 결집하며, 한민족 공동체의 조직적 고리를 세계 곳곳의 동포에게 연결하여 이를 국력으로 승화 발전시켜 지구촌 녹색성장중심국가를 만들려는 순수 민간 차원의 공동체로 활성화되어야 한다.

특히 90대에서부터 인류의 미래요 희망인 10대 청소년까지 합한 지구촌 구원봉사단 3G 91봉사단을 결성하는 바이다. 그리하여 큰 힘과 지혜의 시너지 효과를 동북아로, 세계로·미래로 확장코자 하는 한편 인류동반자 사회에 기여할 평화와 생명, 사랑중심 인류문화사의 뿌리세력이 되도록 합력하자.

또한 글로벌 녹색 뉴 새마을봉사단은 한민족 750만 해외동포가 손잡고 8,000만 남북동포의 힘을 한데 모아 민주·평화·복지·부흥조국과 평화통일의 조국을 건설하는데 온 열정을 바쳐 평화의 땅, 금수강산 한반도를 만들어 동방의 빛의 나라, 세계중심의 녹색 허브 코리아, 평화 코리아, 살고 싶은 생명의 땅을 창조하여 온 지구촌 녹색평화나라를 만드는 선도역할을 하자.

우리 생명의 뿌리이며 젖줄인 자연, 우리 모두의 행복과 사랑의 물을 나르는 파이프管가 되며 나아가 영원한 옹달샘 생명물Holy Water이 되자. 빛이 프리즘을 통과하면 7색 무지개가 나타나듯이 우리 모두 녹색평화 생명사랑의 이 땅을 천국 만드는 프리즘이 되자.

문명사적 교훈과 3G 운동의 당위성

글로벌 녹색 뉴 새마을봉사단은 인류 최초의 비영리, 비정부, 초계층의 글로벌 봉사단체의 성격을 띤 희망, 사랑, 믿음, 상생의 공동체가 되어야 한다.

- 평화와 화해의 공존시대

협력과 화해의 공존 속에 사랑과 자유, 평화, 봉사의 시대정신이 요구되는 시대다.

- 국경 없는 무한경쟁 속에서의 상생과 공생, 조화창조가 요구되는 시대, 세계화와 지방화가 합쳐진 세방화Glocalization와 아날로그시대가 아닌 디지털시대로의 패러다임 변화가 요구된다.

- 신지역−과학Neo regional Science시대

지역의 특성화와 저력을 길러 시너지 효과를 극대화하고 노동가치를 idea 최고의 가치로, 지역주의, 다문화주의도 새롭게 변화되어야 하며, 영적 관리 위에서 탈이데올로기 위에 평화주의, 과학주의가 이루어져야 한다.

- 신녹색경제New Green Economic시대

지식, 정보통신산업, 생명공학, 우주공학의 제5 변동의 물결이 치고 있다. 남북대결, 분쟁국가, 종교, 계층간, 지역간의 불협화음도 모두 조화롭게 창조하고 정正과 반反은 합合으로 승화시켜 세계 속의 패러다임으로 현화해야 한다.

- 다민족 네트워킹 시대이며, 민족간 갈등해결이 요구되는 시대이고, 자연과 인간, 교육, 문화, 산업, 모든 것의 총합시대, 융합시대, 공존시대, 상생시대, 교류협력시대, 유비쿼터스시대인데, 이를 위한 UN녹색평화생명산업 사이버대학을 설립할 필요성이 높아진다.

인류문명은 중국은 황하강, 이집트는 나일강, 독일은 라인강의 기적을, 한국은 한강의 기적을 이루었다. 특히 선진 KOREA 창조는 15化자유화, 산업화, 민주화, 과학화, 세방화, 미래화, 실용화, 녹색화, 문화화, 융합화, 행복화, 미덕화, 통합화, 공영화, 협동화 정책을 중심으로 뉴 새마을운동을 전개하여야 한다. 지금까지 중국은 4化수리화水利化, 기계화機械化, 화학화化學化, 전화電化 정책과 팔자헌장八字憲章 : 토土, 비肥, 수水, 종種, 밀密, 보保, 공工, 관管 중심으로 국토개조와 국가부흥운동을 소리 없이 진행하였으며, 미국은 콜로라도에서 800여km로부터 물을 끌어와 오늘의 LA를 생명의 도시로 건설했다. 개척자정신, 실용주의 정신, 바이블정신청교도정신 중심을 역사정신 시대정신으로 오늘의 미국을 만든 것으로 본다.

한국은 영국이 300여 년간 걸린 산업화와 민주화를 새마을운동을 통해 40여년 만에 해냈다. 이제 선진화를 위한 도약 단계라고 볼 때 변하는 세상, 변치 않는 진리중심으로 19세기 제국주의 땅뺏기 전쟁, 20세기 경제전쟁의 탈을 벗어 21세기는 오직 녹색평화 생명사랑정신으로 도전, 충돌, 응전을 승화시켜 문명사적 교훈을 살려 우리의 녹색 뉴 새마을운동이 주도하기 원한다.

녹색새마을리더LEADER의 역할과 특성

L : Light태양, 빛, 램프, 등대, 화롯불, 교통신호

① 역사는 길기 때문에 달란트를 최대한 발휘토록 한다.

② 일시적이 아니라 철두철미 정직과 정확을 중시한다.

③ 희망매일아침 황금을 물고 떠오르는 태양처럼과 열정을 보이며 믿음을 주어야 한다.

④ Love – 사랑 충만 : 사랑은 주는 것, 오래 참는 것, 자기의 유익을 구하지 않는 것, 성내지 않는 것, 겸손한 것, 온유한 것임을 보인다.

E : Ethics도덕, 윤리

① Egoism을 버리고 자성과 회개로 자아혁신, 약속, 신빙성, 언행일치해야 한다.

② Education : 교육자답게 생각하고 말하고 행동해야 한다. 언제나 예습과 복습하며 특히 준비와 평가를 철저히 하고 공평해야 한다.

③ 인간성과 인력이 합한 사람노릇을 제대로 해야 한다.

A : Approachable사랑 많은 어머니형 : 수평적 사고형

① 편하게 접근할 수 있는 사람이 되어 말하기도 쉽고 대하기도 쉬우며 남의 고통과 눈물을 자기 형편으로 생각하고 항상 이웃을 사랑과 긍휼로 대하는 사람이다.

② Assist를 잘하는 사람이다.

③ Ability : 보통사람보다는 앞서는 능력을 갖는 사람이다.

④ Adaptation : 사회환경 변동에 잘 적응하고 변동관리를 바람직하게 하는 의지와 지혜의 사람이다.

D : Developer발전가형

① 발전시키고 개발하며, 확장하고, 키우며, 함양하는 사람이다. 특히 발전가형으로서 사물을 입체적3-D Theory으로 관리하며 목표Goal, 방향Direction을 찾는 나침반 역할, 기획Planning, 양적성장Growth과 질적변화Change를 도모하는 사람이다.

② Discussion : 토의, 검토, 심의를 충분히 하여 무결점, 시행착오를 줄일 줄 아는 사람, 합의도출로 통합과 조화를 이루어 대립과 갈등을 줄일

줄 아는 사람이며, 오케스트라 지휘자처럼 행하는 사람이다.

E : Excellence in Work 일을 탁월하게 잘해내는 사람

구체적으로,

① 실수와 결과를 받아들이며

② 책임감 강하고

③ 인간관리를 잘하는 리더여야 한다.

④ 비전과 실천력이 강해야 한다.

⑤ 시간연구 Time study 와 동작 Motion 연구관리에 능한 리더여야 한다.

⑥ 일의 중요도 Weight 와 시급 Time 도, 우선순위를 분별 관리하는 능력이 뛰어난 리더

⑦ 특히 Evaluate 를 잘하는 리더

⑧ Environment 환경 Ecology 생태를 잘 관리하는 리더여야 한다.

R : Reflection of Christlikeness in Character 그리스도 예수의 성품을 닮은 사람

① 평화와 생명을 사랑하는 리더

② 나누며 섬기는 리더

③ 희생으로 봉사하는 리더

④ 화평케 하며 화목케 하는 공동선共同善 common goods 을 만드는 리더

⑤ 청지기형 리더

⑥ 목표와 과정을 같이 중시하는 리더

⑦ 병들고 길 잃은 양을 돌보는 목자같은 목민관형 리더

⑧ Responsibility 책임윤리성과 Accountability 회계, 금전관계가 분명한 깨끗한 리더

3G 봉사단 리더의 행동특성

① 과업과 관계발전 지향성

② 열정과 성실

③ 긍정적 자신감

④ 역사성, 혁신과 경장

⑤ 의무, 책임, 공동체 의식

⑥ 과정과 결과 중시

⑦ 미래지향성 그리고 발전성

⑧ 실사구시實事求是

⑨ 수유 5덕수유오덕 水有五德, 상선약수 上善若水

⑩ 바이블 정신, 개척정신, 실용주의 정신Pragmatism

⑪ 프리즘 역할정신

⑫ 원리와 기본원칙, 게임 룰 중시와 얼쑤 정신, Plus Game 정신

⑬ Clean Up투명사회 건설정신

⑭ 포기하지 않는 정신

⑮ Cheer Up유쾌, 상쾌, 통쾌의 마음자리

녹색 새마을 아카데미 창립과 발전구상

녹색 새마을 아카데미의 성격

① 토론 없는 주관·선생중심·주입식·암기교육이 아닌 역사탐방, 녹색 생태 현장학습

② 독서 없는 입학시험 준비식, 취직시험 준비교육만이 아닌 신지식인

양성

③ 교과목 중심이며 지구촌 경쟁력 없는 교육과정에서 벗어나 생활중심 전문인재 양성

④ 체격은 커지고 체력, 인내력은 떨어지는 과정의 반복이며 사변적이고 암기식 교육이 아닌 실사구시實事求是 발전 교육과정으로 21세기형 교과목과 생활중심 교육과정으로 개혁

⑤ 법과 현재의 제도 중심이 아닌 미래교육, 세계화교육으로 변화와 자율·도전·창조 중심 교육

⑥ 개인을 무시한 하향 평균의 지식교육이며 응용력과 창의력이 부족한 획일적, 수직사회형 교육에서 다원화 사회, 지식정보형사회, 수평사회 교육과정으로 변개

⑦ 달란트를 살리고 키워가며 행복형 인간개조 교육

⑧ 태교교육부터 평생교육형 교육

⑨ 세계로 미래로 향한 보편적 가치교육과 인성교육, 수월성교육

⑩ 교육열 세계 1위를 융합시켜 변화하는 세계에 적응할 수 있는 국제경쟁력 교육을 키워서 선진문화 강국으로 인류발전에 기여하는 교육

⑪ 유토피아가 아닌 오투피아ought to pia형 의지를 갖춘 무실역행務實力行, 충의용감忠義勇敢을 갖추도록 인격훈련, 단결훈련, 공민훈련을 겸한 건전한 인격의 수양 도장으로 공교육을 살리는 교육

⑫ 글로벌 리더교육평생교육원, 평화민주시민교육원을 전국 시군구 문화원 중심으로 운영

⑬ 녹색평화, 생명사랑, 신지식인 교육녹색학교 전국 노인회관, 문화원, 교회교육관 중심으로 운영

⑭ 다문화 국제교육3G Peace Life University나 평생교육원의 설립운영

위와 같이 정신교육, 공동체 훈련, 전인교육, 성인민주시민교육으로 인간다운 사회, 풍요로워 잘살고 존경받는 복지·행복 코리아 창조에 힘을 모아야 한다.

녹색 새마을 아카데미 교육의 내실화 방안

① 정부개편교육과학부 중심 교육혁명, 학부모, 지방교육자치단체의 패러다임 변화가 시급하다.

　　㉠ 성과중심에서 과정중심

　　㉡ 물질만능의 기기주의에서 투명인격, 사명감, 책임감의 인격교육으로 지성, 영성, 야성, 덕성의 균형교육

　　㉢ on/off 조화교육

　　㉣ 수월성 교육의 특화로 선택과 집중교육장려

　　㉤ 결손가정, 낙후지역, 장애인 교육 등 특별지원

② 녹색청 신설과 함께 녹색교육기관화

　　㉠ 과학과 문화의 접목

　　㉡ 디아스포라 750만 해외동포 자녀의 교육인력화와 다문화 국제교육기관 운영세계문화사, 효, 사랑, 인간사랑, 자연사랑, 지역사회 공동체, NGO 국제적 리더 양성

　　㉢ 자아 정체성과 공동체 정체성의 조화로운 융합교육화

　　　·녹색문화강국, 21세기형 녹색도시건설

　　　·언제, 어디서나, 누구에게나 도움이 되는 사람과 인력양성

③ 21세기형 인간과 인력이 조화된 사람 양성 중심 교육과정으로의 개혁

　　㉠ 투명인격자를 양성평화, 번영, 행복사회 창조형한다.

　　㉡ 진·선·미의 덕성중심 사회형을 양성한다.

ⓒ 봉사체제에서의 분업사회에 맞는 직업 선호형 인간을 양성한다.

ⓔ 인간관계, 대인관계, 대물對物관계, 대사對事관계, 사람과 생각과의 대상對想관계가 사랑으로 맺을 수 있는 사랑할 줄 아는 인간양성 교육 愛己愛他 : 생명사랑운동가에 중점을 둔다.

ⓜ 수용능력, 표현능력, 응용창의력을 키울 수 있는 산·학, 관·연 협력 인턴십 제도의 실용화 제고 교육이 요구된다.

ⓗ 실용주의pragmatism 역할을 할 프리즘 기능세력을 양성토록 한다.

ⓢ 선진국 창조시대에 모터·히터·라이터의 역할을 할 수 있는 능력과 도덕적 혜안과 경세제민經世濟民의 총체적 비전을 갖는 인간 양성을 교육이념으로 한다.

ⓞ 다원화시대, 다민족 문화콘텐츠를 조합할 줄 아는 인력 양성

ⓩ 전문 직업학교의 성격을 강하게 한다.

ⓒ 사회책임 투자형, 교육기회 균등, 사회적 약자보호형으로 운영하며, 양극화나 노사관계나 모두 수직관계에서 수평사회의 특성을 살리는 방향으로 나간다. 재능과 덕성, 자유와 진리를 키우는 교육이 되도록 하고 정치, 경제, 사회, 문화면에서 종속개념 자체를 없애고 조화와 융합, 총합개념을 살리도록 한다.

ⓚ 미래를 결정하는 것은 현재의 행동이기 때문에 목표·비전·신념·지속화·검토평가·좋은 습관·도전과 응전을 생활중심 교과과정으로 편성 학습토록 한다.

ⓣ 자신의 강점에 집중, 개선, 발휘, 최약보완원리最弱補完原理, 최선을 다하여 운명Drive Life은 결정론이 아니라 변화론임을 확신하고 학습토록 한다.

ⓜ 정의롭고 아름다운 행복한 세상을 만들기 위해 섬기며 나누는 삶을 살 수 있는 인간창조의 교육이 되도록 한다대안학교 : 녹색성장학교.

ⓗ 고교 다양화 300프로젝트, 3단계 대입자율화에 맞추어 교육개혁이 구상되어야 한다.

㉙ 교육환경은 유비쿼터스 캠퍼스로 바꾸고 건물이 교육하는 것이 아니고 교원이 하는 바, 무적격 교사 퇴출제, 교원평가제 등을 대담하게 개혁 발전시켜야 한다. 특히 교원, 교수 채용 비리는 철저히 척결되어야 한다.

녹색 뉴 새마을운동의 모델

에너지 · 자원 · 환경위기와 녹색활동 전략

에너지 · 자원 · 환경위기 현황 및 대응방안

① 세계적으로 석유, 가스, 구리 등 주요자원의 가채可採채굴 · 채취가 가능함 연한은 30~60년 수준이며, 경작면적과 담수 공급량의 감소로 기존 경제체제 유지시 세계 GDP는 매년 5~20% 감소가 예상된다.

② 에너지 수요는 연평균 1.6% 상승되고, 신 고유가시대의 도래가 예상되며, 온실가스 감축부담 본격화에 따라 세계 에너지시장 불안정이 심화되고 있다.

③ 자원 · 환경의 위기시대가 도래함에 따라 자원과 에너지의 친환경적 이용을 위해 환경과 경제가 통합되는 제3차 산업혁명 시대로 진입하고 있다.

④ 미국, EU, 일본 등 주요 선진국들은 온실가스 배출 저감책, 지속가능 발전의 원동력으로 신재생에너지 개발에 국가적 역량을 집중적으로 투자

하고 있다.

⑤ 한국과 지정학적, 역사적으로 밀접한 관계에 있는 중국도 이미 녹색발전계획을 국가 주요 시책으로 정하고 각종 실천대책을 수립, 실행 중이다.

⑥ 국내사용 에너지의 해외 의존도는 97% 이상이며, OECD 국가 중 온실가스 배출량 6위, 온실가스 배출 증가율 1위로 에너지 수급 불균형이 심화되어 있다.

⑦ 현 정부는 환경적 측면을 고려한 녹색경제성장을 목표로 2020년 세계 7대, 2050년 세계 5대 녹색 강국 도약을 달성키 위한 국가비전을 설정해야 한다.

⑧ 녹색성장 국가비전 달성 방안으로는,

  ㉠ 녹색성장 국가전략 및 5개년 계획2009~2013을 토대로 부처별, 지자체별 장기계획 수립 및 국민 공감대 형성 등 제도적 토대를 마련한다.

  ㉡ 온실가스 감축협약에 적극적으로 대응하고 G20 정상회담 유치 등 국제적 지위 강화의 토대 위에 자원외교 강화를 통한 해외자원의 선점 등 공격적 외교활동을 전개한다.

  ㉢ 지속적이고 강화된 연구개발 투자 및 기술중심 중소기업을 집중적으로 육성하는 등, 선도기술 선점계획을 수립, 시행한다.

국내 신재생에너지 현안 및 대책

① 신재생에너지는 석유, 석탄, 원자력, 천연가스가 아닌 에너지로 11개 분야가 지정되어 있다.

② 신재생에너지의 특징은 R&D에 의한 확보가 가능하고 지역적으로 자급자족이 용이하며, 항구적으로 재생이 가능한 비고갈성 안정적 에너지다.

③ 국가적으로도 그 중요성을 인식하여 신재생에너지를 신성장동력 전략산업화하여 2030년 총에너지 대비 11%의 보급률 목표를 설정한다.

④ 신재생에너지 보급률은 2007년 기준 덴마크 13.6% 대비 2.4%로 낮으며 그 구성도 폐기물74.5% 및 수력16.4%에 편중되었다.

⑤ 시장규모가 협소하고 경제성 제고의 어려움으로 자생적 시장창출에 한계가 있다.

⑥ 국가적으로 R&D투자에 힘쓰고 있으나 선진국에 대비해 미흡한 수준이다.

⑦ 신재생에너지 기술개발 및 보급확대를 위해서는,

　㉠ 신재생에너지원의 핵심분야별 단계적 기술개발 및 산업 로드맵을 설정한다.

　㉡ 정책 일관성 및 안정적 투자환경 조성으로 민간부문 대규모 투자를 유도한다.

　㉢ 신재생에너지산업의 정착을 위한 대·중소기업간 협력구도 정착이 필요하다.

⑧ 하수슬러지, 축산슬러지는 대표적 유기성 폐·부산자원으로 2012년 이후 런던협약의 발효로 해양투기가 전면 금지된다. 발생량이 막대하며 고유기성 물질로 저에너지 처리시 화석연료의 대체자원으로 활용 가능하여 외화절감 및 온실가스 감축목표 실현에 일조가 가능하다.

⑨ 국내 철강회사는 국내 총에너지의 9%를 소비하며 투입 에너지 중 40%가 배열되나 그 중 9%만 회수, 재사용된다. 철강공정 중 발생되는 1400℃ 이상 고온의 슬래그 현열을 회수하여 활용하는 경우 7.2조Kcal/년에 상당하며 석탄 100만 톤의 수입대체 효과가 있다.

⑩ 전기자동차용 리튬전지, 항공기의 경합금재료, 차세대 핵융합연료의 소재인 리튬자원의 확보를 위해 최근에 볼리비아 정부와 추출·가공 및 연구에 대한 양해각서를 체결함으로써 향후 신재생에너지 개발에 있어서 유리한 위치를 확보했다. 이미 확보한 2차 전지 제조기술과 더불어 차세대 신성장동력산업의 성공모델을 기대할 수 있다.

UN 녹색생명산업대학원대학교 설립추진

본교설립개요·성격·방향

① UN 녹색생명산업대학원대학교는 첨단 디지털 교육운영 노하우와 최신 동영상 교육시스템 시설 및 Cyber contents를 활용, UN 193개 회원국의 희망참여대학 컨소시엄으로 운영한다.

② Ubiquitous Campus 시대에 따라 세계적인 사이버 교육기관이 필요하게 되었고, OECD 회원국과 한국 IT산업의 경쟁력 활용으로 교육문화 콘텐츠를 후진국으로 확장할 때다.

③ 21세기는 인류의 평화, IT와 산업간 융합, 기후변화 대응과 녹색성장, 생명산업 진흥을 위한 학제간 연구와 세계 대학간 협력으로 사이버 교육기관의 운영이 절실하다고 생각한다.

④ UN 사무총장과 OECD 사무총장의 Vision 달성을 위한 협력추진으로 대륙별 분교를 설립하고 평생교육원과 산업직업전문학교와 국제학교를 On, Off로 운영할 수 있도록 UN 및 한국정부 지원과 교육과학기술부 설치인가를 받도록 해야 한다.

목표 및 방향

① 열린 UN 교육공동체

지구촌을 한 일터로 삼고 신지식인 중심 인류의 상생공영을 위하는 세계시민 양성을 목적으로 한다.

② 네트워크 UN

인간, 상품, 서비스, 자본, 인프라, 아이디어, 정보망 구축, 체육, 연예부문 교류협력 공동체이면서 인적 자원개발과 활용, 기술교육 보존의 중심역할을 할 수 있도록 한다.

③ 함께하는 UN교육 공동체 형성

정치, 안보, 학술, 문화, 체육, 연예면에서 정부, NGO, CEO, 협력체로 초국가적, 초종교적, 초지역적, 초계층적 참여로 세계시민사회간의 연대구축으로 본 대학원대학교가 운영되도록 한다.

④ 하나되는 지구촌

불신, 경쟁, 분열대립, 적대감을 버리고 평화, 번영, 시민과 시민의 우정으로 만남, 모든 약속이행을 위한 공동노력으로 공존, 공영, 공생의 교육공동체, 특히 평생교육원 공동체가 되도록 한다.

⑤ 지구촌 평화학, 지식정보산업, 생명중심 녹색성장 산업의 진흥, 산업융합기술, 한류문화 교육의 세계적 보급 선도역할을 하도록 한다.

개설예정학부 · 부설기관 · 연구소

① 개설예정학부

국제한국어학부, 국제법정학부, 종교사회학부, 물류 유통학부, 정보통신학부, 스포츠예술학부, 보건복지학부

② 부설기관

녹색성장진흥아카데미, 국제학교School of tomorrow, 산업직업전문학교, 골프아카데미, 태권도세계센터, IT국제교육센터, 대체의학월드센터, 한국어학당

③ 부설연구소

한류문화콘텐츠연구소, 선진화정책연구소, 녹색성장산업연구소, 보건복지연구소, 총합사회과학연구소, IT산업융합연구소, 식품가공연구소, 농어업과학연구소, 비교법정연구소, 수자원연구소

한류 평화문화촌 건설

개요 및 성격

세계로 뻗어나간 한민족의 역사와 이룩한 현실 등을 기록해서 영상, 재현 등을 통해서 체험하고, 세계의 국가 소개와 역사 및 미래 등을 소개하며, 한류를 일으킨 여러 작품 및 촬영지 등을 복원해서 직접 체험할 수 있는 시설을 마련한다.

주요시설

세계 한민족 역사문화관, 한민족 비즈니스 센터, 한류문화촌, 한류작품 상설공연관, 평화문화대학교, 세계정보프라자, 특급호텔유스호스텔형, 한상회관, 자연사박물관, 새마을농업박물관

저탄소 녹색성장 시범도시 건설

저탄소 녹색성장 방향

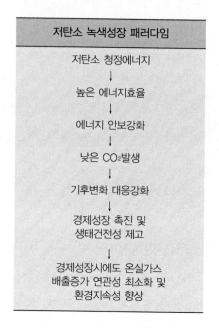

현재 패러다임	저탄소 녹색성장 패러다임
값싼 화석연료 ↓ 낮은 에너지 효율 ↓ 고유가 취약 ↓ 성장위협 ↓ 높은 CO_2발생 ↓ 기후변화에 취약 ↓ 경제·생태 취약성 이중적 악화 ↓ 경제성장시 온실가스 배출 및 환경훼손 동반증가	저탄소 청정에너지 ↓ 높은 에너지효율 ↓ 에너지 안보강화 ↓ 낮은 CO_2발생 ↓ 기후변화 대응강화 ↓ 경제성장 촉진 및 생태건전성 제고 ↓ 경제성장시에도 온실가스 배출증가 연관성 최소화 및 환경지속성 향상

저탄소 의식 및 생활양식 확산 시범도시 건설

① 기후변화 대응의 낮은 국민참여 의지로 의식전환이 시급히 필요하다. 일반국민 과반수56.8%가 기후변화 대응은 중앙정부의 역할로만 인식2008년 6월 환경부 여론조사

② 공공부문, 지자체, 학교 등 부문별 기후변화 대응역량 및 실천 활성화가 필요하다.

기후변화 대처를 위한 국제사회 노력 선도 도시건설

① 국가 온실가스 중기2020 감축목표 조기발표 등 저탄소 사회 전환으로의 선도자early mover 역할을 수행한다.

② 시장기반Market-based 기후체제 제안으로 Post-2012 기후체제 개발도상국가 동참을 유도하고 선진국·개발도상국 간의 가교역할을 수행한다.

③ 동아시아 기후 파트너십 등 개발도상국가 기후변화대응 지원사업 확대를 통한 기후산업 해외진출 기반 조성한다.

저탄소 녹색성장 기본법 시행령에 따른 도·농都·農복합도시건설

저탄소 녹색성장 기본법 제54조 녹색건축물의 확대

① 정부는 에너지 이용 효율 및 신재생에너지의 사용비율이 높고 온실가스 배출을 최소화하는 건축물이하 "녹색건축물"이라 한다을 확대하기 위하여 녹색건축물 등급제 등의 정책을 수립·시행하여야 한다.

② 정부는 건축물에 사용되는 에너지 소비량과 온실가스 배출량을 줄이기 위하여 대통령령으로 정하는 기준 이상의 건물에 대한 중장기 및 기간별 목표를 설정·관리하여야 한다.

③ 정부는 건축물의 설계·건설·유지관리·해체 등의 과정에서 에너지·자원 소비를 최소화하고 온실가스 배출을 줄이기 위하여 설계기준 및 허가·심의를 강화하는 등 설계·건설·유지관리·해체 등의 단계별 대책 및 기준을 마련하여 시행하여야 한다.

④ 정부는 기존 건축물이 녹색건축물로 전환되도록 에너지 진단 및 에너지 이용 합리화법 제25조에 따른 에너지 절약사업과 이를 통한 온실가스 배출을 줄이는 사업을 지속적으로 추진하여야 한다.

⑤ 정부는 신축되거나 개축되는 건축물에 대해서는 전력 소비량 등 에너

지의 소비량을 조절·절약할 수 있는 지능형 계량기를 부착·관리하도록 할 수 있다.

⑥ 정부는 중앙행정기관, 지방자치단체, 대통령령으로 정하는 공공기관 및 교육기관 등의 건축물이 녹색건축물의 선도적 역할을 수행하도록 제1항부터 제5항까지의 규정에 따른 시책을 적용하고 그 이행사항을 점검·관리하여야 한다.

⑦ 정부는 대통령령으로 정하는 일정규모 이상의 신도시 개발 또는 도시 재개발을 하는 경우에는 녹색건축물을 확대·보급하도록 노력하여야 한다.

⑧ 정부는 녹색건축물의 확대를 위하여 필요한 경우 대통령령으로 정하는 바에 따라 자금의 지원, 조세의 감면 등의 지원을 할 수 있다.

수자원 활용과 물 절약을 통한 저탄소 생활 시범도시 건설

① 오늘날 5억 5천만 명이 물 압박국가나 물 기근국가에 살며 2025년까지 24억 명에서 34억 명이 물 압박 또는 물 부족국가에 살게 된다. 물 절약은 이산화탄소 배출 저감효과와도 동일하며, 미래의 지속가능한 국가 건설에 가장 핵심적인 요소라 할 수 있다. 즉, 예를 들면 4대강 강변도시로서 만경·동진강의 물 자원을 효율적으로 이용하는 롤모델적인 저탄소 생활 시범도시 건설을 통해서 녹색도시의 확산을 도모할 수 있다.

② 노르웨이 벤치마킹으로 물고기공원해양목장 개발과 강 주변 녹색생태도시 시범타운 건설을 추진한다.

주요기능

• 하천과 연안을 연계한 생태계의 보존 및 개발을 총괄하는 연구기관

- 하천과 연안유역 환경의 보존, 재생에 연계할 수 있는 정보제공
- 정책에 부합하는 올바른 대안을 제시하는 기관
- 국민교육의 장으로 활용

주요사업

- 연구사업 – 하천생태 및 보호에 관한 연구, 수생생물 및 식물의 조사와 생태적 보전에 대한 연구, 차세대 지속가능한 응용산업 연구, 기후변화에 대한 대책연구, 하천과 연안생태관리와 개발에 대한 정책연구
- 교육 및 홍보 – 하천환경에 대한 교육프로그램 개발, 체험학습장 조성, 하천과 연안개발에 대한 중요성 홍보, 미래지향적 개발에 대한 사업홍보
- 산업적 가치창출 – 수상생물의 증양식을 통한 생물자원의 증식, 무공해 대체에너지 자원개발, 연안오염 제거기술 개발, 수상스포츠 관련 산업기술 개발

제로에너지빌딩 도시건설

인구, 자원, 식량, 수자원 등의 많은 문제들이 산재하지만 지구온난화로 야기되는 환경의 급격한 변화는 가장 먼저 해결해야 하는 절박한 문제다. 지구온난화에 가장 큰 영향을 미치는 화석연료의 사용 중 건물에너지가 차지하는 비율은 우리나라의 경우 29.6%이고 선진국은 40%를 넘어선 상태다.

건물에너지는 건물의 전 생애주기 동안 사용되는 화석에너지를 의미하는 것으로 봄이 적절하며, 그 중에서도 건축물의 운영과정에 사용되는 에너지가 80% 이상이다. 제로에너지빌딩ZEB : Zero Energy Building이란 이 건

축물의 운영과정에서 소모되는 에너지를 제로화한다는 의미를 갖고 있다.

제로에너지빌딩 건축기술은 석유, 가스, 석탄, 전기 등 기존의 화석연료를 전혀 사용하지 않고 순수하게 건물주변의 자연에너지만을 이용해 냉난방, 조명 및 기타 건물에 필요한 모든 에너지원을 충당하는 기술이다.

제로에너지건물은 부하 구성비에 맞는 절약 및 신재생에너지 핵심 요소기술을 선별하여 체계적인 단계별 기술적용을 통해, 화석연료나 외부 전원공급 없이 건물 자체에서 모든 에너지를 자급하는 미래지향적 기술이라 할 수 있다. 즉, 건축비의 추가적인 상승분을 최소화하면서 효율적으로 건물에너지를 제로화하는 것이다. 이는 경제적 타당성과 합리적 기술적용이라는 기본적인 전제가 매우 중요하다. 건물에너지 효율과 관련된 기술, 신재생에너지시스템기술, 적용되어진 관점과 기술의 시너지Synergy 및 최적화Optimization를 위한 통합설계기술Architectural Integration & Total Design Process 등을 기본적으로 충족시켜야 할 것이다.

우리 정부는 2008년 저탄소녹색성장을 선포하고, 2009년에는 2020년까지 온실가스 배출전망치 대비 31%를 감축한다는 국가온실가스 감축목표를 설정, 여기에 2012년 주거부문 30%를 시작으로 2025년 100%의 건물에너지 자립목표를 설정한 에너지 총량제를 선포한 상태다.

따라서 지금 이 시점에서 우리가 도시와 건축에서 할 수 있는 가장 큰 전환은 제로에너지빌딩 도시시대 구현을 위해서 의미 있는 발걸음을 옮기는 것이다.

에너지 자립형 단지구축을 위한 신재생에너지 적용기술, 녹색산업단지 조성

2000년대 들어서 선진국을 중심으로 에너지가 아주 적게 드는 패시브하우스, 그린빌딩, Low Energy 건물 또는 저탄소 건물 보급을 위해서 많은 노력을 하고 있으며, 유럽, 북미 등을 중심으로 2010년대 중후반부터 신축건물을 중심으로 탄소제로건물 보급 의무화를 추진하고 있다. 최근 몇 년 전부터는 아예 건물에서 화석에너지를 거의 사용하지 않는 탄소제로건물 또는 제로에너지건물도 시범 보급되고 있다.

우리나라에서도 정부의 저탄소 녹색성장의 일환으로 그린 홈 100만호 보급, 그린빌딩, 그린스쿨, 그린빌리지 등 화석에너지가 적게 드는 건물 및 신축단지 보급을 확대하려는 정책을 적극적으로 펴고 있다.

특히 신재생에너지를 사용한 성공적인 에너지 자립형 신축단지를 구축해 지금까지의 신재생에너지원별 적용 차원을 떠나서 신재생에너지를 좀 더 효율적이고 실용적으로 적용하기 위한 신재생 하이브리드 시스템에 대한 필요성 및 시스템 구성방법을 구상해서 건물과 단지조성의 차원에서 접근하도록 해야 한다.

- 건물에 적용가능한 신재생에너지 시스템 및 특징
- 에너지 자립형 건물/단지와 관련한 국내외 사례조사
- 에너지 자립형 건물을 위한 신재생에너지 적용기술
- 신재생 하이브리드 열공급시스템 기술
- 에너지의 효율적 관리
- 에너지 관리시스템 기술의 접목

녹색금융 파라다이스 도입
① 그린ID카드 전 가구제 실시

국민 개인마다 지구사랑 그린ID카드 소지 사용은 수도, 전기, 가스 등 3개 요금 DB연동으로 자동적인 절감부문 확인과 통보시스템 구축 및 개인 절감 노력을 관련 인증기관을 통한 인증으로 반영토록 한다.

② U Ubiquitous 그린카드를 도입

U그린카드를 도입해서 전자결제 시장에서의 신분증, 교통카드, 금융카드, 보험카드, 공인인증서, USB 등이 포함된 '다목적용 한카드' 생활화를 제도화한다. 이러한 U그린카드의 도입은 기존의 개별적인 서비스를 하나의 통합적인 네트워크로 구축함으로써 사용자의 편리성과 시민 Life-style의 변화, 전자금융산업의 성장 가능성 확대, 유비쿼터스 도시 기반확립 등 다양한 부수적인 경제효과가 나타날 것으로 기대한다.

Smart Culture Korea 운동 : 한류韓流 문화창조 뉴 새마을운동

새마을문화를 어떻게 볼 것인가

새로운 문화창달의 요구

① 문화는 정태적 고정적인 것이 아니라 동태적 발전적인 것이며, 역사의 흐름과 시대의 요구에 따라 생성하고 발전한다. 지난 한 세기 동안의 한국사회는 전환기 사회였다. 19세기 말까지의 한국사회는 정치적으로 양반관료가 지배하는 군주제 사회, 경제적으로는 농업중심의 봉건제 사회, 사회적으로는 가족주의적 신분제 사회, 문화적으로는 유교윤리에 바탕을 둔 사회였다. 그러나 이러한 구질서는 19세기 이후 해체의 과정을 밟아왔

으며, 특히 해방이후 급속한 속도로 시민사회와 산업사회의 질서로 개편되었다.

② 이제 정보화 사회로의 이행이 놀라운 속도로 진행되고 있다.

③ 군사, 안보 등 Hard Power에서 문화, 종교 등 Soft Power로 국력의 핵심이 이전되고 있다.

④ 전통적인 농촌사회에서 산업화된 자본주의 사회로 발전하면서 세대 간 문화의 이질성이 대두되고 다양한 가치의 혼란을 겪고 있다.

⑤ 세계화Globalization로 인해 자본주의의 확산과 상호의존성의 심화가 나타날 뿐 아니라 문화의 개방과 교류가 불가피해지고 민족고유의 문화적 정체성을 상실할 우려마저 있다.

⑥ 분단의 지속으로 남북 간 민족문화의 이질성이 심화되었다.

⑦ 따라서 고유의 전통적 문화범주를 기초로 새로운 시대의 요구를 접목시켜 경쟁력 있는 한국 문화를 창달할 구심점이 절실히 요구된다.

⑧ 이러한 도·농간都·農間, 세대간, 지역간 문화의 대립성을 극복하여 다양하면서도 유기적으로 연계된 통일되고 발전지향적인 국민문화를 창달하는데 새마을운동의 문화적 가치성이 내재되어 있다.

새마을운동의 문화적 의의

① 새마을운동의 문화적 기초는 농촌문화였다. 농촌의 경쟁력을 향상시키기 위해 농민의 의식구조에 자조, 근면, 협동의 정신을 배양하고 물질적 가치 또한 중요함을 인식하게 만들었다.

② 이는 필연적으로 새마을문화가 전통문화를 모체로 그 안에 근대문화를 도입하여 이를 종합적으로 발전시키는 국민문화의 성격을 지닌 것을

의미한다.

③ 새마을문화의 문화적 환경은 자본주의적인 국민경제를 바탕으로 하는 산업사회에서 합리주의와 과학주의를 추구하고 전통적인 도덕률을 규범으로 하여 변화·도전·창조의 새로운 가치관을 형성하려는 자각의 정진에 의해 만들어지고 있다.

④ 새마을문화의 역사적 의의

- 수직문화, 관료문화에서 수평문화와 민중시민문화로의 변화
- 조국 근대화 실현을 위한 동기를 부여하는 가치체계
- 급속한 산업화의 진행에서 고유의 도덕적 가치를 온존시키는 가치체계
- 전통문화와 근현대문화, 정신문화와 물질문화의 통일적 개발성을 가져오는 가치체계
- 역사의 요구에 부응하는 새로운 인간, 새로운 사회, 새로운 국가를 만들기 위한 가치체계국민통합
- 자유와 민주주의의 이념아래 분단조국을 통일로 이끄는 국민문화적 체계
- 역사 중심세력의 형성과 퇴폐적 도시문화에 대한 저항

새마을문화의 오늘의 모습

전환기 사회에서의 문화 기능

① 기대상승의 혁명revolution of rising expectation : 광범한 사회구성원들이 보다나은 미래의 창출에 대한 열정을 가지고 여러 형태의 사회운동을 조직하고 보다 많은 참여를 유도하며, 사회질서 및 문화의 전환에 관심을 갖

도록 한다.

② 다양한 문화적 실험 : 전환기 사회에서의 문화변동은 사회성원들을 향한 정당성의 요구와 제도화를 요구하는 경쟁적인 유형들의 실험적 과정을 필요로 한다. 따라서 이른바 전위적인 문화양식들이 창조적 소수자들을 중심으로 실험되었다. 전환기 사회의 문화는 역동성을 가지며, 그와 같은 역동성이 문화로 하여금 사회변동의 추진력으로 작용하게 한다.

한국대중문화의 특성
- 체제 정당화의 성격
- 향락주의적 성격
- 소비지향적 성격
- 문화종속적 성격

새로운 발전방향
- 물질문화를 정신문화로, 갈등문화를 조화문화로
- NIMBY나 PIMFY를 나눔의 문화로
- 개혁지향적 열린보수와 합리개량주의적 열린진보의 조화문화로
- 뉴미디어의 확산과 정보의 독점에서 소외되는 계층발생 방지
- 우리 사회와 문화의 경쟁력 강화전통문화의 국제화와 세계문화의 내생화
- 집단이기주의의 극복과 상생공영相生共榮의 정신고양
- 세계화시대에 제약이 되는 낡은 제도와 정신의 개혁을 통한 새 패러다임 창출
- 시민사회와 국가의 유기적인 네트워크 강화

뉴 새마을문화를 어떻게 창조할 것인가

문화운동의 주체로서의 새마을운동

① 새마을운동은 사회운동이자 신바람 나는 문화운동으로 자리매김 해야 한다.

② 글로벌 에티켓과 글로벌 스탠다드의 충족을 위해 다함께 노력해야 한다.

③ 공동체성 지향의 대안적 문화창출과 쌍방향성 문화를 통해 단순한 문화의 소비주체에서 문화의 집단적 생산주체로의 전환

④ 뉴미디어의 활용과 정보사용능력의 고양

⑤ 섬김과 나눔의 인보공동체隣保共同體 문화의 창달

⑥ 상생과 공생의 문화창달

⑦ 자생적 생산공동체로 거듭나기

⑧ 한국의 정체성 확립과 전통문화의 발전을 통한 세계문화와의 접목接木

⑨ 세계한민족 통합을 통한 신민족주의 문화의 창달로 신자유주의의 병리치유

⑩ 식생활 문화와 음주문화 및 소비오락문화의 변화 선도先導

문화운동의 구심점으로 조직화

① 새로운 청년문화 창달의 중심체

② 통일에 대비한 자유민주주의 문화의 중심체

③ 농촌권과 도시권의 접목을 위한 중심체

④ 계층간, 지역간, 소득간, 성별간, 세대간, 국제간 격차와 단절의 극복을 위한 중심체

⑤ 참여민주주의의 중심세력화

스마트 코리아의 비전·목표

첫째, 기본이 바로 된 새나라 새세상만들기
- 성숙한 시민문화 조성
- 품격 높은 대화와 소통문화 정립
- 법질서 준수
- 법령·제도의 선진화
- 깨끗한 자연을 위한 환경운동의 전개

둘째, 나누고 배려하는 따뜻한 나라
- 나눔과 배려의 문화확산
- 양성평등과 기회의 형평성 제고
- 조화로운 다문화 사회구현
- 사회적 책임의 제고

셋째, 전통과 미래가 어우러진 문화·기술 강국
- 대한민국 명품 브랜드 발굴·홍보
- 미래 첨단기술 강국 브랜드 제고
- 녹색성장 선도국가 도약
- 품격 높은 생활공간 확보

넷째, 투명하고 경쟁력 있는 선진시스템
- 공정·투명한 사회 만들기
- 민주적 시장경제의 실현

- 경제·사회 시스템 선진화
- 노사관계 선진화
- 안전 의식 및 시스템 확립
- 창조적 지식기반 국가의 건설

다섯째, 세계와 함께하며 존경받는 나라

- 범세계적 문제해결에 기여
- 창조적 지식기반 국가의 건설
- 국제개발협력의 확대·강화
- 국제사회에서의 역할강화
- 한국민 정체성과 자긍심 제고
- 핵 없는 한반도 평화시대 실현

Welfare KOREA 운동 : 복지형 뉴 새마을운동

한국사회 복지실상과 개혁과제

지금 우리는 10대 90의 사회로 승자독식, 패자 부활이 어려운 약육강식의 사회가 되고 있다. 출산율 저하, 노령화사회, 비정규직 저임금의 틀을 벗어나지 못하고 있는 노동자들, 취업인구의 30%를 넘는 자영업자들의 폐업과 도산, 실직, 신용불량자의 증가, FTA이후 한국농업의 홀대 현실, '88만원 세대'의 비정규직이나 청년실업의 증가추세, 여성들은 부양가족에 대한 '돌봄의 가족화'[26]에 묶여 양극화 사회가 지속되며 사회적 파열상이 드러난 위기의 사회라고 본다. 특히 신자유주의적 원리를 중시하는 정책과 세계화의 구심력에 흡수되어 날로 천민자본주의 병리현상이 드러나고 있다고 본다. 이에 대한 혁파 5대 과제를 제시한다.

정치 : 합리적 진보와 개혁보수가 연합되어야 하며 부패와 패거리를 척결하고 '선진화 복지애국先進化 福祉愛國'의 정치철학을 통한 국민섬김원칙과 신뢰를 중심해야 한다.

경제 : 독점과 불공정 대기업과 중소기업의 상생발전相生發展을 기본으로 조세정의가 살아있는 경제민주화가 이루어져야 한다.

사회 : 지역간, 계층간, 소득간, 성별간, 세대간 격차를 줄이고 갈등, 부조리, 불신을 넘어 미래지향적인 세계는 한 일터, 인류는 한 형제라는 '지구촌 공생발전'의 희망과 행복지향 '지역사회 공동체' 창조가 절실하다.

교육 : 인간이 먼저고 인물과 인재를 '글로벌 리더'로 각자의 소질을 살리는 신지식인의 양성과 평등공교육을 살리는 개혁이 요구된다.

통일 : 평화통일준비와 6자회담국 중심으로 그 핵의 방지기능을 '남·북'이 맡도록 하며 '상생교류·협력' 중심으로 남북·해외동포 8천만 한민족 중심 선진화 평화통일을 위한 '자유민주주의, 시장경제, 법치국가'의 기본이 바로 된 코리아 창조, 이를 위한 '민주시민 교육원'의 창설을 제안한다.

그리고 이제 대안적 패러다임을 모색해야 한다. 특히 '성장과 분배의 조

---

26) 이태수, 왜 복지국가인가, (주)이학사, 2011. P.157

화'가 요구되며 '생활의 질Quality of Life'을 고려하여야 하고, 인간을 경시하는 성장을 거부해야 한다. 분배적 정의를 중시해야 하며. 교육, 육아, 의료, 주거, 환경, 노후보장에 대한 사회적 담보장치를 구축해야 한다.

항상 보편주의적 복지국가의 운영원리를 정부는 적용해야 할 것이다. 이를 위한 사회연대와 공동체운동이 바로 '뉴 새마을운동'이며 흑백논리, 보수진보논리에 의한 이념의 경직성을 떨쳐버리고 복지사회의 대도大道를 열어 '뉴 복지 새마을운동'을 '복지흥국福地興國'운동으로 전개하자. 그리하여 안정적이고 지속가능한 경제발전과 행복한 국민의 삶이 보장되는 '역동적 복지국가 코리아'를 창조하자. 이를 위해서는 항상 걸림돌로 작용하는 것이 있는데 어떤 것이 있으며 어떻게 처리하면 좋은지 몇 가지를 정리하면 다음과 같다.

① 근로의욕의 저하 ② 저축률의 저하 ③ 복지재정 적자의 누적 ④ 전투적 노동운동을 합리적이고 유연한 노동운동으로 전환시키는 문제 ⑤ 노인과 여성의 노동 공급의 확대문제 ⑥ 재원조달 문제 ⑦ 각종 공평과세 구현방안 ⑧ 법인세 및 소득세, 부동산세, 양도세 등 세율조정 ⑨ SOC사회간접자본 투자 축소 ⑩ 자영업자 소득 파악, 탈루, 음성소득의 발굴 등 과세기반 확충방안 ⑪ 조세감면 축소방안 ⑫ 국채, 지방채 발행을 통한 적자예산 편성문제 등을 생각할 수 있다.

여기에서는 복지새마을운동을 지원할 의지의 정치인과 정당이 등장해야 한다. 복지정당이라 명명할 수 있는, 그리고 새나라 새세상 복지국가 확립이라는 주체 세력으로서 역할을 할 '뉴 새마을운동 세계연맹' 중심정당이 필요하다. 이들 시민사회 진영이 복지운동에 동참하여 핵심적인 정책으로서 사회정책을 설정하고 운동의 목표로서 '대한민국 부흥운동'을 범국민운동으로 추진한다면 한국의 복지국가 건설사에 새로운 이정표를 남길 수 있다고 확신한다.

한국의 경제·사회의 민주화와 산업화, 이제는 선진화와 복지국가는 국가정부 존립의 최대가치라 할 수 있다. '변화하는 복지'를 자랑하는 스웨덴형 복지정책을 생각하면서 경제와의 선순환을 통해 지속가능한 복지체제를 구축해야 할 것이다.

'뉴 새마을운동'에 모든 국민이 참여하여 자치의 원리와 새마을정신으로 복지국가의 시작과 끝은 시민이라는 뜻을 모아 지역사회복지운동으로서의 '뉴 새마을운동'을 진흥시키자. 지역주민들의 '복지권 옹호운동', '지역 풀뿌리운동'으로 승화시켜 시민자치운동으로 '뉴 새마을운동'을 진흥시키자. 주목할 일은 모든 것은 사람이 한다는 것과 우리의 역사정신과 시대정신을 살려 새로운 '다움', '몫', '사명使命' 사史를 써야 할 의무와 책무가 있음을 자각하면서 다산茶山을 생각한다.

19세기 초 전라도 해안가 강진康津에서 유배생활을 할 때 다산 정약용은 감사와 수령, 그리고 향리들을 큰 도적과 굶주린 솔개에 비유했다. 목민심서牧民心書를 쓸 때에 99마리 무지하고 바보처럼 착하기만 한 양떼를 돌보는 마음, 갈 곳을 몰라 서있는 1마리 양을 찾아 돌보자는 절규의 글을 쓰지 않았는가. 그때에 "내가 힘 있고 큰소리 먹히고, 잘나갈 때 병들고 썩어가는 온누리 새누리 만드는 일에 이 한 몸 다 바칠 것을 이제는 마음뿐일세."라고 토로했다. 그래서 '목민심서'라고 책의 이름을 붙이지 않았던가!

특히 오늘의 국가정부가 주목하여 반추Feed-back할 내용은 ① 국가재정과 경제의 안정을 우리나라 현실에 맞게 시행할 것 ② 장기적으로 볼 것 ③ 민民의 자주권을 최대한 보상할 것 ④ 과학·기술발전에 힘쓸 것 ⑤ 부유층에게 향촌사회에서의 공헌도에 따라 관직도 주며 여러 행정기구인 6조의 지원도 있도록 한 점 ⑥ 가난한 농민중심의 육성책을 펴도록 주장한 점 등이다.

다산茶山, 1762-1836은 나라와 백성을 다스리는 자의 책임을 들면서, "그 생업을 골고루 마련하여 다 함께 살아가도록 할 수 있는 자라야 군주요 목민관이며, 그 생업을 골고루 마련하여 다 함께 살아가게 할 수 없는 자는 군주나 목민관의 책임을 저버린 자다"「田論(1)」라고 역설하였다. 부자는 더욱 부유해지고 가난한 자는 더욱 빈곤해져서 부자의 땅은 끝없이 이어져 있는데 가난한 자는 송곳 꽂을 땅도 없는 현실의 부조리를 고발한 것이기도 하다. 부유한 집에서는 애완견도 전용미용실에서 치장시킨다는데 가난한 자는 집을 잃고 길바닥에서 노숙을 하는 우리 시대의 현실도 마찬가지다. 그러니 어찌 가난한 자의 마음에 원망과 불평이 없을 수 있겠는가.

그런데 사람은 저마다 얼굴이 다르고 환경이 다를 뿐만 아니라, 기질도 다르고 능력도 다르다. 원래 사람마다 제각각이니 그 차이는 갈수록 커질 수밖에 없는 것이 자연스러운 현상인데, 왜 모두가 골고루 나누어가져야 한다는 것인가? 그것은 우리가 동일한 공동체를 이루고 있다는 사회의식이 있기 때문일 것이다. 한 집안의 가족이거나, 한 마을의 이웃이거나, 한 나라의 국민이거나, 지구의 인류라는 공동체 정신을 각성하게 되면, 이에 따라 유대감이 생겨나고 서로에 대한 우애와 의무감으로 서로 돕고 화합하게 된다. 유대감이 강하면 무엇이든지 함께 공유할 수 있지만, 유대감이 약해지면 뿔뿔이 흩어져서 이기심만 내세우기 쉬운 것이 현실이다.

우리 사회의 꿈과 웃음을 앗아간 주범, 불균형과 불평등의 격차를 줄이는 노력! 꿈과 희망과 기회를 찾는 노력!

다산은 정치란 같은 나라의 백성들 사이에 격차가 심하게 벌어져 유대감이 깨어졌다면, 분배를 고르게 하여 바로잡아주는 것이라 보았다.「原政」그는 심한 격차가 일어나 공동체의 유대감을 깨뜨리는 중요한 대목으로 다음의 다섯 가지를 들고 있다.

첫째는 생업의 기반인 토지소유의 불균형이다. 토지소유의 격차가 심하여 균형이 깨어지면 백성에게 토지를 고르게 나누어주어 바로잡는 것이 정치라 했다. 요즈음은 토지가 아니더라도 취직을 못해 생업의 기반을 잃고 있는 젊은 층에게 직장을 제공해주는 것이 고르게 하는 과제일 것이다.

둘째는 지역에 따라 생산되는 산물의 불균형이다. 산물의 지역적 차이가 심하면 유통을 원활하게 하여 바로잡아주는 것이 정치라 했다. 중간상인이 유통구조를 어지럽히고 폭리를 취하지 못하도록 하거나, 과잉생산되어 가격이 폭락하는 것도 해소해주는 것이 불균형을 바로잡아주는 과제일 것이다.

셋째는 폭력으로 약탈이 일어나는 힘의 불균형이다. 난폭한 세력이 약한 자의 것을 빼앗는 폭력은 무력을 동원해서 제압하여 약자를 보호함으로써 바로잡아주는 것이 정치라 했다. 우리시대에도 조직폭력배가 서민을 갈취하여 생계를 위협하는 일이 허다하고, 이 폭력이 어린 학생들에게 만연하고 있는 현실은 균형과 유대감을 파괴하는 사회적 질병이다.

넷째는 사회기강의 붕괴에 따른 불균형이다. 돈과 권력을 잡은 자가 득세하고 선량한 자가 고통 받는 법질서의 붕괴는 법률의 집행을 엄정하게 하여 바로잡아주는 것이 정치라 했다. 거액의 뇌물을 받아도 모른다고 잡아떼고 증거가 없다고 무죄로 판결되는데, 힘없는 시민의 사소한 과오는 엄중한 처벌을 받는다면 누가 그 법질서에 승복할 수 있겠는가. '유전무

죄, 무전유죄'有錢無罪, 無錢有罪가 아직도 버젓이 살아있는 불문율이라면, 어떻게 법 앞에서 평등한 국민이라 말할 수 있겠는가.

다섯째는 인사의 공정함을 잃은 불균형이다. 능력과 업적에 따라 지위가 오르지 않는다면 파벌을 없애고 공정한 원칙을 확립하여 인재를 기용함으로써 불균형을 바로잡아주는 것이 정치라 했다. 오늘은 당쟁이 심하던 조선시대도 아닌데 여전히 줄을 잘 서야 승진도 하고 권력자의 측근이라야 이권을 차지하는 요직을 차지하고 있다면 이런 불균형을 해소하지 않고서 균평함이나 정의로움이 실현될 수 있을까.

복지나 분배는 경제적으로 빈부의 격차를 해소하여 다 같이 나누어 먹자고 솥 앞에 모두 숟가락 하나씩 들고 둘러앉게 하는 것은 아닐 것이다. 우리 사회 구석구석에 파고들어 있는 불균형·불평등의 온갖 격차를 해소하여 우리가 같은 나라 국민이라는 서로의 유대감을 견고하게 확보할 수 있게 하자. 그리고 '내가 먼저, 나 하나만이라도' 라는 마음으로 각자의 직분과 사명의식으로 '다움' 운동을 전개하자.

새마을 새마음 새정신 운동 종주국다운(다움) 본을 보이자. 이것이 바로 우리시대의 문제를 바로잡는 정치 과제이며 복지 새마을운동의 성공 열쇠가 아니겠는가.

Happy Korea 운동 : 살맛나는 공동체만들기 뉴 새마을운동

행복창조 복지피아 운동의 진흥

21세기 지구촌의 미래를 예견해야 한다

① 자원의 고갈과 환경문제의 큰 변화

② 인구증가 · 빈부격차 · 배분구조의 불균형 등에 의한 정치불안과 난민
발생

③ 출산율 저하와 고령화사회 진입에 따른 건강 · 보건복지 · 연금 · 사회
보장비용의 증가

④ 음주 · 마약인구 증가

⑤ 다원화 사회구조

⑥ 다양한 직업 출현

⑦ 가족해체 현상

⑧ 수직사회에서 수평사회로 흐름의 전환

⑨ 가치관의 전도

⑩ 인공지능이 지배하는 초과학시대 전개

⑪ 지방정부시대의 정착 등으로 복지의 흐름은 세계화 · 지방화 · 정보화
등의 환경의 영향을 폭넓게 받으면서 "국제기구 · 국가 · 시장 · 시민파트너
십 복지주의"로 이어지며, 아울러 지역사회중심 거버넌스Governance적 접
근의 중요성이 높아짐을 고려해야 한다.

복지사회의 필요분위기를 조성한다

① 완전한 복지사회와 복지국가를 달성하려는 정부와 국민의 목표는 사
실상 도움이 필요한 사람들에게 충분한 서비스를 제공하는 데 있으며,

② 모든 복지활동은 사회정의를 지킨다는 원칙에서 출발하고,

③ 무엇보다도 인간관계를 중시하며,

④ 생명에 대한 존엄성과 가치의 존중과 효HYO: 孝사랑운동을 전개하고,

⑤ 성실과 정직으로 신뢰받을 수 있게 행동하며,

⑥ 복지에 관여하며 종사하는 사람들 스스로가 전문적 기술을 개발하여 향상시키려는 분위기를 조성해야 할 것이다.

모든 지역사회가 지방정부와 함께 주력해야 할 과제를 찾아 해결한다

① 환경 · 주택 · 교육 등 주민의 삶의 질 향상 영역에 대한 관심제고

② 행정적인 혁신과 병행한 주민참여 · 새마을운동 · 지역사회교육운동 등 비정부기구NGO와 협조하여 복지만두레 센터운영

③ 민간단체 · 지역사회복지협의회 · 복지회관 · 행복한 홈스쿨Home School · 노인복지회관 · 자원봉사단체협의회 등과의 네트워크Network 형성

④ IT사회의 적응과 사이버 교육문화 공동체의 복지기능인 복지

⑤ 복지인 양성과 종사자들에 대한 정기적인 의식 · 전문교육 등이다.

복지문제의 지속가능한 발전정책을 강구한다

① 공공사회복지 서비스 전달체계를 수요자 위주로 개편한다.

② 지역사회복지협의체를 정착시켜 활성화를 돕는다.

③ 복지실천기관의 역량을 제고시켜 지역아동 복지센터 후원회를 조성한다.

④ 지역중심으로 통합적 서비스 체계를 구축하여 발전시켜 나가도록 돕는다.

국가개조國家改造운동 전개

도덕재무장운동을 다시 시작하자

우리 사회는 도덕적 불감증에 걸려 있다. 이를 치유하기 위하여 다음을 고치자.

① 거짓과 불로소득으로 사는 삶을 부끄럽게 생각하자. 도산島山은 "거짓이여, 너는 나의 나라를 망하게 한 원수로구나. 나는 죽어도 거짓말을 하지 않겠노라"라고 하였다. 거짓말이 가져오는 경제적, 사회적 손실은 실로 크다고 본다. 또 하나 미신적인 복福사상이 잘못되어 복의 근원을 모르고 복 받을 만한 씨를 뿌리지 않고 노동의 대가없이 살려는 것은 도둑질이 아닌가!

② 남의 탓 말고 나 하나만이라도, 내가 먼저, 책임질 줄 알고, 행동하는 양심을 갖고 살자. 정의의 원칙에 어긋나는 일은 피하면서 살자.

③ 청소년들에게 어른 '다운:다움'을 보이고 행동하자. 비도덕적인 버릇, 습관, 행동은 내 자식처럼 생각하여 외면 말고 바로잡아주자.

④ 도덕교육, 인성교육, 역사교육을 바로 하는 공교육을 살리자.

집단이기주의를 타파하자

행복코리아를 만들려면 지역, 학파, 당파, 산업간, 직종 이기주의가 너무 심한 것이 문제라고 본다. 이를 극복하는 것이 행복의 열쇠라고 생각하며 몇 가지를 그 해법으로 제안한다.

① 본 저자는 40년전 초등학교 교과서 개정을 제안하면서 국어책 1학년 책 표지는 '바둑이와 철수'이고 제1과에 '바둑아 바둑아 이리 와 나하고 놀자'의 내용을 '나, 너, 우리 대한민국'으로 개정하는 산파역을 한 바 있다. 우리들의 '우리'는 누구인가? 우리 없는 나는 있을 수 없으며 나의 연장이 우리이고 우리를 위함이 곧 날 위함으로 지속될 수 있지 않은가. 나

의 행복이 우리 행복 없이 존재할 수 없지 않는가. 지구촌 시대를 사는 우리의 행복은 홍익인간弘益人間의 열린 마음을 가져야 한다.

② 협동으로 참여하며 근시안적 안목을 버리자.

③ 세방화世方化, Glocalization=Globalization+Localization=世界化와 地方化시대의 철학과 안목으로 공생발전운동인 '뉴 새마을운동' 을 활성화하자.

민주문화를 창도하자

헌법 제1조에 「대한민국은 민주공화국이다. 모든 권력은 국민으로부터 나온다.」고 명시된 것처럼 국민주권정치, 국민을 위한, 국민참여가 제대로 된 국가의 국민이어야 행복할 수 있다. 민주화와 산업화, 선진화가 이루어진 사회를 만들어야 하며, '게임의 룰' 이 지켜지는 사회문화가 많이 이루어지도록 하며, 사회성장을 달성시키는 NGO운동을 '뉴 새마을운동' 으로 전개하자. 그리하여 올바른 선거문화부터 정착시키고 파당이며 지역정당이 아닌 정당 발전을 이루어야 하며, 조화정치를 통한 정치문화부터 바로 세우도록 합력하자.

연고주의를 극복하자

공동선을 추구하며 공동체주의Communitarianism를 살리자. 그리고 보다 합리적이고 자율적인 개인으로부터 출발하여 이성에 의한 합리적 질서의 원리가 통하는 자유주의Liberalism의 입장에서 행복코리아사회를 창조하자.

공복公僕형 지도자를 뽑자

NGO든 의원이든, 대통령이든 우리 유권자들이 이성과 논리보다는 감정과 상황에 따라 혹은 나와의 관계 즉, 친소, 연고에 따라 투표한다면 역사와 시대를 크게 후퇴시킬 수밖에 없는 결과를 초래한다는 것은 모두가 통절히 느끼고 있다. 예를 들면 영국 사람들은 한때 대처 총리를 'Mad Women미친 여자' 라고 비난하면서도 그가 이끄는 보수당에 무려 18년 동안이나 집권할 기반을 제공했다. 대처 개인의 사생활이 아니라 공인公人으로서 정치가로서 생을 통하여 살아오면서 보여준 실적, 정치철학, 최대다수의 최대행복을 위해 원칙과 신뢰를 보여준 구체적 사건을 평가하여 지지를 보낸 것이다. 비난 따로 표 따로인 셈이다. 특히 20, 30대까지도 당장 나한테 도움이 되겠다는 생각보다 정치인으로서의 경험과 자질, 정책 등을 평가점검하고 특히 부패한 자, 또는 부패한 지도자의 권력 권에서 책임질 경력의 소유자는 배척했다는 정치사적 교훈을 우리에게 주고 있다. 막스 베버의 지적처럼 직업으로서의 정치인이 아닌 아마추어 정치인이나 대중을 허황한 빌공자 공약空約으로 선동하는 데만 능숙한 정당이나 정상배형은 뽑지 말아야 한다고 본다.

공복형 리더십을 갖춘 지도자 상을 생각한다. 첫째, 남에게 못 할일 않고, 남의 고통과 눈물을 자기의 고통과 눈물처럼 생각하고 사는 깨끗하고 인간적인 지도자. 둘째, 갈등을 공정하게 해결하고 세계로 미래로 고향과 나라 발전을 같이 생각하는 일꾼, 머슴형 지도자. 셋째, 자영업자나 소상공인, 벤처기업 CEO를 뽑는 것이 아니기 때문에 인격과 덕망, 국가관리능력이 있는 지도자, 철새형 정치철학이 아닌 그의 일생을 조국과 민족을 위해, 인류의 행복을 위해 생각하고 행동하는 실사구시實事求是형, 무실역행務實力行형 지도자. 넷째, 국제관계권 형성과 외교능력. 다섯째, 위기관리능력. 여섯째, 선진화와 평화통일 추진능력과 정치철학과 신념, 복지사회,

복지국가 건설을 중심에 놓는 실천능력. 일곱째, 교육문화 강국을 창조할 사회공학적 접근능력을 갖춘 지도자. 여덟째, 분단상황을 역이용하는 이데올로기 종속을 못 벗어나고 남북대립 이념으로 혼란현상을 야기하는 지도자는 배제하여야 한다.

이제는 산업화, 국제화, 다원화시대 이념[27]으로 무장하고 보수, 진보의 도식과 사상적, 이념적 논쟁을 일삼지 않는 자유민주주의, 시장경제, 법치국가에 대한 가치론적 신념의 소유자를 지도자로 뽑아야 할 것이다. 지도자, 관리자, 대표, 리더는 체제, 환경, 사람의 3대 변수의 혁파 중 독립변수로 중요하다. 지금도 부실공사, 폭력사건, 인재, 고위층 소뢰사건, 생태계 파괴, 도덕윤리의 붕괴현상을 보게 된다. 이는 물질주의, 쾌락주의, 전통의 붕괴에서 그 원인을 찾게 된다. 세상의 '빛과 소금'의 역할을 감당해 줄 희생봉사형 지도자를 뽑자.

One Korea 운동 : 통합·통일을 위한 뉴 새마을운동

통일 새마을운동의 기본정신

지금 우리는 21세기 지구촌시대를 살면서 '19C, 20C, 21C' 3세기의 융

---

27) 함재봉(咸在鳳), 산업화, 국제화, 다원화시대의 이념, 도덕성회복을 위한 정신문화포럼 I, 한국정신문화연구원, p.524

합시대이며, 도전과 응전의 연속과정을 겪고 있다. 오늘을 살고 있는 우리의 시대정신과 역사정신을 갖고 교훈을 찾아야 할진데 여기에서 생각할 일은 ① 산업사회, 정보사회, 시민사회의 질서개편 ② 국토분단과 세력균형의 재편성 속에서의 갈등 ③ 가치의 혼란 ④ 계층간, 지역간, 세대간의 문화대립성 ⑤ 수직문화, 관료문화에서 수평문화, 민중시민문화에로의 변화요구 ⑥ 새생명, 새정신, 새생활 운동의 절실성 ⑦ 자유민주주의와 시장경제주의 국가발전을 위한 방책을 우리가 해결하고 창조할 '선진대한민국 미래'를 위해서 광복회가 시작한 '제2광복 새정신 새생활 운동'은 참으로 적절한 진행형 혁명정신이며, 제2광복정신이고 민족중흥, 평화통일, 국민통합, 남북통합을 위한 미래창조의 새정신으로 생각한다.

선열들의 숭고한 애국애족의 희생정신을 계승 발전시켜 선진한국창조의 발전 동력으로 승화시키자. 밝은 사회, 투명사회 건설과 통일조국 건설, 복지행복사회 만들기 운동인 '뉴 새마을운동'은 한민족의 '혼'을 살리는 운동으로 발전시켜 ① 선열의 독립정신 ② 신의정직과 성실을 생활신조로 ③ 윤리도덕을 바탕으로 ④ 공동체 의식 ⑤ 민족문화의 가치존중 ⑥ 청소년 사랑 ⑦ 부정부패와 불륜과 파렴치 추방 ⑧ 집단이기주의 배격 ⑨ 자유정의, 평화수호 ⑩ 창조적 성장동력 창출 ⑪ 세계화와 민족, 자질 계발 ⑫ 자원절약과 환경운동을 범국민운동의 지표로 정하고 국가의 나아갈 방향을 새로이 정립하자. 나라의 기본을 바로 세우며 민족의 재도약을 이룩하기 위해 그 동안의 영광과 오욕이 함께 한 역사를 반추하면서 새롭게 민족역량을 결집하여 민족중흥의 대부흥운동으로 '통일 새마을운동'의 전개는 제2광복 평화통일운동으로써 요원의 불길처럼 번져 나가기를 소원한다.

통일은 우리의 미래다. 뉴 새마을운동으로 남북 간 폭넓은 화해와 교류협력을 통해 민족, 평화, 문화, 경제의 '4대 공동체'를 만들어서 동서통합, 남북통합, 동북아 통합으로 한 아세아시대를 창조하자.

통일비용은 우리 미래를 위한 투자이기 때문에 모두의 지혜와 힘을 모아 남북통일시 인구 8천만의 중견국가로서 통일한국은 해양시대와 대륙시대를 동시에 열면서 독일, 일본 등 G7국가를 추월할 꿈을 키우자. 북한에도 여러 형태의 촉매와 접촉작용으로 북한주민의 삶을 개선할 수 있는 유력한 경제재건 계획 모델이 되도록 하자. 또한 북한 주민현실이 우리 농촌 근대화 과정을 모델로 삼을 필요가 절실하기 때문에 북한 주민 역시 한민족 한문화의 한국혼을 갖고 있기에 통일 코리아 운동으로 뉴 새마을운동을 전개해야 할 것이다.

본 운동의 역사적 의의와 실천강령을 다음과 같이 천명하고 싶다.

① 우리들은 애국·통일·평화·생명·사랑·복지·봉사정신과 경로효친 사상을 확산하고, 자유민주주의와 시장경제를 중심으로 평화통일 민주시민 교육을 실시한다.

② 우리들은 진리·자유·봉사·창의·협력·과학·실용주의 정신으로 국가 정체성 확립과 기본이 바로 선 존경받는 밝은 사회 창조를 목표로 한다.

③ 우리들은 나라사랑 민족사랑의 한마음으로 국내외 한민족 동포공동체 건설 및 이기이타정신이 나라 발전의 초석임을 확인하는 새정신 운동을 전개한다.

④ 우리들은 한민족 공동체가 당면한 정치, 경제, 사회, 문화, 교육 등 인류 문화사적 도전에 대응하기 위하여 문화·민족·평화·경제공동체 운동

을 전개한다.

⑤ 구태·부패·폭력·불법·불신의 생활모습을 타파하고 충의용감忠義勇敢·무실역행務實力行·대공무사大公無私·상부상조相扶相助정신으로 정책과 법제도의 개혁과 실천을 행동규범으로 운동과 사업을 전개한다.

⑥ 초지역, 초계층, 초국가, 초종교, 초인종, 초이데올로기 차원에서 인류의 평화, 행복, 번영과 상생을 위한 운동사업을 추진하며 한 사랑으로 남북 화해와 협력을 통한 공평과 유익을 끼치도록 최선을 다한다.

남북 간 화해협력운동 전개

『3천만 자매형제여!

한국이 있고야 한국사람이 있고, 한국사람이 있고야 민주주의도 공산주의도 또 다른 단체도 있을 수 있는 것이다. 그러면 우리의 자주독립적인 통일정부를 수립하려는 이때에 있어서 어찌 개인이나 자기의 사리사욕을 탐하여 국가민족의 백년대계를 그르친 자가 있으랴. 우리는 과거를 한번 잊어버려 보자. 갑은 을을, 을은 갑을 의심하지 말며 타매唾罵하지 말고 피차의 진지한 애국심에 호소해 보자!

악착한 투쟁을 중지하고 관대한 온정으로 임해 보자! 마음속의 38선이 무너지고야 땅위의 38선도 철폐될 수 있다. 내가 불초하나 일생을 독립운동에 희생하였다. 나의 연령이 이제 칠십유삼七+有三인 바 나에게 남은 것은 금일 금일하는 여생이 있을 뿐이다. 그러므로 내가 국가민족의 이익을 위해서는 일신이나, 일당의 이익에 구애되지 아니할 것이요, 오직 전민족의 단결을 달성하기 위해서는 삼천만 동포가 공동분투할 것이다. 나는 이번에 마하트마 간디에게서 배운 바가 있다. 그는 자기를 저격한 흉적을 용서할 것을 운명하는 그 순간에 있어서도 잊지 아니하고 손을 자기 이마에 대었다고 한다. 내가 사형선고를 당해 본 일도 있지만, 그 당시에 있어서는 나의 원수를 용서할 용기가 없었던 것이다. 나는 금일도 이를 부끄러워한다. 현시에 있어서 나의 유일한 염원은 삼천만 동포와 손을 잡고 통일조국, 독립된 조국의 건설을 위하여 공동분투하는 것이다. 이 육신을 조국이 수요需要한다면 당장에라도 제단에 바치겠다. 나는 통일된 조국을 건설하려다가 38선을 베고 쓰러질지언정 일신의 구차한 안일을 취하여 단독정부를 세우는 데는 협력하지 아니하겠다. 궂은 날을 당할 때마다 38선을 싸고도는 원귀의 곡성이 내 귀에 들려오는 것도 같았다. 고요한 밤에 홀로 앉으면 남북에서 헐벗고 굶주리는 동포들의 원망스러운 용모가 내 앞에 나타나는 것도 같았다.

삼천만 동포 자매 형제여! 글이 이에 이르매 가슴이 억색抑塞하고 눈물이 앞을 가리며 말을 더 잇지 못하겠다. 바라건데, 나의 애달픈 고충을 명찰하고 명일의 건전한 조국을 위하여 한 번 더 심환深患하라」

 ─ 김구 선생의 「삼천만 동포에게 읍고(泣告)함」, 1948. 2. 13일자 〈독립신문〉에서

「새로운 정세 앞에서 우리민족이 해야 할 결단은 스스로 분명해진다. 그것은 갈라진 하나를 다시 하나의 자기로 통일하는 것이다. 그리고 이런 노력의 힘을 갈라진 양쪽에서 함께 기울이며 기르는 것이다.

민족의 양심에 살려는 사람 앞에 갈라진 민족, 둘로 나누어진 자기를 다시 하나로 통일하는 이상의 명제는 없다. 이를 위한 안팎의 조건을 만들어가는 일 이상의 절실한 과제는 없다. 어떤 논리도 이해도 이 앞에서는 뒤

로 물러서야 한다. 이런 대원칙 아래서 굳어진 논리, 고집스러운 자세를 고쳐가야 한다. 근본과 말단을 바꾸어서는 안 된다. 무엇이 거기에 따르는 것인가를 가려야 한다.

모든 통일은 좋은가? 그렇다. 통일 이상의 지상명령은 없다. 통일은 갈라진 민족이 하나가 되는 것이며, 그것이 민족사의 진전이라면, 당연히 모든 가치 있는 것들은 그 속에서 실현될 것이다. 민족주의, 평등, 자유, 번영, 복지, 진보, 보수 이 모든 것에 이르기까지 통일과 대립하는 개념인 동안은 진정한 실체를 획득할 수 없다. 모든 진리, 모든 도덕, 모든 선이 통일과 대립하는 것인 때는 그것은 거짓 명분이지 진실이 아니다. 적어도 우리의 통일은 이런 것이며, 그렇지 않고는 종국적으로 실현되지도 않을 것이다.

민족적 양심에 살려는 사람의 지상과제가 분단된 민족의 통일이라고 할 때 어떻게 이 사실을 엄청난 감격으로 받아들이지 않겠는가? 말로 따지고 글자로 적기 전에 콧날이 시큰하고 마침내 왈칵 울음을 터트리지 않을 수 있으랴. 이것을 감상적이라고도 하고 감정적이라고도 할지 모르지만, 이 감상 이 감정 없이 그가 하나의 인간, 민족분단의 설움으로 지새워 온 민족양심을 가진 사람이라고 하겠는가. 그리고 이 뜨거운 눈물과 감동과 열정 없이 어떻게 얼음처럼 쇠처럼 차디차게 얼어붙었던 분단의 벽이 녹아내릴 수 있겠는가?

민족분단은 얼핏 말하듯 이념과 제도의 차이만을 말하는 것이 아니었다. 민족 한사람의 생활의 분단이자 곧 파괴요, 나 자신의 분열이요 파괴였다. 남북한에 걸쳐서 민족의 정력은 모두 민족적 적대, 자기 파괴를 위해 고갈될 지경에 이르렀다. 이 가난, 이 부자유의 최대의 원인이 무엇인가? 그것

은 민족분단에서 찾지 않을 수 없다. 그보다 더는 이산가족, 흩어진 가족
이란 말에도 보이듯, 우리들 한 집단, 또 한사람의 가장 큰 인간적 불행이
어디에서 왔는가를 따져 생각해 본다면 그 역시 민족분열에서 왔음을 깨
닫지 않을 수 없다. 그러하기에 우리 민족의 양분, 무력대결은 휴전선의
튼튼한 철조망을 의미하는 것이 아니라 민족, 또 개인 한 사람 한 사람의
모든 것의 파괴와 왜곡을 뜻한다.

　진실로 남북공동성명과 적십자회담이 민족평화통일의 첫발이 된다면,
그것은 우리 민족 모두의 인간적 고통의 해결이요, 민족사가 자기 파괴와
왜곡의 역사를 청산하고 새로운 막을 올리는 계기가 될 것이다」

– 장준하 선생의 「민족주의자의 길」, 1972년 9월호 〈씨올의 소리〉에서

　이제로부터 한반도 냉전구조 해체를 위한 포괄적 접근과 화해협력의 햇
볕정책이 북한정부만이 아닌 8천만 동포에게 비출 수 있도록 하여야 하며
새로운 희망과 하나의 조국을 만드는 일에서부터 동북아평화, 세계평화창
조로 출발하여야 할 것이다.

분단구조의 초극과 남북 간 화해무드조성

『먼저 우리는 분단의 민족사에 대한 반성으로부터 시작해야 할 것이다.
앞서 말했지만, 분단의 기본적 계기는 외세였지만 우리의 힘이 이런 외세
를 주체적으로 극복하지 못한 책임을 통감해야 하고 더구나 분단을 더욱
굳혀만 온 지난 역사를 반성해야 한다. 특히 이 점에서는 집권층을 비롯한
또 지식인들까지 포함한 우리 사회의 상층부가 더욱 진지하게 반성하고
절실하게 책임을 느껴야 한다. 분단체제의 모든 가치와 논리, 그리고 정책

과 그 실행을 반성해야 한다.

다음으로 이 반성이 진실하고도 진지했다면, 그것은 현재의 우리, 현재의 나의 희생을 요구함을 깨달아야 한다. 그리고 이 희생은 보다 가치 있는 삶과 세계로의 진전임은 물론이다. 나의 사상, 주의, 또한 지위, 나의 재산, 나의 명예가 진실로 민족통일에 보탬이 되지 않는 분단체제로부터 누리고 있는 것이라면, 우리는 이를 과감하게 희생시키지 않으면 안 된다. 이 위대한 희생없이는 통일은 결코 실현되지 않을 것이며, 이것은 또 새로운 반역이 될 수도 있다. 조금이라도 분단체제 때문에 누리고 있는 것이 있다면, 그것은 나의 것, 우리의 것이 아니며 언젠가 민족 앞에 희생해야 할 것이다. 이 위대한 희생을 거름으로 민족통일은 이루어지고 통일조국은 새롭게 자라날 것이다.

우리는 이제까지 정치적 자유의 확보를 위해 싸웠다. 정치적 자유는 그 자체도 기본적인 것이지만 보다 큰 민족적 자유를 확보하기 위한 수단이기에 더욱 중요한 것이다.』

이 글은 장준하 선생이 1972년 9월호「씨올의 소리」에 게재한 '민족주의자의 길' 일부를 인용한 것이다. 장준하의 분단역사 청산론 속에는 적어도 세 가지의 역사청산을 함축하고 있음을 읽어내야 비로소 그 뜻이 통한다. 그 하나는 권자의 비호에 힘입어 권세를 누리며 부패한 자들, 특혜를 받은 자들에 대한 참회를 촉구하는, 준엄한 민족양심의 계고戒告라는 것이다. 그 둘은 반공을 빌미로 이승만 정권 아래 무고한 양민들을 비롯하여 민족주의적인 지식인들을 빨갱이로 몰아 핍박하면서 적산재물의 나눠먹기로 일제 때의 영화보다 한층 더 부강해진 친일파 무리들에게 또한 참회를 촉구

하는 하늘의 소리를 담고 있다는 것이다. 그리고 분단의 아픔을 남의 일보
듯 하는가 하면, 언필칭 불과 수년간의 유학체험을 내세워 선진민주주의,
민족국가론을 들먹이면서 정작 민족사활이 걸린 통일주체세력 논의에서
는 갈팡질팡하는 지식인들에게 민족현실을 직시하라는 민족지성의 주장
자杖子 : 몸을 의지하는 지팡이를 당대 한국지성계에 내리치면서 고함치는 질
타의 외침인 것이다. 당시 함석헌咸錫憲 옹을 비롯한 민족양심을 가진 이들
의 말과 글에 대해 일부 지성파 논객들은 이들의 논조를 가리켜 '감상적'
이란 한마디로 단정하는 경박함을 오히려 지성知性인양 착각하기 일쑤였
다. 장준하의「민족주의자의 길」에 나오는 과거사 참회론은 독실한 크리스
천으로서 마테복음 5장 21절~25절간의 참회성구를 회통할 때 비로소 그
깊은 뜻을 읽을 수 있다. 지난 1995년 기독교계의 통일희년統一禧年운동도
마찬가지로 그 운동의 선결과제로서 참회 · 속죄를 촉구하는 진솔한 목회
자들의 하늘 소리를 전하는 물음에 대해 우리 사회는 아무 응답이 없었다.
정녕 우리는 분단구조의 철벽을 넘지 못할 것인가?

　민주화와 시장화는 장준하의 논리에서 천명된 바 그 자체로도 중요하지
만, 나아가 민족적 자유를 확보하기 위한 수단으로 통일차원의 시각에서
매우 유위한 것임을 알 수 있다. 민주화와 시장화는 본질적으로 엘리트주
의를 배제한다. 전체주의체제에서 절대권자의 밀사왕래로 성사된다는 식
이 아니라 경제교류, 문화 · 스포츠교류, 그리고 이산가족의 상봉 왕래 또
한 정보교류 등으로 끊임없이 이어지는 교류의 흐름 속에 통일대로統一大路
의 길트기를 만인의 참여 속에 추진하자는 것이다. 부득불 분단구조에 집
착하는 무리는 역사의 뒷마당에 남겨두고 말이다. 장준하의 준열한 논조
속에 강조된 '희생'을 최소화하면서 분단구조의 초극을 하자는 것이다. 그

렇듯 끊임없이 이어지는 교류의 흐름은 그 하나하나가 신뢰의 돌다리 쌓기에 깔리는 돌 하나하나에 해당되는 것이다. 신뢰는 결단코 말로 이루어지는 것이 아니기 때문이다.

그렇듯 남북 간에 교류의 흐름이 간단없이 이어지는 가운데 휴전협정체결 이후 휴전선상의 전시상태를 평화체제로 전환시킬 수 있는 가능성이 커질 것이다. 과거 기독교계의 진솔한 목회자들은 통일희년운동을 벌이면서 무엇보다 우선하여 우리 내부의 참회·속죄 그리고 헐벗은 북한동포들에게는 용서와 관용, 사랑과 헌신을 실감케 하는 마음가짐을 가져야 할 것을 역설했다. 그것은 분단의 고통으로 앓고 있는 우리 겨레의 미래를 위한 하늘의 소리인 것이다. 그러한 소리가 한반도에 메아리치고 우리의 그러한 마음가짐이 여실하게 드러날 때 비로소 북한의 개혁, 개방도 유도할 수 있을 것이며 또한 이를 촉진하는 국제환경도 조성될 수 있다.

우리 모두가 분단구조의 병폐를 떨쳐버릴 진지한 마음가짐으로 크던 작던 믿음의 돌쌓기에 돌 하나하나가 남북사이의 간극 메우기에 필수불가결한 것임을 마음속 깊이 새겨두고 그 일에 임해야 한다. 바로 그러한 마음가짐을 범국민적으로 다지기 위한 '뉴 새마을 민주시민교육'을 대대적으로 실시하자.

남북 간의 화해무드 조성은 4·19학생운동 당시 '오라! 북한의 학도여, 우리가 간다'는 한없이 무모해 보였지만, 바로 그 단순한 구호로 결정될 수도 있다. 그러한 마음가짐이 분단을 뛰어넘어 민족의 하나 됨을 생생하게 체험할 수 있는 발판이 될 수도 있는 것이다. 그렇듯 뜨거운 동포애가 약동할 때 비로소 북한동토凍土에 온기가 돌게 되고 '햇볕'의 따스함을 스미게 할 수 있다.

모든 일이 나로부터 생긴다는 원칙을 좇아 화해무드 조성을 위한 당면과제는 통일염원의 의식화를 활성화하는 통일교육이 펼쳐져야 하며, 그 교육을 통한 통일에의 열정이 살아나고 그 열기가 상대에게 전달됨으로써 그것이 실현될 수 있다. 마치 분단구조의 극복을 민주화와 시장화로 실천하는 그 논법과 같이 지금 우리가 겪고 있는 고달픔과 퇴행성증후군을 통일에의 꿈과 열망으로 삭이는 방법이 매우 바람직할 수 있다. 그것은 결단코 현실도피도 은폐도 아닌, 국민 모두에게 재기의 의욕을 고취하고 일해 볼 만하다는 자신감을 주고, 또한 지력智力이 특출한 사람에게 엄청난 상상력을 불러일으킬 수 있게 할 것이며, 새로운 소명召命에 나서게 하는 방향전환의 용기를 주게 할 수 있는 것이다. 흐르는 물은 바위에 부딪히면 휘돌아 끊임없이 흐르는 법이다.

'뉴 새마을운동 피리아카데미'는 통일민주시민교육과 자유민주주의의 생성발전을 위한 모든 교육의 총본산이 되어야 한다. 국민사기를 진작시키고 앞으로 나아갈 바를 올바로 제시하며 국민 모두가 자신감을 가지고 전진케 하는 정신력을 불어 넣는 민족사적인 대과제이기 때문이다. 학계, 종교계 등 정신세계의 멘토 원로지도층이 교육의 일선에 나서도록 해야 한다. 그리하여 우리 국민의 통일열기가 대한민국의 판도를 넘쳐흐르게 해야 한다. 그 수준에 이르는데 상당한 교육기간이 소요될 것이며 일단 그 교육이 제도화되면, 설령 어떤 형태로 정권교체가 되더라도 통일로 향하는 민족사의 도도한 흐름은 끊지 않을 것이다. 바로 이 같은 맥락에서 '뉴 새마을운동 세계연맹'의 민족사명이 있는 것이다.

우리 쪽에서 휴전선 너머의 동토에 '햇볕'을 스미게 하는 노력에 인색해서는 안 된다. 하지만 그런 자세를 당당하게 견지하려면, 우리 내부에서 불신과 갈등으로 틈새를 들어내 보이는 어리석음은 없어야 한다. 크게 보면 정체政體와 정체사이, 나라와 나라사이, 심지어 두 사람 이상의 패거리로 접하는 쌍방 간에도 아무리 비정치적라 해도 정치현상이 늘 따르게 마련이다. 우리는 정치=국회, 경제=업계로 분리해서 생각하는 것이 정상이지만, 저들에겐 그 옛날 임금이 만기총람하듯 당이 모든 걸 통제하기 때문에 우리의 정경분리원칙을 술책으로 곡해하기가 일쑤다.

우리가 진정 남북 간 화해교류·협력을 증진하려면, 북한이 대외적으로 비치는 외양을 보지 말고 그 속내를 동포애의 심안心眼으로 꿰뚫어 보아야 한다. 그 하나의 예를 들면 이산가족의 당사자들이 대부분 70세를 넘긴 고령이기 때문에 무엇보다 그들의 남북왕래는 인도적 차원에서 가장 시급한 과제가 아닐 수 없다. 사람은 누구나 죽음에 가까워지면 고향땅과 고향사람을 만나는 것이 가장 절박한 소원이 되게 마련이다. 더욱이 본의 아니게 전란의 와중에서 고향땅을 등진 이들에겐 그것보다 더 절박한 것은 없다. 이 땅에 정치가 있고, 정치가 무를 유로 바꾸는 예술이라면, 이를 끝내 실현해 내지 못한다는 것은 우리 땅에 정치란 없다고 단정해야 옳은지 모른다. 통일운동은 그간 우리정계에 만연된 '정치 부재'를 규탄하는 함성이었다고 치부한다면 지나친 논변의 비약일까.

경제교류·협력의 확대와 인도적 교류왕래를 다시 시작하고 민족동질성을 되찾는 사회·문화교류의 증진이 뒤따라야 할 것이다. 우리는 오랜 분단의 장벽 때문에 남북 간의 사회·문화 이질화 현상이 심각할 정도로 심화된 것이 사실이다. 남북 간의 사회·문화교류·협력증진은 남북통일 과정에 반드시 실질적인 기여를 할 수 있는 수준에까지 이르러야 한다. 독일의 경우도 서독의 빌리·브란트의 동방정책 시행 후 18년간을 서독의 기독교민주당과 민주사회당의 여야 간 협력으로 대동독을 향한 통일정책을 민족의 화해와 협력중심으로 시종일관 추진하였던 경험을 교훈삼아야 할 것이다.

이 같은 일련의 남북 간 교류협력강화에는 '뉴 새마을운동 세계연맹'의 역할이 요청되고 있다. 범정부·범국민적인 민관협동 단체로서 북한의 유사기관과의 협조관계를 통해 경제로부터 문화부문에 이르는 우선은 비정치, 비군사 분야에서부터 학술교류도 추진하고 유치원생들, 각 교회의 사랑의 편지쓰기 운동의 전개와 같은 다방면의 교류협력을 원활하게 하는 '외호外護의 역할'이 필요하기 때문이다.

한반도 평화를 보장하는 위기관리적 안보체제구축

정부와 우리 국민은 총력을 다해 통합방위체제를 공고히 하는 한편, 미국주도 아래 미·북간의 현안 일괄타결, 미국대표부의 평양개설이 이루어지도록 함과 동시에 일·북간의 협상재개도 진행되도록 외교지원노력을 기울여 최대한 위기회피를 도모해야 할 입장에 놓여 있다. 이처럼 남북관계의 대전환을 위해 우리는 네 가지의 중대한 당면과제를 반드시 수행해야 한다.

그 하나가 한반도 평화체제구축을 위한 국제안전망을 구축해야 한다는 것이다. 한반도의 평화와 안정은 당장 동북아시아의 평화·안정의 기본조건이자 나아가 세계평화의 안전변이 된다. 이를 위해 한반도 6자회담을 재개하여 남북이 중심이 되어 한반도 평화보장체제구축을 위한 우리의 국제적인 발언권과 영향력을 최대한 신장해야 하며 그 노력이 한반도 평화체제로의 전환으로 연결되도록 해야 한다는 것이다. 이 같은 외교노력 가운데 가장 무게 있는 주 대상은 대미관계, 즉 한·미간의 공조를 더욱 공고히 하는 것이다.

그 둘은 북한의 개혁·개방을 위한 환경조성이다. 북한이 지금 가장 절실하게 바라고 있는 미국, 일본과의 관계개선을 지원함으로서 저들이 폐쇄·고립에서 벗어나 국제사회에 참여케 하고 유엔 등 국제기구에의 다방면 참여를 스스로의 개혁 개방으로 적극 추진케 하여 점차 국제사회의 책임 있는 일원으로 제몫을 하게끔 해야 한다는 것이다. 이와 관련해서 우리가 반드시 명심해야 할 점은 북한외교의 공격적인 돌출행동, 밀수추문 및 북한 내의 시대착오적인 과잉충성 열기, 유일사상체계 고수 등에 대해 서구적인 안목에 동조하여 멸시의 눈으로 볼 것이 아니라, 연민의 심안心眼으로 이해하려는 인식전환이 필요하다는 것이다.

그리고 셋은 이 시점에서 가장 중요시해야 할 과제로 그 동안의 냉전체제 아래 남북 간의 적대적인 대치상황에서 국가안보를 국가생존의 대전제로 삼아왔지만, 새롭게 진행되기 시작하는 '탈냉전 이행과도기' 에는 매사를 대립관계의 틀 속에서 해결하려는 종래의 관점을 바꾸어 가급적 남북 간의 화해와 협력의 여건조성에 더 큰 비중을 둠과 동시에 대한민국 영토의 테두리 안에 국한된 것이 아닌, 한반도 판도의 안팎 위기상황을 타개하려는 '위기관리적 안보대책' 을 구축하는데 힘을 쏟아야 한다는 것이다.

역사적으로 이행 과도기에는 우발사태가 따르게 마련임은 익히 알려진 사실이다. 수년전 우리 독서계에 『무궁화 꽃이 피었습니다』라는 소설이 선풍적인 인기를 모은 적이 있다. 그 소설속의 위기상황 아래 남북정상 간의 협조는 바로 위기관리적 안보체제가 어떠해야 하는가를 극명하게 그리고 있다. 지구상의 마지막 냉전분단체제를 바꾸어 가는 탈냉전 이행과도기에는 한반도 안팎으로 긴장고조를 책동하는 음모나 우발사태는 얼마든지 있을 수 있다. 문제는 남북당국자들, 그리고 남북한 동포들이 그런 불의의 사태에 얼마만큼 위기관리능력을 발휘하느냐에 남북 간 화해·협력의 성패가 달려 있다. 그런 능력 제고를 위해 다방면의 남북대화·교류가 필수적이며, 특히 군사문제를 둘러싼 남북 간의 대화·신뢰구축이 필수불가결하다. 여기에는 '남북기본합의서' 이행의 여부가 결정적인 관건이라고 본다.

마지막 넷은 우리 사회 내부의 분단잔재를 청산해야 한다는 것이다.

반세기 넘게 구조화된 분단잔재의 청산은 제도적 차원에서 볼 때 의식차원에서는 참으로 미묘하여 그 척결이 용이하지 않다는 데 문제가 있다. 통독 뒤의 구동·서독 주민들이 나타내는 분단의식의 역류현상을 볼 때 더욱 그렇다. 이러저러한 분단구조의 현실자체가 너무나 복잡 미묘하게 얽혀 있어 분단잔재의 청산작업이 얼마나 어려운가를 여실히 보여주고 있다. 그러나 오늘의 세계가 '하나의 지구촌화'로 이행됨에 따라 남북 간의 역학관계에 변화가 일어나고 있으며 우리는 북한이 변화할 수 있도록 여건과 환경을 조성하는 것을 기본방향으로 하여야 한다. 따라서 이 같은 대북정책추진에 있어 ① 한반도의 평화를 파괴하는 일체의 무력도발 불용 ② 흡수통일의 배제 ③ 남북 간 화해협력 적극 추진이라는 3대원칙이 지켜져야 하며, 앞으로의 대북정책 추진기조는 안보와 화해협력의 병행추진, 평화공존과 평화교류의 우선 실현, 화해·협력으로 북한 변화 여건조성, 남북 간 상호이익의 도모, 남북 당사자 간 해결원칙 하의 국제적 지지확보, 국민적 합의를 바탕으로 한 대북정책추진을 꾀해야 한다.

추진방향은 남북 간 대화를 통한 남북기본합의서의 이행·실천과 정경

분리원칙에 입각한 남북경제협력의 활성화를 도모해 나가자는 것이다. 우선적으로 화해협력의 남북관계 기반조성을 위해서는 ① 금강산관광사업 재개 ② 남북 간 인적교류의 대폭증대 ③ 남북협력사업의 활성화 ④ 대북지원의 꾸준한 전개 ⑤ 한반도의 안보와 대화의 틀 마련에 주력하자는 것이다.

이 같은 한반도 내의 화해무드 조성 노력과 병행하여 한반도에너지개발기구KEDO 지원 등 국제적인 대북지원 강화와 함께 미·일 등과의 긴밀한 공조관계 위에 한반도위기관리체제를 강화함으로써 남북관계 변화에 따른 과도기적인 불안정상황에서 있을 수 있는 비상사태에 대처해 나갈 수 있도록 안보체제를 구축해 나가야 한다. 남북 간의 다방면 화해협력관계 증진과 한반도 주변의 위기관리적인 안보체제구축을 바탕으로 추진주체 및 지원단의 구성과 전략을 위한 연구대안과 과제를 '뉴 새마을운동 세계연맹'의 이름으로 제안한다.

① '햇볕' 정책에 대한 국민인식 제고와 북한 실상을 알리는 교육방법 효율화 방안

② 한반도의 평화조성을 위한 정부 간 외교 및 동북아 국가 국민 간의 민간외교강화 방안

③ 정부의 통일정책, 이에 따른 국민적 합의의 도출을 유기적으로 연계시키는 방안

④ 남북한 간의 정보네트워크 형성을 촉진할 수 있는 방안

⑤ 남북화해·교류증진을 위한 분단구조 고착적인 제도, 관행, 의식 시

정방안

⑥ 인도적 차원에서 이산가족의 상봉실현을 위한 현안 해결방안

⑦ 현재 진행 중인 남북경제교류의 보다 효율적인 증진방안

⑧ 남북 간의 사회, 문화·스포츠 교류, 공동개최를 촉진하기 위한 협력
증진방안

⑨ 국가위기관리체제의 강화방안과 한반도 안보체제의 안정화 방안

⑩ 민족생존문제와 직결되는 생태, 환경, 사회, 경제, 기술안보의 범 민
족적인 공동체 인식을 높일 수 있는 방안

⑪ 탈북자문제에 대한 방책

⑫ 기존의 좌우대립을 초월하여 재외동포들의 지위향상 방안

⑬ 정보화시대에 상응하는 군㬚 구조의 바람직한 개편방향

⑭ 국민편의에 상응하는 군 시설 조정방안

⑮ 북한실상을 널리 알리는 교육방안

⑯ 정부의 한반도 평화조성을 위한 외교노력을 보다 효율화하는 방안, 이
를 부추기는 민간차원의 동북아 국가국민들과의 민간외교 강화방안

⑰ 통일정책은 주요 사안마다 국민적 합의도출에 큰 비중을 두고 있기
때문에 국민적 합의형성의 효과적인 도출방안

⑱ 북한의 국제사회 참가를 지원하는 정부노력에 병행하여 정보통신 및
인적 교류를 통한 한민족네트워크공동체 형성의 필요성이 강조로 남북주
민 간의 네트워크 형성방안

⑲ 남북 간 화해·협력증진에 부응하기 위해 우리 사회 내부의 분단구조
극복이 요청되는데, 그 간의 분단질서를 지탱해온 각종 제도, 관행, 의식
의 시정방안

⑳ 남북화해·교류증진에 따라 남북한 주민 간의 접촉이 빈번해질 것에 대비해 대북포용자세 갖추기 등 일련의 대북인식변화가 요청되고 있어 이에 대비한 통일교육강화방안

㉑ 월남 제1세대들의 고령화 추세에 따라 이산가족 상봉문제는 더 이상 늦출 수 없기 때문에 조속한 실현 방안

㉒ 남북화해·교류증진의 우선적인 당면과제로 경제교류증진 방안

㉓ 남북한 사회·문화 등 다방면의 화해·교류증진방안, 그리고 이질화된 민족내부의 동질화회복 방안

㉔ '2018 평창 동계올림픽' 공동주최 방안 및 스포츠 교류증진 방안

㉕ '92년에 발표된 남북기본합의서 이행을 도모하는 남북대화정상 방안과 6·15 선언 이행 방안

㉖ 포괄적 안보체제 강화를 위한 안보의식함양 교육 및 DMZ현장 방문 강화 프로그램

㉗ 을지훈련, 방공훈련 등과 관련하여 국가위기관리체계 강화 방안

㉘ 생태, 사회, 경제, 기술안보의 범민족적인 공동체 인식기반 강화 방안

㉙ 탈북주민의 남한정착 방안

㉚ 정보전자전쟁에 대비하여 한반도안보를 위한 군軍 구조의 기술·정보집약형 체계화 방안

남북교류 협력운동의 진흥방안

통일에 대한 국민적 합의 도출

통일상황의 인식, 통일방식, 순서, 통일을 위한 준비과제, 통일의 원칙과

가치를 국민투표 방식으로 합의를 도출할 것을 제안한다. 이에 대하여 몇 가지 고려할 일이 있다.

첫째, 6자회담국의 논의가 병행되어야 하며, 무엇보다 남·북이 중심된 방책이 우선되도록 한다.

둘째, 북한 근대화산업화·민주화 과정에서 개혁개방에 발맞춰 쉬운 것부터, 작은 것부터 교류협력의 길을 만들도록 한다.

셋째, 북한 식량문제해결을 위한 밤나무 심어주기 새마을운동, 철길내기러시아, 중국, 남북협력 등 같이 주민주도의 성격과 정부주도의 성격을 이원적으로 병행추진하면서 주민의 민주적인 의사를 존중하는 방책을 취하도록 한다.

넷째, 해외 한상회 같은 조직을 공식, 비공식적으로 접근하여 외국자본과 함께 시장경제로의 북체제 전환을 돕도록 협력한다. 이를 위해 북미, 북일의 교류협력도 적극 지원하는 방식이 요구되며 '동북아평화와 발전'을 위한 대동大同주의 입장에서 우리는 협력적이면서 평화적인 파트너 관계를 지속할 필요가 있다고 본다.

'뉴 새마을운동 세계연맹'의 활동을 통하여 세계통합Global integration과 다자多者주의 지향세력의 지지와 연대도 동원해 내야 한다. '뉴 새마을운동 세계연맹'의 UN NGO역할을 강화하여 학계, 기업계, 문화계, 종교계, 세계 각국 NGO 등의 연합과 설득으로 정부간, 민주도 NGO 간의 '지구촌 공생발전운동연합'과 공조하여 '뉴 새마을운동의 세계화' 운동을 세계 문명사의 새로운 창조운동으로 전개하자.

Global Korea 운동 : 뉴 새마을운동의 세계화운동

방향과 과제課題

① 지구촌 오대양 육대주 한민족의 인적·물적 정보자원을 네트워크화하여 신지식 정보강국과 친환경, 친한류 문화중심국가 창조로 세계시민 양성교육에 앞장선다.

② UN녹색봉사단을 창단하여 교육·노동·산업·복지·정치·치안 등 사회 전 분야에 창안 제안과 지구환경 지킴이 운동옴부즈맨에 참여·봉사하는 일에 소명과 사명으로 임한다.

③ 다문화사회, 다인종사회, 지구촌사회로 변동하는 환경변동에 맞추어 국가발전의 미래를 위한 경제·정치·사회·세계화·정보화 중심의 어제, 오늘 그리고 내일의 과제를 분석·평가하고 대안창출을 위한 연구·교육·사업과 빈곤국 개발지원 운동의 전략을 모색하여 실천운동으로 연계한다.

④ 우리는 무의탁 노인과 청소년, 장애인, 영육 간에 병든 자의 지원 및 치유정책과 한류문화대학, UN평화생명대학, 평생교육원 및 사이버 교육기관을 설립하여 세계 민주시민 지도자 양성과 평화·생명·환경 봉사단의 교육훈련기관을 운영한다.

⑤ 최저개발국LDC들에게는 매우 성공적인 지역사회개발모델로서 UN과 협력하여 UN의 새천년개발목표MDGs를 달성하는데 새마을교육모델을 제공하고, 교육을 전담할 새마을사관학교를 대안학교로 설립, 운영할 필요가 절실하다. 특히 2008년까지 92개국의 470,000명에 달하는 한국 새마을교육 이수자 총동문회의 조직과 현재 새마을운동 프로젝트가 진행되고 있는 네팔, 콩고, 몽골을 포함한 13개국 64개 지역과는 구조적 공조체제를 구축하여야 한다. 특히 후진국은 환경개선, 소득증대, 정신개혁 프로젝트가 우선적으로 추진되어야 한다.

⑥ 지금까지의 새마을운동 국제개발 협력사업의 내용을 보면 시범새마을조성, 보건환경개선, 교육환경개선, 소득증대지원, 자원봉사단파견, 국내초청연수 등을 생각할 수 있는데, 글로벌 코리아 창조 뉴 새마을운동을 위해서는 위 내용에 더하여 추진할 글로벌 코리아 운동의 중점사업으로,

첫째, 한국적 특수성에서 국제적 보편성을 가지고 이론적 연구를 계속해야 한다.

둘째, 공동체 운동에 기반한 인적자원 개발과 자원교류 협력을 증진한다.

셋째, 새마을운동의 세계화를 위한 국내외 조직체계를 구체적이며 연합적인 조직체계로 구축하여야 한다. 그리고 이를 도울 새마을운동 국제학회도 창립해야 한다.

넷째, 지속가능한 장기적, 중기, 단기적 새마을사업과 운동의 발전적 평가, 기획, 예산의 총체적 운영사업단이 조직, 운영되어야 한다.

⑦ 국토균형발전과 생태도시 금수강산을 만들도록 친환경적, 친문화적 지속가능한 개발과 보존이 조화된 국토개조공간운동과 환경개조시간, 정신개조인간를 통한 새생활 운동을 UN 지역사회 학교운동으로 전개한다.

세계화는 이제부터,

① 세계와 함께하는 선진화 창조 공동체 운동이어야 하며,

② 한국의 새마을운동의 성공사례를 중심으로 전 세계적인 네트워크를 구성하고 전략적 제휴로 협력한다.

③ 오늘날 세계는 3T 혁명Telecommunication, Transportation, Travel의 급속한 진전과 함께 지구촌은 한 일터, 인류는 한 식구로 변하면서 국제교류협력은 가속화되고 있는 이때 G20 의장국이 된 우리는 개발도상국가 실질지원

100대 계획을 뉴 새마을 글로벌 코리아운동의 지표로 삼아 세계경제를 균형 있게 성장시키고, 개발도상국들의 성장을 돕는 중심역할을 전개하자.

④ 세계시민교양과 문화한국의 재건운동으로써의 한류문화의 세계화를 추진하면서 '세계문화올림픽'을 남·북 연합으로 주도하자.

⑤ 열린 민족주의로 세계로, 미래로 희망의 노래를 합창하면서 모든 NGO는 글로벌 뉴 새마을운동에 동참하도록 민간외교의 역량을 강화하며 UN운동에 동참하여 우리 모두는 세계수준의 보편적 제도, 관행, 의식에 발맞추어 국제문화 교류증진에 힘쓰며 평화문화, 생명문화, 녹색문화 허브코리아운동을 전개하자.

뉴 새마을운동의 글로벌리즘 방책

글로벌리즘Globalism은 세계를 하나의 인간사회 시스템으로 파악하고 이를 통해 인류의 평화, 경제적복지, 사회적정의, 환경과의 조화 등을 실현하려는 세계통합주의다. 이제 우리의 '뉴 새마을운동'도 세계와 더불어 함께하는 글로벌 상품으로 해외시장을 보다 활발하게 개척할 때다. 물자, 인재, 그리고 원조자금으로 무국경시대Borderless 절호의 기회를 포착, 모든 면에서 방책을 세울 때는 ① 충돌에서 융화로 ② 대결에서 화합으로 ③ 상호존중과 실리로 ④ 지경학地經學적 이점을 살려야 하며 ⑤ 사상, 문화, 민족을 포용하는 '신 글로벌리즘'을 선택해야 한다. '뉴 새마을운동'의 세계화를 위한 좋은 기회Opportunity를 살리는 방책으로 전개할 필요가 있다.

첫째, 물류대국 코리아가 ODA자금으로 신생개발국에 진출할 절호의 기회다. 둘째, 한류식품, 농업과학기술, 한류문화진출과 함께 대기업과 중소기업이 동반성장 방식으로 세계화할 때다. 셋째, 녹색새마을사업 중심으로 녹색산업 허브국 코리아의 브랜드를 살릴 때다. 넷째, 반도체, 조선, 전자, 철강 세계 1위의 기술력을 확산하면서 농림수산업과학기술 진흥과 기능올림픽 강국 코리아 브랜드를 앞세워 진출하도록 한다. 다섯째, 세계에 부는 한류열풍을 앞세워 신생국에 기부운동, 나눔운동, '뉴 새마을운동 세계연맹' 소속 '피리 9010 세계봉사단' 역할을 활성화하는 방책을 제안한다.

여기에서 생각하고 준비할 일들이 있다. 그 하나는 21세기의 국내외 현실을 능동적으로 받아들이고 역동적으로 대응하고 준비하는 일이다. 그 둘은, '뉴 새마을운동'의 세계화 경우도 수도권과 각 지방간 충돌을 지양하고 세계중심의 국가경쟁력 차원에서 접근하여야 한다. 그 셋, 대기업 선도는 불가피하지만 성장, 동력산업 미래전략산업로봇, 바이오, 신약, 신동력 에너지, 핵융합기술, 우주항공산업을 병행한 기반형성을 고려해야 하며 '신 농촌개발전략' 일변도의 진출은 장기적으로 한계가 있다. 그 넷, 국제정치의 선진화와 국제행정의 신패러다임Paradigm을 짜야 한다.

Chapter 9

뉴 새마을운동의 진흥전략振興戰略

지구촌 미래사회에 대한 도전挑戰

사회변동의 특징과 도전

독일의 통일로 동서냉전시대가 끝나면서1989년 11월 세계는 하나 되기 시작하였다. 그리고 우루과이라운드UR의 타결1986, WTO출범1995, IT혁명, FTA자유무역협정 파고로 근본적인 패러다임이 달라지는 지구촌시대가 시작되었다. 따라서 국제적으로 사회변동Social Change이 일어나 새로운 도전과 응전이 요구된다.

열린세상 메가경쟁Mega-competition[28]

빠른 속도로 문명사적인 도약의 기회가 열리고 복지사회를 지향하면서 세계는 상생공영相生共榮 : Mutural Prosperity을 필요로 하는 단일공동체를 요구하게 되었다. 한편 다양화 사회에서의 다양성의 요구와 생활양식의 변화에 적응해 가야 할 것이며 자연 부존자원의 한계를 극복해야 한다. 또한 지구촌 시장의 등장과 함께 무한경쟁 시대가 시작되었다.

우리는 이제 이와 같은 변동관리에 힘쓰며 개발도상국들의 새마을운동과 교육에 대한 협력, 요청에 부응, '뉴 새마을운동'의 세계화 확산과 국제적 위상을 제고해야 한다. 우선적으로 재한 외국인, 다문화가족, 해외봉사활동에 참여하는 대학생들을 대상으로 새마을교육을 더욱 확대해야 할 것이다.

특히 국가간, 지역간, 기업간, 개인간 세계경쟁이 격화되고 있는 시대고, 과학기술경쟁과 시장확대경쟁이 격화되고 있음을 감안하여 지속적으로 교육훈련을 하면서 구조조정도 제대로 하여야 할 것이다.

정보전쟁과 인터넷시대에의 대응

지금 세계는 '창의적인 아이디어', '정보기술' 고도의 지식창출 시대다. 새로운 인터넷 문화에 따른 생활양식의 변화와 새로운 청소년 폭력문제까지도 야기되었다. 또한 소규모의 벤처기업 시대의 대비, 인터넷 시대인 청소년층이 공감하고 폭넓게 참여할 수 있는 뉴 새마을운동 콘텐츠 개발과 추진전략을 모색해야 할 것이다. 따라서 일촌일품一村一品운동처럼 지역특화산업의 육성과 일인일기一人一技 벤처형, 신지식인형 인력자원의 창출이 필요한 시대라고 본다.

---

28) 박세일, 대한민국 국가전략, 2008, 21세기북스, pp.156-159.

국제금융위기 극복 등 다중多重위기 사회 관리능력의 제고

2009년부터 시작된 국제금융위기, 빈부격차의 심화 및 양극화 현상, 일자리 창출문제와 실업자 가족의 생계문제, 향락풍조, 테러, 마약, 질병, 핵확산, 종교분쟁, 인종분쟁 등 비전통적인 안보위기까지 국경 없이 넘나들며 확산될 위험이 커지고 있다.

특히 산업화 시대의 평생고용론Lifetime employment과 21세기형 복지국가와 복지사회를 이루기에는 어려운 조건들이 많기 때문에 개인능력개발, 평생교육원의 확장으로 새로운 인력창출을 위한 연구개발R&D 투자증진과 코리아의 IMF극복1997년 경험과 40여년 키워온 새마을운동 역량제고에 박차를 가해야 할 것이다. 생활혁명, 의식혁명과 가치관 변화로 전 국민이 뉴 새마을운동으로 뭉쳐 제2건국운동과 제2광복운동의 정신으로 시작하며 정부도 지속가능한 총체적 국가부흥운동으로 전개하고 지원해야 한다.

자유주의적 경제체제에 대한 비판도 수렴해야 하며 아나톨 칼레츠키 2011. 저서가 말한 『자본주의 4.0』의 논의, '월가 점령'의 시위도 세계화된 자본이동과 노동 없는 민주주의에 대응하는 방식의 논쟁도 단순하게 학술적 쟁점으로 봐서는 안 될 것이다. 부패를 중심한 국가기강의 해이와 'SNS와 나꼼수' 현상, 일본 후쿠시마 원전 사고로 관심이 고조된 핵발전 문제에 대한 논의 등도 뉴 새마을운동의 세계화 과정에서 총체적 대안적 발전모델로 정책화할 것을 제안한다.

생태위기Ecological Crisis의 대응과 대비

지구촌 인구의 급증, 자연재해, 환경오염, 산업화의 가속화, 에너지와 자원 부족, 식량문제 악화, 생태계 파괴 등의 문제들이 점차 격화되고 있다.

특히 자원과 에너지의 과다소비형 산업화의 방식을 신생국에도 전수해서는 안 되며, 중국, 인도, 브라질 등의 거대인구 신흥산업국가들이 앞장서서 수질오염 등 물문제 해결부터 인간생명을 구하는 차원에서 뉴 새마을운동의 중심을 녹색 새마을운동에 두고 박차를 가해야 할 것이다. 특히 우리는 소하천 살리기와 연계하여 4대강 살리기 보완책이 나와야 한다. 4대강 주변 67개 공단 중 60%가 공장폐수를 방류하고 있는 실정이며 팔당댐 오염과 식수원 오염문제가 심각하기 때문에 이 또한 녹색 새마을운동 차원에서 대대적으로 전개해야 한다.

윤리, 사회도덕 부흥운동의 전개

유비쿼터스 시대, 고도산업사회와 최첨단 과학기술시대, 다양한 물질문명 사회로의 변화과정에서 생활양식의 변화와 함께 특히 청소년 폭력문제와 같이 생활관념 가치의식의 변화가 역기능적으로 가속화되고 있다. 사랑과 섬김, 효, 공경, 신뢰의 미덕마저 희박해지고 공교육마저도 무너지고 있다. 결국 많은 사회악과 사회병리현상을 낳게 되어 지구촌 선진국병으로 번지고 있다. 성폭력, 자살, 동물적인 폭악성과 인간생명의 경시풍조, 부정, 부패행태는 정치권, 경제권, 교육계에까지 번졌다고 보며, 정도正道를 걷는 멘토 세력이 NGO를 연합된 힘으로 조직화하여 새마을지도자를 양성하며, 뉴 새마을운동에 적극적으로 참여할 필요가 절실하다. 도덕재무장운동으로 가정윤리로부터 출발하여 사회도덕성 회복운동을 뉴 새마을운동 새질서, 새생활, 새마음 실천운동을 선도해 나가자.

새로운 통치구조New Governance시대로 전환

각 나라마다 정부와 민간과의 합력이 필요한 새로운 통치구조가 요구되는 시대다. 세계는 지금 금융위기, 환경위기, 평화와 생명위기를 세계이익 지구촌 공생발전의 관점에서 효과적으로 다룰 세계적 통치구조Global effective Governance를 갖고 있지 않다. 즉 국민국가 단위의 개별국가 이익만을 주도적으로 행하고 있다. 이제 모든 나라는 개혁과 개방으로 나가면서 불안, 대립, 갈등 문제의 해결방안을 '공생공영발전共生共榮發展'의 차원에서 모색해야 한다.

남북 평화 교류 협력의 통일준비 대책의 확대

우리는 주어진 분단 상황의 관리를 넘어서 남북 간의 폭넓은 교류, 협력을 통한 평화, 경제, 민족, 문화, 교육의 '5대 공동체'를 이루도록 평화통일의 실질적인 기반을 공고히 하여야 한다. 따라서 한민족 모두의 존엄, 자유, 행복한 삶을 보장하는 공동체로의 지향과 목표를 두고 뉴 새마을운동을 추진할 때다. 뉴 새마을운동은 순수한 NGO로 정치권의 도구가 아니라 민족적 욕구를 수렴하는 산업화와 민주화를 지속적으로 발전시키며, 주체세력을 확대하여 '2정부 2국가', '영세중립국으로서 동북아 공영 연합국' 시대도 고려하면서 통일 탕평책과 통일세력을 확대하자.

통일 몸통을 키우자. 날개는 진보와 보수라는 양 날개를 다 써야 한다. 비정치적인 분야, 손쉬운 일부터 더 큰 평화, 더 큰 협력의 미래로 날아갈 수 있도록 하자. 먼저 우리의 지혜와 힘을 모아 합리적인 대안을 찾자. 굿 거버넌스를 모색[29]하자. 통일비용은 미래를 위한 투자라고 생각하자. 20년 전 통일을 이룬 독일은 유럽에서 가장 강력한 나라가 되었다. 우리도 '뉴 통일 새마을운동'으로 해양시대와 대륙시대를 동시에 열면서 세계중심국가로 도약하자.

지방자치발전과 지역갈등해소

지방자치는 분권과 참여를 뜻하며 '민주화'의 구체적인 공간결정空間結晶으로서 국민차원에서 그 실체를 체감하게 한다. 따라서 민주화의 성공여부는 사실상 '지방화'의 진도 여하에 달려 있다. 또한 지방화의 성공은 '세계화'의 성취를 보장한다.

자유민주주의를 국시國是로 삼고 그 실천에 진력했지만, 그것이 냉전체제 하의 이데올로기로서 주 효능을 둔 것이기 때문에 이데올로기적 권능을 위해 그 사상이 요구하는 국민 개개인의 자유권, 생활안전권 및 자생적 공동체활동을 제약하는 경우가 많았다. 뿐만 아니라 사상 실천의 결과로 표현의 다양성이나 이상추구의 다원성 또한 제약받아 왔다. 또한 우리는 아직도 세계유일의 냉전체제 잔류로 이데올로기 대립이 한반도 내의 남북 사이에 가로놓여 있는 것이 현실이다. 이 같은 사정에 비추어 남북 간의 화해교류에 상응한 남한 내의 국론통일과 전국민통합을 이룩하기 위해 동서융화東西融和를 실현해야 하며, 또 하나는 삶의 향상이나 이를 갈망하는 국민요구에 부응하는 복지사회화의 수준을 선진수준에 접근시키는 일로 요약할 수 있다.

---

29) 2012년 한국지방자치학회 동계국제학술대회, 안성호, 선진한국의 굿 거버넌스의 모색: 지방분권, 주민참여, 동네자치, 한국지방자치학회, pp.12-24

우리는 아직도 우리나라 전체와 관련된 그 숱한 문제해결이 '서울공화국'이라고 부를 정도로 제반문제의 성사여부가 서울권에서 주도한다고 할 정도로 국력, 지력智力, 재력, 정보력의 집중현상이 심하다. 동서갈등의 근본원인도 그 현상에서 비롯된 것이다.

21세기의 세계화, 지방화의 이행을 순조롭게 진행하기 위한 과도기적인 구심·원심적인 쌍방향two way process 조정단계를 마땅히 생각해 보아야 할 것이다. 왜냐하면 지방화와 세계화를 동시에 추진하는 지방자치단체의 인적·물적 자원동원능력과 외부지역국내외 양면의 적응력 제고에는 중앙으로부터의 기민하고 융통성 있는 제반자원이 채비되지 않는 한 그 실효를 거두기 어렵다는 것이 우리나라의 현실이다. 모든 역량이 중앙에만 집중되었고, 일단 집중된 역량들의 지방이전은 법제도상의 지방분권 보장만으로 간단히 현실화되는 것이 아니기 때문이다.

한 예로 우리나라 법제는 대륙법체계에 준하여 신상필벌이 엄격하나 실제 법 운영에는 한국 특유의 '인정'을 내세워 벌칙부과가 흐린 경향이 있다. 이는 예론禮論에 입각한 덕치위주로 형정의 가혹한 관철을 회피하는 한국인 특유의 잠재적인 집단무의식이 작용하기 때문이라고 볼 수 있다.

융의 정신분석을 감안할 때, 우리 겨레의 집단무의식 원형原型을 염두에 두고 지방자치의 원활한 전개와 더불어 당면문제인 동서융화를 동시에 해결하기 위해서는, 중앙집권력에 의한 지방지원과 지방자치단체의 자치능력제고 노력 간의 균형이 이루어질 때 한국자치 발전에 의한 세계화와 지방화, 그리고 동서간의 균형발전을 기할 수 있다. 중앙의 국토균형발전계획추진에 있어 현 상태의 동재東材·서권西權의 균형화를 도모할 수 있는 것은 중앙과 지방의 동시 노력으로 가능하며 지역이기주의에는 진전을 기대할 수 없다. 이는 그 동안의 지방자치 시행의 경험이 응변해 주고 있다. 따라서 현 수준의 경제규모를 넘는 더 큰 규모, 더 높은 수준의 국토균형발전 청사진을 토대로 중앙과 지방, 기업과 지역관련집단특히 연구기관, 대학 위주의 공동협력노력이 실효성 있게 작동된다면 지방자치 관내의 민력民力고양에 힘씀으로써 세계화와 지방화의 비전실현이 가시화될 수 있다.

그리고 국회로부터 시·군·구 단위 지방의회에 이르기까지 선출공직 후보의 자격심사제, 의회전문인력의 시민단체 등 전문집단 참여, 의정 및 행정실무의 시민감시활동 제도화 및 선출공직자들의 주민소환제 등 광범위한 정치개혁입법 및 법개정으로 현상태의 정치부조리 및 결함 등은 상당수준까지 메워질 수 있을 것이다.

지역사회의 주민복지향상은 지방자치단체의 중요한 정책과제다. 현재의 행정업무를 21세기의 정책비전에 따른 업무재편에 따라 이미 주민들의 요구, 또는 잠재되어 있는 행정수요를 지방자치단체에서 선도적으로 개발·발전시키는 형태로 일선행정의 면모를 일신케 하는 것이다. 그리하여 일선행정요원이 직접 주민생활터전에 뛰어가서 행정수요를 충당하는 행정조직 저변의 활성화에 따라 빠르게 행정전반에 걸친 행정수요충족을 위해 발로 뛰면서 현장행정에 정통한 새 공무원상을 형성하게 될 것이다.

공무원 상당수는 예산과 인력부족을 구실로 탁상공론에 푸념조 일쑤였고, 선출공직 후보자들은 그 높낮이에 관계없이 재정현실이나 행정인력의 제약을 무시한 채 공약남발로 일관하고 있다.

이런 지방자치의 난맥상을 바로잡는 것은 지방자치단체장들과 동급 또는 이에 대칭될 만한 중앙파견공직자의 조절권한이 제도적으로 갖춰지도록 정책적 배려가 있어야 할 것이다. 또한 지방자치 선진국 경험을 배우고 모방하는 것이 결코 흉일 수 없다. 요는 우리에게 알맞고 알뜰한 행정을 하는 것이 지역주민들에게 봉사하는 것이며, 지역주민 및 시민단체들의 다양한 행정개선의견 및 행정개혁의 소리에 귀 기울이며 일선행정과 주민 간의 눈높이 맞추기 노력이 참으로 절실하게 요청된다.

지방자치의 올바른 발전을 위해서는 행정정보의 주민 공개, 즉 정보공유가 필수다. 행정계통으로 수집된 정보는 주민들로부터 발생한 제반민원들과 중앙과 지방자치단체의 행정정보로 이루어진 내용이기 때문에 알 권리가 있다.

현행 지방자치법의 적극 시행을 통해 지방자치단체의 지역발전을 우리 형편에 맞게 상당 수준 실현할 수 있다. 문제는 모법母法보다 시행령과 이에 따른 규정부령포함에 고쳐야 할 것들이 있는데, 이런 문제는 지방지치단체들 간의 연대형성을 통해 관철시킬 수 있을 것이다. 헌법에 보장된 지방자치이념 차원에서 얼마든지 법시행상의 문제점 타개 방법은 있다.

그리고 사회안전망 구축에 따른 최소 사회보장제의 실천이다. 왜냐하면 구조, 안전에 관한 TV 프로그램의 인기에서 시사하듯 우리 사회 도처에 생사를 오가는 위험 요인들이 무성한데 비하여 사고 후의 처리도 미흡하거니와 위험예방장치는 전무한 상태라 해도 관언이 아니다. 우리 사회는 중앙편중이 심해서 지방방송, 신문 등 매체들은 주민동향보다 지방기관의 동정에 초점이 맞추어져 있어 특색이 미미한 편이다. 따라서 일선의 행정력이 그 빈틈을 메워나갈 수밖에 없다.

아직 우리는 사회보장의 예방대책까지 뻗칠 수 있는 행정태세도 없거니와 재원조달 등 제반 자원조달에도 역불급인 실정이다. 그러나 행정개혁의 미래는 대책도 채비해야 한다. 그리고 진정 국민생활의 안전보장을 위해 오염발생의 최소화, 사고발생의 억제 등 일련의 사회안전대책으로 지하매설, 지하공용시설 및 지상공익시설 개수를 철저히 시행하는 일 등은 지금 당장 마음먹으면 할 수 있다. 이용없는 마을창고, 공동퇴비장, 쓸모 없는 오염소각시설 등 눈에 보이는 공사 벌이기에만 관심가질 것이 아니라, 마을노인들이나 아이들이 실족하여 빠지기 쉬운 도로균열, 고압전기 시설 등 우리주변에는 공익을 위해 써야 할 생활주변 안전대책관련 행정수요는 산적해 있는 실정이다. 그 모든 일을 행정단독으로 할 수 없음은 당연하다. 행정과 시민의 힘이 합치면 얼마든지 할 일은 많다.

이러한 빈틈을 메우기 위한 행정·민간사이의 신뢰성 있는 협동관계조성의 환경만들기, 그 운동의 중심체로서 '뉴 새마을운동'의 새로운 발동을 지원하는 일이 급하다. 새마을운동이나 바르게살기운동, 모든 NGO연합 운동 등의 새로운 재출발이 일선행정쇄신의 돌파구로서 촉매와 개혁촉진 운동으로서 자리매김될 것을 기대해본다.

경제민주화 도덕운동 전개

시장경제의 도덕성 살리기

시장만능론의 신자유주의 시류가 한창이었고, 소비에트제국의 붕괴에 따른 자본주의의 승리 소리가 고조된 '80년대 말에서 '90년대 초 사이 레이거믹스의 제안자인 조지 길더는 당시 일본 기술우위에 대항하는 미국우위 만회책으로『마이크로코즘』89년간의 전자정보입국론을 제시했고, 이어

『멀티미디어 시대』90년간로 미산업계의 전자정보산업진전을 부추겼고, 『제로섬 사회』80년간 출간 뒤 그 속편인 『탈제로섬 사회전략』에서 미국의 대소전략승리를 시사한 레스터더로우는 『정상국들간의 대결Head to Head』92년간로 미·일·유럽 간의 우월성 갈등관계 속에서 미국이 분기奮起하지 않으면 경쟁탈락이 우려된다고 경고하여 미국전야에 충격을 일으켰다이에 즈음하여 역사학자 폴 케네디도 『강대국의 흥망』을 써내어 파문을 일으켰음. 거의 동시에 제프리 카튼은 『미·일·독 경제전쟁A cold peace』직역하면 『냉혹한 평화』로 부제는 '미·일·독간의 우월성 대쟁투大爭鬪' 임을 펴낸 바 있다.

이 같은 동시대 지식인권에서 큰 파문을 일으킨 문제서問題書들은 당대 신자유주의 시류를 타고 세계시장의 무자비하고 냉혹한 제기능에 초점을 맞춘 적자생존의 사회적 다원주의에 입각하여 세계경제를 조망한 것이다. 그 핵심개념들이 기술우위론, 무한경쟁론, 강자제일주의론 등으로 요약된다. 그것이 엄연한 국제경제 현실임에는 틀림없다.

그처럼 시장은 시장만능론이 일컫듯 개인의 창발성, 자아실현을 구현케 하는 순기능도 있지만, 그와 동시에 강자의 시장우위, 국제적인 다국적기업 및 선진국제금융의 횡포 등을 방임하는 역기능도 수반되는 법이다. 그 양면이 똑같이 자유시장의 논리로 허용되는 것이다. 특히 자유시장의 역기능, 다국적 거대기업의 경영혁신, 선진제국의 정보독과점 및 탈공업화로 그 이전의 산업화 과정에서 파생된 지구오염 등으로 지구파괴를 가져올지 모른다고 경고한 제레미 리프킨의 『엔트로피』, 그리고 탈공업적인 정보사회로의 이행에 따른 블루칼라 계층의 대량실업을 경고한 그의 『노동의 종말』은 선진제국의 대량실업문제와 개발도상국들의 사막화, 기아상태를 예시했다.

그는 그렇듯 암울한 세계를 구원하는 대표격인 네이더가 공화당보수파와 결합하여 미국의 우위경쟁에 발목을 잡는 모양새가 됨에 따라 미국민들은 도리어 클린턴·고어의 공격적 대외경제정책에 기울게 되었다 천만명이 넘는 실업사태에 직면한 유럽연합의 제국은 국가의 존재이유 자체가 문제되는 지경에까지 실업문제해결이 긴박한 당면 현안으로 제기된 것이다.

지금 우리도 그들과 다르지 않다면 지나친 비유일까. 신자유주의론자들의 논리대로라면, 시장이 민주적 정치제도보다 효율적이므로 비효율적인 민주정치제도의 버팀이 되는 국가 따위가 무슨 소용이냐는 물음이 허용된다. 실상 IMF위기는 관치경제로 받침 되어온 독과점지배의 거품경제수요를 국내저축율로는 감당 못해 해외자금차입으로 메꿔 오던 끝에 해외자금 투기성외자 포함의 급격한 대량유출 일격에 우리 경제가 무너져 내린 것이 그 진상이었다. 시장 역기능의 끔찍한 참변을 겪으면서 우리는 실패한 정부가 얼마나 무력한가를 뼈가 사무치게 체험하였던 것이다.

전쟁과 혁명의 20세기말 증후군이 냉전체제의 최후 잔재인 한반도에 몰려서 남에는 실업사태, 북에는 기아사태를 낳고 있는지도 모른다. 이런 결과를 낳게 한 것이 세계자본주의 체제 아래 방임된 시장기능의 '의도하지 않은 결과'일수도 있다.

과연 자유시장에서 정의·도덕성을 찾는 것은 연목구어緣木求魚격의 부질없는 공리공론에 불과한 것인가. '야마도 다마시大和魂'로 떠받드는 일본인들을 야만적이라고 비웃을 수 있는 것일까. 전쟁이 정치의 연장이라는 논리가 허용된다면, 세계자본주의체제 아래서는 전쟁이 시장의 연장이라는 논리로 성립된다. 다시 말하면 세계현실에는 강자의 논리만 있다는 것이다. 이를 경제에 옮기면, 세계시장의 운용에는 강자위주의 약자도태가 있을 뿐이라는 냉혹한 논리와 일맥상통한다는 것이다.

아직도 세계적인 상혼商魂을 과시하는 일본인들은 화중華中 침공 당시 무고한 수만 중국 민간인들을 생매장한 남경 대학살을 참회하지 않고 있다. 적자생존, 강자우위의 약자희생은 역사의 필연성으로 보는 탓일까. 아니 방임적인 자유시장의 논리에 투철한 탓이라고 보는 것이 정답에 가까울지 모른다. 재화의 계량화가 물신숭배物神崇拜, fetishism로 전환하면서 인간생명 또한 주민등록번호처럼 부호화되고 경제세계논리가 자유시장의 정의와 도덕성을 밀어낸 것이 지금 우리들이 목격하게 된 인류사회의 병리적 현상으로 집약된 것 일지도 모른다.

일찍이 아시아대륙에서 나타난 공맹孔孟의 4단정리설四端情理說, Reason and Feeling, 붓다의 불살생계不殺生戒, 그리스도의 믿음信 · 소망所望 · 사랑 그 중에 제일은 사랑이라는 바이블 정신은 생명존중의 가르침을 계시했고, 그 가르침으로부터 도덕과 정의가 집단취락적인 공동체 삶의 가치기준으로 실천되어 왔던 것이다. 불과 4백여 년 사이에 인류는 인-류人-類의 우월성에 도취하여 농경사회에서 산업사회로 이행하는 동안 자연의 착취, 인-종人-種 외의 뭇생물에너지 착취, 그리고 약자에 대한 사람 · 사람간의 착취라는 지구종말적 증상의 벼랑에 서게 된 것이다. 공동체 삶의 한마당으로서 시장의 도덕과 정의가 금세기 인류사적인 대전환기에 이르러 급기야 이전과 달리 새로운 인류역사의 창도력創導力으로 꿈틀거리기 시작한 것이다.

또한 경제학이란 본래 물리학적인 계량현상 연구라기보다 발견과 창안으로 충만한 인간능력의 개념체계라고 볼 때 이 학문의 주대상자인 시장에 그 운용상의 인간화를 재생시키는 것이야 말로 탈공업화시대 경제학의 지상책무일 것이다.

최근 한나라당 비상대책위원장 박근혜 대표가 '뼛속까지 쇄신론'을 다짐하였다. 집권당의 근본적 변화를 약속하면서 평소의 지론대로 '원칙'과 '신뢰'에 정치생명을 걸겠다는 뜻의 표출은 새누리세상, 나라당의 정치철학이 되기 바란다.

후쿠야마는 '역사의 종언' 뒤에 오는 신인류사회의 버팀목이 '신뢰'라고 갈파했다. 이제는 더 이상 국민들 앞에 거짓말을 밥 먹듯 하는 부패정치인들의 작태가 허용되어서는 안 된다. 따라서 국민차원에서의 신용거래 확립노력에 발맞추어 정부당국은 공정한 민주적 시장경제의 정착을 위해 위로는 정치·행정개혁을 과단성 있게 추진할 뿐만 아니라, 시장기반을 잠식·훼손하는 독과점의 횡포, 중소·신참기업의 시장진입 애로隘路, 생산·소비간의 수급균형을 방해하는 불공정거래관행 등 원활한 시장의 교환경제에 지장을 초래하는 제반 여건불비를 해소하는데 정밀하고 현장 사정에 알맞은 개혁조치들을 취해나가야 할 것이다.

이 같은 일련의 시장환경개선과 관련된 정부 노력에 끊임없는 현장점검과 교정책이 뒤따라야 할 것이다. 진보와 보수로 따질 것이 아니라 인적쇄신, 정책쇄신을 중심으로 자기정화, 혁신을 지속하여야 한다. 이 같은 공동노력이 주효할 때, 비로소 우리의 민주적 시장경제 요컨대 경제민주화에 정의와 도덕이 살아나고, 우리국민 공동체 삶에 활력과 창의력이 충만하게 될 것이다.

지속가능한 경제살리기 추진운동

저마다의 몫을 챙기게 하는 유통·교환·분배의 자동조절장치가 제도화

246

된 것이 시장이라고 볼 수 있는데, 우리가 얼핏 연상하는 재래시장은 각자의 필요한 재화획득을 위한 물물교환의 집합소로 자생적인 진화과정을 통해 발달한 것이다. 그러나 근대시장은 아담 스미스가 밝혔듯이 인간본성의 자연적인 발달형태로서 분업이 생기고 그 분업의 성과를 서로 지급truck, 물물교역barter, 상품을 교환exchange하는 과정에 시장, 즉 자본주의의 자유시장이 성립되었다는 것이다.

마르크스는 그 교환의 매개로써 화폐의 교환가치형성, 그 교환가치의 물신화로 자본의 시장지배현상이 야기되고 이로 인한 노동소외가 수반된다고 밝혔다. 그의 '자본론'이 좌파에 끼친 영향으로 자유시장에 대한 불신이 좌파의 기본정향으로 자리잡게 된 것이다. 반면에 고전경제학에서 정책영감을 얻어온 우파는 월가의 대공황이전까지 경제를 연구한다는 것이 일반적으로 주어진 자원에 대한 최적배분最適配分방식을 탐구하는 것으로 인식했고, 이는 곧 자유시장의 원활한 교환기능을 어떻게 유지증장 하느냐에 그 초점이 모아졌다.

이때까지만 해도 '보이지 않는 손'의 존재를 의심하지도 않았고, 더욱이 불확실성 문제를 문제 삼을 생각조차 하지 않았다. 그러나 뉴딜정책 이후 케인즈이론의 유행속에 산업자본주의의 고도화에 따라 시장이 노동분업뿐만 아니라 지식분업까지 전달 배분하는 다기능을 구조화하는 가운데, 사람들은 그 나름의 전통관습거래행태, 규칙, 그리고 일상에서 습득된 지식을 활용해 시장거래에 적응하지만, 정부나 대기업은 가격조절방식을 통해 시장조절이 가능하다는 인식으로 바뀌게 되었다.

이 같은 인식변화는 국내과잉생산물의 소비처로 해외식민지의 획득을 둘러싼 제국주의시대를 마감하게 하고, 기술우위와 가격이점을 내세운 다국적 거대기업의 신산업시대갈브레이스의 표현로 전환된 것이다. 재화 및 용역에 관련된 가격의 비교우위를 확보하는 자가 시장을 지배하게 된 것이다.

지금까지 한국경제를 지탱한 시장관市場觀은 대외적으로 수출시장의 개척·확대를 위해 비교우위론적인 시장확보에, 대내적으로는 내수시장의 국산우위를 확보하기 위한 보호주의론적인 시장유지에 경사되어 왔다. 관치경제가 문제된 것은 과도한 수출드라이브를 위한 노동착취, 정부지원의 과부담즉 국민부담의 과중, 조세부담의 불균형, 행정규제의 왜곡수출업 특혜 등 숱한 국민경제운용상의 무리를 자아내게 했고, 대기업위주의 금융·행정 특혜, 공정위의 유명무실화, 소비자권리의 형식화, 노동시장의 경직화, 환경대책의 명목화 등 국민경제전반의 황폐화를 초래케 했다는 데 있다.

시장은 가격메카니즘 이상의 자생적인 자기조절기능, 재화·용역 외에도 시장참여 경제주체들의 시장성취기대, 세계화에 따른 외부요인의 자유출입 등 국민경제의 변화수용력 여하에 따라 상당부분 유리한 시장환경조건을 갖출 수 있고 나아가 현대 사회의 가장 무서운 유령-불확실성의 요인에 의한 시장교란-을 최소화하는 것도 그 역량에 달려 있다.

시장은 강자의 것이 아니라, 만인의 성취를 위한 만인의 것이다. 그것이 참여민주주의의 인적 요소들이 경제주체가 되어 시장경제에 참여함으로써 민주적 시장경제제도는 완성되는 것이다. 그러한 인적요소의 우위라는 경제현상을 철학적으로 인본주의人本主義라 할 수 있다. 그러한 경제철학을 바탕으로 민주적 시장경제 제반 육성책을 일관되게 추진하도록 뉴 새마을 운동을 통하여 힘을 모으자.

뉴 새마을운동이 가져야 할 관심의 중심은 그 첫째가 고통분담차원에서 상당기간 노임의 적정조정이다. 대기업에서 실업자를 배출하기보다 남는 사람, 나갈 사람의 배분 몫을 고루 줄여 노임절하효과를 통해 실업자 수를 줄이고, 그 예에 따라 중소기업계와 나아가 건설업, 전산업계, 그리고 공직사회에도 임금수준을 걱정하게 하여야 한다.

둘째, 기술혁신에 의한 원료가공처리, 제품가공처리 및 포장재까지 광범위한 원가절감운동을 벌이고 과대포장 등 기존 상관행을 혁신케 하는 것이다. 도서류, 극장 등의 문화상품, 서비스가격도 예외일 수 없다. 중공업제품에서 안전핀, 볼펜에 이르기까지 원료사용·가공처리·포장·유통용역에 이르기까지 전면적인 원가절하를 관철시켜 물가안정에 기여케 해야 한다는 것이다.

셋째, 이제는 지식정보 등 최첨단업종 외에는 고학력·고임금의 인력채용관행을 탈피해야 한다. 기술, 기능으로 입신출세하는 기업·사회풍토를 조성해야 한다는 것이다. 평생교육제의 전면실시와 국립대 야간대학과 방송통신대학화로 인적·물적시절 활용과 중·고교출신이 자기기술 영역에서 주경야독晝耕夜讀으로 누구나 기성棋聖에 이를 수 있는 교육개편이 이루어져야 한다는 것이다.

넷째, 당장 언발 녹이는 구휼방법보다 실업재원을 최소 사회보장제도 구축을 위한 본격 복지예산으로 제도화해야 한다는 것이다. 경기가 나아지고 민주적 시장경제가 구축되면 사회안전망구축도 한다는 생각을 바꾸어 비록 완벽하지 않더라도 사회보장제의 일환으로 실업자 및 극빈자들에 대한 최소사회보장제를 실시하고 지역주민센터 행정조직을 그 복지사업의 일선 서비스센터로 전환해야 한다는 것이다. 그 수혜의 대상자들은 의무적으로 환경보호활동에 조직적으로 투입시켜 생산성을 제고시킬 것도 고려해야 한다.

마지막으로 가장 중요한 문제해결의 실마리는 정치인politician이 아닌 정치가statesman겸 경세가經世家로서, 또한 국난타개의 최선도자最先導者겸 국가부흥의 선구자로서 여·야 대권주자들은 노동계 대표들과 '나라를 걱정하는 대화'를 통해 물가전반의 거품을 제거하는 노임인하조정과 불가피한 실업에 따른 약자의 고통을 정부측이 보듬는 사회보장 공약公約을 다짐하는 신뢰사회형성의 기반조성에 적극적인 자세로 공약하는 것이 바람직하다는 것이다.

이 같은 일련의 대책은 별안간 국민을 놀라게 하는 '이스크라볼셰비키당 기관지명으로 '번개'라는 뜻' 방식의 한방으로 끝내서는 안 된다. 그러나 경제정책의 일관성을 살리면서 민주적 시장경제의 기반조성을 앞당기는 범정부적, 범국민적 총체노력으로 추진되어야 한다. 그 노력이 정부차원에서 뿐만 아니라, 범국민적 차원에서 추진되어야 하기 때문에 '뉴 새마을운동 세계연맹'은 바로 그 역사役事수행에 마땅히 앞장서지 않을 수 없다. 또한 다양한 실업대책추진과 함께 정부관련부처의 실업대책추진의 효과적이고 유기적인 업무조율業務調律을 위해 시민단체, 종교단체, 다양한 NGO 민간단체들의 발전협력 범국민운동을 벌이는 것도 고려할 만하다. 문제의 심각성에 비추어 범국민·범정부적인 경제살리기운동이 절실하게 요청되고 있다.

해방 이후 국가와 사회전 분야에 구축되었던 분단, 권위주의, 지역패권의 3중의 기득권 구조는 구체제의 실패를 딛고 위기극복을 위한 총체적 개혁을 통해 새로운 체제로 연착해야만 하는 역사적 과제를 안고 있다. 2013년에 시작되는 새 정부는 공정한 중재자로서 시장의 약자들을 보호하기 위한 국가개입을 적극화하여 실업자들에 대한 소득지원 및 직업훈련체제의 정착을 도모하고, 국민을 위한 복지책으로 사회적 약자를 지원함으로써 시장의 효율성과 경쟁성을 높여나가야 할 것이다. 현 단계에서 민주적 시장경제의 연착여부를 판가름하는 중요한 관건은 공정한 시장경제의 규칙을 적용하려는 정부와 기존의 독점적 지위를 유지하고 보존시키려는 수구적 기득집단간의 대립이 어떻게 해소되느냐는 것이다.

요컨대 민주적 시장경제란 비효율과 비리를 야기해 온 관주도와 대기업 중심의 개발모델을 수정하여 공정경쟁의 시장원리를 통하여 경제주체의 자율과 창의가 발현되는 새로운 경제발전모델을 정립하는 것이다. 이를 위해 정부는 금융, 기업, 노동, 공공부문의 구조조정을 추진하여 세계적인 경제위기를 극복하고 동시에 사회안전망 구축을 위한 국가의 역할강화로 구조조정의 전환기적인 부작용과 고통을 치유하고 시장경제의 결함보완에도 보다 적극적으로 힘을 쏟아야 한다. 이 같은 일련의 개혁정책효과는 3, 4년 내에 엄청난 경제변혁의 모습으로 국민 앞에 가시화될 것이다. 그리고 신뢰는 경제실현의 첫걸음으로 자유·정의·효율의 3대원리를 통용케 하는 것이며, 이 3대원리가 관류하는 민주적 시장경제를 통하여 인본주의적 선진경제가 구현된다는 것이다. 다시 말하면 강자위주의 시장정글이 아니라 강자·약자가 공정하게 참여하는 시장경제, 참여민주주의의 제원리가 통하는 시장경제를 실현하자는 것이다.

그러나 추진에 가장 걸림돌이 되는 것은 실업자의 대량배출문제다. 지금 우리 주변에는 존 스타인백의『분노의 포도』에 묘사된 참상이 재연되고 있는 실정이다. 따라서 이와 관련해서 우리의 경우 '니트족'이 200만을 돌파했다는 사실적 충격을 극복하면서 일자리창출을 위한 대책으로 몇 가지를 제시하면,

① 고통분담차원에서 노임의 하향조정으로 실업자배출 최소화

② 기술혁신에 의한 제반원가 인하효과 극대화

③ 고학력·고임금의 인력채용관행 혁파로 인력시장의 유연화

④ 전시적인 구휼방법보다 최소사회보장제 도입을 적극 시행하여 실업 기간의 고통완화에 힘을 쏟자는 것이다.

끝으로 가능하면 노사정 전반의 문제를 산업관계Industrial relation[30] 차원에서 대화를 통한 노동자의 고충이해, 국난극복에의 참여를 넓혀 동반자 관계를 돈독히 하자는 것이다.

관치경제를 탈피하고 진정한 시장경제를 실천하기 위해 첫째, 관치경제에서 시장경제로의 이행을 수행하고, 둘째, 자율적 시장경제의 실천을 위한 경제주체들의 역할이 정립됨으로써 우리 경제는 경제재도약의 길로 진입할 수 있고, 시장경제 활성화로 일자리 창출 등 경제살리기운동이 본궤도에 오를 수 있다는 것이다. 민주주의와 시장경제의 병행발전으로 자율적 시장경제를 완성하는 일이야말로 새로운 도약을 위한 시대적 과제라고 본다.

이를 위한 정부의 발전정책구상 및 추진과제와 전략구상을 위한 지표를 제안하면,

① 민주적 시장경제의 정착에 있어 공정경쟁의 중요성과 이를 위한 공정거래위원회의 역할

② 관치경제청산을 위한 재정개혁 및 행정규제완화방안단 공정위원회 기능은 강화

---

30) 신윤표, 정부관리학, 박영사, 2006, p.489

③ 투명하고 공정한 세제개혁을 도모하기 위해 세정쇄신대책 아이디어를 제시하고 방책을 모색

④ 기업간 공정경쟁을 촉진하는 파수꾼으로서의 소비자권리강화방안

⑤ 국내 은행들의 자율성 및 책임성 제고방안특히 제2금융권의 정경유착 방지

⑥ 기업구조개혁방안과 관련하여 본인이 알고 있는 산업현장의 예를 토대로 한 구체적인 경영개선방안

⑦ 외국인 투자유치를 늘리기 위한 우리경제의 수용자세는 어떻게 달라져야 하며, 도입을 늘릴 수 있는 방안

⑧ 기술혁신 등을 통한 중소기업의 육성방안중소기업과 대기업의 동반성장책 강화

⑨ 유통구조 개선과제 중 가장 논란이 되고 있는 농산물 유통구조 개선방안

⑩ 물류비용과중, 에너지낭비 및 오염공해를 배출하는 교통난과 관련한 개선대책

⑪ 공업용지 확충 및 토지이용 효율화방안

⑫ 공공건설사업의 효율적인 추진·감리방법

⑬ 통일을 대비한 주곡자급방안과 FTA로 파급되는 제문제의 해결방안 모색

⑭ 지역경제 활성화를 위한 수도권 집중해소 및 지역 간의 균형발전책

⑮ 해양산업개발을 위한 정책아이디어

⑯ 일자리창출을 위한 일감만들기, 제도개선 및 인력동원 효율화방안

⑰ 비리·비효율의 온상인 각종 평가제도를 개선방안

⑱ 신뢰경제구축을 위한 '품질경영운동', '경제부정 고발운동', '깨끗한 거래와 계약'을 확산시킬 수 있는 아이디어

⑲ 현행 영업범위·지역제한을 주는 인허가규제 개선방안

⑳ 행정규제개혁 추진상황을 어떻게 점검하고 보완대책을 반영하는가

㉑ 물가안정은 민생안정의 관건이나 공공서비스요금의 인상 등 물가불안요인 발생이 예견되는 상황 하에서의 물가안정 보완대책방안

㉒ 산업계의 기능인력수용에 걸맞는 인력공급을 위한 교육 및 직업훈련 제도보완

또한 세계적으로 문제가 되고 있는 국제 금융위기에 대한 대처방안 모색을 위하여 다음과 같이 그 방책을 제안한다.

① 지역경제의 활성화를 위한 수도권 집중을 어떻게 해소하고, 지역 간의 균형발전을 어떻게 도모할 것인지 정책아이디어 제시

② 제2의 국토자원으로서 해양산업개발전략 구상

③ 경제살리기·비정규직의 정규직화 및 일자리 창출을 위해 주요 업종별, 각 산업분야별로 창업을 촉진하고 고용창출을 늘리기 위해 어떤 규제를 완화하고, 창업인센티브를 어떻게 실행하는 것이 효과적인지 연구

④ Job-sharing지원, 청년층의 해외취업지원 등 단기고용증대방안에 대한 아이디어

⑤ 신용평가, 회계감사, 감정평가, 건설감리, 환경교통영향평가 등 각종 평가제도의 신뢰성제고 및 선진화방안

⑥ 신뢰경제확립을 위해 개인·법인의 신용정보 D/B확충 및 이용체계 개선에 대한 아이디어

⑦ 신용있고 투명한 경제환경 조성을 위해 벌이는 '품질경영운동' 및 '경제부정고발운동'을 효과적으로 추진하는 운동방안과 '깨끗한 거래',

254

'깨끗한 계약'의 경제풍토조성 방안

⑧ 현행 영업범위·지역 등과 관련된 경쟁제한적 인허가규제 개선방안

⑨ 규제개혁 추진상황을 점검하고 보완대책 수립과정에 어떻게 관련 시민단체전문단체 포함의 역할을 설정하고, 관여가 바람직한지 연구

⑩ 물가안정을 위한 정부의 역할, 기업의 원가절감노력, 시민단체의 물가점검활동 등 민·관·업계의 상호관계, 공동노력이 어떻게 이루어져야 할 것인지 정책아이디어를 제안

⑪ 산업계의 기능인력수요에 대한 적절한 인력수급책 및 평생직업훈련 시스템개발에 관한 아이디어 제시

⑫ 벤처기업 육성을 위한 정부지자체 포함, 금융 및 관련업계의 지원태세 강화방안

⑬ 정보화 진전에 따른 에너지수요증대 예상에 대한 에너지수급의 확대발전책에 관한 정책대안

⑭ 고부가가치 창출을 위한 주력산업육성책 및 지원체계의 개혁방안

⑮ 광범위한 금융·산업계의 구조조정에 따른 막대한 지원자금조달에 관하여 국민부담을 조금이라도 덜 수 있는 바람직한 방향

⑯ 외환시장안정을 위한 외환보유고 확충에 기여하는 외자유치방안

공정사회운동 전개

부패방지와 밝은 사회 건설운동 전개

'뉴 새마을운동 세계연맹'은 여러 시민단체와 제휴하여 부정부패척결

캠페인에 새로운 힘을 주입하여 국민들의 절실한 요구에 부응하는 노력이 요청된다.

"부패는 국가를 몰락으로 이끄는 가장 확실한 지름길"이라고 갈파한 백 여 년 전 영국 재상 글래드스톤의 말이 아니더라도 우리 사회의 부정부패 병리현상은 국가경쟁력, 행정능력, 산업의 생산력, 사회전반의 활력, 문화 잠재력 등에 걸쳐 총체적인 동력dynamics을 부각시키고 있다. 부패추방은 정부의 몫이 반이라면, 나머지 절반의 몫은 국민이 맡고 나서야 한다. 생 전에 곤색 양복 한 벌로 사계절을 검소하게 살다간 장준하張俊河 선생을 사 표로 삼아 전국민캠페인을 벌여야 마땅하다. 부패추방은 일각이 바쁜 당 면 현안과제다.

필자도 「을사조약乙巳條約」을 「을사보호조약」으로 잘못 배운 역사공부였 으나 오늘을 사는 우리세대 그리고 미래주역이고 주인인 청소년들에게 전 하고 싶은 이야기가 있다. 해방직후 거리모퉁이에 펼쳐진 노점상에서 가 장 인기 있는 책이 『어사 박문수전御使 朴文秀傳』과 『임경업장군전林慶業將軍 傳』이었음을 기억한다. 6·25전쟁을 계기로 라디오 등 전자매체의 일반화 이전까지는 각종 인쇄물이 대중문화 향수의 대표격이었다. 한편 문자의 세계는 경이와 동경의 별천지였다. 그러한 세계가 우리 사회에 일반화된 것은 조선중기 영·정조의 중흥기 무렵부터다. 그때보다 2백년 앞서 '민론 民論'의 존재를 설파한 허균의 말대로 국민여론이 조정주변의 '공론公論'과 다른 차원에서 형성되었다. 그 여론의 표적으로 현신賢臣 박문수는 실제 어 사경력이 불과 수년에 그쳤지만, 민의 편에 섰기 때문에 부음訃音을 접한 백성들은 한결같이 '나랏님'을 잃었다고 애도했다는 것은 잘 알려지지 않 은 비화다. '나랏님'이란 삼국시대 공이 큰 화랑도 몇 사람, 고려 때 강감

찬 등 역사를 통틀어 몇 사람 되지 않는 국민적 영관榮冠으로 굳이 한역하여 국사國士로 기록되어 왔다. 그래서 조선왕조 5백년에 걸쳐 사후에 신도비神道碑를 하사받은 몇 안 되는 명신·거유名臣·巨儒 반열에 박 어사도 끼어 있어 후손들에게 긍지를 심어주었다.

부정부패방지법, 옴부즈맨제도 운영의 활성화를 적극추진하고 현대판 '암행어사', 강력한 옴부즈맨제 도입이 불가피하다고 본다. 그러면 옴부즈맨 가운데 필시 오늘의 '어사 박문수' — '오늘의 나랏님'을 또다시 보게 되지 않을까 하는 기대를 해본다.

금권 정치로 부패한 한국정치, 고위층의 각종 수뢰사건과 삼풍·성수대교 붕괴사건을 통해 외국인들에게 '코리아 = 부패'의 일그러진 이미지가' 88올림픽의 밝은 표상을 지워버렸고, 이에 즈음하여 덴마크의 국제투명성협회조사 결과 한국은 조사대상 80개국 중 부패지수 43위로 아프리카 짐바브웨와 동급격으로 나왔다. 싱가포르7위, 대만29위에 뒤지는 수모를 겪었는데, 아직도 개선되지 않고 있다. 미국은 79년 연방선거운동법에 따라 정치자금의 보고의무화를 시행했고, 싱가포르는 이미 60년의 부정부패방지법 시행으로 오늘날 '클린 싱가포르'를 세계에 과시하고 있으며, 민간부패추방운동으로는 일본 전후 요시다吉田茂 전 수상 이래의 대물大物 수상으로 손꼽히던 '다나까田中 角栄' 수상은 국민항의에 떠밀려 결국 감옥살이를 하게 되었고, 이 때문에 만년여당 자민당이 지리멸렬해진 것이 현재까지 지속되고 있다. 미국에도 '정부책임성 확보프로그램GAP'과 '부정거부납세자모임 TAF' 등 시민단체들의 부정부패척결운동이 활발하게 전개되고 있다.

'밥집에서 쫓겨난 파리가 떡집에 살더라'는 식이 되지 않도록 죄형·범칙금부과에 사후 일자리 얻는 데까지 불이익을 주는 공개주의를 시행하면 좋을 것이다.

그러나 역시 부패추방운동의 주 대상은 정치인이라는데 문제해결의 어려움이 있다. 부패지수도 이제는 국가 간의 경쟁력을 비교하는 국제적인 관심대상이 되고 있다. 이는 그만큼 부정부패가 국제상거래의 장애가 될 뿐만 아니라, 그 나라의 경제문제가 곧바로 타국의 그것과 연계되어 영향을 미칠 만큼 국제간의 상호의존관계가 긴밀해진 때문이다. 이제는 국제관계상 외국의 이런저런 일들을 '남의 일'로 보아 넘기던 일국주의—國主義 시대는 사라졌다.

『부정부패의 사회학』에필로그에서 한국외대 이은영교수〈당시 밝은사회만들기 운동본부 정책사업단장〉는 「부패추방은 교향악 지휘자는 시민」이라는 제하의 글을 통해 부패추방 시민강령을 아래와 같이 제안했다.

"부패는 사회가 앓는 질병이다. 어떤 유기체나 질병을 앓게 되지만 초기에 잘 치료하면 다시 건강체로 회복될 수 있는 반면, 고질병을 방치하면 중증으로 발전하여 생명을 빼앗기는 경우도 생긴다. 사회가 부패하게 되면, 부패로 인한 이익은 소수의 사람이 갖는 반면, 그 비용은 사회구성원 전체가 부담해야 하는 고충이 뒤따른다. 그리고 소수가 가져간 이익에 비해 사회가 치러야 하는 비용의 고통은 수십배나 커지게 된다"고 한 심각한 서두를 뗀뒤 이어 다섯 가지 주장을 내걸었다.

〈주장 1〉 부정부패를 없애고 밝은 사회를 건설하는 일은 영원히 변치않는 시대적 과제다.

〈주장 2〉 정부·기업·시민·언론이 부패청산의 공동주체가 되어 최선을 다해야 한다.

〈주장 3〉 행정규제는 개혁되어야 하며 시민참여행정이 확대되어야 한다.

〈주장 4〉 성역없는 부패추방으로 정권핵심부터 말단행정에 이르기까지 맑아져야 하며, 법치의 정착으로 권력의 횡포를 막아야 한다.

〈주장 5〉 부패추방을 위한 종합적인 제도개선책이 마련됨으로써 지속적인 반부패정책이 보장되어야 한다.

이 같은 다섯 가지의 시민강령을 제안하면서 뒤이어 「부패추방을 위한 10대방안」을 제시했는데,

〈방안 1〉 깨끗한 정치를 실현하기 위해 음성정치자금을 차단한다.

〈방안 2〉 과잉규제를 없애고 권력을 분산한다.

〈방안 3〉 민생비리를 척결하고 공무원의 자존심을 높인다.

〈방안 4〉 투명한 행정공개시스템을 통해 부패추방을 꾀하고 시민의 행정참여를 늘린다.

〈방안 5〉 돈세탁을 방지하기 위해 금융실명제를 철저한 내용으로 보장해야 한다.

〈방안 6〉 내부 고발자를 보호하는 제도를 두고, 시민감사와 언론감시를 강화해야 한다.

〈방안 7〉 학생·시민·공무원 등에게 부패추방의식을 심어주는 반부패교육의 제도화가 필요하다.

〈방안 8〉 사정기구를 개혁하고 정치적 영향을 받지 않는 사정기관을 설립해야 한다.

〈방안 9〉 보다강한 부패방지기본법을 제정해야 한다.

〈방안 10〉 반부패운동을 위한 국제협력을 강화해야 한다.

문제는 사회질병으로서의 부패척결, 방지를 위한 국민참여—즉, 고발정

신고양과 범법자들의 얼굴을 못 들게 하는 사회환경조성, 그리고 인정에 약한 국민의식 및 관행의 바로잡음과 행정·기업관행·모든 거래관계의 표준화를 범국민적 차원에서 추진해야 한다는 것이다.

바로 그같은 부패추방운동의 몫을 '뉴 새마을운동 세계연맹'과 '대한부흥운동 NGO연합'에서 맡아야 할 것이며, 이를 범국민적인 넓은 차원에서 지속적으로 전개하기 위해 광범위한 시민운동, 시민단체들과의 유기적인 연대관계형성이 있어야 한다. OECD회원국의 평균수준으로 우리 사회의 반부패성과를 올리자면 매우 다급한 현안과제일 수밖에 없다.

'코리아=부패'의 오명에서 하루빨리 벗어나 밝은 사회건설에 온 국민이 참여케 해야 할 것이다. 이를 위하여 교회도 사회구원이나 역사구원 차원에서 회개운동의 전개를 대대적으로 하여야 할 것이다.

인권국가건설과 투명사회운동의 활성화

사회지도층을 형성하는 권력주변의 권세가들, 사·공기업간 최고경영층 주변의 금권자들을 언제나 권력남용과 금력과시의 유혹을 받고, 그들이 그 유혹에 빠져 부정부패, 비리와 부조리를 자행할 때, 그 파급력은 가공할 속도로 번져 금세 사회저변까지 그 영향을 미친다. 얽히고설킨 부패와 비리의 고리로 엮어진 먹이사슬 때문에 성수대교가 무너졌고 가스폭발사고가 빈발해 왔던 것이다. 뿐만 아니라 지하철을 탈 때마다 어둠속 터널중간 어디선가 차가 멈추지나 않을까, 한강을 건너면서 언제 가라앉지나 않을까 염려스러우며, 대형백화점의 지하주차장마다 썩 밝지 못한 조명아래 잠깐 있는 사이에도 삼풍의 공포가 얼핏 스치게 마련인데, 이에 더하여 어스름한 구석음지에서 숨었던 십대 폭력배가 덮치지 않을까 하는 전율감마저 느끼게 되는 세상이 되었다. 그래서 뉴 새마을운동이 절실하다.

미주간지 「타임」은 과거 최량·최악 10대 뉴스 가운데 최량부문의 제1위로 인도경제학자 아마르티야 센의 노벨경제학상 수상을 손꼽았던 해가 있었다. 그는 기근과 빈곤이 식량부족 아닌 사회부분의 경제적 박탈에서 비롯되는 것임을 극명하게 논증한 것이다. 즉 사람이 짐승처럼 탄압하고 사람값 알기를 초개처럼 여기는 고문행위, 공익을 위해 쓰일 공금을 사적으로 횡령갈취하는 비리행위, 매사를 돈으로 해결하려는 불의부정행위, 정치자금과 사업자금의 구실로 뇌물수수를 일삼는 부정부패행태 등 그 숱한 사회부조리는 국민대중에게는 엄청나게 고통스러운 경제적 박탈이 된다는 게 그의 경제현상에 대한 해석방법론이다. 이 논리에 따르면 부정부패척결을 위한 사정司正 따로 인권운동 따로가 아니란 말이다. 썩고 곪은 부종腐腫제거가 인권신장의 역사이며, 그 상흔을 아물게 하여 건강케 하는 것이 부패추방운동의 목표가 된다는 것이다.

그 동안 우리는 서구식 접근 방식에 익숙해진 나머지 전문·세분화된 메스사용법을 애용하느라 종합·유기적인 한방식 처방법에 너무나 소홀했다 특히 사회과학분야에서. 그래서 반부패운동에서는 실정법의 법희法戱에 휘말리다 보면, 겨우 송사리 몇 잡는데서 지쳐버렸고, 인권보호운동도 운동의 울안에 스며든 악종균惡腫菌이 들끓어 얼마 못가 방향감각을 잃기 일쑤였고, 그간 바르게 살자, 밝은 사회를 만들자고 했지만 맨날 모이는 면면이 똑같은데 '이제는 실천뿐!' 이라는 외침조차 말로만 되풀이 하다보니 시간흐름에 따라 자연 소산消散되기 십상이었다. 무릇 국민운동이란 동기가 아무리 좋고 절실하다 하더라도 국민대중의 심금을 휘어잡고 그들이 눈을 부릅뜨고 힘내어 떼지어 일어서지 않는다면, 절로 사그러지는 법이다. 바로 이때문에 국민의식개혁운동이 어렵고 부패척결이 지리멸렬해지며 바르게살기가 몇몇 퇴직자들의 사랑방놀이로 전락케 되는 것이다.

따라서 우리가 해야 할 부패추방운동과 인권신장운동, 비리·부조리척결운동과 안전사회 만들기 운동, 사회개혁운동은 둘이 아닌 하나의 국민운동인 것이다. 그 목표는 세종성대世宗盛代에 신분 아닌 직분으로서 사농공상士農工商이 국력國力·민력民力배양에 전념케 했던 황희黃喜 정승을 비롯한 맹사성孟思誠, 변계량卞季良 같은 청백진유淨白眞儒들이 이 땅에 살아있었기 때문임을 상기한다면 자연히 누구나 짐작할 수 있을 것이다. 그런 참된선비들이 있었기에 신분제 사회에서 가장 천시되던 황희 정승댁 머슴조차제멋대로 지껄여도 노재상은 그저 "옳거니" 하고 미소를 지었던 게 아닌가. 하찮은 머슴조차 일인지하 만인지상一人之下 萬人之上의 명재상 앞에서 아무 거리낌 없이 제 소견을 내뱉을 수 있었다. 그런 모습이 바로 안전사회의 한 단면인 것이다.

'뉴 새마을운동'과 '대한부흥운동 NGO연합'은 반부패와 인권신장, 비리척결과 안전사회만들기를 한데 뭉친 '윗물 맑히기 국민운동'에 총력을기울여야 할 것이다. 또한 대학인들과 국가 훈·포장을 받은 사람들이 중심이 된 멘토그룹 모두가 참된 선비의 전통을 재현하여 생명수 주기운동을 전개하자. 모두가 투철한 자기성찰 위에 귀인의 책무를 수행하는데 앞장서고, 이 뜻에 진심으로 함께하는 시민들을 모아 큰 무리의 큰 힘으로위로는 정치에서, 아래로는 사회저변까지 맑고 정직한 사회기상이 생동하게끔 전력을 기울여야 할 것이다. 우리 사회의 기본을 바로 세우고 사랑과성령이 가득한 아름다운 삶의 보금자리를 만드는 운동선수가 될 것을 소원하자.

 우리 사회에 만연된 부정부패의 병균은 위로 정치권·재계로부터 일선 행정, 공익요원들에까지 구석구석 미치지 않은 데가 없다. 따라서 '뉴 새마을운동 세계연맹'에서 다시 추진해야 할 과제를 제안하는 바이다.

 ① 법질서 정착으로 부정부패를 척결하는 것과 공직윤리확립으로 부정부패를 방지하는 것 중 어느 것이 더 효과적인가

 ② 우리나라 사법제도상 인권보장은 자기 체험상 어느 정도 되고 있는가

 ③ 부정감시·고발을 위한 옴부즈맨제도는 관주도로 할 것인가, 민간주도로 할 것인가

 ④ 남녀가 같이 일하고 똑같이 대우받는 사회를 만들기 위한 성차별 개선방안

 ⑤ 밝고 건강한 청소년활동을 활성화하기 위한 아이디어 제기PC방 운영쇄신

 ⑥ 저소득층, 노인, 장애인들을 돌보는 사회를 어떻게 구현할 것인가

 ⑦ 도시, 농어촌의 빈민층 생활여건 개선책과 '행복한 홈스쿨' 확대지원

 ⑧ 학교폭력과 생활침해범죄에 철저히 대처하는 방안제시

 ⑨ 진정 도와주는 경찰, 해결해주는 경찰상을 확립할 수 있는 방안

 ⑩ 균형있는 국토개발을 통한 발전혜택의 공유를 누리는 방안

 ⑪ 대도시 공기오염의 발생원인을 차단하고, 대기오염정화를 위한 국민운동방안

 ⑫ 안심하고 마실 수 있는, 깨끗한 수돗물 공급을 위한 정책아이디어

 ⑬ 앞으로 닥칠 물부족사태에 대비하여 수자원관리대책 아이디어

 ⑭ 쓰레기처리를 발생 초부터 줄여나가는 생활아이디어특히 음식물쓰레기로

연간 15조를 버리며 서울 남산만한 크기의 쓰레기 배출을 줄이는 문제해결 대안

⑮ 내 주변부터 시작하는 생활개혁운동 관련 아이디어혼·상제시 화환거절운동으로 절약된 뜻의 돈으로 기아대책운동 전개.

⑯ 국민생활의 귀감으로서 국가 유공자 중 어려운 분들 자녀돕기 장학후원회 운영방안

⑰ 공안, 사정, 교도기관 등의 인권존중풍토 조성방안

⑱ 수돗물, 교통, 보건, 환경 등 국민생활 안전도 높이기 방안

⑲ 공직자 윤리강화 및 부정부패의 근본적인 척결을 위해 오직자汚職者의 취업제한, 공직자 상호간·민관 상호간 선물주기 제한 및 부정비리 고발내부고발, 시민고발의 법제화 아이디어

⑳ 인권법·국민인권위 설치와 관련해서 정부주도가 옳은지, 민간주도가 옳은지 제기

㉑ 안전사회구축을 위해 각종 재난, 재해관리 및 예방책

㉒ 차량매연을 줄이기 위해 승용차 이용의 자율규제 및 대중교통수단 이용증대방안초등학교에서 대학생까지 자가용 안타기 운동 전개

㉓ 병난 뒤의 치료보다는 예방위주의 의료체계발전방안

㉔ 농약오염식품류와 유해의약품류의 범람에 대응하여 국민건강·안전을 최우선시하는 식품, 의약품안전관리대책

㉕ 국민건강증진을 위한 생활체육 활성화방안현 엘리트 체육정책의 획기적 개혁요망

㉖ 학교폭력근절방안경찰 처벌과 단속 중심제를 삼락회(三樂會: 교원 출신 모임)중심 교육지도체제로 변환시킬 것

㉗ 퇴폐유흥업소 단속과 청소년 보호문제

특히 '뉴 새마을운동'을 통하여 중점적으로 점검하고 시정하여야 할 방책들을 논의하자.

① 부정부패척결을 위해 법대로 처리해야 하는가, 그렇다면 면책특권이 있는 국회의원의 비리는 어떻게 해야 하는가, 하급자의 부정과 관련해서 상급자는 어떻게 해야 하는지

② 우리나라 사법제도나 일선 경찰에서 인권은 얼마나 보장되고 있는가, 문제가 있다면 그 개선책은?

③ 부패추방을 위한 시민 옴부즈맨제도가 지역별로 시행되고 있거나, 시행준비가 진행 중인데 이의 효과적인 시행방안

④ 성차별금지법 시행에 즈음하여 사회, 직장, 가정에서 남녀가 같이 일하고 똑같이 대우받는 인간관계 형성을 위해 고쳐야 할 점

⑤ 청소년층의 일탈행위는 우리 사회의 심각한 문제임에 비추어, 청소년 문제의 발생원인, 그 현황 및 개선대책

⑥ 사회안전망구축의 불비로 아직도 우리 사회의 소외계층저소득층, 노인층, 장애인 등이 겪는 불편이 매우 심한데, 이들을 돌보는 우리 사회의 개선대책

⑦ 우리 농어촌의 문화복지시설 및 서비스의 낙후성이 심한데 그 해결방안

⑧ 학교폭력을 비롯한 다양한 민생침해 범죄가 우리 사회를 위험상황에 빠지게 하고 있는데 이에 대한 정부의 대응방안과 함께 국민시민의 대처방안

⑨ 경찰행정혁신이 진행되고 있으나, 아직도 개선할 점이 많은데 진실로 '도와주는 경찰, 해결해 주는 생활복지경찰'이 되려면 어떤 개선책이 필요한가

⑩ 관치경제의 지속으로 불균형적인 지역경제발전의 시정과 균형 있는 국토개발 위한 정책대안

⑪ '70년대 이래 산을 푸르게 하는데 성공했으나, 산림자원의 경제성 환경기여도 등 산림자원관리상 여러 가지 문제점이 있음에 비추어 효율적이고 과학적인 산림자원 발전정책

⑫ 자동차범람 등으로 대·중도시의 공기오염이 날로 악화되고 있는데 그 개선대책

⑬ 맑은 수돗물 공급을 위한 상수원보호, 배수관시설, 상수도배관 등 상수도 관련 개선대책과 하수구 개선대책 4대강 주변과 샛강살리기 대책

⑭ 연근해 오염뿐만 아니라 황해, 동해의 오염도 심화되고 있는데 '깨끗한 바다'를 유지하기 위한 개선책

⑮ 쓰레기종량제 시행 이래 생활쓰레기의 배출·처리개선이 어느 정도 이루어졌으나 아직도 선진수준에 미흡할뿐더러 산업쓰레기의 무단투기는 아직도 사회문제로 남아 있음에 비추어 쓰레기처리 개선대책

⑯ 보다 안전한 수자원대책에 대한 정책아이디어

⑰ 내 주변부터 기본을 바로세우는 생활개혁운동으로 귀착된다고 할 때 내 주변부터의 생활개혁방안

⑱ 그간의 보훈제도운영이 권력자의 편의에 따라 왜곡된 면이 없지 않았기 때문에 국민들로부터의 보훈인식이 저조하였음에 비추어 국민생활의 귀감으로서 보훈의 위상이 자리매김 되기 위한 보훈제도개선에 관한 의견수렴

⑲ 인권의 사각지대로서 공안, 교도기관 등의 인권존중 풍토조성과 직업교육의 병행으로 출소 후 생활인으로 살 수 있는 방책모색 교도소 내 대안학교

운영

㉠ 수돗물, 교통, 보건, 환경 등 국민생활안전도를 높이기 위한 사회안전대책

㉡ 오직자의 취업제한, 공직자 상호간·민간 사이의 선물주기 제한 및 내부고발·시민고발을 증진하기 위한 아이디어싱가포르형 공직자 청렴사회운동 전개

㉢ 안전사회구축을 위한 각종 재난·재해예방책안전방송국 운영

㉣ 대중위주의 도시교통 이용증진방안

㉤ 국민건강과 안전을 위한 유해식품·의약품의 안전관리대책국민건강운동본부 운영을 대한노인회 중심으로 '9010 새마을 봉사단' 조직과 연합하여 추진

㉥ 국민건강을 위한 예방의료체계 확립방안 및 생활체육 활성화 방안모색과 지나친 엘리트 체육을 벗어날 것

㉦ 기능올림픽의 대대적인 활성화 방안시·군·구 직업 대안학교 운영과 각 대학 평생교육원 및 전국교회 교육관 활용의 연계방안 모색으로 지식, 재원 나눔운동을 전개하여 영농과학기술을 비롯한 '인력개발원'을 '뉴 새마을운동 세계연맹'에서 운영하도록 정부의 기관창설을 제안한다.

Chapter 10

뉴 새마을운동의 미래창조전략

과학기술·미디어산업 선진화의 기반조성

과학기술연구 중에서 우리가 주목해야 할 분야는 가장 부가가치가 높은 생명과학분야다. 한국신약개발연구조합의 분석에 따르면, 세계적으로 히트한 1백 개 신약 가운데 단 하나의 품목당 순이익이 국내 자동차업계가 3백만 대를 팔아 얻은 순이익과 맞먹는다고 한다. 신약뿐만 아니라 각종 의료기기, 인공장기, 유전공학 관련기기 등 많은 생명과학분야가 우리들의 도전을 기다리고 있다.

21세기의 무한경쟁무대에서 더 큰 코리아 만들기에 힘을 모으고 있는 이 시점에서 과학기술·미디어산업 선진화는 미래사회준비의 필수적인 현안과제로서 정책구호나 국민적 슬로건이 아니라 실질적인 자금조달, 인적자원의 조직, 연구시스템정비, 산·학·연·사産·學·硏·社간의 연계조직시스템화, 정부측 연구관리체계정비과학정책조정기구의 직위격상과 기능강화 등가 하루빨리 실천에 옮겨지지 않으면 안 될 만큼 긴박하고 시급한 상황이다. 세계적으로 뛰어난 IQ를 지닌 한국인, 그중에도 세계최고 수준과 어깨를 겨루는 고급두뇌들이 다행히 우리에게는 있다는 것이 얼마나 축복받은 일인가.

바로 우리 눈앞에서 벌어지는 생명과학계의 침체 등을 심려深慮해 본다면, 그 의구심의 강조가 결단코 과장이 아니라는 현실의 심각성을 나랏일을 웬만큼 걱정하는 우리 국민이라면 누구나 공감하고도 남으리라고 생각한다. 어느 시대, 어느 상황에도 위기는 늘 있어 왔고 목전의 정황으로 볼 때, 그 모든 현안들이 한결같이 다급한 양상으로 동시대인들의 심신을 어지럽히는 소용돌이 모습으로 자칫 뭇사람을 혼란에 빠지도록 만들게 마련이다.

신지식인들을 높이 대접하는 사회를 만들고, 나아가 우리 한국인이 남달리 유구한 문화전통을 누려 온 천혜의 '보이지 않는 자산'—그 다대多大한 정신보고를 오늘에 되살려 한국문화의 세계화를 도모하는 문예부흥운동은 과학기술진흥과 달리 엄청난 재원, 방대한 조직관리, 정부측의 정밀한 지원체계를 다 갖추지 않더라도 국민·정부·기업 간의 합심협력과 자그마한 정성으로도 어느 정도 그 진전을 뒷받침하고 선양시킬 수 있지 않겠는가. 이는 과학기술진흥을 측면 지원하고, 나아가 현안 난제들의 소용돌이 바람이 일으키는 쓰레기 먼지들을 가라앉히는데 꼭 필요한 역사役事인 것이다. 우리는 한국인의 체질 속에 배어있는 그 오랜 문화전통의 슬기로움과 자주정신을 올곧게 드러내는 일이야말로 세계화의 문화전쟁시대 속에서 우리 고유의 문화역량을 일궈내고 한국문화의 세계화를 실천해 내는 우리 민족의 집단에너지원이 될 수 있다.

지금 우리는 세계화의 산업전선, 문화전선에 풍부한 보급능력을 갖추어 경쟁력 있는 산업전사들신지식인군을 지속적으로 전선에 투입해야 하고, 동시에 우리 문화전통의 갑옷을 입은 문화전사들문화예술인군을 또한 문화전선에 용기 있게 뛰어들도록 국민·정부·기업들이 다 함께 응원의 추임새 운동을 힘차게 벌임으로써 21세기의 무한경쟁시대 속에서 보다 밝은 미래를 보장할 수 있게 될 것이다.

우리가 그렇게 대비해도 내일의 준비태세를 완전하다고 안심할 수 없을 만큼 21세기의 전망은 너무나 복잡하고 불확실한 국면들이 많다는 점도 아울러 생각해야 한다. 바로 그런 불투명한 미래전망에 대해 우리의 슬기와 문화역량이 남다른 성과를 거둔다면, 바로 그 때문에 우리 한국이 세계경제발전, 인류사회의 공생발전에 기여할 수 있게 될 것이다. 그러한 원려遠慮와 드높은 금도襟度를 가진 한국인들이 많을 때 비로소 우리 한국이 미래세계속에 우뚝 설 수 있게 되는 것이다.

오늘날 지구문명발전의 장애가 되는 것은 대다수의 사람들을 단순하게, 수동적으로 지구촌의 '풍요한 가상현실'에 참여시키려고만 하는 이른바 '세계화' 세력문화제국주의 포함과 그런 류의 세계관이다. 즉, 컴퓨터 네트워크가 국제투기자금의 세계횡행을 촉성하고 그 일단이 오늘의 세계경제위기를 가져 오게 했기 때문에 그런 식의 컴퓨터 세계상은 유럽인들의 각성을 불러일으키게 하고 있으며 머지않은 장래에 세계인들의 눈뜸을 자극케할 것이 예견된다.

우리는 일본이 아시아 최초의 근대국가로 탈바꿈하면서 대포와 소총으로 무장한 군국주의의 길로 돌진했고, 1세기도 채 못 되어 그 무기로 인해 일본국민의 명예와 긍지에 대한 관념이 손상되자 이를 포기함으로써 불과 반세기만에 기술 1위 국가로 재부상하게 된 예를 목격했다. 자신에게 강력한 힘이 되는 수단을 포기한다는 것은 결단코 쉬운 일이 아니다. 또 흔한 일도 아니다. 그러나 우리겨레의 문화전통 속에 남다른 특성을 생각케 하는 바 있다. 즉, 인도불교는 신라에 이르러 원효元曉의 원융무애사상으로 그 신념체계의 극치를 이루었으며, 송나라 성리학은 퇴계·율곡의 이기학理氣學 체계화로 그 절정을 이루었듯이 인류발전의 공생원리를 살려 내는 대역사大役事에 우리의 지력과 열정을 쏟아야 한다는 것이다. 다시 말하면 전자공학의 쓰임새를 재발견하고 이에 생물공학, 정밀화학, 정밀공학 등 첨단적인 인간능력과 기호, 인지심리학, 사이버사회공학 등 최신 인식체계지식을 종합하여 이를 고도문화성과로 창조해 인류사회에 공헌해야 한다는 것이다. 한국정신문화 전통 속에 연면해 온 총체성의 문화력은 원효 이래 오늘에도 이어져 오고 있다고 믿기 때문이다.

이미 이 땅위에 진정한 컴퓨터문화를 꽃피우기 위한 컴퓨터 세계개척의 1세대들의 희생과 헌신만으로도 그것을 발화發花시키는 필요한 토양은 상당수준 닦여졌다 해도 크게 틀린 말이 아닐 것이다. 제2세대, 제3세대로 잇는 컴퓨터세계의 개발노력이 더 나은 신지식인들과 젊은 문화예술인들의 공동작업으로 지속적으로 전개된다면, 반드시 전 인류숙원의 공생사회 구현의 꿈은 이루어질 것이다. 다만 지성과 덕성·영성훈련을 통한 지혜 있는 생활인의 성품을 길러야 할 것이다.

따라서 '뉴 새마을운동'은 이 같은 21세기의 과학기술·미디어산업의 선진화를 위한 범국민적 집단노력을 일어나게 하고, 북돋으며, 앞으로 나가게 하여야 할 것이다. 이 같은 국민운동은 21세기 한민족공존공영의 성패가 달린 중대한 민족과제이기도 하다.

위 성공조건으로 추진 및 지원주체의 인지사항을 제안한다.

① 지식집약산업 육성방안에 대해 구체적인 사례의 인식을 토대로 대안 구상

② 첨단과학기술과 기초과학의 균형 있는 진흥을 위한 생각 정리

③ 신지식인 배출을 위한 평생학습교육체제가 필요한데, 각자의 직장형 편에 따라 어떻게 하면 실현가능한지 논의

④ 7천명이 넘는 한국출신 해외과학두뇌를 유치하여 모국 과학기술발달에 기여케 할 수 있는 방안

⑤ 정보화교육의 실질화를 위한 초·중·고등 교육과정에 무엇이 달라지고, 무엇이 필요한지 함께 정리하여 대안 추진

⑥ 정보경제시대에 대응하여 정보지식산업이 전 산업의 중추신경화해야 되는데, 이를 위해 정부가 기업, 그리고 우리국민이 각기 어떤 역할을 수행하는 것이 바람직한가에 대한 대안

⑦ 학생과 학부모의 과외부담해소, 청소년 폭력문제해결, 공교육 살리기

⑧ 여성인력의 개발, 사회참여 확대방안

⑨ 정책과제인 전자정부의 구현은 일선행정 현장의 정보화현황에 비추어 무엇이 문제이며, 어떻게 개선해야 하는가의 발전방안

⑩ 지식정보이용의 생활화를 위한 각자의 아이디어와 그 향상방안

⑪ 종래 학벌 위주에서 질 위주로 대학교육개혁 방안

⑫ 실력과 신뢰를 기반으로 한 교직사회의 구현방안

⑬ 한국문화창조 역량제고를 위해 우리는 어떠해야 하는지 구체적인 사안

⑭ 과학기술도시를 어떻게 구현할 것인가를 각국과 비교하여 후발국들의 발전모델이 되어야 한다.

그리고 다음의 과제를 '뉴 새마을운동'으로 전개하자.

① 미래형 지식집약산업육성을 위해 젊은 컴퓨터매니아들의 벤처창업을 북돋을 수 있는 지원아이디어 제시

② 첨단과학기술의 진흥을 뒷받침하는 기초과학진흥을 위한 대학 및 연구기관에 대한 지원방안, 그리고 기술지식의 저변확대를 위한 초·중등교육과정의 과학기술교육강화방안

③ 창의적 신지식인 배출을 위해 바람직한 평생학습과정課程을 어떻게 펼칠 것인지, 또한 신지식인을 존중하는 사회여건조성을 위한 능력위주의 사회를 어떻게 조성할 것인가

④ 지식국가건설을 위한 과학기술두뇌 확보가 시급한 상황임. 특히 해외의 두뇌유치를 위한 아이디어

⑤ 정보화교육강화를 위해 현행 초·중·고등 교육과정에 어떤 혁신이 필요하며 어떻게 시행해야 할 것인가

⑥ 정보지식산업의 산업구축화를 촉진하기 위한 정부의 역할, 기업의 재편, 국민의 참여를 어떻게 하는 것이 효과적인가

⑦ 막대한 과외부담을 벗어나기 위해서 교육개혁이 어떠해야 하는지에 대한 아이디어를 제시해 보자. 또한 지식기반사회 형성을 위한 초·중·고등 과정의 창의력 개발강화방안

⑧ 정보화사회의 고정밀작업에 여성인력개발을 촉진하고, 정보여성의 사회참여를 확대하기 위한 아이디어

⑨ 변화와 개혁의 주체로서 정부의 지식정보 이용활성화를 위한 전자정부 개혁프로그램 제시

⑩ 지식정보이용의 생활화를 앞당기기 위한 시민정보교실의 효율적인 추진방안

⑪ 현행 학벌위주의 교육체제를 타파하고 질質위주의 대학과정을 내실화하는 개혁단행

⑫ 신지식인 육성에 필요한 실력, 사제 간의 신뢰를 기반으로 한 교직사회의 조성방안

⑬ 세계화시대에 대응하는 한국문화예술계의 문화창조역량을 제고하고, 문화·관광산업을 획기적으로 육성할 수 있는 정책프로그램 제시

⑭ 과학기술발달과 문예부흥을 위해 지적재산권을 보호하고, 또한 과학기술의 불법 해외유출을 막기 위한 보안대책의 강화

⑮ 영상관련 문화산업을 육성하고, 도서관·박물관의 D/B작업촉진으로 그 이용의 생활화를 촉진하기 위한 아이디어 제시

⑯ 정보화 시범도시 개발방안

⑰ 정보기술의 범국민적인 활용능력을 높이고, 확산을 위한 아이디어

첨단과학기술강국 만들기 운동전개

『과학발전이 기술화되기까지는 오랜 시간이 소요된다. 뉴턴의 대발견이 공업시대의 상품생산에 도움을 주는데 70년 넘게 걸렸고, 아인슈타인의 발견은 정보경제가 시작되기 50년 전 쯤에 산업 각 분야에 응용되기 시작했다. 1953년 왓슨과 크릭이 해부한 DNA의 유전공학적 구조는 '80년대 초부터 바이오산업의 기초기술로 이용되기에 이르렀다.

이미 지나온 경제의 수명이 수천 년에서 수백 년, 그리고 이제는 수십 년으로 줄었기 때문에 바이오경제의 수명이 더욱 짧아질지 모른다. 지금은

아직 다른 경제가 시작되기 수십 년 전이라지만, 그 새로운 경제가 얼마나 지속될지를 알아내는 것보다 그 경제가 무엇을 기초로 성장할지에 대해 이해하는 것이 더 중요하다.

세 가지 기초, 또는 핵심기술이 다가오는 바이오경제에 엄청난 충격을 줄 것이다. 그 세 가지 기술이란 지능컴퓨터의 발전, 유전학의 발전, 그리고 극도의 소형화기술이다. 이밖에도 많은 분야, 특히 에너지와 환경분야에서도 주목할 만한 기술개발이 이룩되어 왔다. 하지만 이들 세 가지가 막 잉태되고 있는 새경제의 주인공이 될 잠재력을 가지고 있다. 이들과 관련된 새로운 과학분야들이 새로 생기거나 발전하게 될 것이다. 미래의 사업은 이들 분야와 결코 분리될 수 없는 상황에 놓이게 될 것이다.

1966년에 발표된 아이작 아시모프의 『환상항해』는 사경을 헤매는 환자의 동맥속으로 극소화된 잠수정을 타고 들어가 혈괴를 레이저로 제거한 다섯 사람의 이야기를 그린 공상과학소설이다. 그로부터 4반세기 뒤 극소화된 사람은 아니지만, 그 소설에서처럼 극소화된 기계가 제작되었다. 최첨단 극소형 기계류가 창안되어 이용되고 있으며 그 가운데 많은 것이 컴퓨터와 유전공학의 주요한 진보와 연결되어 있다. 모든 사업이 공업경제 도중에 '산업화' 되었듯이 정보경제가 진행하는 도중에 모든 산업이 '정보화' 될 것이다. 바로 이 논리에 따라 앞으로 바이오경제 진행기에는 모든 산업의 핵심기술이 '생명공학화' 될 것이다. 아직 바이오경제가 시작되려면 상당 기간이 소요되겠지만, 바로 지금이 바이오경제가 성장할 기초를 닦아야 할 시간이다.』

— 스탠 데이비스 & 빌 데이비슨 공저 『2020비전』에서,

〈한국어 번역서 제목은 『경제이동』임〉

과학기술선진화의 조건성숙을 위한 방책

아이러니하게도 대량파괴와 유혈살육의 제2차 세계대전을 주동한 '중' 민족 대對 '대' 민족·인종간의 대쟁투는 민족·인종을 아우르는 인류문명 사의 대전환을 선도하는 지식정보혁명을 잉태함으로써 새 밀레니엄시대 에는 전세기의 전쟁과 혁명정치경제 대신 평화와 연대를 꽃피울 수 있는 지 구촌시대의 '세계인' 네티즌 등이라는 한 식구시대를 만들었다. 2차 대전은 사실상 첩보전쟁이었으며 승패는 FM통신과 펄스통신의 선진여하로 판가 름난 것이라고도 볼 수 있다.

종전과 더불어 정보의 흐름을 장악한 미국의 영광 속에 정보이론의 2차 대전 종전의 흥분이 채 가시지도 않은 1947년, 정보처리를 하던 중 제어계 에 있어서의 잡음과 로파濾波, filtering 문제해결에 고심하던 노버트 위너는 제어계의 안정성연구를 거듭한 끝에 최초로 사이버네틱스cybernetics 이론 을 창안해 냈다. 그는 신경생리학, 기계공학, 전기공학, 사회학, 언어학 등 의 분야에서 "같은 것에 각각 다른 이름이 붙여져 중요한 연구성과가 3중, 4중으로 별개로 정리되어 있는가 하면, 어떤 부분에서는 이미 고전이 되다 시피 한 결과가 다른 부문에서는 알려져 있지 않아서 연구가 뒤지기도 한 다"고 지적하고, 이 같은 과학연구의 들쭉날쭉한 불균등발전을 감안하여 "한 부문의 전문가이면서 동시에 인접부문에도 투철한 이해를 가진 연구 팀이 동물인간 포함과 기계에 있어서의 제어와 통신분야를 연구할 필요가 있다"는 취지에서 정보이론형성의 새지평을 열었다.

거의 같은 시기에 벨Bell·미전화통신업체전화연구소의 클로드 E. 새논은 통 신공학전문가로서 정보의 부호화문제를 연구한 결과 정보량의 수식數式화,

택일적인 정보량의 이용, 통신 에러 없는 통신로 용량의 한계 등을 이론화하여 「통신소통의 수학적인 이론」을 제시했다.

이 두 가지 이론은 오늘날 모든 정보이론의 기초가 되었다. 이 같은 공학적 개념을 토대로 두 가닥의 발전계통이 이루어졌는데, 그 하나가 전자계산기의 출현으로 과학전반의 새로운 연구수단이 되고 모든 재래학문분야의 방법론에 변혁을 일으켜 각종 시스템의 대규모화·광역화를 촉진했을 뿐 아니라 정치·경제·사회의 시스템화로 확산된 것이다. 또 한 가닥의 통신수단으로 라디오에서 TV로, 다시 컴퓨터로 이어져 인간의 의식 및 행동에까지 큰 영향을 미치게 된 것이다. 정보이론상의 정보란 사전적 의미로서의 '정황情況의 알림'이란 뜻에 정보=문장이 속에는 문장으로 표현될 수 있는 내용이 포함됨이라는 등식개념이 추가되며, 그 이론에서는 정보와 정보의 운반이 똑같은 비중으로 취급된다.

위너와 새논의 정보이론 창안 이후 반세기가 지난 오늘날 세계경제는 지식정보혁명의 전성기에 접어들면서 정보경제시대가 그간의 성장기에서 바야흐로 성숙기로 향해가고 있다. 지난 3세기 간에 걸쳐 산업화를 이룩했고 민주주의를 발전시킨 인쇄문자매체는 서서히 전자부호기호매체에게 자리를 물려주면서 그 매체가 이끄는 정보화와 전자또는 참여민주주의의 발달이 대두되고 있다. 선진제국이 지식정보혁명의 새 조류에 오른 것은 이론물리학의 대전기를 이룩한 아인슈타인의 상대성이론, 하이젠버그의 불확실성·통일장이론이 발표된 20세기 초엽부터 축적되어 온 과학기술의 발달을 토대로 한 '40년대 말부터라고 볼 수 있다.

우리는 6, 70년대간 수입대체를 겨냥한 기간산업육성과 가전제품 등 수출산업육성을 위해 선진기술도입에 급급했고, 선진제국의 정보산업이 속속 그 모습을 드러내면서 기존산업계의 리스트럭처링이 진행되던 '80년대 간 PC업계 및 연관기업들은 거의 정부지원 없는 개척기의 어려운 상황속에서 세운世運 상가중심의 정보경제형성에 힘을 쏟았다. 정부가 지식정보혁명의 세계적 파고波高에 눈을 떠 국가차원의 과학기술진흥에 본격 착수한 것은 '90년대 들어서부터인데 이때 이미 선진제국들은 자기들끼리 결속하는 블록화와 더불어 정보화·국제화를 내세운 기술패권주의경쟁단계로 돌입한 상태였다.

산업화로 총칭되는 근대자본주의 발달 3세기 간 자본가또는 경영인의 주도 아래 기술은 산업발전의 종속적인 보조또는 촉매역할이라는 제약아래 놓여 있었으나, '정보화'가 본격화된 80년대부터는 경제가 과학기술에 의해 좌우되는 상황으로 시대상이 바뀐 것이다. 이 같은 시대변화 속에 우리가 가장 중요시해야 할 정책변화의 특징이 경제 따로, 과학기술이 따로 있는 것이 아니라 그 두 가지 정책의 통합추진에 있다는 점이다.

일본의 통합여당으로 출범한 자민당은 1956년을 '기술혁신시대 개막의 해'로 설정한 이래 40년이 넘도록 그 정책기조에는 아무런 변화가 없었다. 심지어 과학기술개발을 민간 기업에서 한 미국도 80년대 후반의 일본기술 우위에 자극을 받아 정부와 기업의 공동노력으로 추진하기에 이르렀다. 러시아도 과학자들에 대한 각별한 예우와 사회적인 존경은 유별나다. 일본, 독일 같은 중규모의 단일민족국가가 어떻게 미국과 러시아 같은 대규모의 다민족·다인종국가에 맞서 패전의 폐허를 딛고 일어나 겨룰 수 있는 것일까? 그 저력이 어디에서 나오는 걸까?

우리는 3천여 년의 유사기간에 걸쳐 1천여 회의 외침을 극복했고, 2천년 가까운 단일민족국가로 정체성을 보존했다. 불교와 유교문화의 극치를 이루었을 뿐만 아니라 이제는 기독교문화의 정상을 지향하고 있다. 불과 한 세대에 산업화와 민주화를 우리 힘으로 이루어 OECD의 선두국, G20의 장국이 되었다. 이제는 선진경제권에 진입한 저력이 있음을 민족긍지로 삼고 있다. 그러나 정보화·세계화의 노도질풍속에 과연 이 같은 민족정체성의 보존논리가 얼마나 실효성이 있을까에 대해 우리는 깊은 반성과 성찰을 해야 할 때가 온 것이다.

전자공학이 만들어 낸 가상현실은 기존의 역사상歷史像, 사상체계 및 정신에토스 정형定型을 깬, 전혀 새로운 인간경험세계를 형성해 가고 있다. 산업화에서 정보화로 이행하고 있는 과도기 속에서 우리는 첨단과학기술의 발달을 도모하기 위해 적어도 세 가지의 인식전환, 미래를 위한 선택을 확실하게 다지는 오늘의 결단을 감행해야 한다.

우선적으로 대기업과 중소기업간 '거래불공정', '대기업 독과점으로 인한 시장불균형', 중소기업을 차별하는 '제도불합리' 등 이른바 경제 3불不을 막아내고 개혁해야 한다. 경제·사회발전의 쌍두마차로 기업인과 과학자가 나란히 앞서도록 해야 한다.

우리는 산업화의 끝자락에 매달린 채 정보화의 이행태세를 채비하는 상태다. 정보화의 견인역은 과학자와 기업인의 몫이다. 따라서 2013년 새로 출범하는 새정부는 우리의 인식 틀을 바꾸어 과학자를 존경하고 키우는 자세부터 다져야 할 것이다. 외국인들은 비아냥거림으로 우리나라 풍토에서는 영웅이 요절할 수밖에 없다고 말한다. 우리가 선진국가로 탈바꿈하려면, 과학자들을 영웅으로 받들고 존경하며, 그들이 활보하고 명예를 누리도록 전 국민의 인식 틀을 구축해야 한다. 과학자 없는 과학기술 선진화 전략은 애당초 성립 불가능한 신기루다. 더욱이 과학기술선진화는 미래를 위한 선택을 보증하는 유일한 국가방어전략인 것이다.

그 둘은 과학기술정책과 경제정책의 통합추진이 가급적 빠른 시일 내에 실천에 옮겨져야 한다는 것이다. 경제난 타개는 발등의 불이기 때문에 과학기술정책과 경제정책의 통합추진을 위한 관리체계정비, 인적자원동원, 재원조달면에 소요되는 국가차원의 종합대책연구작업은 실천에 옮겨져야 한다는 것이다. 특히 국정과제로 추진되는 정부혁신과정에 정책적인 배려가 반드시 있어야 한다는 것도 간과되어서는 안 될 것이다. 과학기술정책과 경제정책의 통합추진과 관련된 선진외국의 경험을 배우고 이를 우리형편에 알맞게 한국화하는데 힘써야 할 것이다.

셋은 과학기술선진화를 위해 '뉴 새마을운동 세계연맹' 구성에 과학기술자들의 참여비중을 대폭 늘려 과학기술개발 노력의 국민운동화에 활력을 불어넣어야 한다는 것이다. 과학기술선진화는 국민·정부·기업 등 3자 결합의 공동노력이 집중되어야 한다. 과학계의 상식대로 하나의 신제품이 탄생하는 데는 '5-5-5 법칙'이 적용되는데, 제품발상에서 시제품단계까지 5년, 시제품에서 상업화 제품단계까지 5년, 하나의 신제품에서 관련파생제품판매 등을 포함한 대량매출 사업화단계까지 5년에 이르는 총 15년이 소요된다는 것이다. 그러나 최근 들어 연구개발, 제품완성, 유통판매의 매단계마다 통합시스템기법의 발달로 그 소요기간이 가속적으로 단축되고 있다. 이에 더하여 소요예측에 따른 신제품개발이라는 역진법적인 연구방식도 시행되고 있어 우리가 세계시장의 동향파악 및 시장전망에 따라 나름의 틈새시장개척이 얼마든지 실현가능하다는 것이다.

이러한 일련의 작업추진에는 관련기관·단체·개인의 유연성 있는 공동팀제운영으로 임하는 것이 효과적이다. 그런 일에 적합한 만능만재의 기관도 개인도 없는 법이다. 이와 같은 세 가지의 방향전환을 시행함으로써 우리는 명실상부한 과학기술의 선진화를 옹골차게 추진할 수 있을 것이다.

디지털혁명의 세계화와 지식산업에의 기술지원

어려운 상황이지만 과학자들에 대한 사회인식을 바꾸고, 어려움의 타계가 과학자들의 어깨에 걸려 있음을 갈망하는 마음이 전달될 때 한국과학기술의 선진화는 상당히 앞당겨질 수 있다. 우리 사회는 지식정보혁명의 열기 속에 휩싸여 있다. 미국, 일본, 서유럽에서는 이상기온의 내습來襲보다 더 강렬하고 빠르게 지식정보혁명의 파급에 국력을 쏟고 있다. 이 혁명의 선도그룹은 다름 아닌 과학기술자들이다. 이들을 주축으로 기술마인드를 가진 기업인, 관리계층, 기능인 등을 포함한 '신지식인'들이 이 혁명의 주도세력이 되어야 한다. 주도세력이 우리 공업경제를 정보경제로 탈바꿈시킬 것이며, 정보경제를 선진화할 선도세력이 되기도 할 것이다.

이 세력의 중추로서 과학기술자들은 그 세력내부에 기술노하우를 공급해야 하고, 활동무대인 지식정보산업에 스스로 참여하며, 인프라구축과 '세계화' 바람의 정보흐름에 대응하여 한국신지식인 세력의 국제간 네트워크망 신장에도 기술 노하우 제공은 필수다.

정보경제의 흐름이 디지털화하는 데는 현재 보유한 과학기술자 집단의 수십 배에 달하는 디지털시대형 과학기술 전문계층을 필요로 한다. 이 전문계층을 주축으로 한 신지식인 대계층大階層의 형성을 기대한다. 또한 이들은 현재 공업경제의 재편과 경제위기 아래 무너져 내리는 중산층을 대체하는 또 다른 중산층의 등장이 될 수도 있을 것이다. 이 같은 사회변동의 구체적인 실례는 미국의 뉴욕, 오스틴, 피닉스, 시애틀, 그리고 디지털혁명의 진원지인 실리콘밸리를 오가는 디지털맨들이 바로 실체다. 디지털맨의 도시공간, 일터, 여가를 보장하는 테크노시티건설은 디지털혁명의 성공열쇠라 할 수 있다.

사업계획에는 또한 과학기술자들을 주축으로 한 정보인프라에 밝은 SOC전문가집단, 정보네트워크망에 조예 있는 도시계획전문가집단, 이들 3개 주요집단의 공동작업을 지원하는 행정계 인력, 시민단체 전문인력특히 환경관계, 관련업계 대표 등의 참여 또한 필요하다. 이들의 팀워크는 당면과제이며, 시간적 여유가 없는 당면현안이다. 이 작업진행과 병행하여 전 국민의 신지식인에 대한 인식 제고, 디지털마인드의 확산, 디지털기기 접근지식의 광범위한 보급 등 국민생활의 과학화운동이 전개되어야 한다. 특히 테크노시티권 직장인들에게는 집중적인 디지털화교육이 실시되어야 한다. 이는 디지털기기·시설업계가 필요로 하는 수요개발과도 직결된다.

이 같은 일련의 과학화교육에 과학기술자들이 전면에 나서야 한다. 이는 종래 역대정권의 새마을 국민정신교육과 궤를 달리할 뿐 아니라, 과학기술강국론의 국민적 비전을 국민대중 속에 심어 나가는 시대적 과업인 것이다. 디지털·멀티미디어 시대의 국민적 참여는 디지털세계화의 일방적인 외부공세에 대응하여 상호의존관계를 일궈내는 한국·한국민의 과학저력을 촉발시키는, 새로운 제2의 문호개방시대를 여는 것이다.

디지털·멀티미디어 시대의 선두그룹을 형성하는 과학기술자들은 컴퓨터3세대들이 그 중핵을 이루게 될 것이다. 그들이 곧 '제2의 문호개발시대'에 선도역이 되는 과학기술자들이자, 바로 신 지식인층을 표상하는『젊은 그들』갑신정변 당시 개화투쟁에 몸 던진 청년층을 지칭한 金東仁의 동명소설인 것이다.

이에 디지털혁명의 세계화 회오리는 우리 사회를 덮치고 있는데다 그 상황의 절박함은 우리들로 하여금 한순간의 머뭇거림도 허용하지 않고 있다.

우리가 염원해 왔고 나름대로 힘을 쏟아온 과학기술입국론이 바로 우리 눈앞에서 시련의 고비에 맞닥뜨리고 있는 위급상황을 목격하고 있다. 우리가 정녕 과학기술강국이 되고자 한다면, 일처리의 완급, 즉 계획수행의 우선순위를 안배하고, 일처리의 완결성을 높이기 위해 순위별 인적·물적 자원동원과 연계체계 갖추기 등 광범위하고 종합적인 대책마련이 선행되지 않으면 안 된다. 지금 우리 사회가 당면한 디지털·멀티미디어 시대의 전개는 과학기술강국화의 당면한 시금석으로 발 앞에 떨어진 현안과제다.

'뉴 새마을운동 세계연맹'은 이 현안과제를 시급하게 정면 제기하여 그 해결에 전 국민의 슬기와 역량을 모아 돌파해 나가야 할 것이다. 여기에 국가연구기관, 대학연구기관, 민간연구기관, 그리고 벤처기업 내의 전문가들의 기술노하우를 총집결하여 정면 돌파하는 힘으로 동원해야 할 것이다. 이를 위해 과학기술관련 분과위원회를 구성하고 풀가동하여 이 땅에 디지털혁명의 전국화·세계화를 순조롭게 전개할 수 있도록 백방으로 노력을 기울여야 할 것이다.

지식기반 경제형성과 제3의 기술혁신

레오나르도 다빈치의 과학적인 소묘素描에서 발단된 공상과학S·F에 대한 관심은 쥘 베른「해저2만리」, 올더스 헉스레이「멋진 신세계」, 미국이민작가 아이작 아시모프「환상항해」, '80년대 말 마이클 크라이튼「쥬라기공원」에 이르러 공상과학소설로서 전 세계에 폭발적인 인기를 불러일으켰다. 크라이튼의 인기폭발은 '정보화 진전'의 폭발현상과 무관하지 않다. 독서인구의 문화취향에 일대 변혁이 일어난 것이다. 이제 공상과학소설은 예전처럼 청소년층이나 일부독차층에 국한된 것이 아니라 전 세계 대중들특히 선진제국민들이 함께 즐기는 필독서로 자리잡게 되었다. 우리는 이인직의 『신세계』 이후 육당 최남선의 「기괴奇怪」지의 몇 호 발간이 있었으나, 독서대중의 인기는 이광수李光洙『무정』, 김동리金東里『등신불』, 김승옥金承鈺『무진기행』, 최근까지 윤대녕尹大寧『천지간』의 문학세계에 쏠려있는 상태다. 하지만 뒤늦게나마 '정보화'의 물결 속에 이우혁의 『퇴마록』 출현 이후 이제야 『마지막 해커』 황유석, 『밀레니엄전쟁·1999년 12월 31일』김기만·권희숙 공저, 필자의 조카인 신경숙의 『엄마를 부탁해』 등이 굉장한 기세로 미국과 유럽 등지에 독서인구를 늘려가고 있다. 하지만 아직도 외국작가의 공상과학소설들이 '정보화' 독서대중의 지적 갈증을 적셔주고 있는 실정이다.

이렇듯 S·F작가군의 영세함, 인쇄문화계의 지식정보관련 도서낙후는 국민대중의 '정보화' 마인드 형성을 지체시키고, 정책권·금융권 등 '정보화 혁명' 지원세력의 방향전환을 더디게 할 뿐 아니라, 벤처기업들로 하여금 애초부터 내수시장을 도외시 한 채 수출에만 관심 갖게 하는, 우리나라 '정보화'의 왜곡구조를 심화시키는데 커다란 영향을 미치고 있다.

지식정보혁명의 폭발현상에 상응하는 사회전반에 걸친 대변동의 오케스트레이션이 제대로 되고 있지 않다는 것이다. 전자문자의 위력은 인간의 의식구조전환에 있어 결정적인 것이다. 인쇄문화가 민주주의를 가져오게 했듯이 전자문자와 전자유통은 또한 지식정보혁명의 '바늘과 실'이다. 즉 과학기술정책이 바로 그것이다. 그 정책의 당면 대상은 '정보화'이며, 힘있고 올바르게 펼치려면 시발점인 정보화의 원점으로부터 그 혁명의 종말에 이르는 체계적인 인식을 토대로 삼아야 한다.

OECD국가 중 지식투입지표상 GDP국내총생산대비 R&D연구개발투자비율
이 선진국과 비슷한 수준인데 비해 지식성과지표주로 특허출원논문 발표 및 기술
의 경제성장기여도가 매우 낮고 지식과정지표지식의 활용, 지식인프라 및 지원체계, 연
구성과의 상업·실용화 등도 매우 낮다. 이들 지표중 투입지표의 대등수준이란
한국민의 뜨거운 교육열에 의한 교육수준을 지칭한 것일 뿐이다. 문제는
그 투입지표에서도 R&D집약도가 낮다는 데에 있다.

이 보고서에 시사된 문제점을 살펴보면 ① 전략적 정책체제가 정립되지
않아 정책대응이 산발적이라는 것 ② 기업간의 연계관계가 산만해 서플라
이어측과 메이커측이 따로 따로 돌아간다는 것 ③ 이에 따라 연구개발의
공동작업이나 연계성 부족으로 제각기 제방향 가기식이라는 것 ④ 대학
및 연구기관의 관련업계와의 산·학·관·산업간의 협동관계나 지역경제
와의 연계관계도 매우 부족하다는 것 ⑤ 높은 교육열에 비해 '정보화'에의
집중화가 미흡하다는 것 등을 손꼽을 수 있다.

지금 우리는 초경쟁, 또는 무한경쟁의 세계화의 노도질풍 한가운데에 놓
여졌다. 이미 미국, 일본 그리고 유럽연합이 정보경제세계화라는 전 지구
경영체제를 급속하게 펼쳐나가고 있다. 그것의 선창先槍은 고기술·고부가
가치의 첨단산업서비스다. 그 선창의 한 끝인 투기성국제금융서비스의 일종
의 일시유출로 우리경제가 와르르 무너진 것은 바로 IMF의 뼈아픈 교훈이
다. 이제 우리는 몇몇 국가 간의 경쟁관계가 아닌 동시다발적인 다국가간
의 현안풀기에 신경을 써야 한다. 따라서 선진화의 돌파구는 과학기술혁
신에 있으며, 이를 국가·국민전체의 총체적인 차원에서 대응할 것을 요구
하고 있다.

이런 시대적 요청의 엄중함은 국정을 총괄하는 대통령의 의지물론 가장 중요하지만만으로는 안 되고, 행정기관의 힘모으기로 부족하며, 더욱이 과학기술자 집단의 비장한 각성과 기업계의 획기적인 경영혁신노력을 보태도 미흡할 만큼 심중甚重하다. 그 심중함에 비추어 우리가 제3의 기술혁신운동을 힘차게 펼치면서 지식기반경제의 고도화를 촉진하기 위해 아래와 같은 몇 가지 대응책 추진에 범국가적, 범국민적 역량과 슬기를 총동원해야 할 것이다.

첫째, 인류문명의 대전환을 촉진하고 있는 '제3의 물결' 변화에 상응하는 제3의 기술혁신에 국가의지와 국민의지를 집주集注하고, 현안 구조조정에 따른 기술공동화, 산업공동화를 신속하게 지식기반경제로의 전환으로 일관되게 추진해야 한다. 반도체나 자동차 등 수출주력업종의 해외 이전을 메우는 해외로부터의 지식기반 기업진입과 국민인식전환을 서둘러야 한다.

둘째, 해외거점 한국기업 및 관련 외국기업 및 연구기관들과의 긴밀한 네트워크화를 국내산업의 지식기반전환책과 연계시켜야 한다. 대기업의 세계경영은 그 기업만의 세계화로 방임할 것이 아니라, 국내 연관기업군의 세계경영에 노하우를 제공할 수 있도록 각 대학과 자매대학 연구소들과도 밀접하게 연계되어야 한다.

셋째, 창조적이고 개방적인 과학기술력 제고를 위한 제도교육을 비롯한 사회교육기술교육 포함 전반의 개혁이 필요하다. 이와 함께 교육 및 연구개발의 국제교류·협력을 증진하되 미국과 일본에만 치우칠 것이 아니라 유럽연합, 아프리카, 싱가포르 등 동남아권 그리고 중국·러시아·신생자원국가·북한과의 협력관계증진에 힘을 쏟아야 한다.

넷째, 대학중심의 기초과학교육 투자확대와 더불어 사회교육에도 기술인의 기초실력함양에도 힘써야 한다. 특히 인기영합적인 대학 이·공계의 '공학工學·Engineering' 위주 교과과정으로 기초이론교육의 부실화를 초래하는 것은 바람직하지 않다. 이와 관련해서 기초과학 관련 학계의 연합협동형태로 기초과학교육의 획기적인 교수방법 개선책이 강구되어야 하고, 이에 따라 초등·중등교육과정의 혁신보강책도 병행되어야 하며, TV 등 대중기초교양시리즈도 대폭 강화하여 국민대중의 과학화·정보화 마인드 조성에 힘써야 한다.

다섯째, 벤처기업에 대한 정책권·금융권의 지원이 정보화 마인드의 공유의식 아래 근본적으로 쇄신되고 대폭 강화돼야 한다. 담보·연대보증의 한국식 대출관행은 하루 빨리 청산되어야 한다. 더욱이 경유조합, 단체의 쇄신으로 이들의 기술전망 보증만으로 금융지원이 이루어지게끔 개편되어야 하며, 동시에 금융권도 은행체계 위주가 아닌 다양한 펀드, 벤처머니의 제도화로 벤처기업자금 조달의 창구를 획기적으로 다변화해야 한다. 앞으로 벤처기업의 과학기술자 참여는 매우 중대한 정보화의 견인역이 되는 만큼 재정지원이 한발 먼저 그런 분위기 조성에 나서야 한다. 특히 대학중심 청년 벤처기업 CEO 양성책을 강화해야 한다.

여섯째, 과학기술 관련 부처 간의 정책연계 강화가 있어야 한다. 이를 위해 과학기술부를 신설해야 한다. 이와 관련해서 과학기술행정체계의 획기적인 혁신으로 '부' 신설과 같이 과학기술 관리인력의 전문화를 위한 외부영입, 필요에 따라 외국전문가 초빙도 단행해야 할 것이다. 동시에 부의 격상에 걸맞게 과학기술의 연구개발예산이 획기적으로 증액되어야 할 것이며, 부족분은 국민성금 형태의 비상자금 동원도 감행해야 한다.

일곱째, 지식기반 관련 기업편성에 있어 관련 정부기관과 관련 경제단체의 조정연계관계조성을 통해 서플라이어와 메이커간의 연계관계, 대기업과 중소기업 간의 연계관계, 완성단계 기업과 부품조달 계열사간의 연계관계, 나아가 연구기반·대학관련 기관과 기업 간의 연계관계까지 유기적인 편제를 갖추어 세계화의 개방적인 상호의존관계 구도를 내실 있게 실현시켜 나가야 할 것이다. 여기에는 기업외부·내부의 R&D집약도를 높이는데 중점을 두어야 한다. 생산공급측면에 못지않게 국내외 시장을 대상으로 한 소비수요측면에 대한 유통서비스 노하우 및 효율적인 인력조직도 포함되어야 한다.

여덟째로는 '정보화'의 촉진과 '정보화' 이후의 차세대 과학기술발달을 위해 과학기술의 융합화를 강화하는 정책추진에 병행하여 서로 다른 업종·산업 간의 융합에도 정책의 관심을 기울여야 한다. 기술융합이 이미 멀티미디어의 출현으로 일반화되고 있거니와 유전공학 관련 기술개발에는 전기·전자·정밀·생명과학 등의 융합이 일반화되고 있다. 또한 가상현실의 활용은 일반인들의 눈에도 잘 띄는 기술융합의 예다. 그것이 인간경험의 확장에 얼마만큼 영향을 미칠 것인지 미지수이지만, 무한대라는 전망은 확실하다. 이미 선진제국의 기술융합은 굉장히 앞서가고 있음에 비추어 우리도 결코 소홀히 해서는 안 될 것이다.

마지막 아홉째로 정보관련정책, 즉 지식기반 경제 형성에 있어서 하드웨어개발에 못지않게, 국민과 정부가 함께 힘을 모아 소프트웨어개발을 위한 문화역량의 결집·발휘·신장에 총력을 쏟아야 한다. 정보화경쟁의 승부는 소프트웨어개발 여하에 달려 있다. 게임산업은 미국과 일본이 양분하여 세계시장을 독점하고 있다. 현재로서는 틈새시장의 작은 여지밖에 없다. 그러나 아시아인들이 세계인구의 절반이 넘고, 그들의 아시아인적인 심상心象과 현재 성행하고 있는 닌텐도Nintendo나 월트디즈니의 영상간에는 분명 갭gap이 있다는 것이 문화전문가들의 일치된 견해이다. 우리는 올바른 소프트웨어개발을 절대로 포기해서는 안 된다. 우리는 소프트웨어개발을 위해 영상만들기의 아시아 순례고행巡禮苦行을 끈덕지고 알차게 펼쳐나가야 한다.

아시아민족·인종들과의 마음의 대화, 그리고 하나되기를 추구해야 한다. 진취적인 옛 조상들의 발자취를 샅샅이 밟아야 한다. 반도의 울타리 속에 갇힌 안목으로는 아시아 공유의 영상은 만들어지지 않는다. 아시아 전판도를 앞마당처럼 여겨야 한다. 그런 심안心眼으로 우리가 만든 소프트웨어는 세계시장 속에 우뚝 설 수 있게 될 것이다.

'뉴 새마을운동 세계연맹'은 종래의 협의적인 과학기술 진흥차원이 아니라, 광의적인 과학기술 진흥의 비전을 세워 정부는 물론 국민이 동참하는 과학기술강국화 대전략의 추진에 앞장 서야 할 것이다. 이러한 국민적 비전은 국민과 함께 내일을 여는 정부와 국민이 힘을 모아 나갈 때 비로소 그 실현이 가능하다. 임진년은 그 출발의 기점이다. '뉴 새마을운동 세계연맹'은 총진군의 선봉이 되어 앞장 서야 할 것이다. 이를 위한 기층확대 방책으로서 전국체전은 사회체육방향으로 돌리고 과학기술 기능중심 기능올림픽대회를 대대적으로 전개하여야 할 것이다.

지속가능한 환경친화적 사회발전운동 전개

『지속가능한 발전은 미래세대의 욕구를 충족시킬 수 있는 능력을 위태롭게 하지 않고 동시에 현세대의 욕구를 충족시키는 발전을 의미한다. 최소한 기본욕구를 넘어서는 생활은 모든 곳에서 소비수준이 장기적인 지속가능성을 존중할 때에만 가능할 수 있다. 하지만 많은 사람들이 이 세계의 환경적 자산의 한계를 넘어서 살아가고 있다. 따라서 지속가능한 발전을 이루려면 환경적 능력의 한계를 넘어서지 않고, 모든 사람들이 함께 나눌 수 있는 소비수준을 지키도록 권장할 수 있는 가치체계를 널리 확산시켜야 한다.

또한 성장의 내용은 지속가능성과 타자에 대한 비착취라는 폭넓은 원리를 반영해야만 지속가능한 발전이 경제성장과 양립할 수 있다. 이에 따라 지속가능한 발전을 이루려면 사회의 생산잠재력을 높이고 모든 사람들에게 공평한 기회를 보장함으로써 인간의 욕구를 충족시켜야 할 것이다.

정착농경, 수도작전환, 광물축출, 열기와 유해가스의 대기배출, 상업적 임업, 그리고 유전자 조작 등은 모두 그 발전과정에서 인간이 자연계에 개입한 예다. 최근에 이르러 이러한 개입은 규모면이나 영향면에서 매우 격렬해지기 때문에 지역적 차원에서뿐만 아니라 전 지구적인 차원에서도 생명부양계에 지대한 위협을 주기에 이른 것이다. 적어도 지속가능한 발전은 지구상의 생명을 부양하는 자연계, 즉 대기, 수자원, 토양 그리고 생명체를 위태롭게 해서는 안 된다.

성장위주의 난개발은 필히 막아야 한다. 일정한 한계를 넘어서면 생태학적 재앙이 발생한다. 에너지와 물자, 물 그리고 토지사용에는 한계가 있는 법이다. 그러한 한계도 대부분 자원기반의 갑작스런 상실이 아니라, 비용상승과 이익감소라는 형태로 드러난다. 물론 지식축적과 기술발전이 그러한 자원기반의 유지력을 높일 수도 있다. 그러나 궁극적인 한계가 있기 때문에 지속가능성을 유지하려면, 그 한계에 도달하기 전에 모두가 나서서 한정된 자원을 공평하게 사용하고 압력을 줄이기 위한 기술적 노력을 쏟아야만 한다.

지역 경제성장에는 분명히 물리적 생태계의 변화가 수반된다. 일반적으로 숲과 어족처럼 재생가능한 자원들은 재생가능한 범위나 자연적 성장의 한계 내에서 이용률이 한정된다면 고갈되지는 않을 것이다. 그러나 화석연료와 광물처럼 재생불가능한 자원들은 많이 사용될수록 미래세대가 사용할 수 있는 양이 줄어들게 된다. 일반적으로 이런 자원들의 고갈을 최소화할 수 있는 기술의 이용가능성, 그리고 대체할 수 있는 유사자원을 고려해야 한다.

개발은 생태계를 단순화하고 생물종의 다양성을 줄이는 경향이 있다. 그런데 생물종은 일단 멸종되면 재생불가능하다. 식물종과 동물종의 상실은 미래세대의 선택가능성을 크게 제한하게 될 것이다. 공기와 물, 소위 '공짜' 원료 또한 자원이다. 지속가능한 발전이 이루어지려면 생태계의 전체적인 통일성을 유지할 수 있도록 대기, 물 그리고 그 밖의 다른 자연요소에 대한 부정적 영향을 최소화해야 한다.

본질적으로 지속가능한 발전은 자원이용, 투자방향, 기술적 발전의 방향전환, 그리고 제도적 변화가 모두 조화를 이루어 인류의 욕구와 열망을 충족시킬 수 있는 현재와 미래의 잠재력을 높여 나가는 변화과정을 말한다.』

— 세계환경발전위원회의 '우리공동의 미래Our Common Future'에서

'지구'라는 말을 강조할 때가 왔다고 본다. 지금 지구가 살아남을 수 있느냐 못하느냐의 문제는 인류가 지구와 운명을 같이하게 되었다는 의미다. 우리의 어머니인 지구와 화해해서 동식물과 물, 공기, 흙 등 자연의 존재들을 보호하고 발전시키는 역할을 해야 하며, 인간을 위해서만이 아니라 자연을 우리들의 형제와 벗으로 생각하고 더불어 같이 발전해 나가야 한다. 생육하고 번성하여 이 땅에 충만하라창세기 1:28는 말씀이 새로운 지구시대 경제 민주주의 사상과 이념의 토대가 되어야 하며, 이것이 바로 지속가능한 성장의 기본이념이요 철학이다.

인본적 경제제일주의는 기본적으로 환경친화적 지속가능성장 environmentally sound and sustainable growth을 바탕으로 추진되어야 한다. 환경친화적 지속가능성장 전략은 쾌적한 환경 그리고 차세대 경제적 복지와 후생을 정책입안과정에서 중요한 요소로 반영하면서 선진한국경제의 고소득 미래산업사회가 건설됨을 의미한다고 볼 수 있다.

유엔환경개발위원회는 1992년 제3차 총회에서 환경보호와 지속가능한 개발을 달성하기 위한 기본원칙과 구체적 실행계획을 담은 '리우선언'과 '의제21'을 채택했다. 그리고 실행계획의 일환으로 1993년 뉴욕에서 UN 지속개발위원회를 결성한 바 있다. 향후 환경정책의 핵심개념이 될 '지속가능한 개발'이란 현세대의 자원개발과 환경파괴가 과도하게 이루어져서 차세대의 복지와 후생을 손상하지 않도록 하는 전략을 뜻한다. 그리고 UN은 지속가능한 개발을 미래세대의 필요를 충족할 능력에 손상을 주지 않으면서 현세대의 필요를 충족시키는 개발로 정의하고 있다. 이와 같은 철학과 맥락에서 그린라운드 시대를 진흥시켜야 한다.

국가환경선언을 지키는 운동 전개

'자연과 조화되는 그린경제구축'을 위하여 '환경친화적 복지사회구현'을 목표로, 이를 달성하기 위해 ① 환경과 경제의 조화를 이룩하고 ② 과학적·체계적 국토환경보존을 도모하고 ③ 책임이 동반된 자율적 환경관리에 민·관 공동노력을 경주하며, 나아가 ④ 지구촌 환경보전에 적극적으로 동참해 나가야 한다. 이 같은 일련의 환경정책을 추진함에 있어 개혁과제의 최우선 관심사는 우리국민들이 체감하는 환경개선을 획기적으로 실현해 나가는데 있다.

환경과 관련된 현안으로는 환경관리를 구체적이고 과학적인 방식으로 예방·처리·평가하는 체계를 세우는 일이다. 이처럼 환경관리체계의 정비강화가 시급하게 된 것은 환경시민단체와 오염배출기업·공공기관과의 거듭된 오염시비에 대해 그간의 환경당국이 취한 태도는 국민들에게 뒷북치기 아니면, 업자 편에 기우는 인상을 줌으로써 국민의 환경정책불신이 또한 정부불신으로 비화되게끔 해온 때문이다. 환경당국은 최우선적으로 국민의 신뢰를 얻는 환경행정관리의 과학성, 신뢰성 획득이 무엇보다 시급하다. 그것이 이루어져야 국민과 정부의 공동노력에 의해 생산과 소비 전반에 걸쳐 환경친화적인 요소가 제대로 투입될 수 있게 된다. 특히 '환경친화'는 정부당국의 권위 있는 평가가 정립되지 않는 한 지금 우리가 일상적으로 겪고 있는 어려움—즉 진짜와 가짜를 분별 못할 정도로 그 기준이 모호해진다는 것이다. 우리 경우 4대강 개발이 그 특예이다.

일본의 미래 「2025년의 과학기술」을 보면, 환경관련 연구개발이 그 절반 이상인데다 평가기준설정 문제가 매우 중요한 연구개발분야로 손꼽히고 있음을 알 수 있다. 물론 우리나라도 국가환경선언에 따른 환경과학기술정책의 추진을 위해 수자원 개발공사, 국립환경연구원, KIST 환경연구센터, 국립공업기술원, 한국화학연구원, 한국표준과학연구원 등이 그러한 기준설정 및 평가기법개발에 동원되는 것으로 되어 있으나, 그 성과에 대한 국민의 일반적인 인식은 아직도 긍정적인 편이 아니다. 왜냐하면 환경시민단체들의 오염도에 대한 심각한 문제제기에 대한 환경당국이나 관련 연구기관의 평가는 대체로 덜 심각하다고 하거나, 심지어 문제될 것이 없다는 식이었기 때문이다. 더욱이 오염배출의 책임규명과 관련되는 경우, 그런 시각차가 더욱 현저해졌던 것이 일반적이다.

이처럼 오염사태에 대한 시각차가 해소되지 않는 한 국민들의 체감환경 오염심각도와 정부의 '객관적인' 평가는 문제꺼리가 되지 않을 수 없다. 이에 더하여 선진제국에서 우리정부의 동식물검역과 함께 오염계측분석 결과에 대해 승복하기는커녕 아예 무시하는 경향이 있는데다 국민들도 미국FDA 기준을 더 신뢰하고 있다. 세계화의 취약한 점으로 우리 정부의 환경오염계측능력을 손꼽아도 크게 과장은 아닐 것 같다. 이는 FTA시대 우리 경제의 사활이 걸린 교역문제와 직결되어 있기 때문에 결단코 소홀히 넘길 문제가 아니다.

한반도를 둘러싼 삼면바다의 공해수역에 투척되는 폐기물의 오염문제, 외화부족에 허덕이는 북한의 외국폐기물반입 · 매입, 일본 원전사고 이후 농 · 수산물 수입 등에 따른 한반도 내의 오염잔류문제도 대비해야 할 입장이다. 하지만 우리국민조차 납득시키지 못하는 환경당국의 오염계측분석 능력수준을 생각하면 참으로 답답할 뿐이다. 그야말로 환경부처의 획기적인 혁신강화가 시급하지 않을 수 없다.

원래 산업개발과 환경보전의 조화란 것이 실제로는 '조화' 보다는 '딜레마' 로 나타나는 것이 일반적이다. 그래서 그 실천방안에는 애초부터 합의 도출이 어렵기 마련이다. 따라서 환경정책은 그 어떤 분야보다 과학성·체계성·합리성 위에 원칙성이 지켜져야 한다. 환경문제야말로 세계표준이 반드시 적용되어야 하는 분야다. 또한 환경문제해결을 위한 환경정책은 지속가능한 개발론이 함축하고 있는 광범위한 사회계층의 민주적 참여와 형평성을 증진하는 방향이라야 소기의 성과를 거둘 수 있다.

따라서 앞으로의 환경정책은 지속가능한 개발론에 입각하여 형평성의 증진을 위한 동태적인dynamic 효율성제고를 추구하는 것이어야 한다. 이는 지역이기주의를 떠받치는 경제성의 논리를 형평성의 원칙으로 대체하는 국민의식의 개혁과 정부와 지방정부의 과학적인 환경대책추진이 요구됨을 뜻한다.

종합해서 말한다면, 산업개발과 환경보전의 조화, 즉 지속가능한 경제개발추진은 산업활동면에서 참여에 의한 자율질서를 확립해나가면서 동시에 환경대책활동면에서는 시정공개와 적정보상, 그리고 형평성원칙에 따른 합의도출과 청정환경만들기에 대한 신뢰구축을 끊임없이 해가는 과정에서 비로소 이루어진다. 이 같은 환경정책의 정착이 이루어짐으로 해서 우리는 환경과 무역이 연계된 WTO체제하의 교역증진을 힘차게 추진할 수 있고, 나아가 남북화해·협력증진에도 민족환경복지사회건설이라는 대과제에 임할 수 있게 되는 것이다. 따라서 우리가 진정 지속가능한 사회발전을 이룩하려면, 당면현안으로 환경관리체계의 획기적인 혁신을 전제로 다음과 같은 몇 가지 원칙이 정립되어야 한다.

첫째, 우리 사회 내 성원들의 삶의 질과 관련해서 생활보장최저수준의 책정과 이에 대한 국가적 보장을 구체화시켜야 한다는 것이다. 이와 병행해서 재벌기업들의 문화사업을 사회복지향상에 기여하도록 세제특혜 등 각종 유도책이 강구되어야 할 것이다. 개인들의 사회복지 기여증진을 위한 유도책보상·영예포상 등도 병행해야 한다.

둘째, 사회정의의 구현을 통한 국민통합 촉진과 더불어 남북한 민족공동체의 통합 동력화에 기여하도록 인권, 노동권 및 생존권 등의 법제실현이 실질화되어야 한다. 우리 헌법 10조·34조의 행복추구권, 인간다운 삶의 권리보장이 바로 그것이며, 그것을 환경·복지와 연결시켜 나가야 한다.

셋째, 지속가능한 개발론의 실천범위를 경제로부터 사회전반, 즉 모든 생활영역으로 넓혀나가야 한다. 즉, 소득의 균점뿐만 아니라 우리 사회성원 개개인이 요구하는 환경, 의료, 주거, 복지서비스, 교육, 성차별 해소 등 인간생활의 총체적 영역을 포함시켜 나가야 한다.

끝으로 네 번째, 지속가능한 경제사회발전의 운영이 사회전체의 자율적이고 민주적인 참여로 이루어져야 한다. UNCED유엔환경개발회의「지방의제 21」에 함의되어 있듯이 지속가능한 개발은 그것의 계획입안, 적용, 평가 전 과정에 걸친 운영이 국가예산편성처럼 정부에 의해 비민주적으로 운영되어서는 안 된다. 그 운영의 전 과정에 거쳐 국가차원에서는 전국조직의 민·관단체, 시민단체, 지방에서는 해당지역 민·관단체, 시민조직 및 가급적 많은 수의 주민들이 자발적으로 참여한 민주절차과정을 거치도록 해야 한다. 이는 국민의 정치적 참여를 적극적으로 동력화하여 사회통합을 공고히 할 뿐 아니라, 공공재公共財 이용의 합리적 선택을 하게 됨으로써 우리국민의 세계시민화를 의식화할 수 있는 계기를 제공할 것이다. 이 같은 국민주민참여 확대는 환경복지증진에 대한 국민인식을 쇄신강화하고 재계의 환경·복지에 대한 관심도를 북돋게 함으로써 다소 출혈적인 형태로라도 환경·복지 공공자금이 마련되어야 남북관계 개선에서도 힘 있는 환경·복지개선협력증대를 꾀할 수 있다.

'뉴 새마을운동의 세계화'는 이러한 환경·복지증진의 보다 큰 밑그림을 마련하여 지구촌 공생발전을 위한 범국민적인 운동형태로 체계있게 환경과 복지개선에 자발적인 국민참여를 극대화함으로써 '그린' 경제의 실현을 앞당길 수 있다.

환경 옴부즈맨운동 전개

'단 하나의 지구'라는 말속에는 지구인으로서 지구가 영속되기를 바라는 염원을 담고 있다. 또한 오늘에 이르러 단 하나의 지구란 단어를 노랫말로 절규하게 된 까닭은 그간 상식적으로 지구의 영속성을 의심한 적이 없었는데, '80년대 이후부터 상식이 깨어질 만큼 지구의 위기가 심화되고 있음을 누구나 인지하게 되었음을 뜻한다. 이 같은 위기의 극복을 도모하려는 필요성이 대두됨에 따라 학계에서는 기존의 정치학, 경제학, 사회학, 윤리학에 환경부분이 추가되고, 그도 모자라 독립된 분과학문으로 환경정치학에서 환경윤리학이 신설되고 이공계통에도 환경공학 등이 새로 생겼을 뿐 아니라 철학체계를 포함한 환경학의 개설도 논의되고 있다.

이 같은 환경관계 연구영역의 확대와 함께 환경보전법보다 훨씬 광범위한 환경행정수요에 부응하기 위한 환경평가법 등 환경관련 법제의 확대논의가 날로 빈번해지고 있다. 이는 환경문제의 폭발적인 증가추세에 따른 환경행정수요의 급팽창현상 때문이다. 더욱이 국민이나 국가단위를 토대로 한 각국별 법제운영관행과 달리 환경행정수요는 국내영역과 국제관계 차원이 뒤엉킨 복합상황이라는 특성 때문에 통상관련부문 못지않게 날로 복잡해져 가고 있다.

이렇듯 날로 달라지고 커지고 있는 환경문제에 대한 정부의 대응은 1992년의 리우선언과 '지방의제21' 방식에 따라 환경장기종합대책을 마련해 공해대책과 자연보호대책을 병행추진하는 환경보전법의 시행에 최선을 다하는 것으로 되어 있으며, 각 시도별로는 '지역의제21' 구상을 실천한다는 것이다. 현행 환경법제의 기본틀은 아직도 인간중심적인 환경윤리학의 범주에 머물러 있어 향후 생명중심적 환경윤리차원으로의 이행은 일단 숙제로 남겨둘 수밖에 없다.

그렇다면 당면 환경행정의 전개는 어떻게 해나가야 할까. 인간생활환경은 인간이 자연과 같이 살면서 인간이 만들어낸 물리적, 인공적, 사회적인 것, 즉 제2의 환경 모두가 환경행정의 대상이 되지만, 환경문제의 특성이 문제간의 상호연관성이 높고 공간적으로 광범한 영향권을 형성한다는 점에서 그 대상범위를 좁힐 수밖에 없다. 그렇더라도 환경행정은 환경을 훼손·파괴하여 인간생활의 보금자리를 해치는 인간행동을 규제함으로써 환경을 보전·관리하는 제반과정을 그 대상으로 삼아왔다. 하지만 환경행정의 당면 개혁은 그러한 규제를 넘어 국민생활의 질을 높이기 위해 인간과 자연의 합리적인 공존공생관계를 형성하고, 지속가능한 공동사회의 균형 발전을 구축하려는 창조적인 행정관리활동으로 행정의 차원을 한층 높이는데 그 목표를 두어야 한다.

환경문제에 대처하는 행정개혁의 목적은 1992년의 UNCED선언·의제 및 유엔의 환경적으로 건전하고 지속가능한 개발ESSD 이념에 부응하여 ①

자연법칙에 적합하도록 인간의 욕구 및 활동을 합리적으로 관리하고 인간의 생활이 자연과 조화를 이루는 가운데 하나의 생물로서 생존가능한 시스템을 확립해 나가도록 책임의식을 부과하는데 있으며 ② 그간 자행되어 온 인간에 의한 자연의 정복과 그러한 정복의 윤리를 거부하고, 인간의 행동을 규제하여 생태계의 안정성 확보에 관심을 갖게 하며 ③ 인간과 다른 생물, 음식물과 에너지 주기간의 균형 등 생태학적 균형유지를 사람들로 하여금 추구하고, 그것의 침해를 최소화하도록 하는데 있다. 이로써 그간의 공해행정 차원을 넘어서 사회발전과 환경보전의 조화를 조장하는 새로운 환경행정을 펼쳐 나가야 한다는 것이다.

따라서 이와 같은 새로운 환경행정의 목적을 달성함에 있어 환경행정의 현상과 그 특성에 비추어 반드시 교정·보완되어야 할 사항들이 있다.

첫째, 환경전담부처와 광역자치단체, 기초자치단체간의 부처할거주의가 심하며, 외형상 업무분담에 따른 행정기능을 수행하고는 있지만, 사실상 중앙정부주도권 행사가 압도적이란 점, 이점에 비추어 환경행정의 특성상 중앙·지방정부간의 업무분담과 행정수행범위 등이 명확하게 나뉘어져 중앙·지방의 행정서비스의 효과를 극대화해 나가도록 해야 할 것이다.

둘째, 환경행정을 종합체계적으로 수행하도록 전체 행정운영효과를 극대화할 수 있는 조정기구가 필요하다. 이와 관련해 총리실의 자문기관으로서 환경복지관리조정위원회와 같은 민·관합동자문기관을 설치운영하고 그 안에 환경전문가 중심의 상설조정실무기구를 병설운영하여 일반자문기관의 형식화를 지양해 실질자문기능 수행이 가능토록 해야 할 것이다.

셋째, 환경행정을 종래 공해규제 등 통제위주의 규제방식에서 벗어나 쾌적한 환경조성에 역점을 둔 조장방식에 근거하여 기업·시민단체와의 공동활동전개에 힘을 쏟아야 할 것이다.

넷째, 환경행정의 특성에 따라 환경행정구역이 행정관할구역을 벗어나 있는 만큼 지방자치단체들의 환경 관련 조례로는 환경행정의 실효를 거둘 수 없다는 점에 비추어 환경행정의 원활한 수행을 위한 광역환경구역에 알맞은 체제로 조정되어야 할 것이다.

다섯째, 환경부와 환경청 및 광역시도 환경부서의 주요기능이 중복되고 있는데, 행정혁신과정에서 반드시 조정되어야 할 것이다.

여섯째, 환경문제 발생현장이 시도지역 내에 있다는 점에 비추어 지방정부의 환경관련기구 및 업무를 쇄신강화하여 한층 더 많은 권한위임이 이루어져야 할 것이다. 특히 중앙정부의 지방정부에 대한 환경예산의 증액이 절실하다.

일곱째, 정치개혁과 행정혁신의 진전을 전제로 향후 환경행정의 중요성에 비추어 환경옴부즈맨 기구를 창설하고 인사는 총리실의 제청시민단체 등 관련단체기관의 추천 후, 국회의 인준동의를 거쳐 대통령이 임명하는 형태로 그 권위와 권능을 높여야 한다.

여덟째, 각종 법인체형태의 시민단체들이 환경조사활동을 하고 있는데, 이들과 함께 조사·연구·감시·평가하는 종합적인 민·관 협력기구를 설치 운영해야 할 것이다. 환경과 복지문제의 얽힘에 비추어 총리실의 환경복지관리조정위원회에 병설하거나, 또는 '뉴 새마을운동 세계연맹' 안의 중점 아젠다로 추진할 필요가 크다고 본다.

아홉째, 환경행정의 특성에 따라 환경행정의 시행을 중앙관리방식의 획일주의를 지양하여 지역별 특성을 살려서 광역 환경행정구역별로 시행되어야 할 것이다.

마지막 열 번째로는 총리실에 환경관련 과학기술개발추진팀을 설치해서 과학기술계의 환경행정과학화를 촉진하도록 해야 할 것이다. 또한 행안부 국제행정발전센터의 새마을 ODA 프로젝트 위원회 위원도 전문가로 구성하고 대통령 직속위원회로 격상시켜야 할 것이다.

이 같은 일련의 행정혁신이 추진되는 것과 병행하여 어떻게 제문제를 해결할 것인가를 검토해 보자.

첫 번째 문제점은 총체적 환경위기에도 불구하고 아직도 지방선거공약에 자주 이용되거나, 주민들의 요구에 따라 개발우선주의가 횡행하고, 환경복지관련시설과 관련된 '님비NIMBY: 국익과는 상관없이 나쁜 것은 싫다', 또는 '핌피PIMFY: 좋은 것만 우리지역에 유치하자' 현상이 혹심하여 합리적인 환경행정의 촉진을 가로막고 있다는 점이다. 이는 각 시도에서 지역별 '지역의제 21'의 계획수립·추진과정에 주민참여가 충분하지 못했고, 또한 홍보도 제대로 안 된데다 환경복지 전반에 대한 공공관심을 불러일으키는 민·관 공동노력이 부실한 때문이다. 각 지역별 주민들의 합리적이고 과학적인 공공관심을 불러일으키는 노력이 절실하다. 특히 '지역의제21' 수립과 관련된 주민참여확대는 '뉴 새마을운동 세계화' 차원에서 적극 추진되어야 할 것이다. 이는 지역주의의 패거리의식 탈피에도 크게 기여한다는 점에서 아무리 강조해도 지나침이 없다.

둘째, 그동안 상의하달방식의 행정관행에 젖어온 지방정부의 환경행정 수행능력이 지역특성을 살린 창조적 환경행정을 수행하는데 크게 미치지 못한다는 점이다. 공무원의 질도 문제지만 전문지식을 갖춘 적정규모의 공무원 수를 배치하는 것도 우선 고려되어야 한다. 관할구역의 크기에 비해 공무원의 수도 적고 직급도 낮은데다 재량권도 제한되어 사실상 창조적 환경행정수행은 말뿐이지 실제와 너무 동떨어져 있는 게 현실이다.

셋째, 환경행정과 관련해서 중앙과 지방정부 간의 기능할거주의가 팽배하여 환경문제 현장의 행정서비스가 제대로 이루어지지 않고 있다는 것이다. 그 결과 업무소관을 둘러싼 책임전가, 담당관료의 환경의식결여, 중앙통제능력의 빈곤과 지방단체간의 이해대립심화, 환경관련 예산의 빈번한 남용 등 환경행정 전반에 대한 조정기구의 역할이 매우 절실한 실정이다. 또한 '지역의제21' 등 국제환경문제에 관한 지식정보 등 공무원에 대한 재교육훈련도 시급한 실정이다.

넷째, 현행 환경행정·연구개발활동의 유기적인 연계관계형성이 시급하다. 지금까지 가식행정이 많았고 정책비합리성 문제도 한두 가지가 아니다. 심지어 환경관련법 시행의 부실로 법의 사문화도 심각하다.

다섯째, 환경문제의 심각성에 비추어 그 해결을 맡는 환경행정관리 인사나 예산면에 모두 미흡하다는 것이다. 환경행정 공무원이 기업관련 대상자나 민간단체 대상자들보다 뒤떨어져 있기 일쑤요, 예산배정의 우선순위에서도 뒤떨어져 있는 것이 엄연한 현실이다. 이래서는 환경행정의 쇄신, 세계화속의 환경행정고도화는 연목구어緣木求魚일 수밖에 없다. 환경문제 성격상 중앙은 물론 지방정부의 일선공무원조차 석·박사 학위 소지의 고급인력이라야 할 것이다.

소관업무에 관한 전문지식이 없는 공무원은 환경행정의 질 저하를 가져오고 민·관 협동 업무추진에 오히려 장애가 될 뿐이다. 더욱이 부실 환경관련 시설업자의 농간에 놀아나는 오직汚職의 표적이 될 뿐이다. 이 같은 현행 환경행정의 애로를 타개하고 21세기형 '그린경제' 사회건설에 기여하는 환경행정수행을 위해서 다음과 같은 실천 상황이 행동에 옮겨져야 할 것이다.

① 쾌적한 환경창조의 새이념이 환경행정전반에 도입되어야 한다.

② 환경행정수행에 있어 정책결정 하나하나에 환경창조의 지속성이 견지되고 문제해결의 다목적성이 추구되어야 한다.

③ 환경창조이념의 도입에 따라 통제를 떠나 환경행정이 창조행정으로 전면 전환되어야 한다.

④ 환경행정의 정책결정·집행 요직에 전문직제를 도입하여 환경행정요원의 질적인 향상을 도모해야 한다.

⑤ 환경평가법, 환경정보공개법 등 포괄적이면서 민·관 합동활동을 적극화할 수 있는 환경관련 입법과정이 긴요하다.

⑥ 향후 환경문제해결을 위한 민·관 합동활동의 활성화를 유도하고, 환경행정의 고도화를 촉진하기 위해 환경 옴부즈맨ombudsman제도의 도입적용을 가능한 빨리 시행하는 것이 바람직하다.

이 같은 일련의 실천과제들은 환경행정의 선진화에 필수적인 것들이다. 환경행정의 쇄신성과는 국민들의 생활주변에 구체적인 변화와 편익을 직접 제공하는 결과로 나타난다. 따라서 '뉴 새마을운동 세계연맹'은 국민들이 생활주변에서 느끼는 체감환경의 개선을 앞당겨 정부와 국민간의 신뢰기반 구축을 위해 환경행정개혁과 이에 관련된 국민의 참여를 극대화하는데 힘을 실어주어 '님비'와 '핌피'의 폐해극복과 더불어 사회저변의 지역주의 의식 탈바꿈에 기여하는 환경캠페인의 다목적성을 살리는데 온갖 슬기와 역량을 모아야 할 것이다. 특히 필자가 산파역을 한 바 있는 국민·정부간의 파트너십 강화를 통한 새로운 환경개조운동의 범례로 '무주반딧불' 축제에 즈음한 '무주환경선언'과 무주민·관공동의 무주환경개선운동에 주목해야 할 것이다. 이 같은 뜻에서 이 축제의 주요 문건을 정책자료로 소개하고자 한다.

무주환경선언

  우리의 삶의 터전인 무주는 덕유산과 남대천을 비롯한 크고 작은 산과 강들이 어우러져 그림 같은 풍광을 이루고 깨끗한 자연환경이 살아 숨쉬는 청정 제일의 고장입니다.

  우리가 살아가고 후손들에게 온전히 물려주어야 할 영원한 삶의 터전이 생활의 편의와 풍요를 추구하는 사이 우리의 자연환경은 생명의 빛을 잃어가고 미래를 낙관할 수 없는 상황에 이르렀습니다.

  이제 무주인 모두는 생각의 방식과 사는 양식을 바꾸어 반딧불이를 비롯한 자연생태계를 가꾸어 세계 제일의 쾌적한 환경을 보전하는데 힘써야 하겠습니다.

  이에 우리는 이곳에 오래도록 깨끗한 공기와 맑은 물이 흐르게 하여 자연과 사람을 함께 지키고자 하는 "무주환경선언"을 제정하고 한마음 한뜻으로 실천해 나갈 것을 다짐합니다.

1. 우리는 무엇보다도 우리의 자연이 곧 우리와 한 몸임을 항상 생각하며 깨닫는다.
2. 우리는 이를 위해 모든 계획에 환경보전을 최우선 반영하고 불가피한 개발을 검증 후 최소화한다.
3. 우리는 스스로 삶의 양식을 친환경적으로 바꾸어 자연사랑을 생활에서 몸소 실천한다.
4. 우리는 자연환경과 생활환경의 보전을 위하여 자원을 절약하고 효율적으로 이용한다.
5. 우리는 자라나는 어린이들에 대한 실천적 환경교육으로 자연의 소중함을 일깨워준다.

1999년 6월 12일

무주 반딧불축제의 기본방향

가. 무주인·무주문화의 세계화를 지향한다.

- 반딧불이라는 조그만 곤충을 통해서 무주인의 긍지를 고양하고 무주 문화의 세계화를 겨냥하며,
- 환경 비교우위를 확보하는 한편 문화관광의 욕구충족과 지역경제의 활성화를 도모한다.

나. 독보적 청정 문화단지로의 위상을 제고한다.

- 인류의 미래마저 불투명한 심각한 지구환경문제에 대해 전 세계가 동참하는 공동메시지로 승화·발전시켜 자연과 생명의 소중함을 일 깨우는 계기를 마련한다.
- 지구환경회의와 생물 다양성 국제심포지움 등을 통해 환경문제에 대 해 스스로 생각하고 인간이 무엇을 해야 할 것인지에 대해 무주군이 앞장서 실천한다.

축제의 운동목표

한국속의 알프스

환경은 독점과 집중에서 벗어나 모두가 함께 공유하고 분배될 수밖에 없 습니다. 반딧불축제 역시 일부를 위해 하는 축제가 아니라 모두를 위한 축 제입니다.

환경적으로 지속가능한 개발과 산업구조의 친환경적 개편은 독점적으 로 일부에 의해 집중된 가치를 공유할 수 있도록 만들 수 있을 것입니다. 알프스로 대표되는 스위스의 잘 보전된 환경적 가치와 자원은 전 세계인 의 관광거리가 되고 있기에 독점적인 것이 아니라 공유하는 것입니다. 한

국속의 알프스는 무주의 목표이자 전망입니다. 21세기 고부가치산업인 관광산업은 환경자원의 보전없이는 불가능하기 때문에 무주의 반딧불이가 생명을 가지고 있는 한 알프스보다 더 아름다운 도시로 만들어질 수 있을 것입니다.

축제의 당위성

이번 축제의 주테마는 "개국의 바람(하늘)/ 화합의 땅(땅)/ 축전의 물결(물)"로 반딧불이 습지에서 유충으로 태어나 다슬기를 먹고 살면서 하늘로 날아 불을 밝히는 반딧불이의 일생을 – 물과 땅과 하늘을 공간으로 일생을 살아가는 존재라고 표현 – 이 운동을 수미일관되게 이끌어 온 김세웅金世雄 무주군수의 소신과 비전을 결정結晶한 것이며 그는 그것의 당위성과 그 성과를 아래와 같이 천명하고 있다.

가. 생명운동

얼마 전까지만 해도 저와 여러분은 뿌연 하늘빛과 자동차 소리 곁에서 시들어가는 생명을 바라볼 수밖에 없었던 사람들이었습니다. 더욱 가슴 아픈 것은 반딧불이의 추억이 지긋한 우리 세대의 아련한 추억으로만 끝나버린다는 사실입니다. 반딧불이가 살지 못하는 곳에 놓인 우리 아이들의 미래를 그저 두고 볼 수만은 없는 일 아닙니까? 생명의 감수성으로 녹색세상을 꿈꾸는 미래의 세대에게 지금의 세상을 물려주고 싶진 않습니다.

반딧불이의 불빛속에는 우리 아이들의 내일이 숨어 있습니다. 환경과 생태보전을 이야기할 수 있는 시간은 그렇게 넉넉한 것이 아닙니다. 우리는 이미 자연이 저축해 놓은 생산을 까먹는 지경에 이르렀습니다. 매년 수천 ha의 토양이 사막으로 변하고, 홍수와 가뭄으로 인한 기아를 안겨주고 있습니다.

나. 환경의 전당 무주

우리는 지금 후손들이 써야 할 땅을 잠시 빌려 쓰고 있는 것입니다. 그러나 이제는 우리 후손들에게 물려줄 환경적 재산이 아무것도 없는 지경에 이르러 새로운 차원의 삶의 철학과 양식, 자연과 인간이 공존하는 터전을 만들고자 죽은 자연의 혼기에 새 생명을 불어 넣는 운동을 전개해야만 했던 것입니다.

반딧불이를 보전하고 살리는 것은 우리 후손들에게 물려줄 환경적 가치의 재산을 다시 찾자는 것이며, 반딧불축제가 열리고 있는 이곳 무주는 환경의 전당이라 할 수 있습니다. 3회째를 맞고 있는 반딧불축제의 성공은 환경의 전당을 완성하는 일입니다.

다. 사회통합적 변혁운동

자연과 환경에 대한 무관심과 소외는 인간세상의 공생관계를 깨뜨려 노인소외, 왕따문제, 자연에 대한 무차별적 파괴 등의 문제를 야기시켰습니다. 반딧불축제를 환경운동적 차원으로 접근한다면 부문운동으로서가 아닌 사회통합적 가치의 변혁운동입니다. 내가 버린 쓰레기가 내 눈앞에 사라진다고 해도 그것은 결코 나와 무관한 것은 아닙니다. 타인의 고통과 아픔, 사회문제, 노동, 교육 등 전체의 영역에서 작용합니다. 따라서 환경문제는 생명운동과 그 맥을 같이 하고 있으며, 결국 환경적 연대를 통한 총체적 의식개혁의 역할을 할 수 있습니다.

그간의 성과

가. 선구자적 자세로 환경축제의 정형을 만듦

무주군민이 반딧불이를 살리는 운동을 펼친다고 할 때 많은 분들이 의아해 하기도 했습니다. 누구나 필요성은 인정하고 동의했지만 실천하는 곳은 없었습니다. 전국 최초로 실시한 이 축제는 도전정신의 발로였으며, 성공적 전망을 가질 수 있었던 것은 환경적 가치의 소중함을 먼저 인식했기 때문입니다. 첫해 행사를 통해 전국적인 주목을 받은 바 있어 환경에 대한 국민적 의식개혁에 상당한 역할을 하였으며 이제는 환경축제의 정형으로 인정받아 모범적인 사례로 손꼽히고 있습니다.

나. 새로운 패러다임의 정립

개혁도 마찬가지로 기존의 패러다임으로는 새로운 개혁을 실천할 수 없습니다. 새로운 패러다임만이 새것을 창출할 수 있습니다. 그간의 천편일률적인 정책과 사고로는 환경파괴 행위에 대해 면죄부만 줄뿐입니다. 지속가능한 개발, 환경적 가치를 보전해야 한다는 국민적 의식과 인식의 전환을 위해 구호가 아닌 생활속의 개혁을 할 수 있었던 것은 축제와 같은 새로운 문화에 의한 접근이었습니다. 반딧불축제는 한 곤충을 살리자는 운동이 아니라는 전제하에, 우리도 모르게 우리 곁을 떠나기 시작한 반딧불이와 총체적 먹이사슬 관계 즉, 생태계 전체의 심각한 위기를 국민들 앞에 제기하였습니다. 기존에 없었던 새로운 패러다임과 마인드, 즉 환경을 주제로 한 축제로 "환경적으로 지속가능한 개발"을 전면화시킨 성과를 거두었습니다.

제안 : 생명의 네트워크

지구적 사고와 지역적 실천이라는 말처럼 환경문제는 전체의 문제이면서 그 실천은 나와 내 주변 우리 지역에서 출발해야 합니다. 네트워크 즉, 연대라는 의미는 수평적이고 유기적이며 개방적인 운동을 말합니다. 하나는 모두의 모습을 담고 있지만 그 모습은 다양합니다. 파괴된 자연과 죽은 생명을 살리는 데에 동의하는 모든 자치단체와 사회단체가 생명의 네트워크라는 연대망을 형성하고 정보를 공유하자는 것입니다.

'뉴 녹색 새마을운동'을 통하여 지구촌 곳곳에서 위 성공사례가 재현되기를 바란다.

세상 오탁을 맑게 하는 환경 민주화운동 전개

1987년 6월의 민주대항쟁 이후 '시민의 힘'은 시간의 흐름에 따라 급속하게 신장되어 10년이 채 안 되는 1996년 중 경제정의실천시민연합경실련은 정보공개법제정 성공에 이어 도시개혁운동에, 참여민주사회시민연대참여연대는 '권력이 집중된 곳에 시민감시의 눈길을' 모으자는 구호로 시민의 힘을 모아 노령수당 지급대상자 선정제외처분취소 청구소송에서 승소한데 이어 부패방지법 제정추진과 '시민의 작은 권리 찾기 운동', 그리고 환경운동연합환경연은 시화호 오염정책제언을 통해 시화호 담수 저지와 함께 국회 안에 '환경연 국정정책위원회'의 구성에 성공하였다. 시민운동 및 시민단체들은 2012년 총선, 대선의 해에 대전환을 주동하는 것이 '시민의 힘'이며 정치개혁에서부터 문화쇄신에 이르기까지 광범위한 영역에 걸쳐 발언권을 높여나가야 한다.

'뉴 새마을운동 세계연맹'은 녹색 새마을운동을 중심으로 녹색생명운동의 내실다지기에 주력한다는 큰 방침아래 주제를 '생활속 환경운동'으로 정했다. 올해 주요사업으로는 지난해 대기업 위주의 녹색에너지지표GEI 무료평가 활동을 넓혀 기업전반, 지방자치단체, 가정 세분야에 GEI평가를 실시해 연말종합평가를 하고, 또 어린이 환경지킴이 운동을 5월의 어린이 달에 집중 실시하고 지구의 날이며 새마을운동 국가기념일이기도 한 4월 22일에는 서울도심과 전국에서 자전거타기대행진 등 녹색생활 캠페인과 녹색 엑스포도 열어야 한다.

신규사업으로는 '지구온난화와 곤충생태계조사'를 실시하고, 녹색생활 신생국을 중심으로 뉴 새마을운동의 세계화 봉사단도 조직운영 하기로 정부협력으로 연맹사업을 추진할 계획이다. 미국이 NGO활동이 가장 활발한 것으로 손꼽히지만 정당이나 특정정파를 위한 로비활동을 벌이는 등 부작용이 있는데 비해 유럽에서는 영국의 '국제사면위원회', 프랑스의 '국경없는 의사회' 등 국경을 초월한 인도주의적 NGO운동, 녹색당 등 환경운동의 정치세력화 등으로 우리로서는 배울만한 것들이 많다.

특히 독일의 '홀러란트 보존을 위한 시민모임'의 개발위협 4백헥터 지키기 운동관철 등은 시민운동의 교본으로 삼을 만한 케이스로 손꼽힌다. 또한 뮌헨대학의 올리히 벡 교수는 환경문제는 국경을 넘어서는 지구촌 과제로서 국민국가의 틀을 벗어난 다국가 간의 세계민주주의를 바탕으로 해결방도가 비로소 가능해진다는 논리를 펴고 있어 시민권력화의 미래 방향에 대한 많은 시사를 던져주고 있다.

'시민권력의 시대'가 열리고 있음을 실감케 하는 이때에 시민단체들의 주요업무대상은 정치 · 경제 · 환경 · 언론개혁 4대 분야로 집중되고 있으며, 특히 환경부분은 환경문제에 대한 국민의 요구가 급팽창하는데 반해 정부역활의 한계가 있음에 비추어 앞으로의 시민운동신장이 가장 두드러질 것으로 예견되며, 각 지역에 본부를 둔 시민단체들 대부분이 지역 내의 환경문제 해결에 주력하면서 동시에 국제적인 연대형성에 관심이 크다는 것은 주목할 만한 현상이다.

이 같은 시민단체들의 움직임은 가깝게는 시민단체협의회가 정치·경제 개혁에 앞장서고 이에 대해 정부는 '적극적인 시민단체육성지원을 하겠다'는 입장표명이 요구된다. 또 다른 시각에서 볼 때 국가는 그 속성상 배타적 권력을 추구하기 마련이지만, 탈공업·정보화 사회가 몰고오는 복잡다단한 환경문제를 해결하는데 한계가 있음을 인식하고 세계시민연대의 힘이 필요하다는 인식에서 비롯된 것이다. 그 한 예가 대만 핵폐기물의 북한 반입저지를 들 수 있다. 그리고 일본 원전사고 이후에서 보고 있다.

이 같은 움직임의 주동 세력으로는 개혁의식으로 무장된 시민운동가의 '연합 NGO' 출현이 요구된다. 특히 환경문제의 접근은 '생각은 글로벌, 행동은 지역화'라는 현대 사회운동의 운동원리에 적합하기 때문에 젊은 활동가들의 참여를 가져왔다. 이들의 환경개선 노력과 정부의 환경행정이 접점을 이루게 될 때 시민운동의 위상과 환경행정의 역할이 올바른 자리매김을 하게 될 것으로 전망된다.

환경문제와 관련해서 우리 사회에서 가장 큰 비중을 점하는 것은 기업의 자발적인 환경개선 노력이다. 문제는 기업가들의 환경오염에 대한 인식전환이다. 공장의 오염 배출 최소화도 중요하지만, 공장생산에서 제품화되는 상품의 공해유발을 최소화하는 노력도 병행되어야 하기 때문에 기업의 공해최소화를 이룩하는 데는 기업가의 인식 전환이 절대로 필요하다.

1992년 UNCED선언 발표에 한발 앞서 세계 유수기업가들은 '지속적인 발전을 위한 기업협의회'를 조직하고 창립선언문을 발표했는데, 참여 기업은 미국 뒤퐁사 등 27개국 47개사, 이중 아시아기업으로는 일본 6개 기업, 말레이시아 1개, 타이 1개, 인도 1개, 인도네시아 1개 등 모두 10개 기업이 들어 있었다아프리카는 5개 기업. 그 선언에 언급된 그린 경영기업의 환경개선을 위한 방향전환의 관심분야로는 ① 에너지 ② 공정관리 ③ 기술개발 ④ 재활용자원 ⑤ 기업경영 ⑥ 청정생산관리 ⑦ 상품관리 ⑧ 자원활용 ⑨ 자본시장·무역 및 기업간의 협력관계와 기업내부의 협력관계 등 광범위하고 총체적이다.

이 협의회의 선언도 그렇듯 총체적인 관심을 뒷받침하듯이 그 끝머리에서 『지속적인 미래에 대한 명확한 비전은 필요한 변화를 만들어 내고 고질적으로 정형화된 기업경영양상을 끊어 버리게 하는 인간의 원동력을 규합하게 할 것이다. 사회 모든 분야의 지도자들이 그러한 비전을 행동으로 실천하는 세력시민의 힘에 동참함으로써 낡은 관행은 극복되고노사간, 기업, 시민간 대결은 협력으로 대체되어질 것이다. 지속적인 발전을 위한 본 협의회 회원인 우리는 우리의 공동미래로 향한 방향전환에 있어서 새로운 동업관계를 증진하는데 이바지할 것을 다짐하는 바이다.』라고 마무리 글에서 간추리고 있듯이 기업들의 그린경영, 환경개선 노력은 국경을 초월한 연대관계를 중요시하고 있음을 볼 수 있다.

그리고 슈미트하이니 박사가 서문에서 밝힌 바에 따르면, 이들 기업지도자들은 한결같이 환경과 발전문제에 대해 관심이 대단했을 뿐 아니라, 복잡한 환경문제의 특성을 잘 알기 때문에 기업 스스로 새로운 비전형성에 직접 참여하는데 매우 열성적인 것에 감명을 받았다고 피력하고 있다. 그가 그토록 감명 받은 것은 협의회 회원들이 합의해서 발표한 선언 외에도, 그들이 50여 회 넘는 토론과 심포지엄 끝에 도출된 합의 아래 마련된 공동 비전을 제시한 '우리의 전망'에 전적으로 뜻을 함께하고 있다는 사실을 발견했기 때문이다.

이와 같이 환경문제 해결에는 정부와 시민운동시민단체 포함의 공동노력, 그리고 정부와 기업의 협동관계가 관건이 된다. 이제 변화와 개혁의 테마는 성장의 관행을 과감하게 떨쳐버리고 지속가능한 발전, 시민소비대중과 함께 발전하는, 기업의 방향전환을 적극 감행해야 할 단계에 이르렀다. 기업마다 방향전환의 내역은 제각기 다를 수밖에 없지만, 그 공통의 모토가 '방향전환'인 것이다.

'뉴 새마을운동 세계연맹'은 국민과 정부 간의 환경문제에 접근하는 공동노력의 분위기를 북돋는 한편, 이 시대의 기업들이 반드시 취해야 할 방향전환을 감행할 수 있도록 사회 여건을 조성해주고, 기업가들의 그러한 노력을 부추기는데 온갖 지원협력을 아끼지 말아야 할 것이다. 훗날 이 땅위에 '그린 테크노피아' 복지 경제를 실현하는 것은 우리국민·우리정부·우리기업이 인류의 재앙인 환경문제를 어떻게 해결할 것인가에 관한 지혜를 터득하는 데에서 비롯된다는 점에 우리 모두가 인식을 같이 해야할 것이다. 인류가 생육하고 번성하려면 자연도 피조물로서 한 가족으로 생각해야 할 것이며 땅을 정복하는 의미도 개발과 보존의 조화에서만 가능하다고 본다.

신지식인 배출을 위한 교육입국·문화부흥운동의 활성화

『어떤 세대는 문명을 창조하기 위해 태어나고 또 다른 세대는 문명을 유지하기 위해 등장한다. 우리 인류문명사에 커다란 역사적 변동을 초래한 '제2물결'을 창성한 세대는 시대적 환경에 의해 불가피하게 창조자가 되었다. 몽테스키외, 밀 같은 근대초기 인들은 오늘날 우리가 그저 당연한 것으로 생각하는 정치형태의 대부분의 아이디어를 창조했다. 두 문명 사이에 끼여 있는 존재로서 창조하는 것이 그들의 운명이었다.

오늘날 사회생활·학교·기업·교회·에너지체계·커뮤니케이션 등 모든 분야에서 우리는 새로운 '제3물결'의 여러 가지 형식들을 창조할 필요성에 직면해 있으며, 여러 나라의 수많은 사람들이 이미 그런 일을 하고 있다. 그러나 전과 다름없이 엘리트, 준 엘리트, 슈퍼엘리트들의 지성과 융통성에 따라 많은 일들이 좌우되고 있다. 이들 집단이 과거 대다수 지배집단과 같이 근시안적이고 상상력이 빈곤한데다 두려움마저 품고 있는 경우, 그들은 '제3물결'에 완강히 저항함으로써 폭력과 자멸의 위험을 고조시키게 될 것이다. 이와는 반대로 그들이 '제3물결'에 적응해 나간다면, 근대초기 '제1물결' 속의 가장 지적인 엘리트들이 산업사회 '제2물결'의 도래를 예상하여 그 창조과정에 참여했듯이 그들도 '제3물결' 문명을 창조하는 과정에 참여할 수 있을 것이다. 지금 다행스러운 점은 나라마다 상황이 다르긴 하지만 오늘날처럼 높은 수준의 교육받은, 그 숱한 사람들이 놀라울 정도로 집단적으로 포괄적인 지식을 지니고 있거니와, 비록 불안정하긴 해도 시민으로서의 공공관심을 가지고 행동할 수 있을 만큼 시간여유와 수행 역량을 발휘할 수 있는 정도로 높은 수준의 풍요도 누리고 있다는 것이다. 그리고 무엇보다 중요시해야 할 점은 그토록 많은 사람들이 비록 격심한 변화과정일지라도 그것이 평화적으로 이루어질 수 있다는 것을 서로 간에 약속하고 있으므로 해서 서로가 다대한 이득을 얻고 있다는 것이다. 아무리 개명된 엘리트라 해도 그들만의 힘으로는 새로운 문명을 이룩할 수 없다. 전체 인류의 에너지가 필요하게 될 것이다. 그러나 그들의 에너지는 활용 가능한 것으로 개발되기를 기다리고 있다. 특히 오늘의 세대로서 우리들이 고도기술국가의 지능적 능력을 바탕으로 새로운 제도와 헌법을 창조해서 다음 세대의 명확한 목표로 남게 할 수 있다면, 그것은 에너지보다 훨씬 더 강력한 힘, 즉 집단적 상상력을 발휘할 수 있게 할 것이다.

따라서 변화에 대한 책임은 우리에게 있다. 우리 자신부터 시작해야 한다. 우리 스스로를 교육시켜야 한다. 그리고 이제 그 과제란 그러한 창조과정을 시작하는 것을 의미한다. 지금이라도 시작한다면, 우리와 우리 자손은 시대에 뒤떨어진 정치구조뿐만 아니라 현존 문명 그 자체의 힘찬 개조에 참여하게 되는 것이다. 이미 고인이 된 지난날의 혁명세대처럼 우리도 창조할 운명destiny to create을 타고 난 것이다』

― 앨빈&하이디 토플러 공저 『새로운 문명의 창조 - 제3물결의 정치』에서

이와 동시에 기술입국을 뒷받침하는 창의성 위주의 교육의 논의를 살펴보면, 참교육, 열린교육을 외치면서도 아직 수렁에서 헤어나지 못하고 있는 것이 우리 교육의 현실이다. 교육개혁을 추진한지 몇 해가 지났으나 아직도 공교육은 무너지고 있다. 이러한 현실은 교육부문의 근본적 문제를 해결하지 못한데 원인이 있다. 교육정책도 획기적인 발상의 전환이 필요하다.

그리고 유치원에서부터 대학원에 이르기까지 기술입국을 뒷받침할 수 있는 창의성 위주의 세밀한 계획 아래 이루어져야 한다.

21세기는 기술과 지식산업이 주도하는 사회로서 교육이 이를 뒷받침할 수 있도록 새로운 접근이 지금부터 필요하다. 모든 대입 지원자에게 전면 문호를 개방하며 전원 수용체제를 확립하여 입시지옥과 과외부담을 해소하고 진급과 졸업은 자격제를 실시하여 엄격하게 관리해야 할 것이다. 우리가 명심해야 할 것은 경제적 풍요가 우리의 궁극적 목적은 아니며, 경제적 풍요가 인간다운 삶을 보장해 주는 것도 아니라는 사실이다. 문화경제란 수준 높은 삶과 생활을 창출하는 경제로서 21세기 우리의 중요한 고부가가치산업이다. 문화산업에서는 문화가 국부창출의 중요한 원천이 된다. 전통문화의 뿌리가 깊고 문화적 감각이 탁월한 우리나라는 문화산업을 발전시키기에 유리한 조건을 갖추고 있다. 전통문화를 문화산업으로 발전시키기 위한 노력이 필요하며, 우수한 관광자원과 유리한 지정학적 입지를 활용하여 관광산업과 회의산업convention industry을 적극 개발해야 한다. 또한 문화적 창의성과 첨단기술이 결합되어 '문화기술 융합산업'에 많은 관심과 투자를 아끼지 말아야 할 것이다.

선진화 복지애국先進化 福祉愛國 창조의 어려움도 지난 반세기 동안 전쟁과 가난 질병의 와중에서 참인간 교육이 없었던 결과의 산물로 본다. 이제라도 입법·행정·사법의 3권 분립에서 교육부의 4권 분립 정부기구를 개편해야 할 것이며, 태교교육부터 무덤까지 창조론에 입각한 교육을 통한 인간혁명시대를 열어야만 참으로의 해방과 독립이 되는 통일된 조국으로서의 인류국가가 될 수 있다고 믿는다.

과학기술 강국화를 위한 교육개혁운동 강화

토머스 쿤은 일찍이 『과학혁명의 구조』에서 어떤 부문의 과학적 연구활동을 하는 공동체 구성원들이 함께 공유하는 지식체계를 패러다임이라고 했고, 그것이 사회과학분야에도 파급되어 어느 사회든 특정패러다임을 공유하는 사람들로 구성된 공동체로 존립하는 것으로 보게 된 것이다. 지금 세계는 그간의 도시산업사회로부터 21세기 지식·정보사회로 이행중이며, 그 변화에 앞장 선 선진국들은 '80년대부터 그 변화의 국민적 적응력 배양을 위해 앞다투어 교육개혁에 힘을 쏟아 왔다. 이 같은 교육개혁의 목표는 지식 정보사회의 패러다임 형성에 있어 가장 중요한 역동적인 변수로서 과학기술 및 첨단 노하우의 창조적인 발달을 촉진하는데 있다.

쿤의 논변에 따르면, 과학사회에서 하나의 새로운 패러다임이 제자리를 잡는 데는, 그것이 정상과학normal science으로서 자리매김되기까지 기존 패러다임과의 변증법적인 갈등·대립과정이 불가피하며, 구 패러다임에서 신 패러다임에로의 이행과정은 으레 혁명적인 전환의 진통을 수반한다는 것이다. 따라서 그의 '과학혁명'이란 곧 패러다임 혁명을 뜻하는 것이다.

이런 논리의 연장에서 볼 때, 21세기의 지식정보시대에 상응하는 국제연합적인 상호의존형 새국가 패러다임의 새로운 세상살이에 진입하게 되었다. 그 새로운 세상살이의 비전에 대해 비관·낙관이 엇갈리는 불확실성론이 만연되고 있다. 패러다임의 이동이 본격적으로 시작된 것이다. 행정혁신은 그 취지로 볼 때 우선 공직자집단을 개혁주체로 일신하여 국가경제전반의 패러다임 전환을 꾀하려는 것이다. 이와 함께 병행해야 할 신지식인운동은 교육관련 공인집단公人集團을 변혁의 주도세력으로 재편성하여 사회문화 전체의 패러다임전환을 촉진하여야 한다.

이제 새로운 패러다임의 이동은 우리 사회 전체가 당면한 피할 수 없는 필연적인 과제로 국민 모두에게 부과되고, 동시에 전 국민의 참여를 요청하고 있다. 첨단지식정보 관련 과학기술의 눈부신 발달은 이와 연계된 각종 조직·집단활동을 세계화하는 가운데 기술과 조직의 변화가 상승작용을 일으키면서 정치, 행정, 군사, 경제, 사회, 문화, 그리고 법, 제도 등 모든 국면에 영향을 미침으로서 예측불허의 변동국면을 시시각각 유발시키고 있다. 오늘을 사는 어느 조직집단이든 불시에 들이닥치는 위기에 노출되어 있어 평소의 위기관리 능력이 요구되는 일련의 소용돌이 환경에 모두가 놓여있는 것이다. 하이데거의 현존 재위기론이 철학차원이 아니라 현실의 지평에서 벌어지게 된 것이다.

이러한 21세기의 사이버 소용돌이 환경에 우리 자신이 적응하면서, 나아가 능동적으로 우리의 나아 갈 길을 헤쳐 나가야 한다. 신지식인 배출을 위한 교육개혁은 바로 그러한 국민개개인의 지식정보능력을 배양하자는 것이다.

아무튼 교과부가 추진하여야 할 교육개혁 프로그램의 목표는 '모든 국민이 자아실현을 극대화할 수 있는 교육복지국가Edutopia건설'에 있으며, 그 특징으로는 ① 교육공급자 편의위주에서 학습자중심교육에로의 대전환 ② 획일적인 교육을 다양화로의 탈바꿈 ③ 교육방식관행 포함을 교육정보화로 전환 ④ 규제·통제위주의 학교운영을 자율·책무위주로 바꾸는데 있음을 말하고 싶다.

종래의 숱한 개혁조치들이 그러했듯이 입시라는 병목문제군 주변을 맴돌던 차원에서 벗어나 교육체계 전체 개혁이라는 문제접근의 총체성에 착안해야 한다. 교육개혁이라는 문제해결의 올바른 통로로 나아갈 수 있는 문빗장을 열어야 한다. 이제부터가 진실로 개혁비전과 추진방향 및 추진방법이 문제가 된다.

개혁의 초점은 유치원과정부터 박사과정에까지 교육을 맡은 교원교수집단을 이 시대가 요청하는 변혁주체로 확실하게 추켜세우는 것이다. 교과부가 마련코자하는 교육지원체계란 바로 그 일을 원만하게 수행토록 하는 데 그 주안점을 두어야 한다는 것이다. 교원교수집단을 시대적 패러다임 전환과제수행에 대응할 수 있도록 동기부여와 교과과정개혁모델을 마련해주고, 가르친다는 행위에 권위와 신뢰를 조성해주어야 하며, 인력수급전망에 따른 인재양성계획교과과정 개편 등 시행을 해당 학계와의 공조관계 속에서 진행시켜야 할 것이다. 또한 예산제약이 따르겠지만, 예산배정의 최우선순위를 무엇보다 공교육을 살리는 데 총력을 기울이는 것도 생각해야 할 것이다. 특히 창의성 교육은 초등학교 저학년 단계에 판가름 난다는 것은 구태여 피아제의 인지발달 심리학이론을 끌어들이지 않더라도 기본상식이 아닌가.

그간의 숱한 교육개혁이 공전한 것은 이 기본상식을 소홀히 할 만큼 교과부 관리들이 일상적으로 접촉하는 각급 학교관계자들을 상대하는데 그친 채, 각급 학교의 교원교수·학생들이 어떤 상황에 처해있으며, 그 상황의 문제점이 사회현실과 어떤 연계속에서 초래되는가, 또 이에 어떻게 대처할 것인가 하는 현상타개의 고뇌에 찬 노력이 미흡했던 탓이다.

학교가 폭력을 교정하기는커녕 인간교육·인물교육·인재교육은 병들어가고 폭력의 숙주가 되는 듯한 오늘의 교육계를 통탄하지 않을 수 없다. 이제부터라도 본격적으로 지식정보사회의 두뇌 양성을 위한 고등학교·대학교의 교과과정 개편이라는 21세기형 교육개혁에 총력을 기울이자. 현금現今의 내외상황으로 볼 때, 어렵고도 많은 일들을 한꺼번에 해야 하는 상황이 되었다. 그러나 주지하는 바와 같이 교육의 개혁과정은 절대로 혁명이 통하지 않는, 물방울로 바위구멍을 뚫듯 시간과 고정도固精度를 요구한다.

교사 한 명의 배경에는 1세기의 근대교육전통과 반세기의 교육정책실적, 사범교육의 이수과정과 학창시절의 교육 경험 및 사회관계 등이 연계되어 있다. 또한 학생 한 명의 배후에는 학부모·가족과 그들의 사회계층적 위상, 과외선생들의 가르침, 동료·선후배 관계 등 사제師弟들 사이를 둘러싼 사회관계는 생각보다 더 복잡하게 얽혀져 있다. 복잡한 사회관계 속에서 그 동안 교사는 학생을 좋은 학교로 오르게 하고, 학생은 그에 따라 좋은 학교를 거쳐 좋은 직장으로 가는 개인영달또는 출세로 바람직한 교육성과는 마감됐던 것이 일반적이다. 남의 고통과 눈물을 나의 것으로 생각하는 인간교육 없이 인재와 인물양성이라는 목표를 대의로 삼고 속이 꽉 찬 사람과 인력이 합한 교육이 되지 못한 과거라고 본다.

해방 이후의 대 인구이동, 6·25전쟁 이후의 기존 사회계층 와해로 말미암은 모래알 세상살이 속에서 신분상승은 오직 교육에 의존할 수밖에 없었다. 그것이 학부모들의 교육과열현상을 낳았고, 그 결과가 대학입시의 고질적인 병목현상을 초래케 했다. 이 병목현상 때문에 초등교육과정의 파행성이 너무 오래 방치되어 창의성을 담아내는 문어文語구사의 정서법正書法 조차 익히지 못하는 상태에서 어떻게 창의성 계발을 도모할 수 있겠는가. 창의성은 그 내용이 어떻든 간에 표현하는 데서 그 단서가 잡힐 수 있다. 게다가 고등학교 교육과정이 대학입시에 치우쳐 기초교양으로서 수학과 병행되는 논리공부, 국어와 함께하는 수사학 공부는 아예 엄두조차 낼 수 없고, 대학에서도 취직문제 때문에 그런 교과과정을 눈 씻고 보아도 찾아 볼 수 없다.

열린교육의 핵심이 되는 교과과정은 토론과 대화에 있다. 백화점식 30년 전 교과목 중심이 아닌 생활중심 교과과정이 되어야 한다. '세계의', '미래의' 주인노릇을 잘할 수 있는 사명자를 길러야 한다. 토론과 대화는 합리적인 사유, 논리적인 논변을 그 생명으로 한다. 제도교육이 기초교과과정에서 그런 사유훈련을 하지 않으면 어디에서 해야 한단 말인가. 도덕경道德經, 중용中庸, 대학大學은 엄연한 논리체계를 갖춘 논변서다. 그것은 소학에서 출발하여 점차 올라가서 이르게 되는 최고 단계의 학문세계를 이루어 왔다. 그러나 그 동안 노하우·모방만으로 족했던 그런 수준을 넘어 세계일류의 창의성 발휘를 요구하고 있다. 때문에 초등학교 저학년 단계의 창의성 계발교육혁신이 오늘날 교육개혁의 최우선 당면과제로 떠오르게 되는 것이다. 뿌리가 튼튼하지 못한 꽃나무에서 어떻게 현란한 꽃피우기를 바라겠는가. 또 우리나라 국민 소득수준에도 못 미치는 나라조차 유치원이나 초등학교 교육만은 절대로 과밀교실을 두지 않거니와 교사의 성性 비율도 우리처럼 한쪽으로 치우치게 두지 않는다. 제도교육의 기초과정부터 바로 세워야 한다는 것이다.

수능고사는 왜 치르는가. 그것은 마땅히 학교 졸업 뒤에 기능계통 진학과 대학진학을 가름하는 국가고시로 제자리 매김을 해야 한다. 이에 따라 전문대학의 기능전업화로 지식정보사회의 중간급 기술인 양성으로 인력배치 피라미드의 허리부분을 두텁게 하는 일이 시급하다. 그 전업 특성에 따라 현행 2년제의 획일성을 타파하여 1년~3년으로 신축성 있게 기능 습득에 주안점이 놓여야 한다. 4년제 대학교는 과감하게 구조조정과 합병흡수를 통해 남는 대학교의 절반정도를 과학기술계통 종합대학교로 특화시켜 과학기술강국화를 뒷받침하는 대학교육개혁이 계속 추진되어야 할 것이다.

　우리가 초기의 개혁작업 단계를 빨리 마치고 동남아시아, 아프리카 등 제3세계의 유학생 유치를 통해 그들과의 교류확대를 실현하는데 가교로 삼는 노력을 적극적으로 하여야 한다. 우리 상품을 내다 파는 것만이 능사가 아니다. 새마을 ODA프로젝트도 보다 과학적으로 교육 프로그램 혁신과 같이 대학과 연계하여 각국의 지역사회 개발에 기여할 수 있는 지식정보학습을 제공할 수 있어야 한다.

　대학교육개혁의 한 예를 손꼽자면, 21세기 지식정보학습과 더불어 바이오테크 관련 생명과학교육의 진흥이 매우 시급하다. 최근 선진제국에서 속속 개발되어 출시된 신약 중 웬만큼 알려진 품목 한 가지만으로도 그 순익금 규모가 우리나라 자동차 수출 3백만 대 분의 수익규모에 맞먹는 정도라고 앞에서도 이야기했다. 이 같은 신약 외에도 우리나라 종합병원들이 거액의 외화를 들여 도입하는 최신 의료기기, 인공장기, 고가의 유전공학 제품 등 생명과학 관련 신개발대상이 매우 광범위하다. 이 같은 신개발에 힘을 쏟자면, 국가 연구기관의 프로젝트 연구개발 외에도 대학의 구조조정 및 합병개편을 통해 의학과 인접과학의 접목형태로 개편해서 다른 과학부문전공자가 의과대학에 입학할 수 있는 4+4학제, 즉 복수전공제를 단행하는 것이다. 이와 병행하여 전문대학원제를 철저히 특화시켜야 하며 특히 우수한 임상기술자 집단을 형성하여 녹색산업, 신에너지산업, 생명과학 관련 신개발에 우수두뇌를 집중시켜야 한다.

　현재 생명과학관련 대학교과과정은 많지만, 정작 국가연구기관에서 추진하는 대형프로젝트성과보다 실용적인 신개발에 힘을 쏟는 연구중심의 대학은 별로 없다. 이런 실정이기 때문에 현재 대학에는 연구수행의 시설도, 연구역량도 빈약하여 산학협동의 실효를 거두지 못하고 있다. 따라서 대학 내의 연구활동에 대한 인식전환과 연구역량제고를 위한 노력이 시급하다. 연구중심대학의 연구진은 국제학술지에의 기고실적으로 보다 철저하게 평가받도록 해야 할 것이다. 이를 위해 정부지원, 대학재단지원 및 산업계의 지원 등을 적극 추진해야 한다. 특히 재벌기업의 연구개발투자는 그룹 내의 독점적인 연구개발관행을 벗어나 산학협동에도 관심을 갖도록 해야 할 것이다. 이와 같은 구상에서 유추되어지듯이 전자공학과 인접과학을 살려야 한다. 정밀화학과 인접과학, 생명공학과 인접과학 등 복수전공제를 필요로 하는 학문분야가 많거니와 그렇듯 장기간의 복수전공자들을 위한 연구중심대학으로의 재정지원은 필수적인 조건이며, 또 그 것이 있어야만 신개발의 다양한 성과를 기대할 수 있다.

그러한 개편이 BK21 프로젝트 쇄신과 같이 곧 대학개혁의 핵심과제여야 하며, 그러한 개편이 이루어져야 비로소 과학기술 강국화를 우리는 기대할 수 있게 된다. 시급한 대학개혁을 포함한 교육개혁은 이제 시작단계에 불과하다. 과학기술 강국화를 뒷받침할 수 있는 교육개혁의 길은 멀고 험난할 것이다. 그러나 이제부터 하나하나 반드시 관철시키지 않으면 안된다. 대학교육의 정책개혁 및 몇 가지를 제안한다.

첫째, 과거 교육개혁안이 표방한 '대학의 다양화와 특성화' 방침은 신자유주의적인 세계사조에 따라 대학을 오로지 시장법칙에 적응시켜 혼이 없는 전문기능자양성기지로 전화시킬지 모른다는 우려를 자아내게 하고 있다. 따라서 대학은 창학 이념에 입각하여 의당 도덕특성화를 중심으로 발전구상을 대학공동체성원들의 참여 속에 진지한 민주적 협의과정을 통해 입안·결정·추진해야 한다. 그리고 현행 대학평가제, BK21에 따른 정부

지원의 수혜가 국립대 또는 수도권 위주로 치우치는 경향은 금물이며, 대학원 육성없이 학부제를 획일적으로 강요해서는 안 된다. 따라서 능력이 없는데 현실적으로 불가능한 다전공 중심의 교과과정은 재고되어야 한다.

둘째, 창학이념을 살려서 사회적 인간주의에 바탕을 둔 참인간교육과 지식기반 정보사회에서 요구되는 인재양성을 목표로 대학의 새방향을 모색해야 한다.

셋째, 대학행정은 재정의 효율적 투자·관리의 원칙과 투명화가 필수며 대학 내의 인적·물적자원의 합리적이고 전문적인 총체적 질적관리가 되어야 하고 공개되어야 한다. 특히 책임과 실명제 행정이 이루어져야 할 것이다. 그리고 대학재정은 산학협동을 통해, 그리고 벤처기업과 교내연구소와의 협력산업 추진과 정부지정 특성화 교육의 활성화프로그램을 통해 확보하도록 할 것이며, '대학발전후원회' 조직의 활성화로 기금모금을 할 수 있도록 한다.

넷째, 대학은 복합적 인격체이고 생명체이기 때문에 단과대학의 균형발전과 대학전체의 발전모색을 전제로 각 전공과 연구소 기능의 특성화와 교수연구 및 봉사활동의 특성화를 지원하고, 기존 교수인력의 최대활용으로 각 전공 및 학부, 그리고 계열별 모집에서부터 질을 생각해야 할 것이다. 또한 대학의 전통과 특유의 교육풍토를 살리고 주체성 없이 지나치게 교육부의 하위기구가 되어서는 안 될 것이며, 졸속적이고 권위주의 차원에서 혹은 국립대와 유수 서울권의 방향에서 교육정책이 결정된다든지, 또는 획일적인 평가, 수량화한 결과에 기초해서 단 년도 시나리오 평가로 대학을 서열화하는 일이 없도록 해야 할 것이다. 단 철저한 교육평가와 차등보상이 필요하다.

다섯째, 대학교육의 주체는 교수이므로 대對 교협의 위상을 높여 대학정책 형성과 운영, 평가의 과정에서 합의민주주의 방식으로 이루어지도록 하며, 교수들의 희망과 참여로 구성된 위원회에서 연합학문적 공동연구에 의해 수시로 교육정책은 쇄신되어야 할 것이다.

여섯째, 글로벌 리더의 양성과 사회적 수요에 따른 탄력적인 전공정원의 조정이 가능해야 한다. 그리고 학문간 융합과 다학제간 학문, 총합總合과 학적 교육 및 연구가 추진되어야 한다.

지식기반 사회형성을 위한 문화부흥운동˙ 활성화

'지식혁명'의 메아리는 나라 안에 계속 번져나갈 것이 기대된다. 그러나 지금 우리로서는 지식기반사회로의 급격한 이행과정 속에서 그 격동적인 문화변동에 대응할 수 있는 문화역량을 그런 노력으로 발휘할 수 있겠는가 하는 자문自問에 대해 선뜻 '그렇다'는 자답自答을 하기에는 뭔가 켕기는 감을 떨칠 수 없다. 우리가 진정 21세기 지식기반 사회형성에 있어서 창조적이고 진취적인 문화역량, 즉 21세기형 문화산업구축에 꼭 필요로 하는 창의적인 문화자원들을 마련해 내자면 한층 더 심도 있고, 훨씬 폭발력 있는 문화혁신운동이 펼쳐져야 하지 않겠는가 하는 생각 때문이다. 그런 생각을 하는 까닭은 한국문화의 세계화를 제대로 추진하는 데는 적어도 세 가지 문제점에 대해 반드시 짚고 넘어가야 하기 때문이다.

그 첫째가 한국인의 창의력 발동은 한민족 특유의 에토스 원형原型을 이루는 집단 무의식 계발에 그 관건이 달려있음에 비추어 한국 혼魂의 발생론적인 뿌리찾기도 중요하나 유교문화중심의 수직문화를 벗어나 이웃사랑의 섬김과 나눔의 사회창조를 위한 수평문화 형성의 노력이 더욱 요구된다고 본다.

우리가 그토록 희구하는 문화창조란 본질적으로 문화원형의 재발견, 재창조작업에서 비롯된다고 볼 때 지금 우리는 무엇을 원형으로 삼아야 할 것인가. 결코 국수적 민족주의로서는 한계가 있다. 르네상스는 히브리문화의 장중함을 깨치고 터져 나온 헬레니즘 인문학에로의 복원에서 비롯되었음은 서양문화사 개론을 통해 익히 알려진 사실이다. 어떤 문화원형의 재발견을 통해 창조의 에너지를 격발해야 하는데, 그 원형의 소재에 대한 우리 문화예술계의 관심이 보편적 세계주의 입장에서 새롭게 출발해야 되지 않겠는가. 'K-POP' 한류열풍의 세계화도 그런 차원에서 지속시켜야 한다.

두 번째 문제점은 반만년 문화민족의 본모습을 살려야 한다. 통일신라 말엽 이래 천수백년을 반도의 테두리 안에 갇혀 살아오면서 북방, 남방에서 거듭되어온 외침 속에 단일민족의 생존과 보존에만 전념해온 탓일지 모른다. 지금도 말로는 세계화를 외치지만, 초등과정에서 대학과정에 이르기까지 교과과정 어디에도 다른 문화, 인종간의 커뮤니케이션을 가르치는 열린 마음갖기 훈련과정이 전무한 채 아직도 단일민족의 염원통일만 되풀이하고 있다. 뿐만 아니라 시원始原의 역사인식 자체가 불명료한 상태에서 반만년이라는 상투구를 되풀이하고 있다. 지식기반사회의 모든 지식·정보는 정확성·명료성·논리성을 생명으로 삼는데, 우리는 그 초보부터 애매성·불투명성·비논리성을 정리하지 못한 채 단일민족의 순수성을 맹신하고 있다. 오늘의 씨성氏姓이 뿌리내린 고려 중엽까지 우리겨레는 끊임없는 혼혈의 연쇄에 한민족이 탄생된 것이다. 아직 천년도 채 안 된 단일

민족의 순수성인데 반만년을 외핏줄로 이어왔다고 생각하고 있다. 지식기반문화의 유전공학적인 단면에 나타나는 특징은 이종교배異種交配가 그 주류를 이룬다. 그래서 미국영상 문화가 세계를 지배하게 된 것이다. 그렇다고 그 이종의 '종의 기원'을 모른다면, 이종교배란 성립되지 않는다는 것도 잊어서는 안 된다. '나를 알아야 남을 아는 법' 아닌가. 구태여 손무자孫武子의 지혜까지 들먹일 필요조차 없는 상식이다.

세 번째 문제점은 우리 기성세대들이 지닌 문화의식의 이중구조다. 노랫말의 뜻도 잘 모르면서 모처럼 방한한 플라시도 도밍고의 오페라 아리아를 듣는데 비싼 입장료를 내고 문화인 행세를 하면서, 문화인의 도리인양 착각하고 있다. 다산은 십 수년의 강진유배 생활 속에서 조정에서 버림받고 핍박받으면서도 민을 생각하고 목민의 도를 밝히고자 『목민심서』를 썼고, 『경세유표經世遺表: 민(民)의 자주권보장, 민(民)이 통치자를 추대, 과학기술 발전중심, 향촌사회 공헌도에 따라 지방유지의 발탁인사』를 남겨 죽은 뒤에라도 세상 바로잡기를 멈추지 않겠다는 열정을 불태웠다. 그는 강진·해남 일원 농부의 노랫말을 문어화하는 시작詩作에 남다른 열정을 태우기도 했다. 대중문화가 따로 있고 고급문화가 진짜라고 생각하는 것은 그야말로 속유俗儒의 허위의식이라고 다산은 격렬하게 비판했다.

프라이드를 깨는 것은 일체의 과거습관·사고·행동을 깨끗이 떨쳐버리고 모든 것을 소프트화하는데 모든 지혜와 역량을 경주하면, 아직 경제수준이 높지 않은 현 단계의 한국경제에는 소프트화의 효과가 매우 클 것이라고 본다.

우리나라 사람들이 개별적으로 볼 때 머리를 굴려서 일 꾸미는 데는 세계 제일이라는 것은 단순히 우리끼리의 자화자찬이 아니다. 공부경쟁, 장

사경쟁, 솜씨경쟁기능올림픽 등, 변신變身경쟁 등등 유태인, 일본인, 중국인보다 뛰어난 사례는 얼마든지 있다. 창의력, 대담성에도 남다른 데가 있다. 문제는 세계 최고를 겨룰 정상급 인재배출에는 영웅만들기를 기피하는 질투심리, 내 패거리가 아니면 안 된다는 소아주의小我主義, 또는 소집단주의 3연주의三緣主義, 血緣·地緣·學緣에 얽매여 역부족인 게 결정적인 흠이다. 문화부가 지식정보시대에 가장 힘 쏟아야 할 문화 르네상스 발흥의 도화선 점화작업으로는 지적재산권 보호라는 문화검색작업을 창의력 배양이라는 차원에 연결시켜 이에 대한 전 국민의 인식을 바꾸어 놓는데 있다. 아버지 것이 내 것이요, 어머니 것이 내 것이라는 공짜의식을 뿌리 뽑고, 절밥은 절에 가면 으레 공짜로 먹을 수 있다는 무임승차의식도 고치는 국민학습 캠페인을 벌여야 한다는 것이다. 애써 창안한 소프트웨어 프로그램을 슬쩍 베껴 팔아먹는 관행은 하루 빨리 고쳐져야 한다. '흔글과 컴퓨터'의 부도위기는 우리 사회에 만연된 공짜의식에서 비롯되며, 그 병폐가 근절되지 않는 한 르네상스의 불을 지핀 보카치오의 데카메론은 생산될 수 없다. 영상산업진흥의 최우선순위가 어떻게 스튜디오 시설투자란 말인가. 하나의 영상문화를 만드는 데는 문학·커뮤니케이션·미술·연극·기호학·디자인 등 다방면의 소프트웨어가 컴비네이션되고 하나의 상품으로 통합 intergration됨으로써 완성되는 법이다. 무대를 차려놓으면 저절로 된다는 식은 기계식 생산방식의 개발행정기법이지, 소프트웨어 개발이라는 이종교배적인 조장행정관리방법과는 전혀 차원이 다르다. 다방면의 문화창조 작업팀에게 사회적인 관심 모으기를 조성해 주고 예산지원과 무형의 지원을 통해 완성된 신작新作을 매스컴에서 각광을 비추게 유도하고, 그것의 시장진출을 보호해주는 문화조장행정을 펼치는 것이 문화부 본연의 기능이다.

지난날 문화공보부 시절에 공보기능의 절대우세 속에 문화기능은 향토문화, 문화재발굴이 고작이었다 해도 과언이 아니었다. 오늘의 문화체육관광부는 그 옛날의 문공부 시절로 되돌아갈 수 없다. 정부혁신의 현안 중 가장 탈바꿈의 진통을 겪어야 할 대상이 아마도 문화체육관광부일지도 모른다. 지식 정보시대의 최선두 주자fore-runner여야 할 문화관광부의 위상과 역할이 빨리 제자리 매김 되어야 할 때다.

신지식인중심 문화 · 교육혁신운동 전개

21세기에 본격화된 문화전쟁 시대에 살아남는 길은 우리의 문화 창조력 배양에 있다. 세계문화전쟁의 게임 · 애니메이션 부문 전선에서 절대우위를 누리고 있는 일본의 대한對韓진출이 본격화되고 있다. 뿐만 아니라 영어사용 세계시장의 이점을 살려 그간 잘 나가던 영어선생 학원시장에 미국본토 교재가 봇물처럼 밀려들고 이에 수반된 영어학습 소프트웨어물이 판을 치는가 하면, 지금은 문화 · 기술역량을 국내에서 펼칠 수 없기 때문에 떠나는 두뇌 유출현상으로 그 특성이 바뀌고 있다.

한 마디로 에리히 레마르크의 말을 바꿔 '문화전선에 이상 없다'는 역설이 전개되고 있는 것이다. 국내의 웬만한 벤처기업들은 국내보다 해외시장에 주력하고 있다. 대기업들이 한때 그러했듯이 지금은 벤처기업들이 수출증대에 기여하고 있지만, 벌써 공장의 해외 이동이 심해지고 있다.

교육 · 문화부문의 핵심과제는 두뇌육성에 있다. 앙드레 말로의 문화정책추진 위에 드골의 프랑스문화 열애가 살아있는 동안 프랑스의 영화예술과 패션 · 화장품 산업은 미국식 천민자본주의 공세를 넉넉하게 저지할 수 있었다. 지금 그 프랑스조차, 완고한 게르만 긍지를 가진 독일도 영어화된 자국어의 혼탁현상에 전전긍긍하고 있다. 그래서 독·불의 교육개혁·문화애호운동이 필사적이라 할만큼 진지하고 심각한 양상을 보여주고 있다. 그 모토가 유로파정신의 재발견이다. 그들이 그러하기 때문에서가 아니라, 우리가 진정 세계문화전쟁에서 제 몫하는 신지식창조를 제대로 하려면, 문화·교육혁신의 시발점始發點이 한국혼의 재발견, 그것이 너무 국수적이라거나 지역성에 메인 것이라면 아시아정신의 재발견에서 찾아야 할 것이다. 그런 자기 자신의 재발견조차 「시티 오브 조이」에서 보여주듯, 또는 개운사開運寺나, 송광사松廣寺를 거쳐 간 외국인 승려들이 파리, 바르샤바, 하와이에서 설법하는 한국불교의 재발견 이야기를 듣고서야 비로소 눈 뜰 수 있게 된다면, 그 얼마나 우리네 마음가짐의 모양새가 옹색하겠는지를 생각해 볼 일이다.

어느 철학자가 방한한 외국석학과의 담소 중에 한국철학가들이 무슨 공부를 주로 하느냐는 물음에 칸트, 헤겔, 하이데거, 비트겐슈타인 연구를 한다고 답했더니 당신나라에는 그만한 철학사상이 없기 때문이냐고 또 묻더라는 것이다. 뭐라고 대답했는지 그 뒷말이 궁금한데 그의 이야기는 거기에서 그치고 말았다. 과거에 대학개혁의 일환으로 학부제운영도 획일화의 졸속으로 이른바 비인기학과의 연쇄폐쇄로 기초과학과 교양학문체계의 와해로 실패한 사례다.

신지식창조는 새로운 지식정보의 니즈needs개발이 현재화現在化할 때 비로소 꽃 피울 수 있다. 광고는 현재화 단계에 있는 수요측의 구매충동을 자극할 뿐, 잠재된 상태까지 일깨우기란 결코 쉽지 않다. 다양한 지식정보의 니즈또는 수요, 특히 멀티미디어 형태의 지식정보 이용은 그 접근에 어느 정도의 기술지식과 상당한 경비부담이 전제되어야 한다. 특히 지식정보의 대중화 첫 단계는 순전히 놀이문화의 파생형태로 놀이시간이 많은 청소년 층의 이용이 용이하다. 신지식 창조는 그러한 초기 개발과정의 폭발적인 수요확충이 진행되는 가운데 점차적으로 성인층에까지 파급될 때 비로소 그 형체를 드러내게 된다. 이 같은 멀티미디어 형태의 지식정보 확대과정 을 앞당기고, 그 확대과정 속에 다중학제간결합多重學制間結合형태의 소프트 웨어 개발이 활발해지게 하는 것이 정부와 기업의 공동노력 몫이요, 그 몫 의 선도역이 교과부·문화체육관광부의 주요업무다. 우리 국민들을 새로 운 지식정보화 환경에 적응시키면서 그 환경과의 상호작용을 통해 앞으로 연잇는 변화들에 대한 대처능력을 갖게끔 조성하는 전 국민의 집단 학습 에는 교원교수 포함 집단과 문화기술전문가 집단들의 역할을 극대화함으로 써 그 실효를 거둘 수 있다.

교원들은 청소년층, 교수들은 대학생층과 성인층지역주민, 그리고 문화기 술전문가들이 계층·성별 성인층 대상으로 집단학습을 할 수 있게 행정지 원을 해야 한다. 그러한 국민대상의 집단학습은 국민들이 변화를 수동적 으로 맞는 것이 아니라, 능동적으로 변화되는 환경과 상호작용하는 능력 을 갖게 하고, 어떤 외부로부터의 변화되는 환경과 상호작용하는 능력을 갖게 하며, 대처하는 능력을 길러, 불확실한 미래에 대한 대응력을 키워주 며, 그러한 학습의 지속화평생교육 실현로 그중 특출한 능력자군신 지식인층의 신지식창조를 실현가능하게 할 수 있다. 이는 교원·문화전문가 집단 스스 로도 그래해야 하며, 개혁주체로서 공직자들은 더더욱 그러한 노력에 앞 장서야 한다. 지식정보시대의 문화전쟁은 20세기의 세계대전이 물리적인 형태로 총력적이었듯이, 전 국민의 문화창조기량을 겨루는 문화전면전인 것이다. 관광표어에 관용되는 구호와 같이 전 국민의 관광요원화란 말 그대로 전 국민의 문화전사화文化戰士化를 이루는 것이 세계 문화전쟁에서 우리 것을 드러내고 우리를 살려나가는 길이다.

60년대 미국사회를 풍미한 각종 하비hobby의 제 손으로 만들기운동DIY: Do it yourself은 스푸트니크쇼크에 대응하는 전 미국민의 과학화를 위한 일련의 교육정책에서 비롯된 것이다. 그때의 청소년들이 90년대 미국사회의 중견층이 되어 글렌 노영웅의 우주비행에 열광했던 것이다. 그들 가운데 빌게이츠의 아버지는 게이츠의 뒤편에 서서 멀티미디어 인트라네트워크 보급에 숨은 노력을 쏟았고, 게이츠 세대들이 명예와 황금의 위세를 누리게끔 뒷받침한 것은 그 중견 세대들이다.

가상현실 속의 놀이에도 익숙해지게끔 우리 국민의 집단학습이 긴요한 때다. 광화문 한복판에 아무도 접근 못할, 우람한 이순신 장군이 가상현실의 서바이벌게임에 아군을 지휘하는, 친근한 장수로 탈바꿈시켜서 우리 청소년들의 애호를 받고 세계 청소년들이 예사롭게 '애드머럴 이순신'을 사랑하게 하는 것이 곧 신지식창조인 것이다. 천하무적의 신화를 애니메이션화하고 천자현통을 터뜨리는 가운데 가상현실 속의 세계 영웅으로 만드는 것이 한국영상산업의 세계화인 것이다. 고 김진규의「성웅 이순신」이 실패의 표본이 된 것은「벤허」의 성공비법 터득에 너무 소홀한 탓이다.

우리는 교원·교수 집단과 문화지식인, 정년퇴임 인력인 집단을 개혁주체, 신지식창조력 배양의 전도사로 탈바꿈시키는 일이 당면 최우선과제다. 그들이 국민집단학습을 힘차게 수행함으로써 국내의 지식기반산업이 활기차게 성장할 수 있고, 국민 대중의 수요와 지식기반산업의 공급 간에 상승작용을 일으킬 때 비로소 세계 속의 한국문화역량이 일어서게 되는 것이다.

앞서 말했듯이 우리는 신지식창조를 위한 지식정보화의 시발점에 서 있다. 이 시발점의 첫발 내딛기는 향후 10년간의 행보를 결정짓는, 매우 중대한 의미가 있음을 깊이 생각해야 할 것이다.

60년대에 우리는 개척자적이고 모험적인 대담성에 모든 것을 성취지향적으로 하였다. 그것이 고 정주영 회장의 경영신화를 낳았던 것이다. 지금은 고정도, 고밀도의 정밀공학 · 전자공학 · 생물공학시대다. 한마디로 그때와 지금은 다르다는 것이다.

'뉴 새마을운동 세계연맹', '지구촌 공생발전운동' UN NGO는 교육 · 문화정책의 방향 전환, 신지식창조를 위한 지식정보화의 국민학습운동을 벌이는데 모든 지혜와 역량을 모아 이를 지원 · 격려하고 그 속에서 탄생하는 신지식인 창조자들신 지식인층의 활약과 세계진출을 돕고 보호하며, 힘 북돋우기에 힘써야 할 것이다.

최근의 걱정되는 문화풍토의 한 단면을 본다. 욕설, 비아냥, 성희롱, 무슨 뜻인지도 모를 은어 등 저급한 말로 정치메시지를 전달하며 소위 '비키니 시위'와 같은 나꼼수 진행자들의 성性 관련 발언들을 보면 한심하기까지 하다. 이와 같은 공중파 풍토는 시민문화의 오염물로 당연히 추방운동을 전개하여야 한다. 반기문 UN사무총장의 강연 내용 같이 세계 변화의 주역인 청년부터 정신혁명, 과학기술혁명, 생활혁명 교육이 절실하다. 교육은 발전의 핵심이고 새마을운동의 중흥, 경제발전의 지속화, 복지문화강국 건설도 3E, 교육Education, 일자리Employment, 권한부여Empowerment는 절대 필요하다.

Chapter 11

뉴 새마을운동의 세계화 전략

인류공동체 공생운동의 활성화

『오늘날 대두되고 있는 범세계적 질서 속에서는 '순수한 시장'방임적 자유
시장을 뜻함의 존속이 어렵게 되었다. 시장이란 통합적인 만큼 동시에 분열
적이다. 누군가 예측했듯이 수천 개로 이루어진 도시국가의 세계는 불안
정하고 위태롭다. 이 같은 파편화 현상에 대응하는 대칭적인 요인으로서,
즉 안정화의 서로 버티고 대항하는 소위 길항력拮抗力으로서 다시금 민족
의 역할을 재정립하는 것이 긴요하다. 그런데 정체성과 소속감은 잠재적
으로 분열적인 경향이 있다. 한민족에 소속된다는 것이 바람직한 방향으
로 작용하는 힘이 될 수 있다는 가정은 과연 얼마만큼 현실적일 수 있는
가? 실상 국민국가와 민주주의는 야누스의 얼굴을 지니고 있다. 그럼에도
민족이 시민권이라는 통합메카니즘을 제공한다는 것이다. 물론 민족주의

의 분열적인 속성은 사라지지 않겠지만, 그러한 속성을 제어하는데 필요로 하는 것이 민족에 대한 세계주의적인 해석이다. 그러한 세계주의는 민족국가들 간의 큰 전쟁을 사라지게 할 수 있는 원인이 되고 동시에 조건도 된다. '강한 국가'라면 전쟁에 잘 대비한 국가를 의미했는데, 이제 그 의미는 바뀌어야 한다. 이제 그것이 의미하는 바는 주권의 새로운 한계를 수용할 수 있을 정도로 그 스스로에 확신을 갖는 민족임을 말한다.

근대 국민국가는 전통적인 국가의 속성이던, 소속이 분명하지 않은 '변경' 대신에 '국경' 긋기를 발전시키면서 형성되었다. 국경은 민족의 영토를 나타내고 이를 침범한다는 것이 곧 그 민족의 동일성에 대한 공격으로 간주되었던 것이다. 앞으로 국가는 국경보다 다시 변경을 갖게 될 것이다. 그러나 과거와 동일한 사유로 해서 그렇게 되는 것이 아니다. 오늘날 국가 간의 국경은 다른 지역들과의 유대와 온갖 초국가적 집단들의 관여로 인해 변경이 생겨나고 있다. 27개 국가의 유럽연합이 바로 그 유형을 나타내고 있으며 세계 다른 지역에서도 그러한 경계변화가 일어나고 있다.

민족의 정체성은 이중성, 또는 다중적 소속에 관용적일 때 비로소 유위有爲한 동인이 될 수 있다. 잉글랜드인인 동시에 영국인이요, 유럽인이면서 동시에 세계시민의식을 지닌 개개 시민은 그것들 가운데 어느 하나를 가장 중요한 정체성으로 생각할 수 있다. 그러나 그것들 가운데 어느 하나에 특별한 정체성이 있다고 해서 다른 것들을 수용하는데 방해가 되어서는 안 된다는 것이다. 사실 따져보면 모든 민족은 예외 없이 '혼합민족mongrel nations'이다. 민족은 자연으로부터 주어진 것이 아니다. 오늘의 민족은 초기에 종족공동체와 상당히 소원하게 어떤 연관을 가졌더라도 상대적으로 볼 때 최근세사의 산물이다. 세계주의와 다중문화주의는 이민문제를 둘러

싸고 결합되고 있다. 세계주의적 관점은 세계화의 신질서 속에서 다중문
화적 사회구성의 필요조건인 것이다. 그리고 세계화는 국제화와 다르다는
점이 강조되어야 한다. 세계화는 민족들 사이의 보다 긴밀해진 유대관계
에 관련될 뿐만 아니라 민족의 경계를 넘어서는 세계시민사회의 등장과
관련되는 것이다.』

— 엔서니 기든슨의 『제3의 길』에서

　이제는 '보편적 세계주의'로 나아가야 한다. 이는 세계의 문화를 받아들
여 독창적으로 발전시킨 조상의 슬기를 되살려 '열린 마음'으로 세계를 받
아들이고 우리도 세계 속의 한국을 건설하자. 이것이 '뉴 새마을운동의 세
계화'다. 지금 세계가 겪고 있는 어려움을 극복하기 위해서는 인류문화에
내재한 지혜와 용기를 하나로 모아야 한다고 생각한다. 다양한 문화를 이
해하고 받아들이는 포용력, 각각의 문화적 전통 속에 숨쉬고 있는 지혜와
용기, 그리고 희망이 하나로 모아질 때 이 세계적인 경제위기도 이겨낼 수
있다고 믿는다.
　나아가 21세기는 물질과 무기의 시대가 아니라, 문화의 세기다. 이제 문
화는 인간의 정신적 가치와 삶의 질을 높이는데 그치는 것이 아니라, 하나
의 산업으로서의 경제의 큰 몫을 자치하게 되었다. 인류가 만들어낸 문화
의 창조적인 힘들이 모아져 상생하여야 하고, 우리 한민족도 여러 한을 품
고 세계로 미래로 나아가야 하며 역시 문화민족답게 문화·관광산업에 큰
힘을 발휘하자. 삼천리금수강산 시대를 열자. 나아가 우리 한국은 문화의
큰 포용력 속에서 화합의 시대를 이룩하며 당면한 다중위기多重危機라고 생
각되는 ① 남북대치와 문화이질화 ② 지역이기주의 ③ 노사갈등문화 ④

학원폭력과 저질문화 횡포인스턴트 먹거리 ⑤ 황폐해지는 정신문화 ⑥ 놀자, 먹자, 자자, 학원가자과외수업 중심의 청소년 문화 ⑦ 절제 없는 사치 소비 문화를 고급문화로 바꾸는 대한부흥 9010봉사활동을 뉴 새마을운동으로 전개하자.

세계와 함께하는 FTA 개방경제 합목적운동의 전개

네덜란드 경제장관 안드리에센은 21세기는 우리가 가장 주목해야 할 변화로, '세계화하는 현실'이라고 단언했다. 이 같은 세계화의 원인은 급속한 기술진보와 광범위한 사회경제적·제도적 개혁의 결합성과로 아시아일본 제외경제가 또 하나의 세계시장을 형성하고 남미에서도 그런 기운이 일어나고 있는데다 엄청나게 증대된 국제자본 이동이 그러한 시장변화를 부추기는데 있다고 분석했다. 이 같은 세계시장의 변화는 미·일·유럽의 세계경제지배를 밀어내면서 지구촌 규모로 국가 간에 차별화된 노동분화가 야기되고, 생산특화도 수반됨에 따라 하나의 완제품에 여러 나라의 부품조달이 이루어질 것이며, 서비스부문의 세계화는 더 한층 가속화될 것으로 내다보았다. 그 결과로 국민경제간의 상호의존성이 더욱 강화함에 따라 한 나라의 정부정책면에서 독자적인 수행력과 규제효과가 국제적인 상황에 의해 상당정도 잠식되고 그런 상호의존성의 증대는 국가이익의 정의를 매우 복잡하게 뒤엉키게 하는 가운데 지역적 협력·통합이 그런대로 대응책으로 각광받으리라고 내다보았다. 그는 결론 말미에서 세계화의 도전에 대응하자면, 다국가간또는 지역 내 국가간, 다지역간의 협력강화, 지속적인 국제무역·투자의 자유화, 일관성 있는 구조조정 실천 등을 결합함으로써 극복할 수 있으며 이 같은 대응전략을 추진해 나가는, 국가차원과 국제차원에서 강력한 리더십이 필요하다고 강조했다.

그러한 세계전망에 대비하여 네덜란드는 전문지식인들을 총동원해 '지식의 실천' 리포트를 마련하여 전면적인 경제체제개혁에 돌입했던 것이다.

우리 정부도 세계화 선창에 부응하여 바람직한 미래창조를 위해 이치理致를 바로 세우는 국민의식개혁, 더불어 함께 사는 공동체 삶의 향상, 창의력을 일깨우는 과학기술진흥, 절제된 삶으로 건강한 사회만들기, 마음을 풍요롭게 하는 문화세기의 구현, 그렇게 해서 효율적인 국가운영을 해야 한다고 본다. 그리고 신한국창조 국민운동본부에서 펴낸『新한국으로 가는 길—21세기 국가발전목표와 실천전략』에 모아진 내용을 보면, 신한국창조 운동원리로 대도주의大道主義와 삼정주의三正主義＝正直, 正義, 正道를 전제로 정치개혁, 국가경쟁력 강화, 정치인의 국제화선도, 새마을운동 8원칙추진, 광물자원개발, 교육개혁, 마케팅·광고전략의 실천, 신 태평양시대의 국제화전개, 사회복지정책추진, 신도시관리체계 등으로 국제화전략의 실천방책을 제시했다. 문제는 실천주체가 없었고 구두선으로 정부주도의 구호일 뿐 민·관 협력과 시민주도의 실천전략 없이 일시적 외침으로 끝나고 말았다는 점이다.

그리고 개괄적으로 안드리에센의 집약적인 세계화전망과 비교해볼 때, 위의 리포트는 실천방안앞의 책과 전략뒤의 책에 상응할 수 있는 분석틀로서의 집약된 체계성, 실천·전략전개의 합목적적인 수순과 현상타파를 위한 돌파력의 창끝이 미흡한 면들이 쉽게 간취되고 있다. 네덜란드가 우리와 거의 같은 시기에 발진하였으나, 1983년 IMF를 당한 후 전국가가 성시화

338

聖市化: Holy city Movement운동으로 극복하였다.

　본 필자도 이를 주목하고 벤치마킹할 부분을 생각하면서 세계홀리클럽 초대회장을 하였으며 그러한 뜻으로 지구촌 공생발전을 위한 뉴 새마을운동의 세계화 운동을 시작하였다. 세계경제는 하나의 시장으로 급속히 통합되고 있다. 기업의 다국적화로 기업들은 전 세계적인 네트워크를 구성하고 전략적 제휴를 통해 생산·판매·기술개발 등에서 협력하기도 하고 다른 한편으로는 세계도처에서 치열한 시장경쟁을 벌이기도 한다. 이제 기업들은 사회간접자본시설이 잘되어 있고 우수한 노동력이 있는 곳이라면 국경을 뛰어 넘어 어느 나라든 투자한다. 상품 및 서비스시장의 상호개방으로 소비자들은 풍부한 정보를 토대로 값싸고 질 좋은 상품과 서비스라면 국적에 관계없이 선택하고 있다. 또한 자본시장의 통합으로 자본의 국적에 관계없이 자금을 빌리거나 빌려주는 시대가 전개되고 있다.

　이러한 대외환경변화에 적극 대처하여 우리의·경제체제를 FTA형 개방경제체제로 시급히 전환시킬 목적으로 2007년 노무현 정부한명숙 총리시절는 다음 항목과 같이 한·미 FTA를 체결한 바 있다이는 2012년 2월 16일 현재 민주통합당이 미국에 재협상을 요구한 10개 항목 중 9개. ① ISD투자자 국가소송제도폐기 ② 서비스시장 개방관련 네거티브 리스트를 포지티브 리스트로 전환 ③ 역진방지조항 삭제 ④ 주요 농축산 품목 관세 양허표 수정 ⑤ 중소기업 및 소상공인 보호조치 ⑥ 개성공단 생산품 한국 원산지 인정 ⑦ 급식 프로그램 한미 FTA에서 면제 ⑧ 의약품 분야허가, 특허연계 폐지 ⑨ 금융 세이프가드 조항 개정 ⑩ 자동차 세이프가드 조항 재논의다.

　이와 같은 정책추진이 필요한 이유는 명확하다. 현재의 경제위기를 조속히 회복하기 위해서는 투명하고 열린 경제체제로 하루빨리 탈바꿈하여 대외신인도를 획기적으로 높이고 외자를 적극적으로 유치하는 것이 무엇보다 중요하기 때문이다. 더욱이 대외의존도가 높은 우리나라의 경우 변화하는 세계경제질서에 능동적으로 적응하는 일이 선택사항이 아니라 이미 주어진 시대적 과제다. 이것은 지속적인 경제성장을 통해 새롭게 도약하기 위해서도 반드시 필요하다. 그리고 한번 체결된 FTA는 국제조약과 같아서 공화국이 바뀐다고 해서 행정정책을 바꿀 수는 없다고 본다. 다만 새로운 전략으로 대응하여야 할 것이다.

경제의 개방은 무한경쟁을 촉진하여 1997년 말 외환위기 발생의 근본적인 원인이 되었던 부정부패, 정경유착, 관치금융 등 우리 경제의 구조적 문제점들이 자라날 수 있는 토양을 지속적으로 바꾸어 가야 한다.

이와 같은 인식을 바탕으로 철저한 시장원리에 입각한 개방형경제를 지향할 것이며, 특히 상대적으로 지연되어 왔던 외환 및 자본시장의 개방을 더욱 가속화해야 한다. 문제는 도덕성 없는 미국식 성과주의를 거부해야 한다고 생각하며 분노, 불균형 양극화를 해소할 공정한 성장모델이 필요함을 강조하고 싶다.

이 같은 정책방향에 따라 우리경제에 활력을 불어 넣기 위해, 첫째 중요 국책사업을 제외하고 선별적으로 외국인투자개방업종을 확대해 나가고, 둘째 투자환경을 획기적으로 개선해 나간다는 것이다. 이러한 경제개혁에 따른 적절한 인적요소와 업무의 결합은 근본적인 행정개혁과 맞물릴 때 비로소 그 힘을 제대로 발휘하게 될 것으로 보인다. 그런 의미에서 경제개혁의 외형적 진전이 괄목할 만하지만, 이에 상응하는 관료내부의 업무재편성, 적정배치, 관련업무와의 유기적인 공조관계형성 등 이른바 소프트웨어적인 개혁은 1961년 5월 16일 이후 제3공화국 때의 '행정개혁위원회나 평가교수단'의 역할 부활이 필요하다고 본다.

이 같은 정부부문의 경제개혁진전에서 짐작되듯이 이와 함께 병행되고 있는 금융계재편, 6대재벌을 비롯한 산업전반의 구조조정도 제1금융권 은행 간의 인수합병, 6대재벌그룹 간의 빅딜과 계열사정리, 대기업의 중소기업 착취형 구조 등이 혁파Revolution 수준에 이르고 있어 아직도 넘어야 할 산은 높기만 하다.

경제개혁은 정부만 하는 것이 아니라, 실상 기업계의 구조조정이 더 긴박한 당면과제다. 그런데 이상하게도 외국의 경우는 기업자신의 생존을 위해 정부측보다 더 빨리 스스로 경영혁신을 하는 것이 일반적인데, 유독 우리의 경우는 보이지 않는 손에 의한 관치경제 생리화가 고질화되어 있음에 새삼 놀라움을 자아내게 한다. 미국, 일본의 경우 나라 전체로는 아직 미흡한 면이 많은데 미국의 일부 주州정부나, 일본의 일부 현縣자치제를 보면, 매우 뛰어난 공공부문과 기업분야의 혁신이 잘되고 있음을 볼 수 있다.

우리는 분명 싱가포르와 같이 1당독재의 '클린 싱가포르' 방식이 아닌, 참여민주주의의 삶 방식을 토대로 한 개방경제를 지향하고 있기 때문에 정부·기업·제반이익단체들의 체제혁신 또한 국민의 참여속에 진행되어야 한다. 그러한 국민의 참여는 한결같이 국민과 함께하는 지도자의 비전과 궤를 같이 하는 가운데 힘을 발휘하게 되는 것이다.

이웃 일본의 미쓰비시문제산업의 금융지배는 일본경제의 개혁을 가로 막는, 처치곤란의 대공룡으로 골칫거리가 되고 있음을 우리는 주목해야 할 것이다. 더욱이 경기침체 기간에는 부익부·빈익빈의 가속현상이 일어나는 법인데 기업구조조정 따로, 금융재편 따로 하는 식으로 자칫 잘못 진행되다 보면, 대기업의 금융지배를 허용하게 되고, 그 결과 안정기에 이르러 다시

금 대기업의 선단경영공룡사단이 재현되는 소지를 남기게 될지도 모른다.

본래 기업이란 흥해도 망해도 언제나 돈줄이 달리게 마련이다. 대금융기관의 지배주주가 되는 대기업이 앞으로도 은행돈을 쌈짓돈 쓰듯 해온 관행을 되풀이 말라는 법도 없다. 이 같은 사정을 감안하여, 언제나 정부당국은 개혁성과의 가시화에 너무 서둘지 말고 앞으로 생길지도 모를 개혁후의 부작용도 충분히 고려하여 보다 종합적인 접근방법으로 기업의 생산력, 경쟁력강화와 함께 금융의 서비스혁신, 경쟁력제고를 도모해야 할 것이다. 자칫 한국판 미쓰비시공룡사태를 빚어 놓게 된다면, 앞으로 또 있을지 모를 경기불황기에 그때의 후대 정부로 하여금 이도저도 못하게 만드는 결과를 남김으로 해서 지난 실정失政보다 더 어려운 난제의 상속 때문에 오늘의 뼈를 깎는 개혁의 공든 탑이 실효될지도 모른다는 깊은 우려에서 하는 말이다.

주지하는 바와 같이 경제의 한 국면의 문제는 경제차원에서만 해결되는 것이 아니라, 그것과 연관되는 정치·행정·사회·교육·문화 등 다방면의 연결망에 투영시켜 생각해 보는 총체적인 정책안목이 필요하다. 그것을 가르켜 지도자의 통찰력이라고 하고, 참여민주주의체제 아래서는 지도자의 그것과 국민의 공공의식 두 가지를 함께 손꼽는다.

광범위하고 복잡하게 얽혀 있는 경제개혁의 진전과정, 그 세밀한 내밀영역에까지 사려 깊은 국민감시·점검·교정의 노력을 기울여 개혁시기에 백년대계의 초석을 다지는 자세로 꼼꼼하게 챙기지 않으면 안 된다. 지도자가 기술적인 세부내역까지 일일이 챙긴다는 것은 사실상 불가능하다. 만약 그렇게 된다면, 또다시 권력자의 카리스마적인 흡인작용에 의한 권력의 '빅브라더오웰의 권력자상' 현상을 재탕하는 비극을 낳게 될 것이다.

개혁은 당사자 스스로 뼈를 깎는 수술행위다. 따라서 조금의 안위安慰만 허용되어도 '적당히', '좀 쉬면서 하면 안 되나'는 생각을 하기 마련이다. 또 제 뼈깎기라서 외부에서 자세히 모른다는 생각도 하게 된다. 그렇듯 사소한 방심, 안일, 적당주의는 타이타닉호의 침몰, 미드웨이 일본군의 참패를 불러왔음을 반드시 명심해야 한다. 아무리 제도정비를 하고 업무역할 배치가 잘 되어 있더라도 그것들을 운영하며 효율성을 올리게 하는 동인動因은 전적으로 사람이며, 그 사람의 부릅뜬 눈이 제도와 업무흐름 전체에 고루 미칠 때 비로소 소기의 성과를 기대할 수 있다.

개혁작업의 당사자는 정부, 기업내부의 사람들임에 틀림없다. 그들이 하는 일마다 일일이 그 일의 결과가 타 부문에 어떤 영향을 미칠 것인가를 꼼꼼하게 따질 만큼 심려深慮와 통찰을 다 할 수는 없다. 그처럼 복잡한 개혁작업의 낯선 재편과정에서 미쳐 눈이 못 미치는 부분의 교정보완은 반드시 필요하다.

'뉴 새마을운동의 세계화'는 우리 국민들이 지니고 있는 모든 슬기와 혜안을 모아 그런 틈새 메우기에 앞장서는 것이 이 개혁의 고비에 반드시 맡아야 할 과제다. 그런 일은 개혁당사자들로부터의 핀잔과 야유를 받게 마련이며, 자칫 개혁현장의 업무흐름에 훼방꾼이라는 비난도 받게 마련이다. 그럼에도 불구하고 개혁진행의 초기 상당기간에는 그러한 틈새 메우기 '간섭'은 아무리 강조해도 지나침이 없다. 그처럼 개혁이 혁명보다 어렵다는 것을 당사자들에게도 인식시키는 노력도 병행하면서 인지人智가 미치는 한 결단코 뒤탈 없는 개혁의 성취를 역사페이지에 남긴다는 소명의식을 가지고 임해야 할 것이다.

남북 및 국제교류협력의 가속화

오늘날 세계는 3T혁명Telecommunication, Transportation, Travel의 급속한 진전과 더불어 국경의 변경화가 급격하게 진행되고, 세계 수천도시의 뒷골목에까지 흑백, 황·갈색 인종들이 뒤섞여 사는 풍경이 빠르게 넓혀지고 있다. 하지만 반대로 강원도 벽지산골의 노부부가 서울의 TV뿐만 아니라, 로스앤젤레스의 TV에도 현지촬영과 동시에 방영되어 세계 제일의 옥수수 선전을 예사롭게 행하는 세상으로 바뀌었다. 노부부는 그들의 어눌한 강원도 사투리로 더듬더듬 말하지만, 젊은 PD의 귀띔으로 자신들이 서울과 미국에 방영되고 있음을 의식하고 세계를 향해 말하고 있음을 안다. 그들은 그 순간 세계시민의 울 안에 들어 선 것이다.

건강한 젊은이들은 세계시민의 체험을 위해 네팔 설산으로, 아프리카 오지로, 돈과 여유 있는 청·중년부부들은 로마로, 파리로, 아들딸들을 유학보낸 초로의 머리 희끗희끗한 부부들은 뉴욕으로, 런던으로 나가 그곳 사람들과 접하는 것은 이제 뉴스감도 안 된다. 어떤 TV의 '세계인류체험' 다큐시리즈는 일본에서 10여 년 전에 이미 막 내린 옛 이야기감이다. '88년만 해도 '세계는 서울로, 서울은 세계로' 란 구호가 국제올림픽위원장이 외국어조에 섞여 잠실벌에 울려 퍼질 때 우리국민은 그 구호의 참신성이 주는 감동과 함께 벅차오르는 흥분을 실감했다. 그 이후 갖가지 부작용에도 불구하고 해마다 백만이 넘는 한국인들이 무리 지어 전 세계 곳곳을 누비게 되면서 그 구호의 참신함도 퇴색하고 말았다.

우리가 추진해야 할 세계화는 동시대인으로서 몇 가지 원칙이 있어야 함은 너무나 당연하다. 우선적으로 동아시아 공유의 정신자산을 오늘에 되살려 중국 따로, 일본 따로 각기 도토리 키재기 할 것이 아니며 동북아 따로, 동남아 따로 있는 것이 아니다. 거대병에 걸려 미국, 일본만 쫓는 것이 능사가 아니다. 두 번째 원칙은 우리 조상들의 세계범위가 동아시아에 국한되었음에도 중규모의 나라살림, 민생살이를 염두에 두고 만리장성이나 자금성이 아니라, 천년의 풍상을 견디는 탄탄한 산성쌓기와 크지도 작지도 않는 불상만들기를 터득함으로써 후진국 일본의 사범역을 능히 감당했던 것을 감안할 때 영국의 개혁성공이 우리에게 적절할 수 있다는 생각을 해봐야 한다. 신장에 비해 너무 높아진 눈높이를 우리 몸에 맞게 수평시야로 조정해야 한다는 것이다. 그런 눈높이 조정이 결단코 국민을 기죽이는 것이 아니다. 오히려 국민속의 잠재능력을 일깨워 우리 나름대로 세계에 기여하고, 우리보다 못한 중소국들에게 삶의 지혜와 기술·노하우를 나눠 줄 수 있게 된다. 월남참전장병이나, 월남에서 지낸 적이 있는 한국인들은 한결같이 베트남인들의 올곧은 긍지를 부러워했다. 우리 국민들은 그 긍지를 볼 줄 알고 나름대로 그것을 지니고 있다.

세 번째 원칙은 그간 세계 보편성이라고 알아 왔던 서구중심의 가치표준이 아니라 포스트모던적인 해체주의자들이 주창하는, 다양한 문화, 다양한 종족, 다양한 풍토를 인정하고 그것들의 공존관계 위에 공생을 영위할 수 있는, 다원적 가치표준의 세계 공통적인 세계시민 만들기에 적극적으로 나서야 한다는 것이다. 물론 국제무역의 세계공용어가 영어가 대세지만 그대로 수용해야 한다. 세계의 삶은 무역이 다는 아니다. 정보화시대의 기호사용은 미국이 앞서기 때문에 영어표기가 대부분이다.

지금 우리나라의 정보통신혁명의 힘으로 모든 나라말에 한글표기가 덧붙여지는 시대를 열자. 세계생물학계는 라틴어만이 아니라 일본어도 많다. 80년대말 미국기업계의 경영용어에 일본어가 상당히 통용된 것을 생각해볼 일이다. 문제는 세계 속의 기술발달, 노하우개발, 문화진흥에 있어 누가 더 앞서느냐는 것과 그것이 인류공유의 자산 값어치를 얼마만큼 가지고 있느냐에 따라 가치표준으로 통용케 된다는 것이다.

이제 우리는 올바른 세계화의 범국민적인 행보의 첫발을 '뉴 새마을운동의 세계화'로 내디딘 것이다. 세계화는 합리주의시대의 데카르트 공리公理와 같은 보편성의 정형화된 원리가 따로 있을 수 없다. 21세기가 어느 정도 흐른 뒤에 데카르트의 그것에 버금가는 세계시민으로서의 정형화된 행동규범이 이루어질지도 모른다.

'뉴 새마을운동의 세계화'는 그러한 원칙을 전제로 우리 국민속에 문화전통으로 연면해 온 긍지, 문화성취욕, 창의력을 발양發陽케 하는데 힘을 쏟아야 한다. 일깨움의 가르침과 배움이 오가는 형태로 멘토링 SNS형 국민운동을 벌여가야 할 것이다.

세계문화시민국 뉴 코리아 창조운동전개

교양문화 한국의 재건운동

앞 절에서 지도자와 국민, 엘리트와 대중간의 수직적인 관계를 가급적 수평적인 동반관계로의 틀바꿈이 세계화와 직결됨을 시사했다.

『제3의 물결』의 공동저자인 토플러부부는 『새로운 문명의 창조Creating A New Civilization 제3물결의 정치』에서 틀 바꿈의 배경을 이렇게 말하고 있다.

『우리는 지금 새로운 민주주의의 도약단계를 시작해야 한다. 처음으로 대중적 정치참여의 급격한 확대로서 가슴 뛰게 하는 전망을 제시해 주고 있다. 그렇듯 새로운 정치제도의 대두는 현시대가 요구하는 새로운 가족, 교육, 기업조직의 등장과 맞먹을 만큼 중요하다. 그것은 또한 새로운 에너지개발, 기술정보, 새로운 산업을 모색하는 전 인류적인 노력과 깊이 관련되어 있다. 그것은 커뮤니케이션의 격변, 비산업세계와의 연계관계를 재편하려는 요구 등을 반영하는 것이기도 하다. 다시 말하면 그것은 그러한 다른 모든 영역의 가속적인 변화를 정치적으로 반영하고 있는 것이다.

이 같은 변화의 흐름을 보지 않고는 우리 주변에서 일어나는 주요사건들의 의미를 이해할 수 없게 된다. 그런 의미에서 오늘의 가장 중요한 정치문제는 양극화된 빈부갈등이나 강한 소수집단과 약한 다수집단간의 갈등이 아니라 현존하는 산업사회를 옹호·유지하려는 측과 그것을 뛰어 넘어 전진하려는 측과의 싸움이다. 이는 또한 내일을 위한 대투쟁이다.

이 같은 대 쟁투가 격화될 때 우리가 직면하는 것은 그전처럼 혁명적인 드라마의 재연도 아니요, 지배엘리트의 중앙지시에 따른 전복도 아니며, 테러로 유발된 자연발생적인 대중봉기도 아니다. '제3물결' 문명을 위한 정치구조의 창조는 단 하나의 결정에 따른 대변동에서가 아니라 수십 년에 걸친 여러 곳, 여러 차원에서의 수많은 개혁과 충돌의 결과로 초래되어질 것이다.』

바로 이 같은 맥락에서 세계화의 진전에 '바로 이것이다' 하고 정형화된 세계표준이 없다고 한 것이다. 서구문명 중심의 보편성이라는 도그마는 냉전체제의 와해와 더불어 해체의 운명에 처해 있고 지금은 수많은 국제기관, 민관단체들의 합의를 거쳐 한 가지 한 가지씩 틀을 잡아 가고 있는 중이다. 이를테면 인권도 서양의 잣대 아닌 동아시아의 '인내천人乃天' 개념에서 도출될 수 있다는 것이다. 나아가 민주주의 제도는 서구의 창안이지만, 참여민주주의는 21세기의 인류공통과제인 것이다. 민주적 시장경제와 자본주의적인 자유시장 원리는 서구 자유주의전통에서 연유된 것이지만, 참여민주주의 기반위에 자유·정의·효율의 시장제도를 형성하는 것 또한 새로운 과제인 것이다. 마찬가지로 21세기를 살게 될 세계시민은 영국의 신사도나 독일의 모범시민을 본 따는 것이 아니라, 상호의존의 새 국제질서속에 적극적으로는 창조적인 형태로, 소극적으로는 적응하는 형태로 실존하는 존재양식의 보편적인 형태로 보아야 한다는 것이다.

따라서 세계시민교육을 한다는 것도 지도인사가 영국, 독일의 선진시민을 범례삼아 대중을 계몽하는 것이 아니라, 연사 스스로의 변신체험을 담론하는 가운데 새로운 세계변화에의 적응력, 나아가 능동적인 창발력을 일구어 내는데 있다. 그렇게 하여 국민대중 스스로 세계시민으로서의 교양터득에 자발적으로 흥미를 갖게 하고 생활의 과학화를 실천함으로써 허례허식이나 누습관행을 스스로 고치도록 유도할 때 비로소 세계시민으로의 전망을 그들 스스로 가지게 된다. 그런 전망을 가져야 시민운동에 대중지지가 활성화되고 시민단체운동가들이 활기차게 뛸 수 있게 된다.

교육의 위기, 교권의 위기란 그 방법의 구태의연함에서 비롯된 것이다. 더욱이 산업재편과정의 필수적인 직업훈련교육은 산업현장의 선임기술자가 후배지망자들에게 축적된 기술과 노하우를 전수하고, 그 가르침과 배움의 과정에서 선임자도 지망자도 달라져 가는데 그 교육의 실효성이 나타나는 것이다. 선진외국풍을 추수하는 것은 결단코 세계화로 가는 길이 아니다. 통신공사의 말단 집배원이 PC단말기端末機: terminal를 이용해서 우편배달의 효율성을 독자적으로 제고한 그 서비스정신이 곧 세계시민의 자격증이다.

의식개혁은 저 아래 있는 대중이 아니라 국민상하가 다 함께 해야 할 일이다. 지도층이라고 세계시민이 다 된 것이 아니다. 다인종세계, 다양한 다종문화속에서 유네스코의 세계문화유산 지정작업처럼 세계인이 공인하고, 당해 국가의 국민들도 인정하는 인류공동의 정신자산—그런 인품과 소양을 갖추는 것이 세계시민으로서의 교양을 갖는 것이다.

교양은 앎과 행동이 일치되고 몸에 배여야 함을 뜻한다. 교육의 참뜻도 지행일치에 있음은 예부터 소학에서 되풀이 강조되어 온 것이다. 교양으로서의 앎이 아니라 취직시험지와 면접질의에 응답하는 기술로서의 지식을 배우게 한 결과 고등교육과정을 비롯한 모든 교육과정에서 '교양教養'이 실종되었다. 교양이 사라진 마당에 어떻게 세계시민교육을 할 수 있겠는가. 세계시민교양은 기존의 교육관을 넘어선 새로운 차원에서 범국민적으로 시행되어야 할 것이다.

세계화를 위한 우리 국민의 세계시민교양 갖추기는 또한 문화한국의 재건 역사役事와 직결된다. 도시 곳곳에 대형문화시설 축조로 이루어지는 것이 아니라는 점부터 못 박아야 할 것 같다. 오늘날 문화창조가 문화산업화의 경향에 따라 그전처럼 단원 김홍도 같은 특출한 천재 개인의 기량보다 참신한 젊은 동아리들의 집단작업형태로 그 추세가 바뀌어 가고 있다.

세계화는 결코 규모의 차원이 아니다. 더욱이 문화의 세계화는 규모와 아무 관련이 없다. 그래서 한국문화의 세계화는 강대국중심의 문화제국주의에 주체적으로 대응하면서 우리 나름의 문화부흥운동을 통해 '40년대

말의 명화 「마음의 고향」에서부터 '90년대의 명화로 꼽히는 「아름다운 시절」로 이어지는 한국미의 재발견, 한국예술의 자기표현으로 발전시켜 세계시민의 호응을 확보해 나가는 것이 옳다. 우리의 예술문화인, 문화예술 상품의 역수입으로 한국예술의 우수성을 확인하는 것은 또 하나의 문화사대주의다. 그러나 문화세계화 현상 속에 문화국수주의는 더더욱 바람직하지 않다. 한국문화의 경우도 우상숭배의 샤머니즘적인 요소가 있는 문화의 단면은 예를 들면 추석절 성묘 경우 종교의식의 면에서 차별성의 인정과 '조상숭배정신', '효사랑', '하나님과의 대화: 기도' 등 다방면으로 볼 수 있으며 '맹목적이고 충동적인 미신덩어리' 라는 본질적 개념의 '샤머니즘'으로만 볼 수 없다는 점이다. 이제 생활의 모습way of life을 문화로 볼 때 보편적 세계주의로의 문화창조가 요구된다. 특히 우리말, 우리소리, 우리솜씨를 세계 수준으로 미화시키는 승화의 예술행위를 거쳐 우리대중이 흠뻑 누릴 수 있고, 세계시민을 즐겁게 한다면, 그것이 진정 한국문화의 세계화인 것이다. K-pop이 바로 그것이다.

이제 불혹의 연배에 든 이해인李海仁 · 시인 수녀는 지난 '98년 말 12가지 꽃씨담은 선물을 받고 꽃씨처럼 마음 가벼워짐을 느꼈다고 말한다. 그 고운 마음, 그 마음처럼 고운 말들이 아름다운 시가 되고 수많은 독자들에게 감동을 준다. 그 고운 마음은 고난 속에 추위에 떨며 굶주리는 이들을 생각하며 스스로 절제하고 희생하는 자세를 가지려 노력하는 가운데 그들을 따뜻하게 보듬는 마음가짐에서 그녀의 시상詩想이 꽃핀다. 볼셰비키혁명의 소용돌이 속에 길거리의 아비규환을 내다보며 실내의 즐거운 연회를 등지고 선 젊은 지바고의 고뇌, 그것이 『닥터 지바고』를 쓰게 한 시인 파스테르나크의 작의作意가 아니던가. 이해인 수녀의 그 고운 마음가짐이 곧 문화한국의 재건을 가능케 하는 동인動因일 수 있다.

자기 시신을 동해 가운데 묻어 나라의 태평을 기원한 신라 문무왕의 백년대계로 경주는 세계수준의 도시계획이 시행되었고, 변경을 싸움반 교화반으로 순치하여 두만강 이남 6진땅을 병탄한 세종은 한글을 창제함으로서 한민족의 문화정체성을 세계 속에 각인케 했던 공적이 우리민족사를 더욱 빛내고 있다. 문화는 동시대 지도층과 뛰어난 문화예술인, 그리고 국민대중의 수용성이 뭉쳐진 정신활동의 총화總和로 이루어진다.

문화의 세계화는 한국 전체의 세계화를 이끄는 견인역인 점에 비추어 지식인들을 필두로 한 한국지식인층의 한국문화예술 재발견과 이에 따른 문화부흥운동의 추진이 절실하게 요청된다. 괴테의 위대함은 근대 세계사를 지배한 유럽정신의 형상화에 있었음은 주지의 사실이다. 나치폭정아래 숨겨간 그 숱한 젊은 독일병사들의 손안에 괴테의 시집이 쥐어져 있었음은 우연한 일이 아니다. 그러나 파우스트의 영웅모델은 대중참여시대의 모델일 수 없다. 파우스트의 우렁찬 독백보다 이름 모를 야생화를 꽃피울 꽃씨를 선물받고 흔연작약하는 시인의 조용한 시어가 대중참여시대의 소요를 진정시켜 혼란한 심성을 승화시키는 문화력의 효험을 발휘할 수 있다. '뉴 새마을운동' 참여 지식인들을 필두로 우리나라 지식인집단은 진정 문화사대주의에 찌든 오늘의 우리 문화를 정화시키고 폭탄주형 음주문화부터 식생활문화, 그리고 기초질서를 지킬 줄 아는 교통문화 등에서부터 변해야 한다. 이제 세계 인류의 공생발전共生發展을 선도하는 한류, 거대한 문화 콘텐츠 산업의 세계화작업에 총력을 경주해야 할 것이다.

우리가 추진하는 세계화에는 세 가지 원칙에 따라 이루어져야 한다.

그 첫째가 동아시아 공유의 정신자산을 오늘에 되살려 중국, 일본, 동남 아시아와 함께 동아시아 연대성위에 세계화를 지향해야 한다는 것이다.

둘째는 세계화가 다국적 초대기업 발전방식을 뒤쫓는 거대화에 있는 것이 아니라, 우리 실정에 알맞은 중규모의 나라살림, 민생살이를 염두에 둔 우리 나름의 발전방식에 따라 참된 세계화를 도모하자는 것이다.

셋째는 그간 세계 보편성으로 일컬어진 서구중심의 가치표준을 따르는 것이 아니라 이 지구상의 다양한 문화, 다양한 종족, 다양한 풍토를 인정 하고 그것들의 공존관계 위에 인류공생을 영위할 수 있는 다원적인, 세계 공통적인 세계시민이 되어야 한다는 것이다. 현재로서는 무역상의 영향 력, 그리고 정보통신혁명의 선도역을 담당하고 있기 때문에 영어 및 미국 식 표준이 우세하지만, 앞으로 세계 속의 기술발달, 노하우개발, 문화진흥 의 진도에 따라 인류공유의 자산 값어치 기여도만큼 가치표준이 새롭게 창조될 수 있을 것이다.

요컨대, 우리는 위의 3대원칙에 입각하여 가장 한국인이면서, 가장 동아 시아인다우면서, 동시에 세계시민으로서 우뚝 설 때 세계화는 이루어지는 것이다. 이를 위해 국제교류·협력의 증진은 필수적이다.

세계화를 향한 의식개혁 또한 필요불가결하다. 세계화는 우리 사회 속에 세계시민의 존재를 전제로 하기 때문이다. 세계시민이란 다인종 세계, 다 종문화 속에서 유네스코의 세계문화유산 지정과정처럼 세계가 공인하고, 당해 국가의 국민들도 인정하는, 인류의 바람직한 인품, 소양을 갖춘 사람 인 것이다. 지금 우리는 세계화, 세계시민에로의 긴 행정의 첫 행보를 내 딛고 있다. 세계화란 이제부터다.

중앙정부와 지방정부 그리고 모든 시민단체나 공직자와 시민들이 함께 논의하고 실천해야 할 과제와 전략을 예시한다.

① 지난 1세기 동안 외부의 강요와 내부의 요구로 형성된 폐쇄적 민족주의는 21세기의 세계화시대에는 더 이상 통용될 수 없게 되었다. 그렇다면 열린 민족주의로 세계와 함께 살기 위해 우리들의 사상, 이념은 어떻게 달라져야 하는가

② 세계화시대에 적응하기 위해 세계수준의 보편적 제도, 관행, 의식은 어떠해야 하는가

③ 세계화시대의 우리기업은 어떤 지배구조, 소유구조여야 하는지 각자의 견해 집합과 실사구시화

④ 우리들의 환경, 부패문제, 그리고 서비스조달문제 등 국제적 규제강화에 어떻게 적응해야 하는가

⑤ 세계화시대 속에서 가장 바람직한 주변국과의 우호증진에 대한 문제

⑥ 세계화시대에 국가 간 외교 못지않게 중요시 되는 민간외교 역량강화 방안

⑦ 각종 국제 NGO 조직·활동과 관련하여 우리나라의 시민운동, 시민단체의 바람직한 국제관련 조직가입, 활동참여방안

⑧ 세계화시대에 바람직한 민간차원의 국제문화 교류증진방안

⑨ 세계화시대에 걸맞는 세계시민육성을 위한 교육프로그램

⑩ 세계화시대 상황 속에서 '우리 것'을 더욱 돋보이게 하는 방안

⑪ 어떻게 하면 외국인들이 우리나라를 '친절한 나라', 먹거리, 놀거리, 볼거리가 많고 마음 놓고 먹고, 속지 않고 물건사고, 밤거리도 무섭지 않는 치한, 질서 있는 나라', '쉽게 사귈 수 있는 나라'로 만들 수 있는가

⑫ 인류의 생존, 쾌적한 환경향수권 확보를 위해 개발과 환경보존의 병

행론이 세계적인 추세로 자리잡아가고 있는 가운데, 우리나라도 그러한 국제적인 환경규제를 받게 되었는데, 이에 대응하여 우리가 취해야 할 경제발전과 환경보존의 병행방안

⑬ 전항과 관련해서 환경친화적인 산업구조구축을 위해 우리가 추진해야 할 산업구조 개편방안

⑭ 문화전쟁시대를 맞이하여 국가적·국민적 당면과제로 떠오른 창조적인 문예육성방안

⑮ 문화관광산업의 진흥을 위해 우리의 전통문화유산보존 및 계승이 중요시 되고 있음에 비추어 문화유산보호 계승 개선방안

⑯ 우리문화예술의 세계화 방안

⑰ 우리방송위성방송 포함의 세계화 방안

그리고 다음과 같은 구체적 과제를 예시한다.

① 우리만 잘살면 된다는 폐쇄적 민족주의에 안주해 왔지만, 세계화시대에는 다른 민족, 인종과 함께 공존하는 개방적 민족주의의 전환이 요청되는 만큼 우리의 사상, 이념이 어떻게 달라져야 하는가

② 세계수준의 보편적 제도, 관행, 의식을 수용하기 위해 각자의 직역職·域에 있어 어떠한 세계화 노력이 필요한가

③ 세계기준에 상응하는 우리나라 기업의 지배구조, 소유구조의 개혁방안

④ 국제경쟁시대에 살아남기 위해 은행의 소유·경영구조 개선은 어떻게 이루어져야 하는가

⑤ 환경, 노동, 부패 및 조달에 이르기까지 국제적인 규제가 강화되고 있는데, 이중 한 가지 문제에 대한 세계기준 도입방안

⑥ 세계화시대에 부응하여 아시아·태평양권 형성과 관련하여 주변국과의 우호증진을 위한 정부, 또는 민간차원의 친선강화방안

⑦ 지방자치단체, 민간의 외교역량을 강화할 수 있는 방안

⑧ 민·관에 걸쳐 세일즈외교 강화가 요청되고 있음에 비추어 그 같은 외교역량 강화방안

⑨ 국제기구 및 국제 NGO의 조직·활동의 적극적인 참여방안

⑩ 국가, 지자체 및 민간차원의 국제문화교류 활성화방안

⑪ 외국인들의 방한·교류를 증진하기 위한 지도·교통표기, 주소체계 등 안내체계 개선방안

⑫ 세계시민교육을 위해 선진국 수범사례 소개, 세계 보편적 규범, 매너 습득 및 인식확산을 위한 교육프로그램

⑬ 세계화시대에 걸맞는 '우리 것'의 발굴·보존운동 활성화를 위한 아이디어를 지방마다 찾아서 '자기지방적인 자랑거리'가 가장 세계적인 것이 될 수 있도록 하는 일

⑭ 세계화시대에 대응하는 한국의 국가브랜드 및 이미지창출을 위한 아이디어

⑮ 세계인이 '진정 살고 싶은 나라'를 만들기 위한 아이디어

⑯ 그린라운드의 확대에 즈음하여 경제발전과 환경보존의 병행방안

⑰ 환경친화적인 산업구조구축을 위해 자기 지역 내의 구체적인 사례 예시

⑱ 창조적인 문화예술의 육성과 관련해서 자기가 잘 아는 특정 문예부문과 연계한 우리 문예육성방안

⑲ 우리고장의 전통문화유산의 보존·계승을 도모함과 동시에 이를 문화관광산업화방안과 결부시킨 우리문화의 세계화방안

⑳ 정보통신혁명의 세계화와 관련해서 우리방송의 세계화를 촉진하는
방송세계화방안

창조적 지식기반의 정보사회 형성

우리는 정보와 정보작업이 생산해 내는 부분-모든 최종정보요소와 모
든 중간정보요소를 포함한 것-을 GNIP국민총정보생산 = Gross National
Information Products라 부를 때 미국의 GNIP는 GNP의 60%에 해당한다.

우리는 흔히 '정보시장은 본질적으로 모든 인간의 활동과 관계있다' 고
말하는데, 이는 정보가 누구에게나 심각하게 영향을 미치거나 광범위한
활동분야에 걸쳐 혜택을 제공한다는 것이 아니라, 단지 그 파급영향이 미
치는 범위가 넓다는 것을 뜻한다. 실제로 정보는 자동화와 그룹워크, 그리
고 여러 가지 첨단도구가 유용하게 사용되는 분야와 활동에 직접 파급될
것이다.

세계는 이제 냉전체제의 붕괴로 이데올로기대결이 종식되고 세계적 규
모의 지구촌경쟁시대에 돌입하게 되었다. 공업생산중심에서 정보지식산
업, 생명공학, 우주항공산업, 정밀화학, 신소재 등의 첨단기술산업중심의
시대로 바뀌어 가고 있으며 이제 군사력은 국력의 척도가 아닌 시대가 된
것이다.

세계는 자본과 노동이 지배하는 경제체제시대로부터 지식이 지배하는
시대로 변화되어 탈자본주의시대로 들어갈 것이며 세계무대에서 기업의
형태는 국민국가기업에서 다국적기업, 나아가 무국적기업이 지배하는 시
대가 예상된다.

『제3의 물결』로 유명한 앨빈 토플러는 『권력이동』에서 '권력의 원천이 폭력군사력과 부경제력에서 지식정보으로 바뀌고 있다'고 예시했다. 『강대국의 흥망』을 지은 폴 케네디는 '21세기를 대비해 준비가 된 나라는 일본, 한국 등 동아시아의 무역국과 독일, 스위스, EC, 스칸디나비아제국들'이라고 말했다.

동아시아지역의 인구는 노동력의 질이 대단히 높고 근면하며 교육수준이 높고 무엇인가 해냈다는 성취동기가 강하다. 앞으로는 창의를 발휘하는 노동력이 필요한데 한자漢字가 그런 성향을 지닌 문자다. 따라서 앞으로의 지식정보산업과 첨단산업시대에서는 한자를 사용하는 유교문화권이 절대 유리한 이점을 가질 것이다. 지금 동아시아지역의 경제를 주도하고 있는 것은 일본, 한국, 중국 등 한자 사용 문화권 나라와 말레이시아, 태국 등의 한자 사용 화교들이라는 점도 우리는 주목할 필요가 있다.

21세기 경제는 20세기와 전혀 다른 양태를 띨 것으로 전망된다. WTO와 FTA체제의 출범으로 경제의 국경이 무의미해진 무한경쟁의 시대일 뿐만 아니라 세계경제의 중심축이 유럽과 북미지역에서 아시아·태평양권으로 이동할 것이 분명하다. 또한 경제의 내용에서도 많은 변화가 예상된다. 20세기는 물질과 자본중심의 산업사회를 바탕으로 공업이 경제의 주춧돌이었다면, 21세기는 정보와 지식이 사회원동력이 되는 정보사회를 기반으로 지식정보산업이 경제의 핵심을 이룰 것으로 전망된다. 따라서 기계적인 하드웨어보다는 지식·정보·기술·창의성을 바탕으로 하는 소프트웨어가 중시될 것이다.

미래사회에서는 단순한 물질적 풍요만으로 인간의 행복조건이 충족될 수 없으며, 정신적 가치와 삶의 질 향상이 무엇보다 중요하기 때문에 문화와 환경의 비중이 다른 어떤 것보다 커질 전망이다. 아울러 세계 모든 사람들과 공동번영하는 세계시민의식이 중시될 것이다.

지금 우리 사회는 새문명에 맞는 제도, 생활방식과 신사고가 필요하다. 따라서 새역사 창조를 위한 지식기반 사회형성이 요구되며 새 사회변동관리를 할 수 있는 인식과 전략이 있어야 할 것이다.

망국의 한, 분단의 한恨을 올바로 풀기 위해 안창호安昌浩, 장준하張俊河 선생 등이 그토록 피를 토하며 희구希求하던 민족갱생의 집단자아발현集團自我發顯, 즉 민족자주성 실현보다는 개인, 패거리sect 위주의 자기성취에 치우친 결과 뉴욕상가에서 유태인을 밀어내는 억척스러움을 보였으나, 유태인의 과학기술 및 정보시장 장악력에 미치지 못하게 하는 사적 지향성私的志向性에 그 원인遠因이 있었던 게 아닐까.

이제 우리가 지식국가로의 일대변신을 단행해야 하는 사유가 분명해졌다. 위로는 지도층, 아래로는 국민 개개인의 신지식인이 되는 것도 중요하다. 그러나 지식국가로의 탈바꿈에는 개개인이 신지식인이 되는 것 이상의 집단노력이 요청된다. 예를 들면, 3백 년 전 산업혁명의 선두주자로 나선 영국에서 스티븐슨의 증기기관차 발명이 곧장 산업화를 발전시킨 것이 아니라, 그 발명 아이디어를 맨체스터방직공장에의 기계화 도입과 면직대량생산을 실천한 네덜란드계 기술자집단의 방직기술능력과 경영노하우에 의해 대영제국이 탄생했다는 사실史實을 주목해야 한다. 덧붙여 본다면, 오늘의 미국경제력의 대두는 나치압제에 쫓긴 유태계 두뇌아인슈타인 포함를 비롯한 세계 각지에서 유입된 두뇌들의 힘에서 비롯된 것임은 주지의 사실이다. 지식 '국가'가 되는 데는 텔아비브 교외의 과학도시나 미국의 맨해튼계획에서 볼 수 있듯이 최고 두뇌들의 집단연구능력을 조직하여 선발

아이디어의 완성증기기관차 또는 원자탄으로 산업계 및 생활세계로 그 기술의 응용방식을 파급시키는 집단창조력 발휘의 연관효과를 거둘 수 있는 수준까지 국가, 또는 정부+기업의 노력이 집중적으로 투입되어야 한다.

그러기 위해 국가차원의 두뇌관리는 지식국가건설의 당면 과제일 수밖에 없다. 우리는 미국 CIA가 국내뿐만 아니라 전 세계의 두뇌동향 및 두뇌들의 친미화親美化, 그리고 국내외에 걸친 광범위한 두뇌관리에 힘 쏟고 있음을 눈여겨보지 않을 수 없다. 지식국가를 지향하는 우리로서는 국가차원의 이 같은 과제수행이 요청되고 있거니와 사회운영원리의 갱신도 동시에 추진되어야 할 것이다.

우리가 맞고 있는 정보화사회에서는 '혁신innovation'이 하루가 멀게 연달아 일어나고 있다. 멀티미디어의 발달로 집약되는 전자공학, 정밀공학, 감성공학 등 여러 부문의 혁신폭발현상은 정말 정보통신 '혁명'이란 말을 실감케 한다. 이 같은 혁명의 진전이 지식국가의 진면목이다. 따라서 지식기반의 사회를 이끄는 운영원리는 전과 다를 수밖에 없다.

그 첫째 원리는 기존의 사고와 관행의 틀을 벗어난 새로운 발상, 새로운 기회의 가치창출, 이를 기업화로 전화시키는 노하우가 높이 평가되어야 한다.

둘째는 모든 경제활동에 있어 최소의 자본과 노동의 투입에 최대의 지식과 정보를 투입해야 한다. 국내 서점가에 무라카미 하루키의 소설이 근 10년 전부터 스테디셀러로 자리잡고 있는데, 아마도 그의 『상실의 시대』를 읽은 모래시계 세대들의 이해도는 『언더그라운드』를 읽는 힙합세대들의 독해수준에 비하면 훨씬 못미칠 것으로 생각된다. 정보사회를 이해하는 이론 틀로써 기호이론의 이해 없는 사람이 움베르토 에코의 『장미의 이름』

을 읽고 그 속에 형상화된 기호세계의 참맛을 알기 어렵듯이 탈공업적인 일본 젊은이들의 정신세계를 이제 막 정보화사회로 접어드는 문턱에선 우리나라 젊은이들이 이해하는 데는 한계가 있을 수밖에 없다. 이제 우리는 그런 정신세계의 한계를 넘어 사이버세계에 익숙해져야 한다.

셋째는 단순한 노동과 자본보다 지식과 정보의 가치창출력이 상대적으로 커진다는 것이다. 다시 말하면, 기계화되고 분업화된 기존의 일을 틀에 얽매인 방식대로 열심히 하면 되는 것이 아니라, 사업장에 참여한 개개인이 그 나름대로의 새로운 지식·정보·노하우를 살려 부가가치를 높임으로써 총생산가치는 무한하게 증대될 수 있다. 따라서 정보화사회의 시민자격을 갖춘 신지식인이 되려면, 누구나 노동의 현장에서 열심히 새로운 방법을 찾아내고 새로운 가치를 창조하는 사람, 또는 기업이라야 이에 상응하는 보상을 받을 수 있고 성공할 수 있다.

이 같은 노동경영의 보상이 보장되는 21세기 지식정보시대의 민주적 시장경제에 부합되는 새로운 사회운영원리가 우리 사회에 통용되어야 한다. 이 같은 지식정보가치중심의 창조적 발상과 이에 따른 사회운영이 원활해지려면, 사람들의 사고구조가 지식·정보가치 중심으로 바뀌고, 그러한 가치실현이 사업장·생활세계 속에 구체화되어야 한다. 또한 가치실현의 공동목표가 사람과 사람사이를 잇는 네트워크망으로 연결된 공동노력에 의해 추구되어야 하고, 매사에 창조적 대안 만들기에 모든 성원들이 적극적이어야 하며, 어떤 난관도 문제 아닌 기회로 삼는 사고의 유연성을 높여야 하고, 사회교육제도상 그러한 사고, 기술, 노하우 획득을 위한 평생교육훈련이 제도화되어야 한다.

이와 같이 정부의 국가차원 두뇌관리·연구개발 촉진노력과 국민차원의 의식전환, 행동변화 노력이 맞물려질 때 비로소 지식국가의 건설이 가능해진다. 그런 국민·정부·기업의 공동노력이 구체화됨으로써 지식국가건설의 대계가 가시화되는 것이다.

정보인프라구축과 창의적 인력자원 개발

21세기 정보화사회의 골간이 될 초고속 정보통신망 구축은 곧 정보인프라구축의 대간大幹이다. 이와 더불어 멀티미디어 시대를 운영하고 효율적으로 확산시킬 수 있는 인력자원 개발이 필요하다. 모청사의 첨단 화상 회의시설이 휴면상태로 있는 것은 관련기관들의 니즈needs개발과 담당 인력배치에 시차time-lag가 있기 때문이다. 따라서 정부 몫인 인프라구축 못지않게 인력개발과 니즈 조성문제가 그에 상응하는 국민·정부·기업의 공동노력이 절실하게 요청된다. 인력개발에 관한 한 현재상태의 대학 인력배출과 공·사간업계의 인력수요 동향 간에는 너무나 갭이 크다는데 문제의 심각성이 있다. 현황에 비추어 대학이 지역사회의 니즈 조성에 기여하길 바라는 것은 당장 기대난망이다. 바로 이 때문에 대학 개혁문제가 제기되는 것이다. 대학 개혁이 지지부진한 만큼 기업은 소요인력을 직접 키워야하는 경영외의 부담을 안게 되며, 이는 대학과 기업 간의 연계, 또는 협동관계를 더욱 어렵게 하는 결과를 가져온다. 이는 나아가 대학 무용론이 기업계에서 나돌게 만들며, 막대한 교육비의 낭비문제를 파생케 되는 것이다. 대학 개혁은 빠를수록 좋다.

이즈음 기업계의 신지식인 양성을 위한 사내교육연수 포함 노력은 눈물겨울 만큼 긴박하고 격렬한 긴장 속에 진행되고 있다. 생산공정의 QC품질관리, 제로 디펙트완벽생산운동 차원을 넘어 사원들 개개인으로 하여금 창의성을 발휘하게 하는 고강도 훈련이 진행되고 있다. 이를 위해 미국, 일본기업에서 시행되는 필립사의 집단자유토론법Phillips 66, 미쯔비시 자유토론법 MBS, NHK의 아이디어 카드화 방식NBS, ATT사의 퀵사고법Quick think method 등 경영혁신에 도움이 되는 창의성 계발훈련방법을 도입하여 실천하고 있으며, 이를 가르치는 경영 컨설턴트 단체들은 불황기의 어려움 속에서도 활발한 활동을 벌이고 있다.

이와 병행하여 공·사기업계의 품질혁신 운동도 매우 중요시되고 있다. 국내 품질혁신 운동의 현황을 보면, 외국 사례의 비판 없는 답습과 대기업 위주의 하향식 전개 및 성과측정의 부재가 문제점으로 제기되어 왔는데, 최근 들어 품질 제일주의에 대한 인식이 확대되고 대기업을 중심으로 6-시그마 프로그램 등의 고품질 혁신 전략의 활발한 도입에 따라 우리나라 상품의 품질향상완벽제품 만들기을 선진국 수준으로 끌어 올리는데 관심이 새삼 고조되고 있다. 본래 미국 모토로라사Motorola, Inc가 제창한 '6-시그마' 프로그램은 계량분석과 품질경영 전문인력 양성에 기초하여 통일된 품질경영활동 도구를 생산 공정뿐만 아니라 재무, 인사, 물류, 영업 등 기업의 모든 조직에 적용함으로써 총체적 품질혁신을 이루려는 전략이다.

현재 다양한 성공사례를 발표하고 있는 선진 품질혁신 전략을 국내실정에 맞게 보완하고, 이를 국난극복의 정신운동과 동일선상에서 전개하는 '품질화랑 신지식인 양성제도'는 아래와 같이 3단계로 그 시행단계를 구분해 추진함으로써 소기의 성과를 거둘 수 있다. '품질화랑 신지식인 양성제도'의 특징을 도해로 간략하게 그리면 다음과 같다.

「선진 성공사례+한국적 정신운동=세계 최고품질+α」로 정식定式화 되는 한국적 6-시그마 등의 고품질 혁신전략의 장점과 단점을 보완하여 우리 풍토에 맞는 세계일류품질 경영전략으로 개발하고, 제조 및 사무간접 분야에 대한 계량분석과 구조혁신을 추진하며, 나아가 공공서비스 부문까지 확대한 총체적 국가 품질혁신 체계를 확립함에 있어 국난극복과 대동화합의 상징인 화랑도 정신을 토대로 한 품질혁신 신지식인 양성부터 시행해야 한다는 것이다.

한국적 6-시그마 운동의 기본이념은 다음의 '3美 원리와 5戒'에 따라 품질화랑 신지식인들을 교육/훈련한다. 이 같은 품질화랑 신지식인 양성제도는 다음과 같은 기본 목표를 수행한다.

첫째, 세계적인 품질혁신 전략들을 이해·보완하여 '21세기 세계일류품질'의 기준을 제공한다.

둘째, 화랑도 정신에 기초한 기업경제 분야별 개혁 주체세력을 양성하여 '21세기 세계일류품질'을 주도한다.

셋째, 활발한 지식·정보 교류체제를 구축하여 '21세기 세계일류품질'을 유지한다. 그러한 목표를 지향하는 품질화랑 신지식인 양성제도를 통해 배출된 인력은 기업중심의 민간주도 사업을 통해 '뉴 새마을운동'에 동참하는 개혁주체 세력으로 자연스럽게 양성될 것이며, 공공서비스 부문의 품질혁신을 통해 국가 경쟁력을 총체적으로 향상시킬 것이다. 뿐만 아니라 화랑이란 상징적 개념을 통해 국민통합에 기여함으로써 조만간 신지식인군의 주도세력화가 확고해질 것이다.

신지식인은 기존의 지식인 개념이 내포한 높은 계층적 지위나 학력수준 및 제너럴리스트로서의 교양과 무관한, 실력merit 위주의 부가가치 창출능력이 뛰어나고, 특정부문의 전문실무형 인간이다. 그런 사람의 필요조건으로는 자기업무와 관련된 지식경험이 풍부하여 부가가치 창출과정에 이를 잘 활용하며, 그 지식경험 속에 사물지事物知, 사실지, 방법지를 두루 갖추어야 한다. 또 충분조건으로는 자기영역에 관련된 지식정보를 쉼 없이 체득하고 이를 활용·공유하는 노력을 지속할 뿐만 아니라, 그러한 지식활동을 통해 업무영역 내의 동료 간에 상호영향을 미치게 한다는 것이다.

특히 신지식인의 지식공유는 종래 엘리트의 전문지식 전유專有장벽을 깬다는 점에서 기존지식인과 신지식인을 결정적으로 변별하는 기준이 된다. 이처럼 열린 정신자세, 매사에 실력위주로 하는 새로운 습성의 뿌리내림, 그리고 상황변화에 적극 대응하는 기본능력의 소유자인 것이다. 이 같은 신지식인의 세계는 그동안 우리 사회를 지배해 온 학벌, 지연, 문벌가족 세습의식 따위는 발붙일 수 없는 정신풍토로 바뀌게 할 것이다.

이와 같은 신지식인의 육성발굴, 그들의 활동영역을 존경하고 넓혀갈 수 있는 사회분위기 조성, 그리고 그들의 창의성 발휘를 증강시킬 수 있는 여건조성 등 일련의 사회혁신운동은 마땅히 '뉴 새마을운동'의 몫이 되어야 한다. '뉴 새마을 교육문화 운동'은 학교사회로부터 공직·기업·농업사회 전 부문에 걸쳐 신지식인의 모델을 발굴하고, 그들을 북돋아주는 유형·무형의 포상으로 표창, 훈장의 각광을 능가하는 비중으로 정보화사회의 선도역을 삼는 국민적 캠페인을 주도해 나가야 할 것이다.

산업관계형의 노·사·정 합력으로 신뢰사회건설

『국제노동기구ILO는 필라델피아에서 제26차 총회를 개최하고 1944년 5월 10일 국제노동기구의 목적 및 가맹국의 정책기조를 이들 원칙에 관한 선언으로 채택하였다. 총회는 이 기구의 기조로 되어 있는 근본원칙을 살린다는 취지로 특히 다음사항을 재확인하였다.

① 근로는 상품이 아니다.

② 표현 및 결사의 자유는 부단한 자유를 위해 불가피하다.

③ 일부의 빈곤은 전체의 번영에 포함된다.

④ 결핍에 대한 싸움은 각 국내에서 불굴의 용기를 가지고 또한 근로자 및 사용자가 정부의 대표자와 동등한 지위에서 일반의 복지를 증진시키기 위하여 자유로운 토의 및 민주적인 결정에 함께 참가하는 계획적이고도 협조적인 국제적 노력에 의하여 수행할 것을 표한다는 내용과, 영속적인 평화는 사회정의를 기초로 할 때에만 확립할 수 있다는 국제노동기구 헌장 선언의 진실성이 경험상 충분히 증명되었다고 믿고 총회는 다음사항을 확인한 바 있다.

① 모든 인간은 인종, 신조 또는 성에 관계없이 자유 및 존엄과 경제적 보장 및 기회균등의 조건으로 물질적 복지 및 정신적 발전을 추구할 권리를 가진다.

② 이를 가능케 할 상태실현은 국가나 국제정책의 중심정책이어야 한다.

③ 이 근본목적에 비추어 정치 및 재정적인 국제정책과 배치를 모두 검토하고 심의하는 것은 국제노동기구의 책임이다.

④ 국제노동기구는 위탁받은 임무를 수행함에 있어 관계있는 경제적, 재정적 요소를 감안하여 그 결정 및 권고중에 적당하다고 인정하는 규정을 포함시킬 수 있다는 점, 그리고 총회는 이를 달성하기 위한 계획을 세계 여러 국가에서 추진하는 국제노동기구의 엄정한 의무임을 확인한다는 선언에서 볼 때,

㉠ 완전고용 및 생활수준 향상

㉡ 숙련 및 기능을 최대한 제공하여 만족을 누릴 수 있고, 또한 일반복지에 최대 공헌을 할 수 있는 직업에 근로자 고용

㉢ 이 목적을 달성할 수단으로서, 또한 모든 관계자에 대한 충분한 보장하에 훈련을 위한 편의와 고용 및 정주定住를 목적으로 하는 이민을 포함하는 근로자의 이동을 위한 편의 제공

㉣ 임금 및 소득, 근로시간과 기타 노동조건에 관한 정책으로서 모든 사람에게 진보적 성과의 공정한 분배를 보장하고, 최저생활 보호가 필요한 모든 피고용자에게 임금을 보장할 것을 의도하는 정책

㉤ 단체교섭권의 실효적인 승인, 생활능률의 부단한 개선에 관한 경영과 노동의 협력 및 사회적·경제적 배치의 준비나 적용에 관한 근로자와 사용자의 협력

㉥ 보호할 필요가 있는 모든 사람에게 기본 수입을 주도록 사회보호배치를 확장하고 광범한 의료급부 실시

㉦ 모든 직업에서 근로자의 생명 및 건강의 충분한 보호

㉧ 아동의 복지 및 모성보호를 위한 배치

㉨ 충분한 영양, 주거 및 레크리에이션과 문화시설 제공

㉩ 교육 및 직업의 기회균등의 보장 -이하 생략-』 ILO의 『필라델피아선언-ILO의 목적에 관한 선언』에서을 말하고 있다.

현재와 같은 노사관계제도로는 선진일류국가 진입을 가능케 하는 생산성향상이나 기술혁신을 이룰 수 없다. 새로운 노사관계를 정립해야 하는 현시점에서 우리는 불필요한 시행착오를 줄이기 위해 주요 선진국들의 노

사관계의 경험으로부터 교훈과 지혜를 배워야 한다.

　독일과 일본은 파시즘의 쓰라린 경험과 2차 대전에서 패전한 후 취한 일련의 경제민주화 조치를 배경으로 협조적 노사관계를 정착시켰다. 나는 오늘날 독일과 일본경제가 선진국들 중에서도 가장 활력이 넘치고 국제경쟁력도 강한 건실한 경제로 발전하게 된 원천은 공동체의식에 기초한 협조적 노사관계에 있다고 본다.

　독일의 경우 노·사·정은 상호신뢰와 공동체정신을 바탕으로 한 공동의사 결정방식을 발전시켰다. 독일의 근로자와 사용자는 근로자들의 복지정책 및 제도를 형성하는 여러 과정에 당사자로서 직간접으로 참여한다. 국가수준에서는 입법과정에, 산업수준에서는 단체교섭과정에, 기업수준에서는 공동의사결정에 각각 참여한다. 이러한 민주적 과정을 통한 복지제도의 확립은 노사관계를 협조적인 것으로 전환시키고 산업민주주의를 달성하는 기틀을 제공하였다.

　우리가 새로운 노사관계를 구상하는데 참고할 만한 다른 경험은 스웨덴모형이다. 스웨덴모형은 고도의 독과점체제를 그대로 둔 채 노동운동의 강력한 힘을 배경으로 사회보장제도를 확충하여 사회적 형평을 추구하는 모형이다. 사회보장제를 통한 근로자생활의 향상을 추구하기 위해서는 세금을 많이 걷지 않으면 안 된다.

　생명은 고립을 거부한다. 생명은 일원성, 통일성, 역동성, 전일체성, 협동성, 유연성, 지속성, 친화성, 주체성, 다양성과 저항성을 그 본질로 삼고 있다. 생명은 그것이 운동하는 과정에서 감정적으로 이원적인 분리를 인정하지만 본질적으로 하나요, 하나로 뭉친다.

　또한 생명의 기본적 특색은 자율성이며 모든 기계적 법칙을 벗어나고 극복하고자 하는 자유의지다. 따라서 생명창조의 역사는 자율성 확장의 역사이며, 자유확대의 역사다.

요컨대 민중의 삶에, 그리고 그것을 바탕으로 해서 가능해지는 전체적인 생존에 필요한 것은 이윤 보전이나 권력 유지나 혁명의 수출이 아니라 하나님의 형상을 갖고 있는 인간 생명의 본성을 지키고 협동적, 공동체적 생존의 확장으로 사회적 해방을 참으로 수행하려는 각성된 의식과 단결된 행동이다. 모든 생명, 일체인간, 특히 제3세계 민중자신의 전통적 지혜와 창조적 노동 속에 생생하게 살아 움직이고 있는, 그 보편적 생명에 대한 존중과 사랑, 그리고 그 다양한 협동적 생산 및 생존의 전통에 단단히 뿌리내린 영성적이면서도 공동체적인 새로운 세계관의 확립과 그러한 생명의 세계관에 일치한 전사회적, 전우주적인 다양한 협동적 생존의 확장운동이다.

우리는 인류역사상 처음 있는 아시아·태평양시대에서 주역으로 등장하고, 세계경제 7강의 대열에 합류할 수 있게 됐다. 그러나 우리의 세계경제 7강 진출은 과거 서구제국주의의 과오에서 벗어나 국내적으로는 참다운 민주번영과 복지를 실현하고, 국제적으로는 후발개도국의 발전과 번영을 도와주는 도덕적 선진국가가 되어야 한다.

생명의 존중, 인간의 존엄성추구는 인류공생공영의 경제철학의 실천논리 속에 정신적 모티브가 되어 미래의 불확실성이라는 불투명한 시계視界를 밝혀주는 대공생논리大共生論理의 기틀을 형성한다. 이 대공생논리는 또한 미래학적인 비전으로서 18세기 산업사회 이래 19, 20세기 인류사를 무력침탈과 인권유린으로 얼룩지게 한 제국주의 시대를 마감케 하는 인류공동체적인 지혜의 마지막 희망인 것이다.

흔히 노·사·정 대협력의 역사적인 전범典範으로 독일의 비스마르크 재상과 라싸르 노조대표 간의 대타협을 거론하게 마련이다. 그러나 그 타협의 중차대한 역사성에도 불구하고 대독일의 건설, 즉 프랑스를 짓밟고 제3세계아시아포함 정복을 겨냥한 편협한 게르만민족주의의 실현을 위한 국내기반 구축에 있었던 것이다. 21세기의 역사상황은 전혀 다르다.

우리는 동아시아의 이웃나라들과 사이좋게 서로 돕는 상호의존·협력관계의 틀 속에서 아·태경제권 형성에 앞장서고, 이를 전제로 한 우리 경제의 발전을 함께 추진하는데 힘모으기 위한 한국형 노·사·정 협력체제를 구축해야 한다.

우리는 대외팽창을 위해서가 아니며, 이웃의 아픔을 무시한 채 오직 자국이익추구에만 급급해서도 안 된다. 모든 생명체를 제 몸 아끼듯 존중하는 신인도주의로 우리 삶과 행동규범을 갈고 닦아야 한다. 그것은 시민사회의 역사와 구조가 구미歐美와 다른 우리 사회에서 그동안 '공동체' 하면 혈연과 지연을 떠올리던 그 사유와 관행의 지평을 넘어 이 사회를 지탱하는 2대지주인 사용자와 근로자, 그들에겐 혈연, 지연보다 직업, 직장의 집단의식이 지향하는 바에 따라 그들의 사유, 행동, 비전이 결정된다고 생각했다.

그러나 우리 사회는 이미 상당수준의 고도산업화단계에 이르렀으며 이 단계로부터의 향후 사회경제발전은 노·사가 세계화·정보화에 대응한 자기혁신을 단행함과 동시에 그들 간의 화해와 협력에 의해 비로소 실제화될 수 있다. 21세기의 지구촌시대에 전 인류의 공생공영을 구현할 수 있는, 새로운 지구문명을 창조하는 지식기반국가로의 대변신을 위한 결정적인 관건이 되는 노·사의 자기혁신과 화해협력조성의 기틀이 잡혀져야 한다.

그러기 위해 산업평화의 실현으로 공생적인 시민사회를 창출하고, 생산주체들의 경영참여를 점차적으로 확대하고, 단체교섭제도를 혁신해 산별, 또는 중앙단위로의 교섭수준을 높여야 할 것이며, 노조의 사회적, 정치적 참여의 길을 넓혀주는 등 일련의 노사관계 기본틀이 잡혀야 할 것이다. 이 같은 일련의 전향적인 노사관계 개선이 전개됨으로써 노동시장의 유연화, 실업 및 잠재실업인력의 재훈련프로그램이 현실에 맞게 전개될 것이며 이로써 노사간의 신뢰구축이 이루어지고, 이를 바탕으로 우리 사회의 신뢰기반이 탄탄해질 수 있을 것이다.

노사관계는 노동경제학의 차원보다 높고 보다 넓은 의미의 정치·경제학대상이다. 경제학의 내용을 이루는 인간능력과 정치학의 핵심인 예술로서의 정치행위를 결합한, 깊고 넓은 식견과 개혁관철의 강인한 용기를 갖춘 리더십이 노·사·정 대표들에게 요구된다. 그 리더십이 대공생의 논리에 입각해야 함은 더 말할 나위 없다.

우리나라는 이미 OECD가입국 중 상위국이며, 그 때문에 유엔에서 개도국 지위에 매달릴 입장도 아니다. G20 의장국을 한 나라다워야 한다. '뉴 새마을운동'은 우리 사회 성원들이 그동안 우리 삶을 옥죄어 온 혈연, 지연의 철쇄를 끊고 진정한 시민공동체적인 삶의 지평을 여는 대역사이기도 한 것이다. 따라서 재언컨대 '뉴 새마을운동 세계연맹'에 결집된 국내 최고의 두뇌를, 그리고 해외로부터의 두뇌유치를 통해 이 대역사의 순조로운 진행에 국가부흥의 일념으로 이를 지원하고 힘을 보태나가야 할 것이다.

생산적 복지체계의 확립과 실효성 있는 실업대책 추진

우리나라는 산재보험'64년, 의료보험'77년, 국민연금'88년 그리고 고용보험'95년 등 4대 사회보험을 완비하고, 공공부조와 사회적 서비스를 확충하여 사회보장의 기본 틀은 어느 정도 갖추었다. 그러나 아직까지 복지서비스가 양적인 면과 질적인 면에서 모두 충분하지 못하여 급속히 늘어나는 국민의 복지수요를 충족시키지 못하고 있다. 또한 그 동안 양적 성장의 극대화에만 주력했기 때문에 소득수준은 높아졌지만 그에 상응하는 삶의 질을 제공하지 못하고 있는 것도 사실이다.

이와 함께 사회구성원이 공동체의식을 갖고 더불어 살아가는데 필요한 취약계층에 대한 사회안전망 또한 제대로 구비되지 않았으며, 그 지원내용도 시혜적인 성격에서 크게 벗어나지 못하고 있다.

이제로부터 정부는 소극적 차원의 복지제공에서 탈피하여, 미래를 위한 교육·취업·건강 등에 대한 적극적 지원을 통해 자활과 내일의 확대재생산을 유도하는 생산적 복지제도를 구축해야 한다. 또한 민간복지활동의 활성화를 위한 사회여건을 조성하여 정의로운 복지공동체를 만드는데 모든 노력을 경주할 때다.

지역특성을 반영한 종합계획을 수립하고, 복지예산을 편성할 때 지자체의 자율성을 증대시키며, 복지정책의 계획 및 집행과정에 주민참여를 확대함으로써 복지서비스의 질과 이용자의 만족도를 높여야 한다. 아울러 중앙정부는 정책의 방향과 전국적인 기준을 설정하고, 지방정부는 세부사업을 집행하는 방향으로 중앙정부와 지방정부 간의 역할 및 기능을 합리적으로 조정하며 보다 더 국민들에게 편리하고 효과적인 보건복지서비스를 제공하도록 정책쇄신이 필요하다.

그리고 중산층의 위기의식을 완화하는데 위와 같은 경제적인 접근방법과 아울러 문화정책적인 차원에서 그들의 상대적인 박탈감을 메워줄 수 있는 다양하고 저렴한 문화정책프로그램을 동시다발적으로 다방면에 걸쳐 시행함으로써 어느 정도 사회문화적인 통합과 연대의식을 고취할 필요성이 절실하다 하겠다. 제레미 리프킨도『노동의 종말』에서 시사한 바와 같이 시민운동 및 사회연대운동의 사회문화적인 기능은 정보화사회로의 이행과정에서 불가피하게 발생하는 실업자군들로 하여금 경제적인 궁핍을 벗어나 사회봉사와 이에 따른 작은 보수로 오히려 마음 편해지는 연대감과 정체성을 되찾게 하는 사회안전망 역할을 할 수 있다는 것이다.

따라서 지구촌 공생발전을 지향하는 NGO뿐만 아니라 종교계, 문화예술계의 다양한 시민운동 특히 '뉴 새마을운동 세계연맹'과 사회연대운동 단체들에 대한 정부지원이 간접적으로 중산층 실업 및 고용불안정의 불안 해소에 기여케 하는 정책효과를 가져 오게 할 수 있다고 믿는다.

특히 노동자 계층의 대다수 하부층을 이루는 비정규직 근로자들은 실업대책의 급여대상에도 극빈대책의 보호대상에서도 제외되어 있는 실정이다. 지금 우리는 계속적인 실업사태로 말미암은 사회불안을 겪고 있다. 이런 때일수록 위기의 실체파악, 즉 실업현장의 정확한 실수實數파악과 이에 따른 적실適實한 대책입안, 그리고 실효성 있는 실업대책 추진이 긴요하다.

그동안 우리는 물가지수에서 그러했듯이 실업문제가 사회불안의 병소病巢라는 중요성을 감안해 그 실상의 정확한 파악, 적실한 대책 강구는 한국경제의 사활에 관계되는 만큼 관행적인 행정통계에 의존해서는 안 된다. 사회불안의 병소이기 때문에 그 실체를 있는 그대로 직시한다는 것 자체도 큰 용기를 필요로 한다. 사회분야의 병소제거를 위하여 그 문제군을 직시하는 것이 올바른 해결의 첫출발이라는 점을 올바로 인식해야 한다.

'뉴 새마을운동 세계연맹'과 '지구촌 공생발전운동 NGO 연맹'에서는 국가부흥의 차원에서 공정불편不偏의 철학을 갖고 관계부처와 노동권의 협조 아래 그 실체파악, 실업대책입안 등 일련의 실업문제해결을 위한 국민적 노력을 실천하는데 힘을 쏟아야 할 것이다. 그리고 최소사회보장제의 연구 등으로 실업자들이 반사회적인 염세증후군이나 일탈행위로 빠지지 않게 하는, 생산적인 것 이상의 적극적인 사회복지제도의 입법화와 그 시행에도 힘을 쏟아야 할 것이다. 우리 민족 특유의 전통적인 미덕인 '더불어 함께 살기'를 오늘에 되살려 같은 핏줄의 어려운 동포형제들을 되살려 내는 슬기와 역량을 발휘함으로써 북한 동포들도 살려 내는 지혜와 역량을 발휘할 수 있지 않겠는가.

그러한 맥락에서 정부가 하는 일에 힘을 보태고, 기업하기 좋은 환경만들기운동과 미래성장 잠재력을 위한 생활과 의식개혁운동에 중점을 두어야 할 것이다.

더불어 함께 사는 사회안전망의 공동체 구축

'사회안전망'이라는 용어는 어찌 보면 생소하긴 해도 진작부터 그런 것이 있어야 했다는 생각을 온전하게 표상하고 있는 말이다. 선진 유럽사회에서는 산업화와 함께 종교계의 광범위한 박애운동, 즉 사회봉사 활동으로 사회적인 약자들이 의존할 수 있는 쿠션을 제공하는 전통이 있었다. 재벌급 부자들의 자선활동은 상류층의 책무noblesse oblige: 고귀한 신분에 따르는 도의상의 의무 행위로 당연시되어 왔고 그런 시혜를 받는 약자들은 당당하게 그 혜택을 받아 왔다. 대부르조아들이 으레 창업자 명의의 복지재단을 만들어 사후에 자선하는 것이 제도화되다시피 한 것이다.

후발 산업국가인 때에 미국에서는 그 수혜의 일부가 가난한 지식사회로 파급되어 학술진흥 및 기술개발에 상당한 성과를 거두기도 했다. 미국보다 더 후발 산업국가인 일본의 경우 선진국 따라 잡기에 중점을 두어 아예 문화재단을 만들고 학술진흥과 기술개발에 역점을 두었기 때문에 부자들의 자선행위로는 이렇다 할 만한 것이 없고, 미국과 달리 각 재단예하의 연구기관에 자금을 공급하는 식으로 쓰이고 있다. 일본보다 더 후발 개도국으로 최근에야 산업화된 우리의 경우는 일본의 예를 좇기 때문에 재벌 문화·복지재단의 시혜로 출판·영상계에 대한 사회적인 기여가 있지만 대부분 그 예하의 연구기관에 돈쓰는 형태가 지배적이다.

이제는 공공부문, 노동시장, 금융, 기업 모든 면에서 걸치레 구조조정을 적극화하도록 사람을 기르고 의식을 깨우는 총합總合 사회과학적 접근이 필요한 때다. 구미선진제국에 수없이 존재하는 사회봉사에 전념하는 시민단체도 우리의 경우는 미미한 단계에 있다. 다만 우리 사회의 특성으로 손꼽히는 향학열의 결정結晶으로서 교육강국이 되고 있으나 사교육비 세계 1위란 소식은 공교육이 무너지는 소리며, 중산층이 없는 상층중심 세상이 될까 걱정도 된다.

후발 산업국가로서는 일본보다 우리 경우 빈부격차가 심한 편이다. 정부차원에서도 아직 이 문제의 심각성에 둔감해서인지 사회계층, 집단 간의 소득격차, 소득관계 통계자료 생산에 큰 관심이 없는 것 같다. 그래서 빈부문제에 관한 소득문제에 대한 연구성과는 학계내부간, 노동권, 농민권 등 이 문제의 관심도에 따라 분석 결과의 편차가 심한 것도 우리 사회의 정합整合되지 않은 양상을 단적으로 보여주고 있다.

따라서 미국의 경우, '80년 후반부터 부의 편재현상이 누적적으로 심화되어 '30년대 대공황기 수준에 근접해가고 있음을 근거로 경제학계는 끊임없이 불황내습을 경고해 왔으며, 레이건 이후의 역대정부는 이를 의식하여 무역자유화, 미국상품의 대외수출 밀어부치기 등 일련의 세계화운동에 국제사회로부터 쏟아지는 비판에도 아랑곳없이 줄기차게 힘을 쏟고 있다. 내부모순의 외부배출이라고나 할까. 뿐만 아니라 미국 내 소득격차가 불발탄 같은 위험요소라는 것도 사실 아닌가.

프랭클린 루즈벨트는 뉴딜정책 등 일련의 대규모 개발사업과 세제개혁의 병행으로 빈부격차의 완화에 적극적이었던 만큼 보수진영으로부터의 적색동조자라는 색깔 비판을 끊임없이 받아야 했고, 케네디 대통령은 그러한 정치적 포부를 추진하던 중 '쿠바사건'의 발발 중에 암살을 당해 세계 정치사의 미스터리를 남겼다. 최근 들어 수년간 계속 사회불안을 자아내게 했던 실업문제의 해결을 위해 유럽제국이 정상들 간의 공동노력을 통해 '제3의 길'로 표상되는 사회복지정책의 적극화를 시도하는 것은 미국경제의 세계화 공세에 대한 연대관계로 맞서면서 역내의 실업해소에 보다 적극적으로 나서려는 움직임으로 볼 수 있다.

우리도 우리 나름대로 가진 자들의 끝없는 사치성 소비행태와 이에 따른 소위 '짝퉁' 외제사치품 세일 캠페인이 치성해지는 반면, 없는 자들의 경제적인 추락현상과 이에 따른 사회일탈행위 만연으로 양극화되는 사회현실에 조응하여, 정부는 사회안전망 구축과 함께 불로소득자의 퇴폐 과소비관행 단속에도 적극성을 보여야 한다. 이는 사후 대응조치로서 생산적 복지제와 '맞춤형 복지' 그리고 세제개편 추진과 같은 원인 해소책 추진과 정책효과가 뒤지기는 하겠지만, 현재 우리 사회가 당면한 위기상황으로 볼 때 원인해소책만큼이나 그런 정책의 우선순위나 중요성은 긴요하고 중요하게 평가하지 않을 수 없다.

현재 정부, 기업 및 공식조직단체 등의 조직개혁의 효과가 시장경제에 반영되어야 비로소 민주적 시장경제제도의 실험성과를 보게 될 것이며, 그 제도의 공정한 운영성과로 민·관간의 공동노력으로 광범위하고 안전한 사회안전망 구축을 기대하는 것이 순리順理일 것이다. 그러한 순리의 수순手順과정에 따르는 것이 자본주의 사회의 경제논리에 합당할 것이나, 우리 사회가 현재 당면한 실업문제, 노동계의 불안, 그리고 중산층의 위기에 비추어 볼 때, 경제논리의 순리에 따르다가는 사회통합의 연대관계가 파편화되는 사회분열이라는 엄청난 사태의 대가를 치르게 될지도 모른다.

미국의 저명한 학자인 후쿠야마 박사는 자본주의 시장경제에서 경제활동은 고도로 협력하는 조직에 의해서 수행되기 때문에 신뢰는 가장 중요한 요소라고 주장하였다. 그리고 세계경제를 이끌어가고 있는 미국과 일본의 경제는 고도의 신뢰사회를 바탕으로 이루어졌다고 분석했다. 후쿠야마 박사의 이러한 통찰에 의견을 같이 한다.

우리나라 경제는 불신의 장막을 거두고 신뢰사회를 구축하지 않고서는 결코 민주적 시장경제가 정착할 수 없으며 선진경제를 이룩할 수도 없다고 본다. 따라서 현시점에서 한국경제가 선진경제로 도약하기 위해서는 역대 정부에 대한 불신의 태도를 벗어날 수 있도록 신뢰사회를 구축하는 일이 무엇보다도 중요한 일이다. 신뢰에 바탕을 둔 선진시장경제를 완성해야 한다.

유럽사회의 자선행위가 금액표시로 계측된 적이 없다는 사실에 주목할 필요가 있다. 액수과다와 시혜施惠범위의 크고 작음이 문제가 아니라, 노·

사·정 상호간의 신뢰, 기업·소비자간, 정부·국민간의 신뢰를 바탕으로 우리 사회의 상류층과 종교계가 약한 자들에 대한 자선행위를 신뢰구축의 관례로 일상적인 일처럼 시행해야 하고, 이에 정부가 가세하는 형태로 전개될 때 비로소 우리 사회의 하층부를 구성하는 전 인구 중 40%를 점하는 취약층의 서민대중이 안심하고 삶을 영위할 수 있게 되는 것이다.

더욱이 우리 사회의 중요한 동력원을 이루는 양대세력인 노·사간에 불신이 끼어 있는 한, 갈등은 언제나 사회불안의 병집이 되고 나아가 국민적 통합을 저해하는 계층갈등의 구조화를 굳어지게 할 뿐이다. 무조건 '힘내자', '희망을 갖자', '용기 내어 뉴 새마을운동에 참여하자' 는 구호는 그야말로 공중의 메아리로 날아갈 수밖에 없다.

정부가 신뢰구축의 맨 앞에 서야 한다. 1급수 생수가 나오는 샘을 파야 한다. 즉 새로운 혁신이념을 갖춘 새로운 최고 지도자가 앞장서서 새 정부의 달라진 면모를 확연하게 국민 속에 심어주는, 새로운 이미지로 닦아가야 한다. 해방정국과 건국 초에 친일분자들이 그대로 남아 있어 해방된 대중들의 반발이 숱한 사회갈등의 원인이 되었음은 우리가 뼈아프게 새기고 있는 역사교훈이 아닌가.

국민적 불신의 해소는 위로부터의 확실한 달라짐을 통해 국민대중 속에 새바람이 스며들 때라야 비로소 가능해진다. 새로운 권력자, 새로운 금권의 대체만으로는 사회안전망 구축은 기대하기 어렵다. 사회안전망 구축은 현시점에서 무엇보다 시급하고 지극히 소망스러운 것이다. 그것은 실업대책, 복지서비스, 의료서비스의 확충으로 다 되는 것이 아니라, 사람과 사람 사이의 믿음, 네 이웃을 내 몸 같이 사랑하라는 기독교 윤리를 창조하여 너와 나의 간극을 초월한 '더불어 함께 사는' '복지만두레' 이웃사촌 새마을

공동체의식이 우리들 마음속에 살아있어야 비로소 작동할 수 있다.

'뉴 새마을운동'은 바로 그런 맥락에서 믿음의 중요성을 국민상하에 걸쳐 인식시키는 일련의 종합적인 사회운동을 벌여야 한다. 기본 바로 세우기의 핵심은 우리 사회 전반에 걸쳐 잃어버린 신뢰를 되살리는 일이다. 그 일을 수행하는 데는 과단성 있고 초지일관하는 정절여貞節女의 서릿발 같은 행동규범을 상기한다면, 운동전개방향의 가닥이 잡힐 것이다. '뉴 새마을운동'은 정부도, 기업도 그 어떤 조직도 손이 못 미치는 범역에 걸쳐 믿음 되살리기의 어려운 일을 수행할 수 있을 것이다.

다음과 같이 추진 및 지원주체들이 하여야 할 정책구상과 과제를 예시하고자 한다.

① 성장과 사회통합을 위한 〈그림1〉, 〈그림2〉와 같은 OECD제언과 각 정당들이 노동개혁 정책으로 제안하는 것을 적극적으로 수용해야 한다.

② 노사정위원회가 보다 실효성 있는 구실을 하려면 그 위상과 역할이 강화되어야 하는데, 어떻게, 어떤 형태로 개선해야 할 것인가

③ 실업대책은 현 정부의 최우선순위 시책으로 펼쳐지고 있으나, 사회저변의 실업자들에게 골고루 그 혜택이 돌아가고 있지 않다는 불평의 소리가 있다. 보다 실효성 있는 실업대책을 어떻게 펼쳐야 하는지 구체적인 사례정리 및 추진과 지원대안 모색

④ 복지정책이 자칫하면 일하기 싫어하는 폐풍을 낳기 쉬운데, 실업기간 중 재충전의 기회로 삼는 진정 생산적인 복지정책이 되려면 어떻게 이를 시행해야 하는가의 구상

⑤ 산업의 지식·기술집약화 경향, 노동생산성과 국제경쟁력의 제고를

〈그림1〉 성장과 사회통합을 위한 OECD 제언	
고용창출 및 양성평등	여성·고령 근로확대를 위한 지원책 마련 비정규직·정규직 차별 철폐 유급 육아휴직 확대
소득 재분배 및 사회안전망 확립	기초생활급여 수급 대상 확대 국민연금 개혁 및 확정기여형(DC)퇴직연금 확대 장기요양시설 확대, 건강보험제도 개혁
교육에서의 평등개선	공립교육 강화 및 입시제도 개혁 특성화고 교육 강화 대학 학자금 대출 재정지원 확대
중소기업·창업 지원확대	창업단계의 각종 규제 철폐 교육단계에서 기업가정신 제고

〈그림2〉 각 정당의 노동개혁 정책	
비정규직	비정규직 비율 낮춤 정규직 대비 비정규직 임금 80% 조정 비정규직의 정규직 전환 지원금 지급
차별시정	고용형태가 다르더라도 동일가치노동에 동일임금 지급 차별시정 신청주체를 당사자에서 소속노조, 상급단체로 확대
사내하도급	파견기간 초과, 불법파견 등 위법한 사내 하도급 적발시 고용의무 적용 사업장 내 하도급에 대해서는 원·하도급 간 공동 교섭제도 도입
OECD형 정책	실근로시간 단축을 통한 근로환경 개선 및 일자리나누기 타임오프제도 개선 직종별로 다른 정년을 2~3년 연장 법제화 공공기관 입금 가이드라인 등 제도개선

위해 노동시장의 유연화가 필요한데, 노동시장의 유연성을 높이는 동시에 고용안정을 도모할 수 있는 방안

⑥ 노동자의 지주持株확대, 경영참여 및 노동자 추천 사외이사제 등으로 생산주체로서의 노동자 위상이 달라져야 한다는 노동계의 주장이 타당한 것인지, 만약 타당하다면 어떻게 현행 기업계의 변화를 도모해야 하는가에 대한 구상

⑦ 장애인, 노인복지 확대방안

⑧ 의보, 산재보험, 고용보험 및 국민연금의 확대·심화를 위한 방안

그리고 '뉴 새마을운동'을 통하여 전개할 과제를 예시한다.

① 노사 간의 공평한 고통분담과 성과균점, 상호신뢰와 화해협력을 위해 노사정위원회가 수행해야 할 역할과 지위에 대한 보다 나은 정책대안

② 고용불안에 따라 노사분쟁이 점증하여 사회불안을 고조시키고 있는데 당면 분쟁해결을 위한 법집행 등 그 해소방안

③ 종업원 지주제의 개선·확대실시가 요청되는 등 근로자의 경영참여제 확충방안

④ 노동자의 자기발전을 위한 학습기회 확대방안

⑤ 노동시장의 유연화, 실업의 최소화, 노동생산성·국제경쟁력제고와 관련시켜 어떻게 합리적으로 이룩할 수 있는지의 대안 창출

⑥ 생산성 복지체제의 구현을 위해 노동·복지행정의 연계성이 강화되어야 하는데, 일선 노동·복지기관의 효율적인 행정연계 관리방안

⑦ 전직 희망자나 실직자들에 대한 직업훈련을 어떻게 하고, 어떤 부문을 확대하는 것이 노동수요현장에 적합한지의 대안 모색

⑧ 현행 구인·구직 취업알선활동이 적절한지, 그렇지 못하다면 어떻게 개선할 것인가

⑨ 실업대책의 일환으로 시행중인 공공근로사업의 현황과 그 문제점을 구체적으로 적시하고 그 개선방안 모색

⑩ 근로대중의 호응도가 저조한 현행 고용보험의 문제점을 적시하고 개선과 확대방안 모색

⑪ 저소득계층에 대한 최저생활수준 보장을 위한 현행 생계비지원의 문제점과 개선방향 제시

⑫ 소외계층인 노인·장애인들의 생활안정 및 사회참여를 위한 현행 노인복지활동과 장애인대책을 구체적으로 제시하고 그 개선책 제안

⑬ 서민, 특히 영세민들을 위한 공영임대 주택건설이 절실한데, 주택공사나 임대아파트 건설업계의 주택공급에 어떤 문제점이 있는지 구체적으로 직시하고 개선책 제안

⑭ 통합의보제 실시에 즈음하여 노동자, 농민, 영세민의 의보부담, 급여상 많은 문제점들이 있는데 이를 구체적으로 제시하고 그 개선책 제안

⑮ 국민연금 졸속추진으로 논란이 비등했는데, 그 개선책 제시

- 의보, 고용보험, 산재보험, 국민연금의 통합관리체계가 바람직한데 어떻게 추진하는 것이 무리 없고 합리적인지 정책아이디어 제안
- 사업장의 안전을 현행대로 좋은지, 개선되어야 한다면 어찌해야 하는지 아이디어 제안
- 연금혜택이 없는 노년층의 경로연금 및 교통비지원 등이 시행중이나 미흡하다는 여론이 많은데 개선안 제시
- 장애인, 지진아의 초·중등교육 및 복지시설이 부족한데 개선안 제시

뉴 새마을운동 글로벌 지도자의 양성

『서기 632년 당나라 태종唐 太宗이 좌우 신하들에게 말하기를, "짐이 옛날의 제왕들을 보건대 성할 때가 있으면 쇠할 때가 있음이 역시 새벽이 있으면 저녁이 있는 것과 같다. 쇠하는 이유는 신하들이 군주의 눈과 귀를 가리기 때문에 군주가 정치의 득과 실을 알지 못하게 된 까닭이다. 충성스럽고 정직한 신하는 말을 하지 못하고 사악하고 아첨하는 자는 날로 승진하게 마련이다. 이미 군주가 잘못을 보지 못하면 바로 그것이 멸망에 이르는 이유가 되는 것이다. 짐은 이미 구중궁궐에 있어 천하의 일을 모조리 볼 수 없다. 그러므로 경들에게 그 관직을 분담케 하여 짐의 이목으로 삼은 것이다. 천하가 무사하고 안녕하다 하여 경솔하게 마음 쓰는 일이 없도록 하라. 『서경書痙』에 이르기를 '사랑해야 할 것은 군주가 아니런가. 두려워해야 할 것은 백성이 아니런가' 라 하였듯이 군주에게 도의가 있으면 곧 백성들은 그를 받들지만, 그가 무도하면 백성들은 그를 버리고 군주로 쓰지 않는다. 참으로 두려워해야 할 일이로다." 라고 하였다.

위징魏徵·諫議大夫은 대답해 아뢰기를, "예로부터 나라를 잃은 군주는 거개가 편케 있음에 위험을 잊었고, 순조롭게 다스려짐에 어려움을 잊은 탓입니다. 그것이 나라가 길지 못하게 된 까닭입니다. 지금 폐하의 부當가 천하를 소유한 지경에 이르고 나라 안팎이 잘 다스려져 안온하게 된 터이오라 이제 마음을 다스리는 도리道理에 힘쓰시고, 항상 깊은 웅덩이의 얇은 얼음을 밟듯이 조심하신다면 국운은 자연 영묘장구할 것입니다. '물은 능히 배를 띄우기도 하고 또한 능히 배를 뒤엎기도 한다' 했듯이 폐하께서는 그러므로 백성을 두렵게 생각하시옵소서" 라고 하였다.』

위의 예에서 우리는 역사적 교훈을 찾게 된다. 이를 좀 더 구체적으로 음미한다면 다음과 같다.

희망은 모진 시련 뒤에 피어오른다

우리 사회전반의 방향전환을 거쳐 불가피하게 맞게 될 21세기의 전면적인 세계화·개방화·정보화단계까지 얼마만큼 먼 거리를 가야 하는지를 곰곰이 헤아려 2012년 세계적으로 대통령이 바뀌는 '정치의 해'에 시대적 사명감, 역사적 소명감을 갖고 나의 위치에서 무엇을 어떻게 할 것인가를 생각하자.

정녕 이 혹독한 오늘의 시련 뒤에는 그토록 갈구해온 내일의 희망을 언제쯤 맞을 수 있겠는가?

한 가정, 하나의 집단, 그리고 한 사회가 어떤 목표를 향해 가려면 그 가정, 집단, 사회 안에 중심이 있고 그 중심에 힘을 모으는 구심력이 있어야 덧셈 이상의 에너지를 결집하여 그 목표로 향해 가는 추진력을 발동할 수 있다는 것은 누구나 다 아는 상식이다.

지금 우리가 속해 있는 국가 사회에는 역사중심세력이 깨어 있는가. 그러나 경제 살림살이의 어려움에도 불구하고 세계화는 불가피한 당면현안이다. 초 경쟁에 살아남기 위한 필사의 자기 변신을 요구하는 무자비한 경쟁의 피말리는 톱니바퀴 돌림과 같은 힘내기 싸움이다.

21세기 세계적인 위기를 대한민국의 기회와 희망으로 바꾸는 '뉴 새마을운동'이 되도록 '민·관의 개혁'과 '구국의 활동과 노력'을 경주하자.

상전의식과 특권의식, 그리고 뿌리 깊은 관존官尊의식과 선심정치에 영일 없는 윗사람들의 눈앞에 적당히 지내면 그만이라는 적당주의 의식으로 보신하는 관료의식의 방향전환, 그리하여 세계화의 노도질풍 앞에 신명 바쳐 부딪쳐 나가 국민의 안녕에 헌신하고 심혈을 쏟는 개혁 마인드의 공직자가 되는 것이 공인들의 과제이며 정부혁신의 목표가 되어야 한다.

기구개편, 인원감축은 그것에 의당 수반되는 문제이지 목표가 아니다. 국가 사회발전의 주동세력은 여전히 공인집단이다. 그들이 바로서야 나라가 산다. 국회가 무슨 일을 하는 곳인가, 사법부는 어떻게 해야 하는가, 정부의 그 많은 부처들과 지방자치단체의 그 숱한 행정부서들이 제몫을 어찌해야 하는가. 세계화·개방화·정보화에 대응하여 어떻게 방향전환을 해야 하는가에 관한 이야기는 귀 아프게 들어왔던 만큼 이제부터 자기 업무영역의 쇄신을 구체적이고 실질적으로 스스로 단행하고, 그간 지시와 돈에 의해 움직이던 계선系線체제와 눈치보기 관행을 타파하고, 주민國民속에 뛰어들고 세계인을 상대로 세계 제일의 서비스를 펼치는 봉사의 실천이 결행되어야 한다.

그러한 정치혁신, 행정쇄신은 심기일전心機一轉의 과감하고 자발적인 결단과 또다시 관행에 되돌아가지 않나, 예나 다름없이 윗사람 비위 맞추기를 능사로 삼고 있지 않나 하는 냉정하고 철저한 자기 성찰이 있지 않으면 안 된다. 주민國民이 뭐라 하거나, 윗사람의 눈치가 어떻게 나오느냐에 따라 법을 내세우고 예산을 들먹이거나 복지부동함은 다 버리고 헌신과 열정·충성으로 봉사하는 신공직자상이 요구된다.

21세기형 정부혁신은 우리 국가사회의 미래, 한민족공동체의 사활문제와 직결된다. 또한 정치혁신의 중요한 또 하나의 현안이 있다. 그 숱한 부실공사, 부실관리 등 부실행정의 악순환, 정의의 파수꾼 조차 비리와 불의의 저울질로 힘없는 사람들만 울려 놓고 누구하나 자결의 참회를 할 줄 모른대서야 어떻게 우리 사회에 공정과 정의의 맑은 물이 흐르기를 기대할 수 있겠는가. 세계화는 나 한 사람뿐만 아니라, 사회전체가 속속들이 투명해지기를 요구하고, 자기행동을 끝까지 책임지는 의무도 부과되는 세상을 만드는 것이다.

그 동안 우리 사회의 순환을 지탱해온 3연血·地·學線주의를 날려버리는 노도질풍시대를 만들자. 자유·정의·효율이 아니면 생존 할 수 없는 세계의 새틀 짜기가 세계화다. 이에 따라 우리 국민도 달라지지 않으면 안 되는 계제에 이르렀다. 최근 들어 학교폭력의 병폐가 중학교, 초등학교로 여전히 파급되고 있다. 그 동안의 교육행정은 이런 일탈현상에 거의 속수무책이었다. 대입지옥고의 불끄기에 늘 바빴다.

그동안의 그 숱한 교육개혁조치들이 그 문제군의 주변에서 맴돌아왔다. 우리 교육계가 떠맡아야 할 세계화의 대응은 지금으로서는 준비단계의 수준이라고 한다면 너무 심한 평가일까. 교육혁신이 참으로 시급하다. 도둑잡는식 교육개혁 방식은 그만두자.

청소년들에게 세계화란 논리나 목표가 아니라 손끝으로 벌이는 게임 놀이와 스크린에 뜨는 그림으로 경험하는 정도 아닌가. 또한 문화관광행정은 어떠한가. 아직도 '섹스관광'이란 비참한 말을 들어야 하는가? 세계화 시대의 3TTelecommunication, Transportation, Travel 혁명에 발 빠르게 대처하는 봉사인력육성, 한국고유의 지식정보파일 공급이 먼저지 고정설비는 사람 사이의 관계진전에 맞추어 있는 것부터 갈고 닦아서 제공하고 정히 모자랄 때 신규투자를 늘려가는 것이 정석이다.

전 국민의 소프트웨어 장인화匠人化, 관광요원화가 시급하다. 또한 대기업은 다양하고 부침이 빈번한 일감 가운데 대량성·지속성·안전성이 보장된 부분만 취할 뿐이다. 그것은 지식정보기반활동·산업의 지극히 한정된 일부분에 불과하다. 단 일 년, 아니 단 몇 개월에 억대의 벤처활동·기업가들이 탄생하고, 금방 다른 활동·기업으로 쉽게 변신하는 게 특징이다. 그러한 인재, 그러한 놀이감, 일감 만들기에 문화 혁신의 목표와 관리 역량을 모아야 한다.

눈앞의 나무보다 숲을 보는 지혜가 아쉽다. 시계視界는 숲 전체를 조망하면서 우리 앞의 뒤엉킨 나무와 엉겅퀴를 구조조정·앞방향 트기작업으로 나무들이 제대로 살게끔 손질해야 한다. 사회전체 시스템을 올바른 방향으로 바꾸어야 한다. 그 일을 하는 것이 이 시대의 리더 몫이다. 그리고 국민은 그 리더의 방향제시에 힘을 모아 나가야 한다. 지금 당장 살이 에이는 한파, 방향전환에 따른 기득권익의 상실이 주는 아픔까지 견뎌내야 한다. 이 전환기에는 힘이 빠질 수밖에 없다. 고통의 견딤은 에너지를 소모시키기 때문이다. 그런 약점이 조만간 강점이 될 수 있다.

엄동설한嚴冬雪寒 겨울밤이 아무리 길어도 새벽은 온다. 봄날도 온다. 반드시 밝은 햇살이 우리들의 언 몸, 언 마음을 녹일 것이다. 톨스토이는『전쟁과 평화』를 6년 저술 끝에, 제임스 조이스는 8년 노고 끝에『율리시스』를, 헤밍웨이는 32번의 고쳐 쓰기 끝에『무기여 잘있거라』의 마무리 부분을 완결했다. 이렇듯 어려운 시련 뒤에 불후의 명작들이 나오는 법 아닌가.

다 같이 겪는 시련의 고비에 진정한 리더가 요구된다. 세계화의 새작업 만들기의 필요성은 모두 공감하면서 정작 '나 한사람'의 새 일감, 새 책무, 새 행동 유형을 어떻게 감당해야 하는가 하는 문제에 맞닥뜨릴 때면 저마다 갈팡질팡하면서 조금이라도 편하고 따뜻할 수 있다면 본래자리로 되돌아가고 싶어 하는 과도기의 어려움에 처해 올바른 리더의 수범행장垂範行狀은 결정적인 방향전환의 지남역指南役인 것이다.

이 시대는 '우리끼리 무작정 뭉쳐 나가자'는 보스가 행세하던 때와 상황이 다르다. 리더는 따르는 무리의 자발성과 긍정적인 마음씨를 일궈내어 그 힘을 바탕으로 다 함께 전진케 한다. 리더는 존경을 모으되 보상을 요구하지 않는다. 지금 우리는 구한말 사색당정 속에서 나라를 뺏긴 100년 전 상황처럼 어려운 때일 수도 있다. 최대국난을 극복하기 위해 자유민주주의, 시장경제, 법치국가의 코리아 창조에 모두를 바칠 리더를 뽑아야 한다. 그 리더는 국난 극복의 청사진을 제시하고 '국민과 함께 내일을 연다'는 비전 아래 전 국민이 일어서야 한다.

강한 리더십은 전 국민의 지지속에 이룩된다

시련의 나날 속에 우리가 목 타게 기다리는 리더는 우리들의 복종과 충성을 요구하는 지배자가 아니라, 변화와 개혁의 길을 가리키면서 국민과 함께 내일을 열어 가는 지도자다. 우리 주변에는 한결같이 세계화·개방화·정보화를 외치지만, 실제의 행동을 들여다보면 현재에 안주하거나, 지난날의 달콤함에 마음의 방향이 뒷걸음질치고 있음을 도처에서 발견할 수 있다. 관행과 기존궤도에 매달려 서울공화국인들이 가진 걸 몽땅 털어도 미 핵항모 엔터프라이즈호의 값어치와 유지비에 맞먹는 정도 밖에 안 되는 데도 막무가내로 내 몫과 내 자리를 손대면 절대로 안 된다는 식이다.

21세기를 시작할 무렵 베를린에서 열린 세계신문발행인 대회의 토론주제가 '가장 먼저 망하는 길은 변화하지 않는 것'이었는데, 이제는 모두가 하나 되어 '조국과 민족을 위하여' 세계화·개방화·정보화의 선결조건으로 국민의 아픔을 함께하며 국민이 지향해야 할 세계화의 도전역량을 배양하기 위한 '민주화', '선진화'의 험난한 투쟁을 외면해 왔던 부끄러운 역정歷程에 대해 낯 한 번 붉히는 자성조차 없어서야 역사 앞에서 부끄럽지 않겠는가?

국민 모르게 재산을 빼돌리고, 우리 국민의 신성한 표를 돈으로 매수해서 얻은 면책 특권을 빌미로 변화와 개혁의 행보를 어지럽히는 자, 부패공화국을 만드는 자는 누구인가. 정보화의 기본 전제는 인도주의의 실현이다. 옳고, 바르고, 정직하며 발전에 도움 되지 않는 '잡음형' 정보화가 기술 일변도로 나갈 때 산업화의 비인간적인 기계화 폐해보다 더 무서운 정보화의 로봇인간 지배시대를 가져올 뿐이다. 그런 정보화는 우리가 반드시 청산해야 할 정보화요, 오웰식 빅브라더의 또 새로운 전제주의 정보화일 뿐이다. 그런 정보화라면 차라리 농경사회의 공동체 삶이 백번 옳은 인간다운 삶이다.

한민족 특유의 무한한 인내심, 그 어떤 고난 속에서도 새 시대·새 질서 창조에의 빼어난 지혜와 대담한 용기를 가진 국민임을 굳게 믿고 '원칙과 신뢰정치'를 철학으로 그리고 끈질김으로 산업화·민주화·시장화 투쟁의 선두를 이끄는 정치인에게 박수를 보내자. '헝그리 정신'으로 노력한 결과 OECD회원국이라는 선진국 대열에 들어서고 G20 의장국도 되었던 그 저력을 바탕으로 이제부터 21세기 국가로의 방향전환을 위해서 정부혁신, 국민의식개혁의 현안과제를 분명코 과거의 잘못된 것, 나쁜 것, 비뚤어진 것 그 모두를 과감하게 버리고 새 시대가 요구하고, 인도주의 구현에 바람직한 새 가치관, 양식良識과 양심두양자 兩心이 아닌 어질양자 良心으로, 새로운 세계 진입의 적극적인 전략과 조직개편, 업무방식의 쇄신, 그리고 사회패러다임의 전면전환을 이루자는 것이다. 양이나 규모가 아니라, 질과 실체로서의 일등국민, 일등서비스, 일등상품, 일등조직, 일등기업을 창출해서 빠른 시일 내 세계 7강의 위상, 좀 더 나아가 세계 5위의 통일 국가로 나가자는 것이다.

이 같은 세계화 속의 국제경쟁력을 얻을 수 있는 유일한 방법은 변화와 개혁에 성공하는 것이며, 그 성공을 위해서 강한 리더십이 무엇보다 중요하다는 점을 국민들이 인식하고 그것에 힘을 모으고 올바른 방향으로 나가게끔 적극적인 지지를 모으는 것이다. 이 시대가 요구하는 국가개혁, 조직쇄신, 자기혁신을 성취해 내는 데는 몇 가지 개혁추구적 리더십의 특성과 이를 지지하는 민중참여의 지지가 필수적이다.

그 첫째가 지도자는 자신을 변화와 개혁의 대리인으로 생각하고 행동하며, 그 언동에 국민 대중이 자발적으로 따르고 국가차원에서 주어진 새 역할에 자율적으로 행동해야 한다는 것이다. 케네디는 미국 국민에게 국가에 대한 충성 이전에 스스로 국가와 공중을 위해 헌신할 것을 요구했다. 미국인은 그의 말에 화답했고 그 때문에 그의 요절로 인한 중도좌절에 통곡했던 것이다.

둘째, 변화와 개혁의 시대에 맞서는 리더에게는 검증된 용기가 필요하며 국민은 그 검증된 용기와 불굴의 정신을 보고 용기를 낼 수 있고 과감하게 전진할 수 있다. 쉽사리 기존의 제도·관행을 깨트리고 새로운 행동방식·새 업무에의 적응이란 결단코 말처럼 용이한 것이 아니다. 새 일에는 언제나 실패와 성공이 반반 섞여있게 마련이다. 성공의 보장도, 전례도 없다는 말이다. 한마디로 모험인 것이다. 그럴 때 리더의 검증되고 공인된 용기와 지혜, 경험은 더 말할 나위 없이 소중한 변화와 개혁의 보증이 된다.

셋째, 리더는 사람들을 마음 깊이 신뢰해야 하고 국민 또한 서로 간에, 또한 리더의 신뢰를 마음속 깊이 새겨야 한다. 국가원수가 퇴임 후를 염려하여 돈을 챙기고 재산을 빼돌리면 그 나라는 조만간 거덜 날 수밖에 없다. 그렇게 되면 세리稅吏는 세도稅盜가 되고 법리法吏는 법도가 되고 고위권세가는 조세형이 지탄하는 바 대도大盜가 되는 것이다. 그걸 막기 위해 감시를 부치면, 그 또한 어물전 지키는 고양이가 되기 마련이다. 여러 모양세의 한국병이 오늘날 더 없이 절박한 변화와 개혁의 국민역량 결집을 어렵게 하는, 보이지 않으면서 가장 골치 아픈 걸림돌로 작용하고 있다. 그런 병폐로 사람이건, 물건이건, 진위와 옥석을 구분 못하는, 허무적 상대주의 풍조에 빠지게 했고, 변화와 개혁을 거부하는 기득권자들에게 더할 수 없이 이용하기 좋은 텃밭을 제공하고 있다.

힘을 좇는 지배자에겐 분할통치divide & rule만큼 좋은 방법이 없고, 근시안적인 기득권자들에게는 지역할거주의 풍토만큼 좋은 것이 없다. 신뢰와 지지란 돈 주고 사면 그만이다. 언론이 잠잠하면 그 어떤 죄과도 은폐되거나 망각되기 쉬우므로 언론과의 밀착관계만 유지되면 만사 해결이라는 식이다. 그것이 우리 사회를 멍들게 하고 한국병이 심해지고 있는데도 말이다. 후쿠야마의 미래관도 그렇고, 동양의 선철先哲들이 한결같이 '믿음信과 옳음義'을 국가의 기본임을 강조했다. 볼테르의 편지구호처럼 신의를 돈으로 매수하거나, 타락시키는 '패덕한을 격멸하자!' 는 경구가 오늘날 그 얼마나 절실한가.

넷째, 리더는 가치지향적이어야 하며 목표와 수단이 그러해야 하며, 국민들은 그러한 가치지향의 일관성에 동조하고 그 일관성의 혼선에는 가차

없이 비판할 줄 알아야 한다. 양심선언한 의인義人이 정신병자로 조직에서 격리되어야 하는가. 성경에 그토록 빈번한 '의로운 이'의 칭송은 허공의 메아리가 되었다. 성경에서의 기적은 반드시 '의로운 이'의 성령역사임에도 불구하고 그 본뜻을 져버린 채 안수로 병을 낫게 하는 기적에만 매달린 나머지 천박하고 사악한 의미에서의 무속화된 신앙이 활개치게 된 것이다.

유치원에서 대학에 이르기까지 '진리 탐구'란 가르치는 직업의 말품 구실로 속이 텅빈 깡통처럼 이리저리 채여서 볼품없이 찌그러들게 된 것이다. 본말本末이 전도된 것이다. 그 결과가 오늘날 대학사회에서 가장 심각한 문제가 인문학의 위기로 나타나고 있다. 말로는 문화르네상스를 너나 없이 외치지만, 그 힘의 원천이 될 우리 대학사회의 인문학은 존립자체가 위태롭기 짝이 없는 위기상황에 처해 있는 실정이다. 이 문제를 거론하는 소리가 우리 사회에서는 이렇다 할 만한 반향을 불러일으키지도 않거니와 아예 관심조차 없다는 것이 현상황이다. 논리가 없는 주의·주장, 체계가 없는 사상, 계보가 학문 아닌 인맥으로 짜인 학풍이 더욱 인문학 위기의 악순환을 가속화시키고 있다. 드골이 프랑스 고전문화에 해박했고 앙드레 말로는 프랑스 문화의 세계전파 전도사였기에 아직도 영어문화 세계화의 허리케인 속에도 프랑스인의 문화적 긍지가 살아남아 있는 것이다.

언어는 인위적인 문화 가운데 가치를 담는 문화 용기인데, 우리는 그것을 갈고 닦는 데에도 동북아 문화권에서 가장 뒤떨어진 셈이다. 리더의 구국정신救國精神은 본질적으로 가치지향적이며, 또한 그것의 실현은 사회전반에 걸쳐 작용되어야 할 다의적多義的인 함축성을 담고 있다.

마지막 다섯째로 리더는 평생 일관에서 학습하고, 매사에 임해 애매성·불확실성에 과단성 있게 대처하며, 수미일관되게 비전을 추구하는 총체적 구현자로서 학습하는 국민, 적극적인 기상의 국민, 비전추구적인 국민들이 앞장서고 국민이 그러한 리더를 닮아갈 때 비로소 국가는 도약할 수 있다.

정치란 이해 대립·갈등의 유착상태를 끊어버리는 알렉산더 대왕의 왕도론과 무에서 유를 창조하는 단군왕검의 창조론을 포괄하는 고도의 종합예술행위다. 그래서 20세기 세계강국론자들의 상당수가 위대한 지도자를 배출할 수 있는 나라에는 5천만 명 정도의 인적 구성이 전제된다고 회자했다. 한국 민족사에 있어 광개토대왕, 문무왕, 광종, 세종의 영명함은 세계 정상급 지도자들과 비교해서 조금도 손색없지만 동방일우의 영주英主로서 우리 겨레의 뇌리에 박혀있을 뿐이다. 그 영주들의 학습욕, 과단성, 비전 제시능력은 고구려, 신라, 고려, 조선의 융성을 가져왔다.

이 불확실성의 시대상황 속에 우리 손으로 참된 지도자를 선출하고 그 지도자와 함께 우리 국민은 내일을 열어 가야 한다. 이제 우리 국민 모두가 스스로 학습하고, 불의와 비리, 부조리와 사악한 유혹을 과감하게 뿌리치면서 내일의 비전을 일관성 있게 추구하는, 올바른 삶의 길을 함께 걸어가야 한다. 지도자가 걸어가는 길, 우리 국민이 함께 걸어가는 길이 하나로 만나서 더불어 함께 할 때 비로소 우리나라는 힘차게 도약할 수 있을 것이다.

대통령과 대중 사이에는 수많은 급수의 각계각층 지도자들이 있다. 그 지도자들이 21세기 리더십을 새로이 익히고 이를 해당 조직내부 관리에 활용해 나갈 때 나라전체의 힘은 총합 플러스알파의 헤아릴 수 없는 에너지로 용출될 수 있다. 사람의 힘은 개별로는 하나지만, 둘이 합쳐지면 그 이상의 에너지가 샘솟게 마련이다. 21세기 정보화의 무한에너지는 4천 6백만 플러스알파, 나아가 7천만 플러스 해외 한민족동포 750만이 교류협력하는 8천만 한민족이 하나 될 때 세계 5위의 '선진화 평화통일 코리아' 건설은 결단코 꿈이 아니라 반드시 실현될 수 있다. 그 때문에 이 변환의 시점에 외유내강外柔內剛한 리더십이 요청되며, 피눈물 속에서 내면화된 리더십이 있으므로 해서 우리는 참 민주주의 위에 홍익인간弘益人間 중심, '동방의 빛의 나라 코리아'를 희망의 21세기에 구현할 수 있다는 자신감을 갖고 대한부흥운동 '뉴 새마을운동'에 참여하자.

봉사자의 리더십으로 민주주의는 꽃핀다

현시대에 있어서 여러 가지 형태로 잇따르고 있는, 크고 작은 위기상황에 직면하여 흔히들 너무 많은 민주주의 때문이라고 탓하지만, 실제로는 너무 작은 민주주의 때문에 위기관리 신축성 결여가 문제라는 참여민주주의론자들의 일치된 견해와 궤를 같이하는 것이다.

최근 여·야 모두 국민참여 경선제로 총선을 치른 것은 진일보한 정치발전으로 본다. 자유민주주의 실천원리대로라면 의회가 정책입안의 원천이며, 권력창출의 근원이어야 함에도 불구하고, 세계 어느 나라건 정책입안들은 정부측에서 대부분 제안되고 있으며 더욱이 권력행사는 거의 행정부, 우리는 대통령에 위임되어 있다. 그래서 분권형 대통령제의 안도 나오는 것이다. 산업화의 중후장대화·경제집중화 현상에 따라 정부와 산업계의 공조관계는 한층 더 의회정치의 위기를 심화시켰다. 관산복합체官産複合體의 위압 속에 환경오염과 민생복지를 내세운 시민의 저항에도 불구하고 의회는 정부의 권력견제를 유효하게 행사하지 못했고, 시민단체NGO들의 저항은 정부 및 산업에 대한 권리쟁취운동으로 발전했다. 그 사이 정부는 나날이 증대하는 기계화 문제, 컴퓨터 범죄의 횡행, 기업들의 다국적화,

헌법해석 및 운영상의 혼선 등 권력통제 밖으로 번져나가는 현상, 즉 권력누수현상이 가속화된 것이다.

최근 들어 국제금융의 빈번한 투기성 이동현상에는 거의 속수무책이다. 다국가간의 경제협력으로 사후수습하는, 그것도 불완전한 미봉책을 거듭할 뿐이다. 그러한 권력누수현상을 촉진하는 일련의 국가 권력통제 밖의 문제들이 시민생활에 불안을 야기 시키고 피해를 주고 있어 시민사회로부터의 자구결합체自救結合體로서 시민공동체 권익을 스스로 지키는 시민운동, 시민단체활동이 또한 의회제 민주정치를 약화시키면서 정부, 또는 다정부 대상으로 직접 협상하는 단계에 이른 것이다. 더욱이 선진제국에 수천만 명 규모로 새로 탄생한 네티즌들은 국내 정치에서 국제 문제에 이르는 광범위한 영역에 걸쳐 힘을 보이기 시작했다. 즉 컴퓨터 민주주의, 원격 민주주의, 전자 민주주의, SNS 민주주의 등 아직 정형화되지 않았지만, 정보네트워크를 통한 참여민주주의의 새로운 정치 형태가 바야흐로 틀잡아가고 있는 것이다.

민주화·시장화의 파행성으로 인한 갖가지 부작용의 폐해를 체험했고, 또 한편 정치발전의 낙후, 문화발전의 퇴행으로 인하여 시민사회형성이 극도로 일그러졌던 것이다. 1987년 6월 이후의 민주화, 1997년 12월 이후의 시장화를 터놓은 강한 리더십에 상응하는 '제3의 스펙트럼'으로서 시민사회형성도 민주화·시장화의 진전에 따라 참여민주주의의 국민적 열망도 점차 열기를 더해가고 있다.

우리에게는 예로부터 단일권력의 중앙집중제 아래 지리적 조건, 씨족제의 답습, 대물림하는 농경사회제의 깊은 뿌리 속에 소집단주의두레, 계 등가 자생적으로 발달해왔다. 그것은 민선형태의 지역 패권주의에 이용됨으로써 참여민주주의의 정치발전이 차단·봉쇄된 채 지금의 지역할거주의 형태로 왜곡되고 말았다. 그렇지만 본래 지역발전의 동력은 소집단주의에서 비롯되며 향토애와 결합을 통해서 시민운동의 지역 간 연대방식으로 참여민주주의는 발전할 수 있다. 소집단주의에서 발원하는 소집단민주주의는 서로 다른 형태의 소집단소속 성원들로 하여금 다른 사람들의 의견에 대해 능동적인 자기 의사표현을 함으로써 크고 작은 지역현안에 대한 토론의 마당을 열어 놓을 수 있게 되는 것이다. 이는 지역현안들에 대한 다양한 주민들의 의사반영을 활성화시킬 수 있게 한다.

소집단주의의 범위를 벗어나는 국가공동체의 현안에 대해서는 조만간 PC네트워크의 도시연결망 구축에 따라 수시로 시행되는 전자투표 민주주의 방식에 의해 정책결정의 정통성·합목적성·총체성이 확보될 수 있다. 바로 이것이 강한 리더십을 뒷받침하고 보강하는 참여민주주의의 힘을 과시하고 정책시행의 합법성을 확보케 할 것이다.

피라미드 민주주의체제는 현대 중국의 금서禁書로 세계적인 베스트셀러가 된『황화黃禍』에서 극명하게 묘사되어 참여민주주의론자들의 비상한 관심을 모은 바 있다. 그 어떤 재앙, 어떤 위기에도 무너지지 않는, 초강력의 인간무리의 힘을 극적으로 보여준 것이다. 지도자와 대중의 하나됨이 이 세상에서 가장 강력한 무기임을 설득력 있게 그려내고 있다. 그 작품에 극화된 작의作意속에 함축된 강한 민주주의의 제도화는 세계적으로 이제 본격 시행단계에 이르렀다.

한편 우리나라에서는 이미 PC네트워크의 정치참여가 나날이 그 폭을 넓혀가고 있다. 행정·기업내부에 경영·사원간부·성원간에 인터넷 의사소통, 유선방송을 통한 홈쇼핑, PC네트워크를 통한 홈뱅킹 등 참여민주주의의 예비단계가 빠른 속도로 번져가고 있다. 이 예비단계는 참여민주주의의 용이한 전환을 예고한다.

근대성의 이론 틀을 제공한 데카르트는 그의 '방법론적 성찰'에서 당시 논란의 단계에 있던 지식인들 간의 직접·간접 민주주의 논쟁과 관련해서 이렇게 인간능력의 한계를 탄식조로 술회한 바 있다.

우리의 삶과 관련해서 우리는 자주 그것이 그럴 법하다는 이유만으로 따라가지 않을 수 없는 경우가 많다. 왜냐하면 대부분의 경우 행위의 기회들은 우리가 이럴까 저럴까 망설이는 사이에 스쳐 지나가 버리기 때문이다. 강한 민주주의 이론의 시원始原으로서 인식론 차원에서 접근한 찰스 피어스는 일찍이 "개인을 진리의 절대적 판단근거로 삼는 것이야말로 가장 나쁜 것이다"라고 지적하고 강한 민주주의를 은유해서 진리란 수많은 가느다란 가닥들로 짜여진 케이블과 같다고 했는데 참여민주주의의 실현이 과학기술의 발달에 힘입은 것과 피어스가 공학도 출신이란 점은 단순한 우연의 일치가 아니라고 볼 수 있다. 참여민주주의는 명예혁명 이후 3세기간의 오랜 민주정치 역정 끝에 되살아난 시민정신의 힘 속에 이론화되고 실천되고 있는 것이다.

'참여하자', '바르게 하자', 그리고 '다시 뛰자'는 기치 아래 국민 모두가 국정개혁의 주체이자, 경제재건의 주역이 되자.

21세기는 지식중심의 시대다. 이제는 학벌이나 지연, 인맥이 아니라 누가 고부가가치와 고효율을 창출하는 지적생산知的生産을 해내느냐가 중요하다. 신지식인新知識人이야말로 국제경쟁력의 근간根幹이며, 무한경쟁에서 승리를 담보하는 가장 큰 자산이 될 것이다.

국민 모두는 좋은 세상을 만들기 위하여 가정과 일터에서 21세기의 비전과 봉사자 리더십을 발휘해야 할 것이다. 지금 우리 사회는 실타래처럼 뒤엉킨 갖가지 교착상태를 헤쳐 나아갈 특별한 리더십, 즉 예수형 리더십이 총체적 위기관리를 위하여 요청되고 있다. 이는 그 사이 이런저런 이유로 균열되고 있는 리더십을 올바로 세워야 하기 때문이다. 이때야말로 국가부흥 전략을 위한 리더십으로 『예수의 리더십』마이클 유셉, 고봉환 역, 1994 원리의 응용실천이 절실하게 요구된다.

첫째, 공개적으로 드러내고 진실을 보여야 하며 매사에서 확실한 증거를 보여야 한다.

둘째, 지도자는 과거의 좋은 점을 살리고 제도나 생활 습관, 의식 등 나쁜 점은 버리되 앞선 사람을 인정한다. 혼자서는 할 수 없다는 것을 알고 합력하여 선을 이루도록 행한다. 특히 다른 사람을 인정하며 스스로를 자랑하지 않는다.

셋째, 방향을 바로 찾고 정하여 움직이며 위험을 두려워해서는 안 된다. 또한 앞을 내다보고 균형을 유지할 줄 알아야 한다.

넷째, 원칙에 맞지 않고 타협해서는 안 될 일은 거부하며, 희생과 봉사의 용기가 있어야 한다.

다섯째, 이해와 친절, 겸손, 온유의 신앙적 성격과 인격이 요구된다.

여섯째, 인간의 전통보다 사람의 필요를 더 중하게 여기며 사랑을 최우선적인 것으로 알고 먼저 실천해야 한다.

일곱째, 같은 돌에 두 번 넘어져서는 안 된다. 다만 고의 아닌 실수는 있을 수 있다고 본다. 이것이 실제 업무에서 관용을 베푸는 원리다. 섬기며 나누는 일에 앞서고 이웃을 위하여 시간도 제공하고 관심을 갖고 경험도 나누도록 한다.

여덟째, 우리는 습관적으로 부정직하다. 그러나 정직은 최선의 정책이다. 따라서 진실을 말하고 행동하는 양심을 갖는다.

아홉째, 인간은 불완소체다. 따라서 남이 나를 용서하듯 남도 용서하고 스스로 반성하고 반대자를 위해 기도하며, 화목 되기를 기대하는 마음으로 역지사지易地思之: 처지를 바꾸어서 생각하며 과거는 잊어버릴 줄 알아야 한다.

열 번째, 공동운명체의식을 갖고 다른 사람을 섬기기 위해 권력을 받았다고 생각하면서 빚을 갚는 겸손한 마음으로 행동해야 한다.

열한 번째, 무조건 자기 방어적인 태도를 취하지 말고 일방 아닌 쌍방통행two way process의 길을 인정하고 맡은 일에 충성함을 보여주는 원리다.

열두 번째, 불의·비행·악에 대한 건전한 분노는 꼭 필요하나 정당치 못한 화나 분노를 스스로 잘 다스리고 합리적이고 건전한 방법으로 분노를 표현한다.

열세 번째, 지도자는 진리를 중심으로 스스로를 평가하고 신뢰를 받도록 하며 선공후사先公後私하고 투명하게 일을 처리하며 도전하는 지도자가 되려고 노력한다.

열네 번째, 사람들의 불평불만에 관심을 갖고 요구를 확인하며, 해결 방안을 모색하는 자세와 한 식구食口라는 믿음으로 확신을 갖도록 도와준다.

열다섯 번째, 아무 말도 아무 일도 하지 않고 아무 것도 되지 않으면 비판 받을 일은 없을 것이다. 그러나 옳다고 믿는 일은 해야 하며 집단·대상·타인의 말에 귀를 기울여야 한다. 그리고 비판이 정당하면 가능한 한 지도자는 스스로의 행동을 고칠 것이며 특히 미래의 비판에 대비해야 할 것과 정당한 비판으로부터는 교훈을 얻어내야 한다. 그리고 사소한 문제들이 커다란 문제가 되기 전에 신속하게 대처한다.

뿐만 아니라 우리가 명심보감할 일은 『예수의 리더십』김태환, 기독교문서선교회, 1998 형인 봉사자의 리더십은 지배적이거나 권위적인 태도가 아니며 외견상 화려하게 나타나는 것도 아니다. 긍휼·겸손·섬김·봉사로 일관하며 헐벗고 상처 많은 영혼들을 더욱 사랑한 것이다. 예수는 스스로 자비를 나타내시고 종이 되기까지 겸손함을 보이셨으며 지배하지 않고 도리어 제자들의 발을 씻겨주는 행동으로 섬기려 하는 분이며 자기 목숨을 많은 사람의 대속물로 주기까지 하셨다. 그런데 오늘의 우리는 어떠한가? 회개하고 거듭나야 한다. 이제부터 우리도 예수 리더십을 배우고 실천하자. 이것이 바로 파사현정破邪顯正운동인 지구촌 공생발전운동이라고 본다.

우리 모두 달라지고 새로워지자. 시작은 미약하나 끝은 창대하리라는 믿음 위에 눈물로 씨를 뿌리면 기쁨으로 단을 거두리라는 신념으로 '뉴 새마을운동 세계화'의 새역사를 창조하자.

에필로그

나의 새마을운동 참여 42년,
교수생활 43년을 반추하면서

뉴 새마을운동의 세계화를 통한 지구촌 공생발전共生發展, 선진화 복지애국先進化 福祉愛國을 창조하기 위하여 국민 스스로 비전실천 주체로 참여하고 바르게 살며, 제2광복 새정신, 새생활, 행복, 복지, 평화, 생명, 통일, 녹색의 선진문화대국 KOREA가 그 중심이 되어 다시 뛰자는 제안을 한다.

또한 뉴 새마을운동은 정치운동이나 정권 차원이 아닌 총체적 개혁과 재도약을 통한 국가부흥운동으로 신 르네상스 성격을 갖는 실사구시운동實事求是運動이 되어야 하며, 국운을 걸고 추진하여야 한다고 생각한다. 이를 위해서는,

① 세계화世界化, 지방화地方化, 정보화情報化가 조합된 21세기형 신 패러다임에 걸맞는 총체적 개혁이 필요하다.

② 국민통합형 추진체제와 여야가 합의된 행정지원체제의 민관파트너십형 국민운동이 비전한국부흥을 위한 민주시민공동체사회 차원에서 요

400

구된다.

③ 탈정치적이며 총체적 조화운동이기 때문에 매 연도별로 추진되는 한시적 운동이 아니라 장기, 중기, 단기별로 발전계획을 세우고 그에 따라 프로젝트별로 매년 추진해야 한다.

④ 낡은 제도, 구습과 관료지배주의, 힘 있는 세력의 패거리주의적 병든 문화는 생활의 민주화와 과학화, 그리고 상층사회부터 희생과 도덕적 본을 보임으로써 근절되어야 한다. 따라서 위로부터의 개혁운동이 되어야 하며, 각 학교와 대학 그리고 학술단체연합회를 통한 수평적인 선진국 창조를 위한 행복, 자유, 미덕사회건설의 촉매와 접촉작용을 하여야 할 것이다.

뉴 새마을운동은 지속적으로 Green, Smart, Culture, Happy, Welfare, Global, One Korea 7대 운동 중심으로 성숙되어야 한다. 이를 위한 실천전략으로,

① 과학기술입국 : 기능올림픽의 활성화와 생활의 과학화 운동전개, 벤처기업육성 등 산·학·관·연·사의 협의로 지역발전센터를 운영한다.

② 환경운동의 전개 : 국제환경, 사회환경, 자연환경의 3대 환경을 중심으로 모든 NGO와 종교단체, 각 학교까지 참여할 수 있도록 한다.

③ 교육입국운동으로 인성중심인본주의, 사랑주의의 인력자원개발과 인간문화창조운동을 전개한다.

또한 이를 위해 추진 및 지원주체들이 거듭나야 한다.

① 뉴 새마을운동에 대한 가치론적 신념과 역사적 당위성을 갖고 뜨겁게 참여하여 의병정신을 발휘해야 하며, 한국형 각 분야별 옴부즈맨 역할도 한다.

② 정치개혁과 정부쇄신이 앞서야 하며 구호나 밀어붙이기식은 금물이

라고 본다.

③ 참여자 중심세력이 희생과 도덕적 본을 보이고 위로부터와 옆으로부터의 혁명의식으로 시작하며 과거는 역사적 교훈으로 삼고 한민족 미래운동으로 전개해야 한다. 특히, 젊은 세대의 참여폭을 넓히며 대학운동으로 추진이 요구된다. 무엇보다 사회에서 도덕적으로 지탄받지 않는 인적구성이 선결되어야 할 것이다.

④ 언론과 매스컴은 발상전환의 보도가 될 수 있도록 힘써야 한다.

뉴 새마을운동은 기본이 바로 선 나라가 되도록 교과서시대, 학습시대를 열어가야 한다. 또한 국민운동은 정치논리로부터 분리시키는 국가부흥운동이며, 그 누구도 거부할 수 없는 국력조직화운동이고 새로운 독립운동이다.

제1의 건국운동 연대가 1940년대라면 1970년대는 근대화운동의 상징인 새마을운동, 즉 제2광복 새정신운동 단계였다. 이제 새롭게 도전하는 비전 한국의 부흥전략으로서 뉴 새마을운동을 추진하고 지원할 것을 제안한다. 이것이 바로 「새 두레운동」이다.

첫 번째, 선진 KOREA 창조의 뉴 새마을운동은 21세기형 총체적 개혁운동이고, 범국민적 민간주도 추진과 정부지원을 통한 존경받는 사회를 만드는 새공동체 운동이며, 위기극복 → 총체적 개혁 → 국민통합 → 남북통합 → 동북아통합 → 지구촌 공생발전으로 이어지는 평화와 생명사랑의 인류평화 복지국가 부흥운동이다.

시민사회 창조의 역사주체는 시민이며, 효율적인 사회모순 해결의 대안운동으로 민주와 시장실패, 정부실패를 최소화하고 방지할 수 있는 시민사회형성이론으로 접근하여 제3의 길로써 우리에게 적합하고 바람직한 제도, 생활문화, 의식형성이론을 실제와 접목시킬 수 있도록 제로섬 게임이 아닌 포지티브 게임이 되게끔 운동전개 방안을 모색해야 할 것이다. 이에 민과 관은 굳건한 파트너십 체제가 요구된다. 또한 평화와 생명중심, 자유민주주의, 정직과 공의가 만난 정의로운 세상 만들기 운동이 되도록 한다.

두 번째, 뉴 새마을운동은 한시적, 국지적, 정치정권 운동이나 관변단체 운동이 되어서는 안 된다. 또한 회계연도 중심의 운동이 아니라 미래비전과 한국적 구국실천운동으로 사회구성원들의 공감대 속에서 적극적이고 자율적인 시민참여운동이 되어야 한다. 따라서 역대 국민운동과 달리 일시적 성과에 기대하지 말아야 한다. 효율적인 시스템, 인적 자원의 형성, 배분, 활동, 유지를 위한 참사람의 참생각, 참행동이 이루어지고 동서남북 국민화합의 화쟁사상和諍思想이 생활화되어 이해, 화합, 신뢰, 협력, 조화, 복지, 문화, 평화, 생명중심, 과학적인 신상생공동체의 창조운동이 되어야 할 것이다.

사회운동은 최대다수의 최대행복을 위하여 널리 인간을 이롭게 하며, 바르게 일하고, 시행착오를 줄이는 실용화운동이다. 환경에 적응하지 못하면 거대한 공룡도 멸종한다는 사실을 우리는 알고 있다. 이제 세계적인 도전에 응전할 때다. 민족정기民族精氣를 모아 새역사를 창조하고 개척할 수 있는 힘을 길러 나가자.

우리는 모두에게 신의를 지키고 믿을 수 있는 신뢰사회를 만드는 일과 기초질서부터 법과 약속, 원칙이 지켜지고 국가와 민족, 사회문제에 고뇌하는 책임의식과 현시대의 위치를 인식하고 살아야 할 것이다.

또한 4Ssex, Screen, Sports, Speed로 병들어가는 사회를 도덕과 원리가 살아 숨쉬는 생명존귀의 사회로 만들어야 한다. 역사정신과 시대정신 위에 늘 깨어있는 일이야말로 모든 것에 앞서는 책무이며, 소명으로 여기고 이 운동을 추진하자.

이를 위해서 우리는 '피리' Peace, Information, Life, Industry 정신과 역할수행, 모터, 히터, 라이터의 역할, 생명학Wisdom of Life 중심, Up grade Community 3GGlobal, Green, Growth와 Global, Great, Guard운동 전개, 고급문화창조와 문명창조지향과 조화를 통한 공동선 창조, 미래지향적 세방화 Glocalization, 世方化시대 창조를 위해 온힘을 모아서 42년 새마을운동의 어제와 오늘 그리고 앞으로 100년을 향한 한국의 세계사적 브랜드 '뉴 새마을운동'을 추진하자.

현대사회는 4Mass Mass-Production, Mass-Selling, Mass-Consumption, Mass-Communication로 요약되는 대중사회다. 효율화, 합리화, 기계화, 집단화 현상이 강한 고도산업사회다. 학문, 예술, 스포츠, 기술, 종교까지도 상품화, 돈벌이 수단이 되고 있는 자본주의 사회다. 생태계파괴, 지진, 환경재앙 등이 발생하는 Mars마스, 로마신화에 나오는 전쟁의 신가 지배하는 사회다. 또한 서재필 박사가 생활신조로 삼은 Peace - 마음의 평화를 가지고, Equality - 빈부귀천을 차별하지 않으며, Ability - 개인의 능력을 최대한 개발하고 발휘하며, Common Sense와 Common Goods, 공동선 - 타인의 인격과 권리를 존중하고, Ethical Behavior - 윤리적 생활을 하는 평화와 생명사랑이 필요한 PEACE사회다. 선진민주공화국 체제의 혼합민주주의 사회다. 다원화, 융합산업중심, 총합과학사회다. 세방화世方化 : Glocalization = Globalization + Localization 사회다.

이러한 현대사회에서 우리의 혼을 살릴 때가 지금이니 만두레의 의미를 생각하면서 두레세상을 만들어나가자. 만두레의 의미는 상호부조, 공동오락, 협동노동 등을 목적으로 한 협업의 성격을 가지는 상부상조 정신을 의미한다. 덕망과 능력이 있는 사람 중에서 전체 통솔자인 행수行首가 되고, 마을전체가 소속원이 되어 노동단체, 예배단체, 도의단체, 유흥단체, 군사단체로 동지동업하는 순수한 결사의 뜻이다.

만두레의 활동의미는 전통의 공동노동에서는 모내기, 물대기, 김매기, 벼베기, 타작 등 논농사 과정에 적용되는 것을 의미하고, 현대사회에서는 정신적, 물질적 도움이 필요한 소외계층을 지역 주민들이 자발적으로 참여하여 물심양면으로 보호, 지원하는 활동행위를 의미한다.

또한 우리 사회의 중심역할을 하고 선진 코리아 창조의 주역인 G세대 1988년 전후로 태어난 세대를 칭함의 문화실상은 다섯 가지로 요약할 수 있다.

첫째, 긍정마인드 – 탁월한 스펙자격으로 실력이 가장 뛰어난 세대이며, 열등감과 부족함 없이 자라서 세상을 편견 없이 본다.

둘째, 국가 자부심 – 세계 어느 국가 학생과 비교해도 위축되지 않는 자신감을 가지고 있다.

셋째, 세계에 대한 도전 욕구 – 글로벌한 관점으로 세상을 바라보기 때문에 지구촌으로 여기면서 세계시민의 기본이 되는 외국어 능력 등 준비가 탄탄하게 갖추어져 있다.

넷째, 개인주의 – 예전에는 사회적 이슈에 대해 발제하는 학생들이 많았는데, 요즘은 "어떻게 하면 행복해질 수 있을까"라는 개인적인 문제에 대해 발제한다.

다섯째, 현실주의 – 물질적 만족에 큰 가치를 두는 현실적인 태도를 보이며, 꿈보다는 눈앞의 목표를 좇는 성향이 강하다. 따라서 사회문제에 관심이 적고, 지식인으로서의 의무감이 적어 쉽게 좌절할 수 있다.

문제는 위와 같은 두레정신, G세대 특징들의 강점과 약점을 살리고 보완하는 총체적 교육혁신이 요구된다는 점이다.

2010년은 국권상실 100년, 4·19 혁명 50주년, 새마을운동 40주년, 5·18 광주민주화운동 30주년이 되는 해였다. 지난 100년의 세계가 제국주의 이데올로기적 전쟁과 냉전시대를 세계문화사적 교훈 삼아 갈등과 대립, 분열과 반복, 모순과 시련 속에서 연단되었다. 우리는 이러한 새 힘으로 '뉴 새마을운동' 을 통한 선진한국창조를 위하여 지구촌 구원운동으로 90대에서 10대까지 온 국민이 연합된 지구구원, 우리들 구원Save Earth, Save Us '91 뉴 새마을운동' 으로 다시 시작하자.

일본은 페리 제독의 흑선을 계기로 개국하여 화혼양기和魂洋技 대화혼大和魂으로서 무장하고 서양기술을 받아들여 부국의 기틀을 닦을 때 우리는 양반중심의 쇄국정책과 사색당쟁으로 경술국치1910를 당했다. 이러한 역사의 모욕과 수치를 상기하자.

지금 우리는 G20 의장국이 되어 국격이 높아진 상태다. G7미국, 일본, 영국, 프랑스, 독일, 이탈리아, 캐나다 국가와 12개 신흥국아르헨티나, 호주, 브라질, 인도, 인도네시아, 한국, 멕시코, 러시아, 사우디아라비아, 남아프리카공화국, 터키, 유럽연합이 멤버로 참석한 G20 서울회의는 개발의제 중점과제로 사회기반건설, 민간투자와 고용창출, 인적 자원개발, 무역, 소외계층 포용, 지속적 균형개발, 에너지 및 식량안보, 재원조달, G20 개발경험 공유경제를 UN 같은 정신과 체제로 발전, 월드 달러World dollar가 신흥국가 부도위기를 야기시킬 수도 있다는 우려를 표명했다.

세계의 기축통화가 달러라는 사실에 기초하여 통화증발 정책제2차 6000억 달러 양적완화정책을 쓰고 있는데, 근린궁핍화정책beggar-my-neighbor policy은 세계적 불황기에는 피해야 할 정책이다. 또한 IMF규약에도 미국의 지분이 15%가 넘어 85%의 찬성을 얻어야 하기 때문에 거부권은 미국이 혼자서 갖는 셈이다. 따라서 저개발국들의 개발문제는 우리가 '글로벌 새마을봉 사단' 활동과 'UN녹색산업대학과 대학원대학', 'UN평화대학' 등의 설립 으로 인류발전사의 수레바퀴를 눈물과 꿈 그리고 열정으로 돌리자.

찬란한 새아침의 영광을 위하여, 조국의 참광복과 자유를 위하여 평화통 일을 앞당기자! 오색 무지갯빛 선진코리아를 창조하자. 동주공제同舟共濟, 같은 배를 타고 강을 함께 건너가다 한마음 한뜻으로 불굴의 정신을 발휘하자. 한 번뿐인 인생, 주님과 조국 위해 인류평화와 생명 공동체를 위해 청지기 인 생의 사명을 다하리!

2012년 4월 22일

42주년 국가기념일

'새마을의 날' 동이 트는 새아침

大田 牧洞 한사랑 科橋깻다리 書齋에서

저자 신윤표 씀

NEW
SAEMAUL

참고문헌

국내문헌

강신택, 새마을산업의 계획과 집행, 서울대, 1973.

강현수, 참여정부 균형발전 정책의 평가와 향후 과제, 한국지방정부학회 학술
　　　대회 논문집, 2006.

고　건, 도시새마을 운동의 기본 방향, 도시새마을운동(특집), 지방행정공제
　　　회, 1974.

고황경 외, 농촌사회발전 운동으로서의 새마을운동, 농촌개발연구총서, 1981.

구본영, 현대지역사회개발의 이해, 형설출판사, 2004.

권원용, 한국의 거점도시선정을 위한 모델 접근방법, 국토계획, 제3권, 제1호,
　　　대한국토계획학회, 1978.

김길윤, 농촌지역사회 개발에 관한 연구, 고려대, 1971.

김　영, 지방균형발전을 위한 지역활성화정책과 지방전문인력의 양성 및 일자

리 창출, 대한국토 · 도시계획학회, 국토계획, 2005.

김남일, 국가발전과 지역균형발전에 관한 연구: 경제성장과 지역균형발전의 상관관계를 중심으로, 한국컴퓨터정보학회 논문지, 2005.

김대연, 2000년대 사회변화에 대비한 새마을교육실천 방안연구(새마을학술논문지-11집 1권), 전국대학새마을연구소연합회, 1986.

김대환, 농촌사회에 있어서의 문제점, 1971.

김태환, 예수님의 리더십, 기독교문서선교회, 1998.

김병진, 현대사회과학조사방법론, 삼영사, 1982.

김석준, 정주권의 개념과 국토개발의 정책적 의의, 도시문제, 대한지방행정공제회, 1980.

김안제, 환경과 국토, 박영사, 1979.

김영모, 지역개발과 학문적 분야, 지역개발논문, 제3집, 단국대학교, 1982.

김용웅 외, 지역개발사업의 파급효과 분석기법 및 적용연구, 국토연구원, 2001.

김운태, 현대관료조직론, 일조각, 1968.

김유혁, 농촌새마을운동의 지속적인 과제, 문공부, 1974.

김은순, 지방분권정책의 평가와 과제, 한국거버넌스학회보 12, 2005.

김의원, 한국 국토개발사연구, 대학도서, 1982.

김 준, 새마을운동과 지도자교육, 1973.

김진복, 새마을운동 추진방안, 지방행정공제회, 1971.

김형국, 국토개발의 이론연구, 박영사, 1983.

김홍기, 행정국가와 시민참여, 대왕사, 1983.

노융희, 신도시개발론, 박영사, 1979.

노정현, 대도시 인구성장과 이입인구정책(수도서울을 중심으로), 제1회 인구정책세미나, 한국개발연구원, 1976.

_____, 한국근대화론, 박영사, 1980.

마이클 유셉, 예수의 리더십, 고봉환 역, 1994.

문병집, 농업근대화의 도전과 좌절, 1971.

_____, 새마을운동의 심화발전방안, 지방행정공제회, 1977.

문영건, 농촌개발과 새마을운동, 1973.

문종훈, 도시새마을운동에 관한 고찰, 동국대 행정대학원, 1975.

박 경, 지역균형정책인가 신성장정책인가? : 신지역주의의 문제점과 대안모색, 한국경제발전학회, 경제발전연구, 2005.

박동서, 한국행정론, 법문사, 1980.

_____, 한국행정의 발전, 법문사, 1982.

_____, 새마을운동의 목적, 행정논총, 제11권, 제2호, 서울대 행정대학원, 1973.

박문옥, 행정학, 박영사, 1971.

_____, 신한국정부론, 신천사, 1981.

박세일, 대한민국 국가전략, 21세기북스, 2008.

박수영, 한국의 도시성장과 국가정책, 국토계획, 제16권, 제2호, 대한국토계획학회, 1981.

박연호, 인간관계론, 박영사, 1977.

_____, 인사행정신론, 법문사, 1982.

_____, 행정학신론, 법문사, 1982.

_____, 현대행정관리론, 법문사, 1982.

박우서, 도계획의 합리성수립과 효율적 집행에 관한 고찰, 국토계획, 제1권, 국토개발연구원, 1982.

박인호, 우리나라 농촌중심도시의 현황과 문제, 도시문제, 대한지방행정공제회, 1982.

박정희 대통령 연설문 선집, 새마을운동, 대통령 비서실, 1978.

_____, 새마을 소득증대 촉진대회 훈시, 1972.

박종화 외, 지역개발론, 박영사, 2006.

박진환, 새마을정신과 우리의 자세, 지방행정공제회, 1974.

_____, 새마을사업의 점화과정, 새마을운동의 이념과 실제, 서울대, 새마을운동 종합연구소, 1981.

박찬석, 농촌중심도시개발전략, 도시문제, 대한지방행정공제회, 1982.

범회권, 도시새마을운동에 관한 연구, 국민대 대학원, 1983.

백완기, 한국의 행정문화, 고대출판부, 1982.

보이어 윌리암 W, 한국의 새마을운동, 승공생활, 1980.

성경륭, 참여정부의 국가균형발전 전략, 한국행정학회·중앙일보 2003년도 공동세미나 발표 논문집, 5~19, 2003.

소진광, 지역특성에 따른 사회적 자본 측정지표 개발, 푸른솔, 2006.

송인성, 농촌중심지와 농촌개발, 도시문제, 대한지방행정공제회, 1982.

신동호, 지역개발전략의 유형 비교연구, 한국지방정부학회, 지방정부연구, 2(1): 197~212, 1998.

신동훈, 새마을운동의 국제화문제에 관한 연구, 연세대 행정대학원, 1984.

신윤표, 도시근접 농촌의 개발전략, 한국행정학보, 제4호, 1970.

_____, 새마을운동의 협동권화를 위한 전략, 중앙공무원교육원, 1976.

_____, 새마을운동과 지도이념, 중앙공무원교육원 정신교육특별과정 교재, 1975.

_____, 신행정학, 법정학회, 1974.

_____, 정부관리학, 박영사, 2006.

_____, 지역개발론, 법정학회, 1979.

_____, 김세열 외, 70년대 새마을운동의 평가 그리고 80년대 새마을운동과 지역개발의 이상모형, 전국 시·도 새마을운동 연구 논문집, 한국대학교수새마을연구회, 1980.

_____, 김세열 외, 80년대를 국가발전에 적응할 새마을운동의 발전방안 -80년대 농촌 새마을운동의 발전지표를 중심으로-, 새마을운동 학술논문집 제5집, 한국대학교수새마을연구회, 1980.

_____, 안병기 외, 새마을운동 평가모형의 개발연구, 새마을운동 학술논문집 제6집, 한국대학교수새마을연구회, 1981.

_____, 안병기 외, 일선 새마을 민간조직의 활성화 방안, 새마을운동 학술논 문집 제9집, 한국대학교수새마을연구회, 1984.

_____, 새마을교육체계와 교육과정에 관한 연구, 새마을지도자연수원, 1982.

_____ 외, 새마을운동이론체계정립 Ⅰ·Ⅱ, 새마을운동중앙본부, 1984.

_____, 민주도새마을운동의 발전적 방안 연구: 주민 참여활성화를 중심으로, 한남대, 1985.

_____, 임춘식 외, 지방시대를 위한 지역개발 행정체제에 관한 연구, 새마을 운동 학술논문집 제10집, 한국대학교수새마을연구회, 1985.

_____, 서해결 외, 각종 자생조직의 새마을운동 연계방안에 관한 연구, 새마 을운동 학술논문집 제11집, 한국대학교수새마을연구회, 1986.

_____, 개발행정론, 대왕사, 1987.

_____, 심석무 외, 직장규모에 따른 새마을운동 단계별 평가방안에 관한 연구, 새마을운동 학술논문집 제12집, 한국대학교수새마을연구회, 1987.

_____, 새마을운동 25년의 사회교육적 성과와 방향 연구, 새마을운동 학술논 문집 제20집, 한국대학교수새마을연구회, 1996.

_____, 인사행정관리학, 법문사, 1999.

_____, 행정학, 박영사, 2003.

_____, 정부관리학, 박영사, 2006.

안성호, 선진한국의 굿 거버넌스의 모색: 지방분권, 주민참여, 동네자치, 한국 지방자치학회, 2012.

양영철, 지역개발 유형 분류와 내생적 지역개발을 위한 방안 모색, 한국행정 학회 학술대회 발표논문집 (Ⅳ), 2005.

오세덕·박연호 공저, 조직관리론, 법문사, 1982.

원종서, 새마을사업의 효과적인 행정지도방안, 지방행정공제회, 1971.

원종익, 지역개발의 방향(최적방안접근을 위한 논문, 지방행정, 대한지방행정
    공제회, 1983.

유종해, 한국새마을운동의 국제화 전략: 동남아자국의 개발전략 발전모델 모
    색, 국제문제, 1984.

유형진, 새마을운동과 조국의 근대화, 1973.

이규호, 새마을운동의 정치철학, 문교행정, 1982.

이미홍 · 김두관, 지역개발 사업에 있어 거버넌스 구축 방안 연구, 한국행정학
    회 · 구미시 2007년도 춘계공동학술대회 발표논문집, 2007.

이상은, 유교의 이념과 한국근대화, 한국근대화의 이념과 방향, 동국대, 개교
    60주년 학술심포지움 논문집.

이양재, 소단위 지역개발과 정주권계획, 도시문제, 대한지방행정공제회, 1980.

이원일, 지역 균형발전 전략으로서 분권적 지역개발에 관한 연구, 부산대학교
    지방행정연구소, 지방과 행정연구, 14(1), 2002.

이정식, 지역균형발전의 새로운 패러다임, 대한국토 · 도시계획학회, 국토계
    획, 36(2), 2001.

이종열 · 이재호 · 변일용 · 김인, 주민중심적 지역개발 전략: 울산광역시 강동
    권 개발사례를 중심으로, 지방정부연구 9(3), 2005.

이태수, 왜 복지국가인가, (주)이학사, 2011.

이한빈, 국가발전의 이론과 전략, 박영사, 1971.

이호동, 세계속의 새마을운동, 주간새마을사, 1971.

이호영, 지역균형발전정책의 한계와 새로운 정책패러다임의 모색. 한국경제
    통상학회, 경제연구, 24(3), 2006.

임재현 · 김용철, 지역개발에 있어서 도시재정지출에 관한 주민의식 분석, 정
    책분석평가학회보, 12(2), 2002.

장만기, 새마을운동과 인간개발, 새마을연구소, 1976.

장명수, 도시와 지역개발, 창학사, 1977.

장태옥, 도종합개발계획하에서 영주의 지위와 역할. 지역사회개발연구, 영주
　　경상전문대, 1983.

정광섭, 지역사회개발과 국제화, 우용출판사, 2003.

정옥주, 프랑스의 국토균형발전과 지역경쟁력강화 정책, 대한국토 · 도시계획
　　학회, 도시정보, 2006.

조정제, 2000년대 지방도시 장기개발지표전망, 도시문제, 대한지방행정공제
　　회, 1980.

정종택, 새마을운동과 지도이념, 내무부(현, 행정안전부), 1975.

짐 아이프 지음, 류혜정 역, 지역사회개발, 인간과 복지, 2005.

최상철, 소단위 지역개발개념과 기본전략에 관한 서설, 환경농촌, 제6권, 서울
　　대 환경대학원, 1970.

최성규, 효 실천 210, 성산서원, 2011.

최양부, 농촌공업의 개념과 농촌공업개발의 의미, 농촌경제 제8권, 제1호, 한
　　국농촌경제연구원, 1980.

최재선, 지역경제론, 법문사, 1980.

한승조, 새마을운동의 정치철학, 새마을운동의 이념과 실제, 서울대, 새마을
　　운동 종합연구소, 1981.

한원택, 도시행정론, 법문사, 1980.

황명찬, 지역개발론(제3반), 법문사, 2001.

한영우, 다시찾는 우리역사, 경세원, 1997.

함재봉, 산업화, 국제화, 다원화시대의 이념, 도덕성회복을 위한 정신문화포
　　럼 I, 한국정신문화연구원.

황인정, 1980년대 농촌 새마을운동의 문제와 발전방향, 농촌경제연구원, 1979.

＿＿＿, 한국의 종합농촌개발, 한국농촌경제연구원, 1980.

＿＿＿, 새마을운동의 국제적 이식가능성, 서울대학교 새마을운동 종합연구
　　소, 1981.

(사단법인)한국대학교수 새마을연구회, 새마을운동 40년사, 2010.

강원사회연구회, 강원지역의 인적자원관리와 개발, 한울아카데미, 2007.

건설부, 국토계획의 장기구상, 1975.

건설부, 수도권 인구재배치 기본계획의 파급효과에 관한 연구, 1977.

건설부, 산업입지조사, 공업단지현황조사 편, 1981.

국토개발연구원, 도시의 적정배치에 관한 기초연구, 1980.

＿＿＿＿＿＿＿, 지역분석을 위한 계획적 접근방법, 1981.

＿＿＿＿＿＿＿, 지역생활권 개발을 위한 기초연구, 1981.

＿＿＿＿＿＿＿, 전국 공업지역내 잔여지현황, 1982.

＿＿＿＿＿＿＿, 제1차 국토종합개발계획의 평가방법(자료실), 1982.

＿＿＿＿＿＿＿, 제2차 국토종합개발계획, 인구정착기반의 조성, 1982.

＿＿＿＿＿＿＿, 지역간 산업관련분석을 위한 기초연구, 1982.

대통령비서실, 새마을, 대통령비서실, 1971.

대한민국정부, 국토종합개발계획(1972~1981), 1971.

＿＿＿＿＿＿, 제2차 국토종합개발계획(1982~1991), 1982.

＿＿＿＿＿＿, 제3차 국토종합개발계획(1992~2000), 1992.

내무부(현, 행정안전부), 새마을운동 10년사, 1980.

내무부(현, 행정안전부), 새마을운동자료, 1972.

문교부(현, 교육과학기술부), 문교월보, 1972, 5월호.

문화공보부(현, 문화체육관광부), 새마을운동의 본질과 실천, 문화공보부, 1971.

＿＿＿＿＿＿＿＿＿＿＿＿＿, 새마을운동, 1972.

전국대학학도호국단 봉사연합회, 대학생봉사활동 10년사, 1982.

한국교육학회, 한국새마을교육에 관한 연구, 한국교육학회, 1974.

한국대학교수새마을연구회, 복지마을의 모형개발에 관한 연구(충남지회), 새
　　　마을운동 학술논문집 제7집, 한국대학교수새마을연구회, 1982.

한국지역개발학회, 지역개발학원론, 법문사, 2004.

국외문헌

Adrian, Charles K., Governing Urban America, New York: McGraw-Hill Book Company, 1977.

Almond, G. and Powell, G., Comparative: A Developmental Approach. Boston: Little Brown and Co., 1966.

Altshuler. Alan A., Community Control, New York: Pegasus, 1970.

Alden, J. and Morgan, R., Regional Planning: A Comprehensive view, Leighton Buzzard, Kingswood: Leonard Hill Books, 1974.

Axline, W. A., European Community Law and Organizational Development, New York: Oceana Publications Inc., 1968.

Bagan, Mom and Breacher Irving, Development Planning and Policy in Pakistan 1950-1970, Pakistan: Karachi, Inc., 1973.

Batten, T. R., Training for Community Development, London: Oxford University Press, 1962.

Bellone C. J., Organization Theory and the New Public Administration, Boston: Allyn and Bacon, Inc., 1980.

Biddle, William W., The Community Development Process, The Rediscovery of Lacal Instialtive, New York: Holt, Rinehart and Wiston, Inc., 1965.

Bendix, R., Nation-Building and Citizenship, New York: John Wiley and Sons, 1964.

Black C. E., The Dynamics of Modernization, New York: Harper and Row, 1966.

Boeckmann, Charles, Our Regional Industries, New York: Criterion Books, Inc., 1966.

Brara J. S., The Political Economy of Rural Development, New Delhi: Allied Publishers Private Limited, 1983.

Caiden Gerald, The Dynamics of Public Administration: Guidelines to Current Transformations in Theory and Practice, New York: Hott,

416

1971.

Chaturved, T. N., Administration for The Disabled, New Delhi: Indian Institute of Public Administration, 1981.

De Neufville, J. I., Socail Indicators and Public Policy, New York: Elsevier Scientific Publishing Co., 1975.

Dye Thomas, R., "Governmental Structure, Urban Environment, and Eduaction Policy," Midwest Journal of Political Science, No. 11, August 1967.

Donnison, Social Policy and Administration Revisited, London: George Allen and Unwin LTD., 1975.

Finkle, J. L. and Gable, R. W., (eds.), Political Development and Social Change, New York: John Wiley and Sons. 1971.

Friedmann, John, Regional Development Policy, Cambridge, Massachusetts: The M.I.T. Press, 1970.

Friedmann, John and Williams, Alonso(eds.), Regional Development and Planning, Cambridge: The M.I.T. Press, 1967.

Fredrickson H. G., New Public Administration, The University of Alabama Press, 1980.

Glasson, J., An Introduction to Regional Planning, London: Hutchinson, 1974.

Gelb, Joyce, The Politics of Social Change, New York: Holt, Rinehart and Winstion Inc., 1971.

Ghose, Sankear, Leders of Modern India, New Delhi: Allied Publishers, 1980.

Golembiewski, R. T., Public Budgetion and finance: Reading in Theory and Practice, Itasca, Ⅲ.: The Dorsey Press, 1960.

Hall, Peter, Urban and Regional Planning, Midlesex Penguin Books, 1975.

Hamleton, Robin, Policy Planning and Local Government, London: Huchison and Co. L.T.D., 1978.

Hansen, N. M.(ed.), Human Settlement Systems, Cambridge: Ballinger Publishing Co., 1974.

Horoux. R. L. and Wallace, W. A., Financial Analysis and the New Community Development Process, New York: Praeger Publishers, 1973.

Heady, Ferrel, Public Administration: A Comparative Perspective, Engiewood Cliffs, N.J.: Prentice-Hall, 1966.

Hillhorst, S. G., Regional Planning: A System Approach, Rotterdam University Press, 1971.

Hillman, Arthur, Community Organization and Planning, New York: The Macmillan Company, 1954.

Hobbouse, L. T., Social Development, London: George Allen and Unwin L.T.D., 1966.

Jam, A. R., Some Aspects of Income-Tax Administration in India, New Delhi: Uppal Publishing House, 1983.

Jam, R. B., District Administration, New Delhi: Indian Institiute of Public Administration, 1980.

Johnson, E. A. J., The Organization of Space in Developing Countries, Cambridge: Harvard University Press, 1974.

Katz, S. M., Menuhin, N., Ludner, H., Regional Organization and Management of Development, Israel: Rehovot. Inc., 1982.

Kaynor, R. S., Schultz, K., Industrial Development, New York: Praeger Publishers, 1973.

Kepner, C. H. and Tregoe, B., The Rational Manager, New York: McGraw-Hill Book Company, 1965.

Kweit, M. G. and Kweit, R. W., Implementing Citizen Participation in a Bureaucratic Society, New York: Praeger Publishers, 1981.

Lasswell, M. D., A Pre-view of Policy Sciences, New York: American Elsevier Publishing Company, Inc., 1971.

Lassey, W. R., Planning in Rural Environments, New York: McGraw-Hill, Inc., 1977.

Levy, M. J., Modernization and the Structure of Societies, Princeton: Princetion University Press, 1966.

Lewis, W. A., Development Planning, New York: Harper and Row Publisher, 1966.

Lindblom, C. E. and Braybrooke D., A Strategy of Decision, New York: A Devision of Macmillan Publishing Co., Inc., 1970.

Land, Kenneth C., "Theories Models and Indicators of Social Change, "International Social Science Journal, Vol. 27, No. 1, 1975.

Maheshwari, Shriran, The Teaching of Public Administration in india, New Delhi: Indian Institute of Public Administration, New York: Chandler Publishing Company, 1971.

Mayer, Robert R., Social Planning and Social Change, New Jersey: Prentice Hall, Inc., 1972.

Mays, J. B., The Welfare State, New York: Longman, Inc., 1980.

Metha, S. R., Emerging Pattern of Rural Leadership, New York: Halsted Press, 1972.

Misra, B. B., District Administration and Rural Development in India, Delhi: Oxford University Press, 1983.

Mishra, R. P.(ed.), Rural Development National Policies and Experiences, Nagoya: Maruzen Asia, 1981.

Montgomery, J. D. and William, J.S.(eds.), Approaches to Development: Politics Administration and Change, New York: McGraw-Hill Books Co., 1966.

Mosher, A. T., Creating and Progressive Rural Structure, New York: Agriculture Development Council, Inc., 1969.

Motiwal O. P., Changing Aspects of Public Administration in India, Allhabad: Chugh Publications, 1976.

Muttalib, M. A. and Alikham, M. A., Theory of Local Government, New Delhi: Sterling Publishers Private Limited, 1982.

Nigaming, Harus(ed.), Human Need and Regional Development, Nagoya:

Maruzen Asia, 1981.

Nigro, F. A. and Nigro, L, G., Modern Public Administration, New York: Harper and Row Publishers, 1980.

Papanek, G. F., Development Policy-Theory and Practice, Massachustetts: Harvard University Press, 1968.

Pearson, L. B., et al., Patterns in Development, New York: Fredrick A. Praeger, 1969.

Perlmann, Robert and Gurin, Armold, community Organization and Social Planning, New York: John Wiley and Sons. Inc., 1972.

Paul, E. D. and Portney, R., U.S. environmental Policy, London: The Johns Hopkins University Press, 1978.

Quade, E. S., Analysis for Public Decisions, New York: Elservier North-Holland, Inc., 1975.

Rao, S. V., Police Administration, New Delhi: Indian Institute of Public Administration, 1982.

Redford, Emmettes, Democracy in the Administrative State, New York: Oxford University Press, 1969.

Richardson, H. W., "National Urban Development Strategies in Developing Countries," Urban Studies, Vol. 18, 1981.

Riggs, F. W., Frontiers of Development Administration, Noth Carolina: Duke University Press, 1970.

Riggs, F. W., Administration in Developing Countries: The Theory of Primatic Society, Boston: Houghton Miflfin Co., 1964.

Riggs, F. W., Ecology of Public Administration, Bombay: Asia Publishing Co., 1961.

Richardson, H. W., Regional Growth Theory, London: The Macmillan Press, L.T.D., 1973.

Sarkar, K. R., Public Finance in Ancient India, New Delhi: Abhinav Publications, 1978.

Selier, R. E., Improving the Effectiveness of Reserach and Development,

New York: McGraw-Hill Book Company, 1965.

Shafritz, J. M., Public Personnel Administration, New York: Praeger Publichers, 1975.

Sharma, R. N., and Kuman, Devendra, Municipal Govenment in India, New Delhi: Indian Institute of Public Administration, 1981.

Sharan Parmatna, Modern Public Administration, New Delhi: Meenakshi Prakashan, 1970.

Smith, B. C., Field Administration, New York: Humanities Press, 1967.

Solesburg, William, Policy in Urban Planning, New York: Pergamon Press L.T.D., 1974.

Sullivan, D. G., Cooperative Housing and Community Development, New York: Praeger Publishers, 1969.

Tang, Shou-Pin, Community Organization and Community Development, Taipei City Community Development Society, 1982.

Thornhill, William, The Case for Regional Reform, London: Thomas Nelson and Sons, Ltd., 1972.

Tinbergen, Jan, Development Planning, New York: McGraw-Hill Book Company, 1967.

Tyagi, A. R., Public Administration, Delhi: Atma Ram and Sons, 1983.

Waterton, A., Development Planing, Baltimlore: The Johns Hopkins Press, 1969.

Weitz, Raanan, Rural Planning in Development Countries, LondonL: Routledge and Kegan Paul, 1963.

Wilson, R. A., Schulz, D. A., Urban Sociology, M. J.: Prentice-Hall, Inc., 1978.

일본문헌

岡村重夫, 地域福祉硏究, 柴田孝子, 1970.

天間征, 農村再開發と地域計劃, 明文書房, 1976.

小倉充夫, 開發と發展の社會學(現代社會學叢書), 東京大學校出版會, 1982.

田端光美, 日本の農村福祉, 勁草書房, 1982.

今村都南雄, 組織と行政, 東京大學出版會, 1978.

富田嘉郎, 人間關係管理論, 朝倉書店, 1971.

小川喜一 編, 社會政策の歷史, 有斐閣, 1977.

中本博通 編, 人口と社會問題, 東窓社, 1982.

余田博通・松原治郎, 農村社會學, 川島書店, 1983.

赤木須留喜, 行政責任の硏究, 岩波書店, 1978.

小倉武一, 日本の農政, 岩波書店, 1971.

大戶元長, 東南アジアの農村開發, 日本國際問題硏究所, 1968.

結成淸吾, 現代の都市・農村計劃, 經濟往來社, 1972.

河合悅三, 農村問題入門, 岩波書店, 1971.

築地文太郷, 農村革命, 中央公論社, 1970.

有本良彦・田邊裕, 都市と農村, 白水社, 1971.

加藤一明, 現代行政と市民參加, 學陽書店, 1978.

福武直, 日本の農村社會, 東京大學出版會, 1970.

日本建設省, 建設行政と技術, 建設工業調査會, 1971.

岡部史郎, 行政管理論, 學陽書房, 1971.

田村明, 渡邊保男, 地方自治團體, 21世紀に 向けこ, 總合勞動硏究所, 1984.

鹽原勉, 組織と運動の理論, 新曜社, 1981.

俊藤一郎外, 各國の地方自治制度, 敬文堂, 1971.

松井淸, 俊進國開發理論の硏究, 有斐閣, 1958.

宮本憲一, 開發と自治の展望, 筑摩書房, 1979.

高寄昇三, 地方自治の經營, 學陽書房, 1983.

佐久間彊, 地方自治制度, 學陽書房, 1981.

三重野卓, 福祉と 社會計劃の理論, 白桃書房, 1984.

宮澤弘, 新國土計劃論, 有斐閣, 1968.

玉野井芳郎, 地域主義の思想, 農山漁村文化協會, 1980.

中野收, 現代人の情報行動, 日本放送出版協會, 1980.

木內信藏, 東大出版會, 1972.

星野光男, 市民のための 地方都市, 第一法規, 1979.

田口富久治, 主要諸國の行政改革, 勁草書房, 1982.

園田恭一, 現代ユミユテイ論(現代社會學叢書), 東京大學出版會, 1978.

恒松制治, 農村經營論, 學陽書房, 1968.

住谷磐・右田紀久惠, 現代の地域福祉, 法律文化社, 1983.

伊藤喜市, 都市化時代の開發政策, 春秋社, 1971.

田中守・加藤富子, 地方行政管理の新方向, 第一法規, 1972.

玉野井芳陽郎, 地域分權の思想, 東洋經濟新聞社, 1979.

久世公堯, 地方自治制度, 第一法規, 1970.

渡邊佑平, 民主的行政の理論, 大月書店, 1981.

宮元義雄, 住民のための地域自治, 第一法規, 1979.

內閣官房內閣審議室 編, 田園都市國家の構想, 大藏省印刷局, 1980.

金原左門外, 近代化と1人間の諸問題, 中央大學出版部, 1974.

瀨村尙司, 地域と共同體, 春秋社, 1980.

沼克彰, 地域文化の展開, 大明堂, 1983.

伊部英男, 福祉國家の展開, 川島書店, 1980.

足立忠夫, 地域市民自治の公共學, 公務職員研修協會, 1981.

安藤喜久雄・梅澤孝, 現代社會の變動論, 新評論, 1983.

仲村優一, 社會福祉の法と行政(社會福祉 講座 6), 有斐閣, 1982.

西尾勝, 權力と參加, 東京大學出版會, 1975.

坂井秀司, 特定地域の振興對策, 第一法規, 1982.

小室豊允, 福祉改革の思想と課題, 新評論, 1981.

飯田鼎外, 社會政策の現代的 課題, 御茶の水書房, 1983.

吉富重夫, 現代の行政管理, 勁草書房, 1974.

本田弘, 市民參加の政治學, 日本評論社, 1975.

福武直, 地域開發の構想と現實Ⅳ, 東京大學出版會, 1965.

竹內正己, 轉型期の地域開發, 法律文化社, 1973.

西谷剛, 計劃行政の課題と展望, 第一法規.

山內一夫, 行政指導, 弘文堂, 1979.

田中角榮, 日本列島改造論, 日本工業新聞社, 1972.

松原治郎, 地域社會の形成と敎育の問題(ユミユニテイ叢書, No. 7), 地域東京大學
        版會, 1971.

日本行政學會編, 開發行政(行政研究叢書), 勁草書房, 1964.

_____, 行政學の現狀と課題(年譜行政研究 17), ぎょらせい, 1983.

_____, 行政計劃の理論と實際, 勁草書房, 1972.

日本經濟新聞社, 地方の挑戰, 1983.

外務省 經濟局, 人間環境の諸問題, 大藏省印刷局, 1971.

氏原井治郎 編, 地域社會と福祉の展開(社會保障講座 6).

_____, 生活と福祉の課題(社會保障講座 5), 1980.

關西經濟聯合會 事務局, 廣域行政の經濟效果, 學陽書房, 1968.

自治體問題研究所 編, 地方づくり論の新展開, 自治體研究所, 1983.

經濟企劃廳國民生活局, 自主的社會參加活動の意義と役割, 大藏省印刷局, 1983.

地方自治政策研究會 編, 地方の時代の創造, 第一法規. 1980.

經濟企劃廳總合計劃局, 2000年の日本(各論), 大藏印刷局, 1983.

國土廳計劃調整局, 地域の個性を活がした居住環境整備の方向, 大藏省印刷局, 1983.

川名吉工門, 都市計劃, 大明堂, 1975.

國土廳計劃調整局, 安全で快適は國土創造への總合的有效利用, 大藏省印刷局, 1983.

_____, 定住構想と地域の自主的 發展, 大藏省印刷局, 1983.

富永建一, 社會變動の理論, 岩波書店, 1971.

坂田期雄, 新しい都市政策市民參加(新時代の地方自治), ぎょらせい, 1983.

川西城, 廣域行政の研究, 評論社, 1972.

國民生活ヤソタ, 現代日本のユミユニテイ, 川島書店, 1977.

福武直, 社會開發論(社會學 講座 14), 東京大出版會, 1980.

世谷昂, 現代社會學と組織論, 誠信書房, 1971.

西川大二郎 外 二人, 地方都市ュ, 勁草書房, 1971.

佐佐木撤郎, 現代社會の變動と動(現代社會研究シリズ 5), 誠信書房, 1970.

日本行政學會, 地方自治の區域, 勁草書房, 1967.

_____, 現代行政の實踐課題, 1968.

高橋正郎, 日本農業の組織論的 研究, 東京出版會, 1973.

行政管理委員會, 行政計劃の現狀と課題, 1971.

金澤夏樹, 現代の農業經營, 東京大出版會, 1967.

片山虎之介, 開發管理, 第一法規, 1971.

日本農村生活研究會, 農村生活の組織化, 明文書房, 1980.

福武直, 百萬都市建設の幻想と實態, 東京大出版會, 1965.

小谷義次, 現代福祉國家論(第二版 經濟學全集 32)筑, 摩書房, 1977.

今村都南雄, 組織と行動, 東京大出版會, 1978.

東京大學總合硏究會, 日本の都市問題, 東京大學出版會, 1971.

管野正, 現代の官僚制(現代社會硏究シリーズ 3), 誠信書房, 1971.

福武直, 日本農村の社會問題, 東京大出版會, 1972.

松本和良, 組織構造の理論, 學文社, 1979.

三宅太郞, 行政學と行政管理, 酒牛書店, 1974.

綿貫讓治, 現代政治と社會變動, 東京大學出版會, 1969.

橫田光雄, 環境問題と地方公共團體, 第一法規, 1982.

중국문헌

唐學斌, 社區一粗識與社會區發展, 室北市區發展學會印行, 1982.

黃哲眞, 地方自治槪論, 正中書局印行, 1980.

李裕寬, 組織行爲學, 正中書局印行, 1983.

魏 愕, 民生主義經濟學, 三民書局印行, 1983.

傅肅良, 行政管理學, 國立編譯館主編, 1982.

吳寄萍, 三民主義敎育思像的 比較硏究, 中央文物供應社印行, 1977.

詹火生, 民生主義的社會安全理論與實施, 國立編譯館主編, 1983.

楊懋春編著, 鄕村社會學, 國立編譯館出版, 1982.

胡春惠, 民初的地方主義與聯省自治, 正中書局, 1983.

陳文旭編著, 民族精神敎育, 生活敎育與公民敎育, 育英社, 1982.

白秀雄, 社會福利行政, 三民書局, 1981.

英·福德敎授著, 火生譯, 社會行政槪論, 國立編譯館, 1982.

行政院經濟建設委員會, 二十五年來開發中國家經濟發展, 經濟硏究處, 1979.

內政部, 內政槪要, 內政部編印, 1983.

徐辰, 社區與社區發展, 正中書局, 1982.

찾아보기

숫자

10자 대헌장 160
3연주의 328
3G 봉사단 176
3G 운동 169, 171
3S 15, 45
3T 230, 344, 385
4·19혁명 14, 59, 140
4단정리설 245
4H 클럽 141
4S 404
5심 19
5-5-5 법칙 280
9010 11, 337

영문

FTA 337, 339, 340, 357
Global Korea 운동 228
Green Korea 운동 163
Happy Korea 운동 204
NGO 206, 208, 228, 231, 236,
  237, 242, 250, 260, 262, 310,
  311, 333, 353, 355, 372, 373,
  393, 401
ODA프로젝트 153, 322
One Korea 운동 21, 210
Smart Culture Korea 운동 192
UN 4, 70, 156, 158, 163, 164,
  166, 167, 172, 183, 184, 228,
  229, 230, 231, 292, 296, 298,

312, 333, 406, 407
UN한국재건위원회 14
UNAI 4, 156
Welfare KOREA 운동 198

ㄱ

가나안 농군학교 24, 71, 143
가정새마을운동 95, 106, 107
가치론적 신념 6, 156, 162, 210, 401
간도 8
갑오동학농민혁명 24, 144
개발독재형 15
거점개발 15
게티즈버그 연설 10
겸심 20
경세유표 327
경제개발 5개년 50, 60, 118
계 22, 136, 151, 394
공간 4, 50, 152, 230, 306
공동선 17, 175, 208, 404
공동체 주민주체 24
공생발전 3, 4, 9, 11, 12
과밀교실 321
교심 20
교육포럼 8
교훈 7, 15, 16, 38, 45, 47, 51, 57, 137, 139, 140, 157, 161, 171, 173, 209, 211, 222, 285, 367, 383, 399, 402, 406

국가기념일 1, 310
국가발전전략 15
국민총화 34, 49
권력 3, 16, 203, 208, 209, 259, 309, 311, 342, 357, 368, 394, 398
근검운동 62, 63, 97, 106
근대화운동 30, 35, 42, 43, 54, 126, 157, 402
근면 24, 30, 31, 34, 36, 38, 40, 50, 60, 61, 92, 107, 110, 114, 116, 137, 142, 147, 193, 357
기아 12, 164, 307
기초마을 30, 60, 61, 127, 131, 133
기후변화대응 9, 167, 187
깻다리 7, 24, 25, 144

ㄴ

난민 12, 205
남부연수원 121
남북교류 227
내애내의 8, 163
노변불량주택 89
녹산 165
녹색금융 191
녹색새마을리더 173
녹색성장 9, 106, 164, 165, 167, 169, 181, 183, 184, 197
녹생 165

녹신 165

녹실 165

녹애 165

농공병진운동 30

농어촌연구부 24

농업기술지원 81, 145

농촌권 50, 73, 92, 111, 123, 124, 131, 196

뉴 새마을운동 3, 4, 5, 9, 11, 12

뉴 새마을운동 노래 1, 2

니즈 20, 168, 330, 361

니트족 251

ㄷ

당파심 16

대심 19

대학 321

도덕경 321

도덕재무장운동 207, 236

도산 8, 198, 207

도서낙도 84, 90

도시근교마을 72

도시새마을운동 33, 62, 65, 91, 92, 94, 96, 99, 100, 101, 120, 132, 133, 145

도시환경개선사업 99

독도 8

독재 9

동남아시아 322, 352

동심 20

동토 219, 220

두레 14, 22, 32, 38, 46, 111, 136, 151, 394

ㄹ

리더십 24, 94, 147, 209, 338, 370, 387, 389, 392, 393, 394, 395, 397, 399

리스크관리 4

리우선언 292, 298

링컨 10, 150

ㅁ

마하트마 간디 154, 214

말씨 5, 6, 17, 19

멀티미디어 시대 243, 282, 283, 361

명예 3, 217, 270, 279, 332

명예혁명 15, 396

모방이익 15

무실역행 6, 45, 161, 166, 177, 209, 213

무주 304, 305, 306, 307

문화 194, 328, 329, 337, 351, 386, 391

물류 184

물질 3, 116, 154, 182, 336, 357

미디어산업 268, 271

민간주도 53, 66, 67, 112, 117, 118, 119, 120, 121, 156, 157,

263, 264, 363, 402

민족대표 8

민주시민운동 92

민주평통 3

민주화   14, 25, 41, 43, 45, 49, 52, 71, 110, 118, 149, 156, 160, 168, 173, 201, 208, 218, 220, 228, 237, 238, 279, 388, 394, 401

ㅂ

반딧불축제 305, 307, 308

반추 15, 149, 201, 211

발전도상국가 3

백성 25

벤처기업인 7

변심 20

병자호란 8

보릿고개 14, 112

보은감사 10, 163

보이지 않는 손 247, 341

부녀회 14, 55

부조리 16, 49, 112, 199, 202, 260, 392

부존자원 53, 113, 234

부패 4, 9

불로소득 8, 23, 207, 375

비교우위 15, 248, 305

비리 9, 67, 180, 251, 253, 260, 262, 265, 385, 392

ㅅ

사무총장 4, 156, 183, 333

사방사업 88

사회변동 4, 48, 92, 195, 233, 281, 358

사회복지 31, 201, 206, 296, 338, 373, 375

산업사랑 3

산업화   14, 25, 30, 32, 35, 41, 43, 45, 49, 71, 110, 149, 160, 168, 173, 182, 193, 194, 201, 208, 210, 228, 235, 236, 237, 243, 275, 277, 278, 279, 358, 373, 374, 388, 393

산업화운동 29, 35, 147

산촌마을 72

상부 14, 97, 136, 213, 405

상생공영 5, 20, 21, 48, 71, 164, 170, 184, 195, 234

상조 14, 51, 97, 136, 213, 405

새 두레운동 402

새마을 노래 1, 2, 36

새마을년대 14

새마을의 날 96

새마을지도자 24, 30, 40, 43, 44, 61, 66, 67, 68, 73, 80, 84, 85, 103, 104, 105, 106, 111, 118, 119, 122, 125, 139, 147, 236

새마을운동 35, 36, 41, 92

새물결운동 165
새싹회 11
생명   11, 25, 40, 46, 48, 116,
    149, 150, 152, 158, 162, 163,
    164, 165, 169, 170, 171, 173,
    175, 206, 258, 290, 305, 306,
    307, 308, 309, 321, 326, 366,
    367, 368, 400, 407
생명사랑   122, 165, 171, 177,
    402, 404
생명생존 4
생명수 3, 11, 262
생활정주권 22
서당 7, 57, 139
선진화 복지애국   69, 199, 316,
    400
섬유공장 14
성남 121
성실수련 10, 163
세계연맹   200, 220, 222, 225,
    228, 232, 250, 255, 260, 263,
    267, 280, 283, 289, 300, 303,
    310, 313, 333, 370, 372, 373
소득증대 33, 44, 60, 62, 63, 64,
    65, 77, 78, 79, 114, 119, 127,
    131, 146, 150, 229
소심 20
수농로개설 74
수출품목 14
수해상습마을 90

순리 9, 376
스마트 코리아 197
스페인 16
시간 17, 18, 143, 152, 230, 274,
    275, 307, 309, 320, 398
신개지 10
신심 19
신앙심 11
신재생에너지 48, 180, 181, 182,
    183, 187, 190, 191
신지식인   176, 177, 184, 199,
    269, 271, 272, 273, 274, 281,
    282, 313, 318, 329, 333, 358,
    360, 361, 362, 363, 364, 396
실업대책   250, 370, 372, 373,
    377, 378, 381
실질개혁원칙 24
실천모형 148
실천원칙 24

○

아프리카   1, 70, 257, 286, 312,
    322, 344, 406
앙시앵레짐 57
애국심 11, 213
어촌마을 72
연산 144
열정   14, 17, 22, 44, 166, 171,
    173, 176, 194, 215, 220, 271,
    327, 384, 407

영속의 원리 24

예수님 7

옴부즈맨운동 297

원심 20, 239

원조 14, 139

유대인 15

유비쿼터스 20, 152, 172, 180, 192, 236

융복합 20, 168

을사늑약 8

의병 8

의병정신 24, 59, 157, 401

의심 20, 213, 247, 297

이웃사랑 8, 22, 48, 116, 137, 164

인간생활정주권 3

인력 22, 69, 124, 127, 130, 148, 156, 167, 170, 174, 178, 234, 240, 249, 252, 255, 272, 282, 319, 330, 360

인보운동 52, 62, 63, 97

인터넷시대 234

입지 33, 36, 73, 77, 316

ㅈ

자기정체 6

자립마을 30, 60, 61, 120, 127, 130, 131, 133

자립자존 9, 30, 163

자문위원 25

자생 9, 126, 136, 156, 182, 196, 238, 247, 394

자연보전 9

자연사랑 2, 9, 164, 166, 178, 304

자원배분 15

자유 9, 23, 150, 151, 159, 164, 172, 179, 194, 212, 215, 217, 218, 237, 251, 334, 348, 365, 385, 401, 407

자조 9, 10, 30, 31, 32, 36, 37, 53, 57, 60, 62, 99, 111, 142, 145, 147, 148, 193

자조마을 30, 60, 61, 127

장성 121

재개발 100, 188

저탄소 녹색성장 186, 187, 191

전기가설사업 76

전문기술지원단 80

점화단계 54, 125

정경유착 15, 19, 253, 340

정보전쟁 234

정읍 8, 24, 37, 54, 56, 57, 58, 59

정의 2, 9, 16, 23, 149, 161, 200, 207, 244, 245, 246, 251, 292, 337, 348, 385

정체성 13, 22, 23, 163, 164, 166, 170, 178, 193, 196, 198, 212, 278, 334, 335, 372

제로섬 사회 243
제로에너지빌딩 189, 190
제3의 물결 286, 346, 357
조선인 16
조직훈련 110
조화의 원리 24
종주국 3, 204
중간마을 72
중앙공무원 24
중용 321
증산운동 52, 62, 63
지구촌 3, 4, 9, 11
지구환경회의 305
지방자치발전 238
지방화 시대 43
지붕개량사업 75
지식 3, 35, 48, 125, 172, 247,
267, 314, 317, 326, 329, 349,
356, 357, 358, 359, 360, 363,
378
지역갈등해소 238
지역발전운동 3
지역사회개발 29, 30, 44, 55, 70,
73, 121, 125, 131, 135, 139,
140, 229
지역새마을운동 103, 104
지역이기주의 15, 239, 295, 336
지위 3, 29, 181, 204, 217, 251,
363, 365, 370, 380
직장새마을운동 101, 102, 125,

126, 145
진리애 9
집단이기주의 15, 195, 207, 211
참살이 9

ㅊ

창의 13, 33, 36, 48, 59, 166,
212, 251, 357
청교도 정신 15, 51
청지기 3, 7, 144, 161, 407
초가집 2, 4
초심 5
최약보완 6, 15, 53, 179
치산녹화 115
친환경 13, 69, 70, 71, 167, 168,
229
칠레 16
칭심 20

ㅌ

타고르 19, 154
탈무드 6
탈제로섬 사회전략 243
태동기 54, 59, 144
통일공동체 19
통일역량 44
통찰력 7, 342
티핑포인트 48

ㅍ

평산 8, 24

평야마을 72

평화 3, 4, 5, 9, 11, 20, 25, 45, 48, 50, 52, 149, 150, 151, 157, 158, 162, 163, 164, 166, 169, 171, 172, 175, 178, 183, 184, 212, 213, 222, 224, 225, 231, 237, 243, 276, 365, 386, 400, 402, 403, 404

포르투갈 16

품앗이 22, 32, 38, 111

피부색 12

ㅎ

하나님 7, 8, 12, 350, 368

학교새마을운동 66, 95, 101, 108, 120, 125

한강 4, 173, 260

한국병 15, 390

한류열풍 232, 326

한반도 평화 198, 222

할거주의 140, 146, 299, 302, 390, 395

합리주의 19, 40, 194

해외동포 19, 112, 171, 178, 199

향약 14, 22, 136, 137, 151

협동 1, 2, 6, 10, 24, 30, 31, 32, 34, 36, 38, 39, 51, 52, 60, 61, 62, 74, 77, 92, 93, 110, 111, 114, 116, 140, 147, 148, 163, 193, 208, 302, 361

협동의 원리 24, 39, 111

형편의 원리 24

호국 8

홍익인간 2, 135, 151, 208, 393

환경 30, 68, 85, 264, 267, 292, 298, 300, 303, 309,

환경가꾸기 34

황무지 4, 7, 135

황화 395

효 8, 15, 23, 45, 46, 106, 138, 154, 178, 206, 236, 350

효심 11

훈장 7, 364

흥국 8

흥사단 아카데미 8

NEW SAEMAUL

저자 약력 및 주요 저서, 논문

약력

동국대, 경희대 대학원, 동경대 대학원(행정학사, 석사, 박사)

중앙공무원교육원 교수

동경대 법학부 객원교수

한남대 초대 새마을 연구소장

한남대 법경대학장

한남대 지역개발 대학원장

한남대 제12대 총장

행정고시, 외무고시 시험위원

대통령자문위원(민주평통자문위원, 행정개혁위원회, 제2건국위 중앙상임위원, 교육혁신위원회, 국가균형발전위원회)

(사법)한국지역개발 · 자치학회장

(미법) 세계평화봉사단 한국총재

현, 한남대 명예교수

지구촌 공생발전운동연맹 대표총재

뉴 새마을운동 세계연맹 대표총재

(재법)선진한국창조 국민운동연합회 이사장

(사법)한국미래연구학회 회장

(중법)동북아평화와 발전포럼 공동회장 겸 한국회장

(사법)평화통일국민포럼 고문 겸 아카데미 총장

상훈

대통령표창

청조근정훈장

주요저서

· 신행정학(서울, 법정학회, 1974)

· 새마을운동발전전략론(서울, 법정학회, 1976)

· 지역개발론(서울, 법정학회, 1978)

· 행정학원론(서울, 대왕사, 1980)

· 인사행정관리학(서울, 법문사, 1991)

· 개발행정학(대전, 한남대학교 출판부, 1992)

· 행정학(서울, 박영사, 1998)

· 인사행정관리론(서울, 법문사, 1999)

· 제2건국운동 무엇을 어떻게 할 것인가(서울, 대한매일신보사, 1999)

· 뜻과길(대전, 한남대학교 출판부, 2003)

· 정부관리학(서울, 박영사, 2006)

· 지역개발과 새마을운동(서울, 대영문화사, 2007)

· 뉴 새마을운동론(대전, 한남대학교 출판부, 2010)

· 발전행정의 역할에 관한 연구—한국농촌 지역사회의 개발을 중심으로, 동국대, 1966
· 도시근접농촌의 개발전략, 한국행정학보 제4호, 1970
· 특화사업기술인력 개발에 관한 연구, 충남지역사회개발연구소, 1971
· 70년대 새마을운동의 평가와 80년대의 발전전략, 숭전대학교, 1979
· 미군정 및 제1공화국 행정체제분석 연구, 정신문화연구원, 1984
· 농촌생활 정주권 개발을 위한 행정전략, 경희대, 1984
· 지역개발과 광역행정의 과제, 사상과 정책, 경향신문, 1985
· 새마을운동의 주민참여 활성화 방안연구, 한남대 새마을연구소, 1986
· 2000년대를 향한 지역복지의 과제와 수행전략, 한국사회복지학회, 1987
· 한국노사관계와 민주화, 법문사, 1989
· 환경위기극복을 위한 광역자치행정의 역할, 한국행정학회세미나, 1991
· 한국농촌생활정주권의 토지이용에 관한 연구, 교육부학술조성비, 1992
· 한국지방의회의 발전과제와 방향, 대전시의회 세미나, 1992
· 한국형 지방자치의 발전모형, 한남대 학술대회, 1994
· 한국행정 대개혁의 사상성과 방향 및 전략, 동학혁명 100주년 기념포럼, 1994
· 21세기 환경비전과 그 실천전략, 한남대대학원 학술포럼, 1995
· 한국광역자치제 환경행정과 발전모형 연구, 국제고려학회, 1997
· 한국환경행정의 발전전략에 관한 연구, 한남대 기독교 문화연구, 1997
· 문민정부 지방자치의 활성화를 위한 행정주체의 형태와 역할, 고시계, 1997
· 한국시민환경교육을 위한 기관형성 연구, 한남대 기독교문화연구, 1998
· 지방자치시대의 참여민주주의 발전시론, 한남대 논문집, 1998

436

· 지역발전 공화국 창조전략, 한국미래연구학회, 1999

· 21세기 국가혁신전략, 한국미래연구학회 포럼, 2000

· 국제경쟁력을 갖춘 노사관계, 대전시 시사편찬위원회 근대백년사, 2002

· 세계한상회 이념과 방향, 동북아 평화와 발전포럼, 2003

· 21세기 사회변동에 따른 지도자의 뜻과 길, 우석대학교 명사초청강의, 2005

· 새 동북아시대의 평화와 발전전략, 동북아 평화와 발전포럼, 2006

· 한국대학 교육정책의 발전전략, 한국대학총장협회, 2007

· 행정학 선생 40년의 봄 · 여름 · 가을 · 겨울, 한국행정학회, 2008

· 선진한국창조 무엇을 어떻게 할 것인가, 한국미래연구학회, 2009

· 녹색성장코리아 운동, 대전경제산업연구원, 2010

· 지역사회발전과 리더의 역할, 선진정치아카데미, 2010

· 글로벌녹색평화생명운동 발전전략, 동북아 평화와 발전포럼, 2010

· 글로벌 녹색성장 코리아 창조– 뉴 새마을운동이 희망이다, 새마을운동 40주년 학술토론회, 구미시, 경운대 새마을연구소, 2010

· 녹색성장운동 무엇을 어떻게 할 것인가, 세계 사막화 방지를 위한 환경포럼, 2011

· 동학농민혁명운동의 역사적 재조명, 정읍신문, 2011

· 세계 새마을운동 총연합 허브코리아 역할연구, 행복코리아포럼, 2011

· 지구촌 공생발전을 위한 뉴 새마을운동의 세계화 어떻게 할 것인가, 지구촌 공생발전운동 국민대토론회, 지구촌 공생발전운동연맹, 뉴 새마을운동 세계연맹, 2011